Reprint Publishing

Für Menschen, Die Auf Originale Stehen.

www.reprintpublishing.com

Biedermeier in seinen vier Pfählen
Nach einem Gemälde von Karl Jul. Milde (1840)

Das Biedermeier

Das Biedermeier

im Spiegel seiner Zeit

Briefe, Tagebücher, Memoiren,
Volksszenen und ähnliche Dokumente, gesammelt von

Georg Hermann

Berlin — Leipzig — Wien — Stuttgart

Deutsches Verlagshaus Bong & Co.

Einleitung.

Dieses Buch handelt von der Biedermeierzeit. Es ist von vielen
Händen geschrieben. Von schlanken und plumpen. Von schönen
Frauenhänden. Von gepflegten Gelehrtenhänden. Von flinken, schreib=
gewandten Fingern hastiger Skribenten. Von Künstlerhänden und von
den festen, scharfgeformten Händen der Kriegsleute. Berühmte haben
daran mitgearbeitet und namenlose Verschollene. Menschen, die Glück
im Leben hatten, die hoch zu Ehren kamen; und andere, die verdarben
und verkamen. Solche Leute haben es geschaffen, die oben auf der Leiter
des Ruhmes standen. Solche, die reich gesegnet waren mit Glücks=
gütern. Und viele, die ihr Lebtag sich nicht aus peinigender Armut
hochringen konnten. Junge Menschen haben es geschrieben, noch mit
Feuer in den Adern, den Kopf voll von Plänen und den Himmel voller
Geigen. Und alte Menschen haben es geformt, die zurückschauten und
nichts mehr erwarteten, und die doch fühlten, daß ihr Dasein nicht völlig
nutzlos verronnen war.

Aber alle diese Menschen haben nunmehr fast ohne Ausnahme eins
gemeinsam: daß ihr Leben und Sein längst zur Sage geworden ist.
Nichts trennt fürder den Reichen von dem Armen. Keine Meinungs=
verschiedenheit scheidet nun den Revolutionär von dem Mann der Reak=
tion. Der große Publizist, der gefeierte Dichter glaubt sich nicht mehr
besser, als der armselige Federfuchser, der um Pfennige sich die Finger
wund schrieb. Der Staatsmann und der berühmte Schauspieler sind
ungetrennt. Der Alte, der in seinen Erinnerungen wühlt, hat gar nichts
mehr voraus an Erfahrung vor dem Jungen, der eben in das Leben
hineinmarschiert . . . . . Der große Gleichmacher hat sich aller ange=
nommen. Und er hat keinen . . . kaum einen . . . bis heute vergessen.

Aber wenn sie – meine Mitarbeiter – auch selbst längst mit dem
Fallen des Vorhangs nach den Seitenkulissen abgeschwenkt sind, und

wenn für sie auch der Spruch des alten Fontane gilt: Nach neun Uhr
ist alles vorbei, – für uns gilt dieses Wahrwort nicht. Und jedesmal,
wenn in Bibliotheken sich die Blätter auftun, die sie mit den krausen
Zeichen ihres Lebens und des Lebens um sie gefüllt haben, dann taucht
auch all ihr Dasein greifbar und wesenhaft wieder aus der Versenkung
empor. Ihr Leben des Tages, ihr Leben der Erinnerung gewinnt von
neuem Formen, teilt sich mit, geht auf andere über, ist dann nicht mehr
vergessen und verschollen, sondern verewigt sich wiederum für die kleine
Dauer eines Menschenalters.

Und ich will ihnen allen danken hier – allen meinen Mitarbeitern –, die
in so ganz anderm Maße, als wir heute, die Notwendigkeit empfanden,
Erlebtes zu buchen, Empfindungen und Gedanken mitzuteilen, ein Abbild ihrer selbst zu schaffen und ein Abbild ihrer Zeit zu geben. Ja, ich
muß sogar gestehen, ich bin sehr, sehr unkritisch ihnen gegenüber gewesen:
sie sind mir alle, alle gleich lieb. Die Berühmten und Tatkräftigen, die
Starken und Literarischen genau so lieb wie die längst vergessenen Plau-
derer und Tagesschreiber. Ein besonderes Faible aber habe ich für die
Alten gehabt, die am Ende ihres Lebens fühlten, daß mit ihnen ein
Stück Zeit schwände, und die sich nun bemühten – ohne deswegen
gerade großes schriftstellerisches Können zu besitzen – den Sinn ihres
Daseins zu fixieren. Alle sind sie mir gleich wert: die Urteilsvollen
wie die Urteilslosen; die Spötter so gut, wie die, welche übertrieben;
und die ein gewiegter Historiker gewiß nur „mit Vorsicht" benutzen
würde.

„Mit Vorsicht." Ist doch jenen bedenklichen Gänsefüßchen „mit
Vorsicht" nicht einmal ein Varnhagen entgangen; und sind sie bei den
nicht immer einwandfreien Plaudereien einer Karoline Bauer schon eine
angenehme Voraussetzung.

Ich aber wollte ja hier kein Historiker sein. Und ich wollte ja keineswegs versuchen, irgendeiner historischen Wahrheit zu ihrem Recht zu
verhelfen. Denn, was bedeutet eine Wahrheit nach zwei Menschen-
altern, wenn Sieger und Besiegte sich getrennt, das Richtige falsch, das
Falsche richtig und schon wieder falsch geworden!

Aber ich beabsichtigte auch ebensowenig ein getreues Spiegelbild der
Zeit zu geben ... jener Biedermeierzeit, die wir seit ungefähr sechs, acht
Jahren mit einer liebevollen Verehrung betrachten, die vielleicht nicht

ganz gerechtfertigt sein könnte ... Ihr, der wir eine leicht melancholische
Hinneigung zollen, als sehnten wir uns zurück nach jenen Tagen, da
der Großvater die Großmutter nahm. Nein, ich wollte ihr keinen
Spiegel vorhalten. Denn in einem Spiegel sieht man das ganze Gesicht, die ganze Gestalt, die ganze Umgebung, ein Glas wirft da die
ganze Welt zurück. Ich aber beabsichtige hier etwas anderes. – Wie
soll ich das sagen? – Es gibt solche Prismen aus Spiegelglas, vielfach geschliffen, lustig und facettiert. Kinder haben sie gern, spielen damit, freuen sich darüber, fangen hier und da, auf all den vielen Spie-
gelflächen, ein Eckchen, ein Winkelchen des Bildes, vielleicht einmal
etwas verzerrt, etwas karikiert, aber immer überraschend und belustigend.

So und nicht anders dachte ich mir dieses Buch. Es sollte nicht die
ganze Zeit in sich aufnehmen – und wie hätte es das auch gekonnt!
Diese ganzen zweiunddreißig stillen Jahre, die doch für die Entwickelung und Vorbereitung des modernen Lebens, der modernen Staaten
von so unerhörter Wichtigkeit waren! – Diese zweiunddreißig Jahre
von 1815-47, in denen alles sich in stillen Kämpfen formte, in denen
Altes und Neues, Vergangenheit und Gegenwart immer wieder gegen-
einander stießen und hart miteinander rangen! ... Diese Jahre, in denen
die Maschine begann, das Handwerk aufzulösen; in denen Deutschland
sich anschickte, in den Wettbewerb des Welthandels mit einzugreifen;
in denen die Eisenbahn den Postwagen überflüssig machte und das
Lebenstempo veränderte; in denen das Licht selbst durch den Zauberer
Daguerre zum Maler wurde; in denen die Großmacht der Presse er-
stand; in denen bisher ungekannte Gewalten, neue Stände im Volksleben emporkamen; ja – in denen aus monarchisch und autokratisch
regierten Staaten langsam und unter schweren Krämpfen die Formen
des heutigen Parlamentarismus sich entwickelten.

Wie sollte man jene äußerlich so stille und doch innerlich so schwere
und ringende Zeit hier ganz in den Seiten dieses Buches fangen! –
Aber hier ein Eckchen, dort ein Winkelchen, da wieder einen Ausschnitt
von ihr ... eine Silhouette, eine Miniatur ... gerade die Dinge, die
uns reizen, an denen der Historiker vorübergeht, weil sie in der Weltgeschichte keine Bedeutung haben, an denen der Literaturfreund vor-
beisieht, weil sie nicht ihre letzte, künstlerische Form gefunden haben;
jene Niederschläge, in denen sich das kleine und einfache Leben der

Gebildeten, des Hofes und der Volksmassen kristallisierte . . . gerade
die belustigte mich, im vielfach facettierten Spiegelglas dieses Buches
zu fangen, – eben weil aus ihnen das Leben selbst spricht, noch blut-
warm und ohne die Blässe der Abstraktion.

Noch weniger wollte ich aber etwa die großen Haupt- und Staats-
aktionen jener Tage getreulich abschildern, sondern ich wollte lieber
irgendeinen erzählen lassen, der dabei mit unter die Räder kam, der
durch die Gefängnisse geschleift, der von Festung zu Festung transpor-
tiert wurde, und dessen Vergehen doch, wie Fritz Reuter meint, in nichts
anderem bestanden hatte, als daß er an einer deutschen Universität am
hellichten Tage die deutschen Farben getragen hatte. Denn so hoffte
ich, . . . alle diese Mitteilungen würden etwas haben, das keine Schilderung, . . . keine große, umfassende Darstellung zu geben vermöchte:
Unmittelbarkeit, Lebensatem, absolute Nähe der Geschehnisse.

*   *   *

Aber, da wir heute jene Jahre, jenen Lebensabschnitt Deutschlands
weniger politisch als kulturell betrachten, so habe ich auch dem Rechnung getragen und habe in geringerem Maße die Äußerungen des
politischen Lebens zusammengesucht, als die, in denen sich die Kultur-
formen, die reiche Geselligkeit, die künstlerischen Interessen der Zeit,
der ganze charakteristische Lebenszuschnitt aussprechen.

Wie seltsam sich doch unsere Betrachtung dieser Zeit gedreht hat!
Noch vor einem Jahrzehnt dachte ja niemand an „Biedermeier",
sondern man bezeichnete eben jene Zeit als „Vormärz", das heißt
als die Jahre, in denen sich die Umwälzungen der Märztage des Jahres
1848 vorbereiteten. Und in Wahrheit ist auch jene Periode, die wir
heute gern als ein behagliches und liebenswürdiges Dahinschlummern,
als eine selbstgefällige Freude an gepflegten und geschmackvollen Lebensäußerungen betrachten, . . . in Wahrheit ist sie ja auch eminent politisch
gewesen! Die Politik war in ihr eine derartige Macht, daß sich niemand
ihr entziehen konnte. Alles hatte zu ihr Beziehungen, alles nahm Partei für und wider. Alles war von ihr durchsetzt und durchfressen. Die
Universitäten, die Wissenschaften waren so gut von ihr beherrscht, wie
in noch stärkerer Weise jegliches freie Schrifttum. Jede Kunst stand
mit der Politik und den politischen Tagesfragen in Verbindung. Die

Lyrik stellte sich in ihren Dienst, das Theater, die Epik und der Roman.
Sie - die Politik - war ein glimmendes, geheimes Feuer, das, tausend=
mal erstickt, immer wieder aus neuen Formen emporschlug. Jedes Kunst=
werk der Zeit hatte gleichsam einen doppelten Boden. Trotzdem die
Geburtsstunde der modernen Presse noch nicht geschlagen hatte, entstan=
den doch schon die ersten großen Formen der Publizistik, die die Mitte
hielten zwischen bleibend literarisch Wertvollem und der schnell ver=
wehenden Zweckkunst des Tages. Die ersten großen vorbildlichen Jour=
nalisten, Heine und Börne, Menzel, Görres und Gentz, schufen neue,
dem Tag angepaßte Kunstarten. Heute - grade in den letzten Jahren -
aber ist trotzdem die rein politische Betrachtung jener Periode fast
völlig zurückgedrängt worden von der kulturellen Betrachtung; wäh=
rend es noch vor einem Jahrzehnt sich gerade umgekehrt verhielt.

Überlegen wir uns doch einmal, wie das kam. Es hat viele Ursachen.
Es hängt mit den letzten literarischen Strömungen zusammen, mit einer
erneuten Vorliebe für Romane, in denen die Wurzeln der Gegenwart
aufgedeckt werden. Es ist ferner eine natürliche Reaktion gegen das
übermäßig beschleunigte Lebenstempo der Gegenwart. Weit mehr
aber noch knüpft es sich doch wohl an die Bewegung des modernen
Kunstgewerbes. Sie - diese Bewegung - war es, die uns immer
wieder und wieder auf das bürgerlich=selbständige, zweckdienliche und
bequeme Biedermeier, auf die ausklingende Empirezeit hinwies. Das
erst schwer verachtete, in die Spindenzimmer und Bedientenwohnungen
verdrängte Möbel jener Zeit wurde nunmehr plötzlich als Vorbild uns
hingestellt. Und bald darauf wurde es selbst Objekt für den Kunstsammler,
dessen Anteilnahme vordem mit der Napoleonischen Zeit geschlossen
hatte. Von den Möbeln aber pflanzte sich unser Interesse fort zur Klei=
dung. Man begann, die alten Jahrgänge der Modenkupfer zu studieren,
um von ihnen neues abzuleiten. Und bald liebten wir das ganze Drum
und Dran des Lebens jener Tage ... des gesellschaftlichen Lebens ...
des Familienlebens ... des geistigen, literarischen, musikalischen.

Ja, wir kamen sogar so weit, daß wir unsere Großeltern rückhaltlos
bewunderten, weil sie zu so vielen Dingen Zeit hatten und Zeit fanden.
Weil sie Briefe schrieben und Tagebücher führten. Weil sie sich der
Freundschaft, der Liebe, den Frauen, ästhetischen Liebhabereien mit
schwärmerischer Anmut hingaben. Wir priesen sie glücklich, weil in ihrer

Zeit ein Geheimbund der Gebildeten bestand. Weil der einzelne von unermüdlicher Mitteilsamkeit war und nach allen Seiten seine Fühler streckte. Und vor allem beneideten wir plötzlich diese Zeit um die Sicherheit ihres ästhetischen Geschmackes, der unprunkend und rein bürgerlich war.

Ein Geschmack war das, der keine falschen Ambitionen an das Leben stellte, der sich aber bei allen Dingen an einer liebenswürdigen und gefälligen Zweckdienlichkeit freute. Das Handwerk mit seiner stolzen Überlieferung war noch nicht in Massenbetrieben untergegangen. Die Maschine hatte keineswegs die individuelle Menschenarbeit überflüssig gemacht. Und der Zusammenhang zwischen Kunst und jeglicher Art von Kunstgewerbe war noch nicht völlig zerstört. Man schätzte die rein technische Arbeitsleistung und verstand, sie zu beurteilen. Die Brautpaare z. B. gingen noch nicht in die Magazine, um aus Hunderten von Schlafzimmer- und Eßzimmermodellen eines auszuwählen, das für den billigsten Preis am meisten hermacht, sondern es wurden ihnen zuerst einmal die Hölzer gezeigt, aus denen die Möbel gefertigt werden sollten, damit sie sich überzeugen konnten, daß das Material genügend getrocknet und abgelagert sei.

Alles das sind kulturelle Dinge, die wir heute wieder erstreben und gern zum Vorbild machen möchten. Und alles, was weiter damit zusammenhängt, ein gewisses kräftig-ruhiges Dahinfließen und eine Beschaulichkeit des Daseins, möchten wir auch mit Freuden wieder in den Kauf nehmen. Und gerade, weil wir ahnen, daß wir das nie mehr erringen; ja, daß sich unser Leben immer mehr amerikanisieren und verhastigen wird, ist es für uns mit einem verschönenden Schleier umgeben. Überhaupt können wir uns doch nicht ganz verhehlen, daß bei unserer Vorliebe für die Biedermeierzeit eine Sentimentalität mitspricht. Ebenso wie ein ganz geheimer, leicht spöttelnder Unterton von Belustigung, der in seiner Klangfarbe die Mitte zwischen Heiterkeit und Ergriffenheit hält, mit dabei ist. Alles das zusammen ergibt aber für unsere heutige, letzte Vorstellung naturgemäß eben kein ganz richtiges Bild von der Biedermeierzeit. Aber jedenfalls schafft es uns ein sehr liebenswürdiges. Und das soll man nicht verachten. Es ist - wie man sagt - auch kein Hund.

*   *   *

Ganz im Gegensatz zu unserer heutigen Auffassung hat aber diese Zeit selbst sich doch keineswegs als besonders kunst- und kulturfreudig empfunden. Ja, sie fühlte sich mit Recht arm und zurückgesetzt gegen- über den Epochen, die vorangegangen. Und arm, sehr arm im Wortsinne war sie ja auch, denn die Napoleonischen Kriege hatten Deutschland, und nicht nur Deutschland, unerhört ausgepowert. Wor- auf sich aber diese Zeit selbst etwas zugute tat, und dessen sie sich voll bewußt wurde, das war ihr gesellschaftliches Leben, ihre gesellige Kultur, die an Innerlichkeit und Regsamkeit bei äußerer Anspruchs- losigkeit dem Hasten und dem oberflächlichen, geräuschvollen Prunken späterer, für Deutschland glücklicherer Jahrzehnte vorzuziehen war. Und alle, die - zu Ausgang dieser Epoche am Ende ihres Lebens rück- blickend - erfreut den politischen Wandel der Zeiten preisen, beklagen doch schon den Verfall und Verlust der sympathischen, geselligen For- men von einst.

Was aber die Menschen damals natürlich nicht sahen, weil sie eben den Dingen selbst zu nahe standen und noch den alten Reichtum und Überfluß gekannt hatten, - das war, daß eben jene äußere Armut und Anspruchslosigkeit zu einer Läuterung und Vereinfachung, zu einer Konsolidierung des Geschmackes führten, die dem Bürgertum wohl- ansteht. Da man kein Geld für Überflüssiges hatte, mußten Zweck und Absicht aller Dinge jetzt klarer zutage treten, als in der übergraziösen, reichgeschmückten Adelskunst des Rokoko.

Jedes Möbelstück mußte so praktisch und bequem wie möglich werden, und alles sollte sich aufs angenehmste den Eigenheiten seiner Bewohner anpassen. Da man nicht reich genug war, geschmückte Sachen zu bezahlen, so wollte man wenigstens seine Freude an gutem Material, schön geädertem und gebändertem Furnier, sauberen Intarsien und an braver Handwerksarbeit haben. So wollte man wenigstens den einfachen und sinnvollen Aufbau eines Möbelstücks loben dürfen. Da Kleider und Linnen lange Zeit vorhalten mußten, so war man genötigt, in beiden auf gute und haltbare Ware zu sehen. Man mußte in allem Qualitäts- käufe machen. Da es nichts Überflüssiges gab, mußte sich alles nach den Äußerungen des Lebens formen und auf die einfachste Weise mit ihm in Einklang gebracht werden. Und gerade d a s ist es, was es dem Geschmack der Gegenwart angetan hat.

Die Zeit war z. B. sehr schreibselig, überaus mitteilsam. Schrieb und empfing ganze Landregen von Briefen. Denn, da das Zeitungswesen noch nicht ausgebildet war, war man ja weit mehr als heute auf die persönliche Mitteilung des andern angewiesen. Und so schuf die Biedermeierzeit sich eben den Schreibschrank, den Sekretär, das Möbel mit der Schreibplatte, die keinen Raum fortnahm, weil sie, wenn man sie nicht benutzte, nichts anderes war als eine Schrankwand. Den Schrank mit den vielen kleinen Fächern erfand sie, um all die Briefe auch gut unterzubringen und zugleich mit den raffiniert verborgenen Geheimfächern, um verbotene Schriften oder Tagebuchblätter ja sicher zu verwahren.

Die Familie, die in den vorangegangenen Kriegszeiten häufig auseinandergerissen war, schloß sich nun wieder fest zusammen; und der große, runde Tisch kam auf, mit seiner schönen Mahagoniplatte, wie geschaffen für den Lichtkreis der Lampe, die langsam begann, die alten Wachs= und Unschlittkerzen von einst zu ersetzen. Und dieser Tisch versammelte die Menschen in ganz anderer Weise um sich, brachte alle einander näher, in ganz anderer Art, als das die länglichen, eckigen Tische von einst getan hatten. Jetzt war jeder der Nachbar des anderen. Wenn man den Tisch nicht brauchte, war, ebenso wie beim Sekretär, die Platte hochzustellen und das Möbel gegen die Wand zu schieben. Denn in den Städten, die noch vielfach von Festungsgürteln umgeben waren, herrschte damals kein allzu großer Überfluß an Raum. Auch war das Verhältnis zwischen Gesellschafts=, Wohn= und Wirtschaftsräumen noch nicht so zur Ungunst der letzten verschoben, wie das heute der Fall ist.

Das literarische und musikalische Leben schuf die ästhetischen Tees, wie die nachmittäglichen Besuche - die Kaffeevisiten. Und zu beiden brauchte man Tassen, Tassen - und noch einmal Tassen, Porzellantassen, einfache und bemalte, reiche und vergoldete. Brauchte Kuchenkörbe, Zuckerdosen und Zuckerschalen, brauchte Tabletts. Und endlich benötigte man einen Raum, um die Leute zu empfangen: die gute Stube, die Putzstube. Wenn aber alle die Gegenstände für die Kaffeevisite hübsch und gefällig waren, so hatte man keinen Grund mehr, sie zu verbergen. Denn die Zeiten waren sicher geworden, und man hatte nicht mehr zu befürchten, daß die nächste Einquartierung alle diese Schätze mitgehen heiße. Nein – man wollte jetzt seine paar Schätze den anderen zeigen, aber man wollte sie auch nicht frei aufstellen und verstauben lassen. Und so schuf man für die Putzstube eben den Glasschrank, die Servante, diesen Museumschrank des Bürgertums, vor dessen Spiegelwänden und hinter dessen blanken Scheiben man alles das vereinte, was man besonders schätzte. Liebenswürdige und spielerische Andenken – bemalte Tassen – geschliffene Gläser, dünne, gepreßte Silbersachen – denn zu dem schweren, getriebenen Silber von einst langte es nicht mehr –, Porzellanvasen usw. Alles das, alle diese Dinge – das erste wie das letzte – scheinen aus einem Guß zu sein. Denn alles das war eben unter einer sehr geringen Verwendung von Schmuckmotiven sachgemäß ausgestaltet. Aber gerade diese geringe Verwendung von Schmuckmotiven zwang dazu, das wenige, was gegeben wurde, künstlerisch gut durchzudenken; und es erforderte weiter, das Ganze sicher auf ein paar Farben und Töne abzustimmen. Und die gleichen Tendenzen verfolgen wir ja heute wieder: Sachgemäße Ausgestaltung und scharfe Akzentuierung durch wenige, aber gut eingefügte Schmuckmotive. –

Was uns aber trotzdem vom Geschmack der Biedermeierzeit trennt ... und was uns doch keineswegs an dem Biedermeier unsympathisch berührt, das ist ein leicht sentimentales Spielen mit den Schmuckmotiven, das ist ein gewisses beziehungsreiches Hineingeheimnissen. Da tauchen überall verblaßte Blumenkränze, stolze Schwäne und bizarre Delphine auf. Embleme der Freundschaft, der Liebe, der Vergänglichkeit werden von Schleifen und Bändern umwunden. Alles und jedes – auch das bescheidenste Stück, das uns zu Gesicht kommt – hat etwas von persönlichen Beziehungen, erscheint uns herausgehoben aus der Gleichgültigkeit der Dinge, die uns heute umgeben.

Und dieses letzte, dieses Ahnen von persönlichen, intimen Beziehungen zwischen dem Schaffenden, dem Gebenden, dem Besitzer und dem Gegenstand – das ist vielleicht mit das allerstärkste Argument, welches die Biedermeierzeit für sich ins Feld führen kann. Diese Dinge haben Seele, oder richtiger – vereinen in sich etwas von allen den Seelen, die sich um ihr Dasein einst verdient gemacht haben. Man glaubt, den ehrlichen Handwerker zu sehen, der das Stück geschaffen, ebenso wie man den zu gewahren meint, der es einstmals besaß. Und sogar bei Geschenkstücken, wie Tassen, Dosen und Stammbüchern, meint man auch den zu erblicken, der es einst dem andern überbrachte. Was man auch aus der Biedermeierzeit in die Hand nimmt – einen Gegenstand oder ein Buch; – was man immer betrachten mag – eine Lithographie oder ein Möbelstück –, stets fühlt man, mit einem leisen Schauer, daß jedes und jedes dieser Dinge eine Geschichte hat ... seine eigene Geschichte hat. Und in der langen Beweiskette, in der langen Kette von Gründen, die ich angab, um die Vorliebe der Gegenwart für die Biedermeierzeit zu rechtfertigen, scheint mir gerade dieses letzte – als ein psychologisches Motiv – besonders zwingend und bedeutsam.

*　　*　　*

Von 1815–1847 setzt man die Biedermeierzeit an, vom Ende der Napoleonischen Kriege bis zu den Märztagen, bis zur Erschaffung der parlamentarischen Regierungsform in Deutschland. Irre ich nicht, so hat man als Schöpfer dieses Wortes Biedermeier den humoristischen Dichter Ludwig Eichrodt zu betrachten, der 1870 mit einer lustigen Düpierung eine Zahl von altväterlichen Gedichten als die lyrischen Ergüsse eines schwäbischen Dorfschulmeisters unter dem Titel „Biedermeiers Liederlust" hinausflattern ließ. Und von dieser Gestalt aus kristallisierte sich langsam der Begriff des Biedermeier zu festen Formen und wurde allmählich die Bezeichnung für den Lebensstil einer ganzen Epoche.

Wenn man aber diese Epoche scharf umgrenzt, so tut man das natürlich nur nach äußerlichen Ereignissen, die diesmal wirklich schwerwiegend genug waren. Hier der Sturz Napoleons und dort die stürmischen Märztage. In Wahrheit kann man natürlich die Jahrhunderte und die Epochen der Menschheitsentwicklung nicht in scharfe Stücke schneiden, wie einen Kuchen mit einem Messer. Drei Menschheitsgenerationen leben selbst in einer so kurzen Spanne nebeneinander. Ich möchte sagen: die einen stehen im Zimmer; drüben kommen welche zur Tür hinein; und hier gehen welche wieder zur anderen Tür hinaus; – und so im steten, nie endenden Wechsel! Wirklich in der Mitte des Raums kann sich keiner allzulange halten. Von wem also kann man behaupten, daß er der Träger der Zeit war? Sicherlich nicht von den Alten, die ein Leben und Wirken schon hinter sich hatten. Sicherlich nicht von den Jungen, die im letzten Moment in die Schanze sprangen und die Zukunft in sich fühl-

ten. Nein – die eigentlichen Träger der Zeit sind für uns heute die
Freiheitskämpfer von 1813 und 1815, die jungen Leute, die von
Schulen und Universitäten fortgelaufen waren, um sich erst den Frei=
korps und später als Freiwillige den neugebildeten Volksheeren zuzu=
gesellen. Sie verkörpern den Zeitgedanken; sie rücken in wichtige Stellen
auf; sie bekommen als Schriftsteller, Politiker, Beamte, Professoren,
Kaufleute Einfluß auf ihre Mitlebenden, Einfluß auf den Gang der
Geschehnisse. Sie sind Jünglinge beim Schluß der einen Epoche und
erleben als reife Männer noch die andere.

Sogleich mit dem Sturz Napoleons hob die politische Grundstimmung
des Biedermeier an, begann die Unzufriedenheit sich in die ersten Töne
des Jubels zu mischen. Schon das Wort Blüchers, daß die Feder ver=
darb, was der Degen erwarb, ist ein echtes Biedermeierwort. Die Un=
zufriedenheit der jungen Leute, die als Freiwillige eingetreten waren
und die nun nach Schluß des Friedens noch festgehalten wurden, statt
wieder in ihre Berufe und in ihr Studium zurück zu können, die durch
Paraden= und Gamaschendienst unmutig gemacht wurden, trug die
Mißstimmung in alle Landesteile. Nicht nur, daß jetzt gegebene Ver=
sprechungen nicht eingelöst wurden; nein – die Zeit sollte vielmehr um
10 Jahre zurückgeschraubt werden. Alles, was das freie Franzosentum
als selbstverständlich den neuen Provinzen oder den Ländern, auf die
es Einfluß gewann, gegeben hatte, alle die bürgerlichen Rechte, die
gesetzliche Gleichheit der Volksschichten, das sollte nun mit einem Feder=
zug wieder gelöscht werden. Besonders in Hessen versuchte man, alles
wegzuwischen, was die Zeit Neues gebracht hatte, entsetzte alte Beamte,
oder schob sie wieder in die Stellung zurück, die sie vor Ausbruch des
Napoleonischen Krieges innegehabt hatten. Die Universitäten, die sich
vordem frei hatten entfalten können, wurden plötzlich wieder drangsaliert.
Und doch hatten gerade sie das stärkste Verdienst um die Erhebung
Preußens gehabt, man braucht ja nur an den Prof. Steffens in Breslau
zu denken, an Arndt und Fichte. Überhaupt ist es durchaus bezeichnend
für jene ganze Periode, daß die politischen Kämpfe von ehedem sich
nicht etwa wie heute zwischen Besitzenden und Besitzlosen abspielten,
sondern daß sie sich zwischen der Beamtenschaft, der Regierung und
dem gebildeten Mittelstand vollzogen. Die Voraussetzung dieser inneren
Gegensätze ging so weit, daß jeder akademisch Gebildete in jenen Tagen

von vornherein den Behörden als politisch verdächtig galt. Und, wenn
zu Ende der Biedermeierzeit in das erste deutsche Parlament in der
Paulskirche eine so große Anzahl von Professoren hineingewählt wurde,
so war das nur eine Quittung und Danksagung für das, was das
werdende Deutschland seinen akademischen Kreisen verdankte. Der viel
zitierte Spruch: „Neunundneunzig Professoren – Deutschland, ach, du
bist verloren!" fälscht die Tatsachen.

Aber ebenso wandte sich sofort die Mißbilligung der Regierung
gegen eine zweite Strömung, die unter der Napoleonischen Herrschaft
entstanden war, und die unter den Augen des Napoleonischen Heeres
die Deutschen für den Krieg vorgebildet hatte. Ebenso wie die Universitäten hat auch diese Bewegung die Jugend in ihren Bann getan.
Doch während bei der akademischen Jugend ein Streben nach gewissen
politischen Zielen nicht zu leugnen war – wenn diese auch etwas unklar
formuliert waren –, so wirkte die Turnerschaft mit Jahn und Maßmann an der Spitze nur auf eine Stärkung des Deutschtums, des
deutschen Gedankens hin. In beiden Strömungen wurde aber nur allzubald eine Gefahr für den Staat gesehen, und man versuchte mit aller
Macht und mit ziemlich unwürdigen Inquisitionsverfahren, mit harten
und ungerechten Strafen diese Bewegungen zu unterdrücken. Eine un-
unterbrochene politische Bewegung, ein stetes Ankämpfen gegen die
Regierung, gegen die Zensur, Presse, Polizei, autokratische Regierungsform füllt infolgedessen diese ganze Epoche, stellt ihre letzte, innerste Geschichte dar. Das graphische Bild hiervon ist jedoch keine ansteigende
Linie, sondern eine langhingestreckte Fieberkurve mit ständig wechselnden Hebungen und Senkungen.

Als ersten Höhepunkt muß man das Wartburgfest vom 18. Oktober
1817 betrachten, da die Burschenschaften unter Reden und Gesängen
zum Schluß eine Reihe von Schriften nebst einem Korporalstock, einem
Zopf und einer Schnürbrust auf einem hoch geschichteten Scheiterhaufen
verbrannten. Von diesem Augenblick an setzt mit allem Nachdruck die
Verfolgung der Burschenschaften ein und gleichfalls die Verfolgung
der Turner. Die Turnplätze wurden gesperrt; das Turnen wird in den
Schulen verboten; Barren, Recke und Geräte von den Turnplätzen
fortgenommen und als altes Holz verkauft. Mit dem 23. März 1819,
mit der Ermordung des Schriftstellers Kotzebue durch den Studenten

Sand, kommt es dann zu einer völligen Unterdrückung der Burschen-
schafterbewegung. Und wenn wir heute die Geschichte dieser Jahre über-
blicken, so gibt es kaum einen Mann von Bedeutung, der nicht irgendwie in politische Prozesse verwickelt war, und der nicht zum mindesten
die Bekanntschaft mit Untersuchungsrichtern und Untersuchungsgefäng-
nissen gemacht hat.

Amerika dankt diesen Verfolgungen eine Reihe von kaufmännischen
und kulturellen Intelligenzen. Ebenso bildete die Schweiz für viele
einen Zufluchtsort, und Paris hatte ganze Quartiere politisch flüchtiger
und politisch verdächtiger Deutscher, zu denen später ja auch Heine und
Börne gehörten. Diese Kreise wurden schon in der gleichen Weise durch
Geheimagenten überwacht, wie das heute die russische Regierung mit
ihren flüchtigen Revolutionären zu tun pflegt.

In Süddeutschland setzen nun die Verfassungskämpfe weit früher ein
als in Preußen; und Baden kann sich zuerst einer bescheidenen parlamentarischen Regierungsform rühmen. Die großen internationalen Bewegungen, die Griechenbegeisterung der beginnenden 20er Jahre, die
Polenbegeisterung der 30er Jahre sind endlich auch nichts anderes als ein
indirekter Ausdruck der eigenen politischen Stimmung in Deutschland
gewesen: ein ostentatives Sich-auf-die-Seite-der-Unterdrückten-Stellen.
Einen Höhepunkt der politischen Fieberkurve stellt aber der Wieder-
klang der Pariser Julirevolution von 1830 dar, die für Braunschweig
und Hessen nicht ohne Folgen bleiben sollte.

Eine ganz ähnliche Situation wie nach den Napoleonischen Kriegen
ergab sich dann für die politischen Hoffnungen mit dem Tode Friedrich
Wilhelms III. Aber auch hier folgte der Zuversicht nur allzubald Ent-
mutigung; und die immer wachsende Unzufriedenheit gewann von neuem
an Boden, so daß sie endlich nach acht Jahren zu einer Umgestaltung
der Regierungsform durch die achtundvierziger Märztage führte. Eine
starke Unruhe hatte schon vordem 1837 die Maßregelung von sieben
Göttinger Professoren hervorgerufen, die in ganz Deutschland ein un-
geheures Aufsehen machte. Und es ist bezeichnend genug gerade für
diese Zeit, daß ein solcher, immerhin interner akademischer Vorgang sich
zu einem politischen Ereignis ersten Ranges aufbauschen konnte. Heute
ist die öffentliche Anteilnahme doch auf ganz andere Mächte und bei
weitem breitere Interessenprobleme übergegangen. Damals vollzogen

sich eben die politischen Ausgleichsbestrebungen noch im Ideellen, während sie in der Gegenwart durchaus im Realen der mehr oder minder günstigen Lebensbedingungen wurzeln.

Preußen und Osterreich als die beiden Hauptmächte des großen Staatenbundes hatten das größte Interesse daran, alle Fäden eines reaktionären Systems in der Hand zu halten, und besonders war es der Einfluß Metternichs, der allenthalben niederdrückend wirkte, und dessen Machtsphäre direkt und indirekt so weit reichte wie der deutsche Staatenbund. Immerhin ist das Bild, das wir uns jetzt von Metternich machen, kein ganz getreues. Man stellt ihn als Fuchs, als schwarzen Mann dar, verknöchert und lächerlich; während er doch ein Diplomat von vielen Graden war, und persönlich die Vorzüge seiner Gegner - vor allem, wenn sie auf künstlerischem Gebiet lagen - sehr wohl zu schätzen wußte. So war er ein großer Verehrer Heines, und dessen Verse und Prosaschriften wurden immer wieder und wieder bei den geselligen Abenden, die er in seiner Rüdesheimer Besitzung gab, rezitiert und vorgelesen. Jedenfalls war er besser als das System, dessen erster Wortführer er war. Und auch Gentz war nicht nur das Wort zu den Gedanken Metternichs, nicht nur der glänzende Publizist, der keiner guten Sache diente, sondern er war auch über lange Jahrzehnte der Freund einer Rahel Levin. Und noch als Sechzigjähriger war er der verliebte Schäfer der schönen Tänzerin Fanny Elßler. Und diese Rolle war für ihn nicht etwa die letzte Suite eines alternden Lebemanns, die sorgsam vor der Welt geheimgehalten werden muß, sondern er gab sich ihr ganz und gar hin, mit Kopf und Herz, wie ein Zwanzigjähriger.

Überhaupt geht es nicht an, in dieser Zeit die Dinge schwarz oder weiß zu malen. Auf beiden Seiten ist in gleichem Maße Tüchtigkeit und viel Können, und auf beiden Seiten sind gute Absichten, die aber immer wieder konterkariert und zerstört werden. Friedrich Wilhelm III. ist trotz allem, was sich unter seiner Regierung ereignete: trotz der unerhörten Schikanen von Zensur und Polizei, trotz Schmalz und Vater Dambachs Untersuchungsgefängnis, trotz der Knechtung und Unterdrückung aller Jugend..... außerordentlich beliebt; und durch den frühen Tod seiner Gattin, die gleichsam als Märtyrerin starb und die Wiederaufrichtung Preußens nicht miterlebte, ist er für alle Schichten

des Volkes mit einem Nimbus umgeben. Friedrich Wilhelm IV. aber ist
eine Hoffnung, ist von besten Absichten beseelt, wird geschätzt seiner
Lebhaftigkeit und seines Geistes wegen, in einer Zeit, die dem Esprit
verwandte geistige Gaben in ganz anderem Maße noch zu schätzen
wußte als die Gegenwart. Denn erstens erlebte damals der Berliner
Witz seine besten Tage, und zweitens waren die großen Publizisten alle
durch die Schule des funkelnden französischen Esprits gegangen. Man
hat Friedrich Wilhelm IV. als den Romantiker auf dem Thron ab=
fällig bezeichnet; aber man vergißt, daß diese ganze Epoche immer
wieder unter irgendeiner neuen Note und Verstiegenheit der Romantik
stand, und daß man Menschen mit einem Knick und einem Bruch da=
mals weit besser verstand, als das heute geschieht. Damals, als noch
Byron gelesen wurde, wie kaum ein anderer; als Heine und Pückler die
literarische Grundstimmung kennzeichneten; als der Einfluß Jean Pauls
kaum abgeflaut hatte, Fouqué, Tieck und Arnim mit ihren Erzählungen
und Novellen die Taschenbücher füllten; als am hellichten Tage die spuk=
haften Figuren Hoffmanns noch die Königstraße und die Linden ent=
lang gingen...... Und selbst das junge Deutschland, das sich so uner=
hört tatkräftig vorkam und sich weit hinausgewachsen fühlte über die
Romantik – wieviel Verbindung hat doch noch ein Gutzkow, ein
Mundt, ein Laube, ein Wienbarg und Stieglitz mit all den liebens=
würdigen, künstlerischen und schwächlichen Halbheiten von einst!

> „Ich habe ein Faible für diesen König,
> Ich glaube, wir sind uns ähnlich ein wenig.
> Ein vornehmer Geist, hat viel Talent –
> Auch ich, ich wäre ein schlechter Regent."

Dieses Wort seines Gegners, des Spötters aus der Pariser Matraßen=
gruft, bleibt für mich stets das beste und verständnisvollste, das über
eine Erscheinung wie Friedrich Wilhelms IV. gesagt worden ist.

An großen geschichtlichen Ereignissen ist diese Zeit nicht reich, und
nach Deutschland gelangen nur die Reflexe der bedeutsamen Staaten=
bewegungen. Während Rußland schon seine Macht nach Süden und
Osten ausdehnt, während Frankreich nach Afrika übergreift, während
England seine Interessensphäre im Mittelmeer befestigt, während eine
Neue Welt – Amerika – langsam zur Reihe der Großmächte empor=

steigt, ist Deutschland immer noch vielfach zerrissen und bleibt unfähig,
sich irgendwie nach außen zu betätigen, ja unfähig, sich zu einer Einheit zusammenzuschließen.

Der Zollverein von 1834, der viele alte Rechte und Schranken um-
stieß, ist nur eine ziemlich kümmerliche Abzahlung auf die ersehnte
Einigung Deutschlands gewesen. Jedenfalls vermochte Deutschland
auch mit seiner Hilfe noch nicht, im Welthandel irgendwie mitzu-
konkurrieren. Die, nach Aufhebung der Kontinentalsperre naturgemäß
hereinbrechende, Überflutung mit englischer Ware schwächte – zu all der
Misere der inneren Politik noch, die jede Entwicklung hemmte, so daß
sie später bei Einführung der Maschinen völlig hilflos war, und ganze
Landstriche brotlos wurden, – die Kraft der deutschen Fabrikation. Zu
regelrechten Hungersnöten kam es aber in Deutschland nur zweimal
in dieser Zeit, 1816, unmittelbar nach dem Kriege, und im Jahr
vor der Revolution. Der Weberaufstand, der mit so blutiger Faust
niedergeschlagen wurde, und der – ein Zeichen für den Wandel der
Zeiten – seine eigentlichen Ursachen jenseits des Kanals und noch
weiter, jenseits des Ozeans, hatte, ist ja durch das grandiose Drama
Gerhart Hauptmanns unserer Generation in allernächste Lebensnähe
gerückt worden. Aber schon aus dem Weberlied Heines spricht ganz
etwas anderes als die Barrikadenbegeisterung der französischen Revolution. Hier schreit wirklich zum erstenmal soziales Elend empor, und
es ist nicht mehr der Kampf von Volk und Adel, von Massen und Regierung, kein Ringen um politische Ideale, sondern ein Sichaufbäumen
niederer Schichten gegen einen Schicksalsvollzug.

Da aber Deutschland sich nur langsam anschicken konnte, aus Mangel
an Reichtum und behindert durch rückständige Regierungsform, mit
eine Rolle im Konzern der Weltmächte zu spielen; und da doch ein
großer Teil seiner Bevölkerung in Städten lebte und auf industrielle
Unternehmen angewiesen war; da auch die Landwirtschaft recht da-
niederlag, vor allem der Bauernstand sich in der Auflösung befand –
so hat es in diesen Jahrzehnten eine außerordentlich starke Abwande-
rung nach Amerika. Die, welche nur politischer Gründe wegen hin-
übergehen, sind doch ein ziemlich geringer Prozentsatz gegenüber denen,
die die grimmige Lebensnot auf die Schiffe und in das neue Land
treibt. Zu Ende der Biedermeierepoche erreicht die jährliche Abwande-

rung eine Höhe von fast 200 000; viel Volkskraft ist da verloren ge=
gangen, und selbst der Junge, der in der Schule die Verse Freiligraths
lernen muß:

> Ich kann den Blick nicht von euch wenden;
> Ich muß euch anschaun immerdar: ....

ahnt etwas von der beängstigenden Grundstimmung dieser Dinge. Es
wirkt tief beschämend für uns, wenn wir bei Emerson die Worte über
die Deutschen lesen, ‚sie und die Iren wären für Amerika nur dazu da,
um den Boden zu düngen. Sie kommen herüber, bestellen ein Stückchen
Prärie und legen sich dann hin, um selbst ein Stückchen grünen Rasens
auf der Prärie zu werden. Das ist ihre Kulturaufgabe für Amerika‘.
Daß es nicht für alle gilt, beweist am besten die Stellung der heutigen
Deutschen drüben, und zeigt uns die Achtung, die viele der ausge=
wanderten Intelligenzen dort genossen haben. Aber ein gut Teil deut=
scher Volkskraft ist in der ersten Hälfte des neunzehnten Jahrhunderts
drüben im „fernen Westen" auf elende Weise zugrunde gegangen.

*　　*　　*

Trotzdem, wie wir sahen, die politischen und sozialen Verhältnisse
dieser Zeit nichts weniger als erquicklich waren, so hatte doch das Leben,
das gesellige Leben, das Gesellschaftsleben, das Volksleben, eine ganz
ausgesprochene Färbung und war in recht anderem Maße entwickelt,
als die alles zersplitternde und in tausend Partikeln zerstäubende Gegen=
wart. Das gesellige Leben war interessierter als das heutige. Musik,
Literatur, Theater, Dilettantenkünste jeder Art spielten eine große Rolle.
Das Volksleben hatte eine Unzahl von prägnanten Typen und Ge=
werben, die längst verschollen und vergessen sind, hatte überall eine Zahl
von Volksfesten, die unter allgemeiner Beteiligung fast aller Schichten
sich in Szene setzten; auch die einzelnen Interessensphären hielten ge=
werkschaftlicher zusammen, als das heute geschieht. Die Künstlervereini=
gungen waren so gut von Bedeutung, wie die literarischen Vereinigungen;
und für das Theater herrschte eine an Begeisterung grenzende Sym=
pathie, deren sich diese ‚moralische Anstalt‘ kaum je wieder vorher oder
nachher erfreuen konnte. Wenn auch diese Sympathie nicht der eigent=
lichen Dichtkunst zugute kam, so galt sie ihr doch indirekt durch die Be=
wunderung, die man der schauspielerischen, gesanglichen Leistung zollte;

2*

während der Enthusiasmus für die Tanzkunst einer Taglioni oder
Fanny Elßler indirekt auch die bildende Kunst förderte. Am meisten
aber reizt uns an der Biedermeierzeit und am engsten ist mit dem Be=
griff der Biedermeierzeit verbunden der patriarchalische Zuschnitt des
Familienlebens, der uns aus Hunderten von Bildern und Zeichnungen
eigentlich besser überliefert ist als durch literarische Denkmale, und dessen
Andenken noch heute in einer Unzahl von Anekdoten in jeder Familie
von älterer Kultur fortlebt.

Aber auch das Leben außer dem Hause hat eine andere Bedeutung
und einen anderen Zuschnitt. Überall paarte sich, um es paradox zu
sagen, das Herbe mit dem Zarten. Die Konditoreien hatten z. B. in
jenen Tagen eine ähnliche Bedeutung wie politische Klubs. Sie hielten
Zeitungen und versammelten Politiker aller Richtungen um ihre run=
den Tische, wechselnd je nach Färbung zu den verschiedenen Tages=
zeiten. Hier, an dieser Stelle, wurde die öffentliche Meinung gemacht;
hier wurden Neuigkeiten in Empfang genommen und verbreitet; hier
wurde der Tageskurs der Freiheitsaktien bestimmt; hier saßen Jour=
nalisten, Beamte, Staatsmänner, Militärs und politische Agenten; und
die Konditoreien spielten eine Rolle, die nie wieder irgendeine Sorte
von Lokalen gespielt hat. Sie waren nicht dem Wiener Café zu ver=
gleichen oder dem Palais Royal in Paris. Sie waren ganz charakte=
ristisch für diese Zeit, gleichsam das Symbol, das ihre beiden Extreme
in sich vereinte. Neben ihnen nahm für die niederen Volkskreise die
„Tabagie" eine ähnliche Stelle ein. Diese Tabagien waren weder
Bierlokale noch die Destillationen von heute, sondern kleine Gast=
wirtschaften, vielfach mit Gärtchen verbunden, in denen man, wie das
Wort sagt, dem verpönten Tabaksgenuß huldigen durfte, und in denen
von allen Biersorten wohl einzig das Weißbier, das alte Berliner Na=
tionalgetränk, goutiert wurde. Hier verkehrte der kleine Handwerker mit
seiner Familie, und hier spielte sich jenes charakteristische Leben ab, das
wir uns gut aus den Zeichnungen Hosemanns und aus den Volks=
szenen Glaßbrenners mit ihrem kräftigen, schlagenden Witz - im wort=
wörtlichen und im übertragenen Sinne - rekonstruieren können.

Neben diesen aber gab es jene großen sommerlichen Kaffeelokale vor
den Toren, die die bessere Welt in allen ihren Abtönungen versammelte,
und die so oft den harmlosen Hintergrund für die phantastischen Ge=

schichten des Theodor Amadeus Hoffmann abgeben. Und dann kamen jene berühmten Weinstuben in Flor, um die sich das literarische und künstlerische Leben der Zeit konzentrierte, die Hoffmann und Devrient, Heine und Grabbe, Hitzig und manche Berühmtheit noch an ihren weißen Tischen sahen. Während wieder Adel und Lebewelt sich in ein paar vornehmen Lokalen zusammenfand, wie z. B. bei Jagor in Berlin. Jagor hatte seinen weithin leuchtenden Nimbus so gut wie die vielfach besungene Stehelysche Konditorei, von der fast kein Schilderer Berlins vergißt, uns ein Bild zu entwerfen.

Die feinste Form des geselligen Lebens aber entwickelte sich in den sogenannten Salons. Und was auch versucht wurde, sie später wiederzubeleben, man hat diese köstliche Pflanze nie wieder zum Blühen gebracht. Ja - das spöttische Wort Oskar Wildes - manche Dame redet sich ein, einen Salon zu gründen, und sie eröffnet doch nur ein Restaurant - hat nicht nur für das England von heute Gültigkeit. Was aber war solch ein Salon von ehedem? - Eigentlich nicht viel mehr, als ein neutraler Treffpunkt aller geistig bedeutsamen Menschen in den bescheidenen Räumen der Wohnung irgendeiner Dame der Gesellschaft, die jene seltene Gabe besitzen mußte, das Letzte, Feinste und Tiefste aus den Menschen herauszulocken ... die Gegensätze aneinanderprallen zu lassen, und sie doch wieder auszugleichen ... selbst schweigen zu können, zuhören zu können ... selten irgend etwas einzuwerfen, das aber mit jedem Wort für selbständiges Denken Zeugnis ablegte ... und die trotzdem bei all diesen Äußerungen intensivster und subtilster geistiger Tätigkeit doch in jedem Augenblick sämtliche hin und her schießenden Fäden in der Hand halten mußte. Diese Gaben aber konnten sich nur vereinzelt und bei wenigen regsamen und hochkultivierten Frauen finden. Und auch dann gehörte noch die Anteilnahme an jedem dazu, und die ständige Verbindung mit jedem, durch einen ausgedehnten Briefwechsel, der nicht in der Konvention bleiben durfte, sondern in dem man sich rückhaltlos mitteilte. Dann aber konnte auch diese geistige Vermittlerrolle, dieser seelische Parlamentärsberuf, wie bei einer Rahel Levin, zur treibenden Kraft eines ganzen Daseins werden.

Der Einfluß, den solche geistigen und künstlerischen Geselligkeitszentren haben konnten, die nach allen Seiten hin ihre Wirkungen ausstrahlten, die bis in die Universitäten und Kirchen, in die Dichter-

zimmer, in die Bildhauerwerkstätten, in die Säle der Schlösser hin=
überspielten, muß überaus bedeutsam gewesen sein. Und wenn wir ihm
nichts dankten, als daß von ihnen aus dem Verständnis für den Goethe
der späteren Zeit der Boden bereitet wurde, so hätten sie ihre Mission
schon ganz erfüllt. Denn jene großen Erfolge, die dem jungen Goethe
beschieden waren, haben ihm die anderen Zeiten seines langen Lebens
nicht mehr gebracht. Und die Resonanz seiner späteren Arbeiten war
weit geringer, und er selbst weit vereinsamter, als wir das heute annehm=
men. Er war noch lebend zum Klassiker geworden, getrennt selbst von den
breiten Massen der Gebildeten; und er war für die Schriftsteller und
Dichter nicht viel mehr als ein ehrwürdiges Fossil, als eine literarische
Anstandsperson. Von dem Salon einer Rahel Levin aber, der späteren
Gattin des klugen Historikers und Publizisten Varnhagen von Ense,
dem Haus, das unter dem Stern Goethe stand, begann sein Ruhm,
und was noch mehr bedeuten will, die Erkenntnis für die große und
tiefe Menschlichkeit seiner Person, langsam nach überallhin durchzusickern.
Was aber für literarische Kreise der Salon der Henriette Herz und der
Rahel bedeutete, das bedeuteten für das musikalische Leben die Häuser
Beer und Mendelssohn, die vermöge ihrer Glücksgüter auch die äußeren
Formen ihrer Geselligkeit auf einer breiteren Basis errichten konnten.
Es ist wohl das erstemal, daß hier - dank der Napoleonischen Flutwelle
aus altem Zwange befreit - jüdische Familien literarisch und künstlerisch
weitgehenden Einfluß gewinnen, ohne daß sie sich vorerst produktiv be=
tätigen. Denn ein Meyerbeer und ein Felix Mendelssohn=Bartholdy
haben ja nicht diese einflußreichen Häuser geschaffen, sondern sind aus
ihnen hervorgegangen.

Die starke Rolle, die Theater und Literatur in der Biedermeier=
epoche spielen, war mit Naturnotwendigkeit dadurch bedingt, daß eigent=
lich alle politischen Ventile gesperrt waren, daß der Nachrichtendienst
noch schlecht organisiert war, und daß die Presse durch die Zensur unter=
drückt wurde. Unwillkürlich drängte alles nach dem Punkt des nied=
rigsten Druckes. Und ganz von selbst errangen sich das Theater und
die Literatur eine Stellung, die ihnen wohl im Volksleben nicht zu=
kommt. Als Kehrseite stoßen wir auf einen übertriebenen Persönlichkeits=
kult, der sich zu allen den Verstiegenheiten verirrte, die heute nur noch
als Renommistereien abgetakelter Mimen in den Witzblättern vegetieren.

Henriette Sontag wurde mit Briefen und Gedichten überschüttet, ja, ein eigener Briefkasten wurde in der Expedition einer Zeitung für die Elaborate der überschwenglichen Poetaster aufgestellt. Nicht nur, daß man der Sontag die Pferde ausspannte, Göttinger Studenten warfen sogar den Mietswagen in die Leine, um ihn der weiteren Benutzung für profane Sterbliche zu entziehen. Und mit Schauspielern und Schauspielerinnen, mit Seydelmann, Devrient, Beckmann, Charlotte von Hagn, der Schröder-Devrient, der Crelinger-Stich, der niedlichen Karoline Bauer, wurde ein ähnlicher Kult getrieben. Dabei war das Repertoire nichts weniger als literarisch einwandfrei. Ja, klassische Stücke, die für uns längst politisch vollkommen indifferent geworden sind, wie Tell und die Räuber, wurden vorsichtig von den Bühnen ferngehalten. So hätte z. B. Devrient gern einmal wieder den Franz Moor gespielt. Aber jedesmal, wenn das Stück auf dem Wochenzettel stand, wurde es eigenhändig vom König gestrichen, um nach einigen Wochen von neuem zu erscheinen und von neuem von höchster Hand gestrichen zu werden. Das eigentlichste Stück des Biedermeier aber ist und bleibt das Volks= und Rührstück, das Lustspiel von Iffland und Kotzebue, die Posse von Angely, die Wiener Posse Nestroys. Literarisch pflegt man diese Dinge ja nicht allzu hoch zu bewerten, aber man vergißt dabei das eine: daß sie eine neue künstlerische Lebenseroberung darstellen, daß sie eine große Zahl neuer Typen aus allen Volks= schichten der Literatur zugeführt haben, und daß sie gegenüber dem Pathos der klassischen Periode eine naturalistische Reaktion bilden. Gewiß kommt es bei der Kunst nicht auf das Was, sondern auf das Wie an; aber jede neue Lebenssphäre, die künstlerisch umgedeutet wird, muß als ein Fortschritt der Entwickelung betrachtet werden. Und wenn hiermit auch nichts weiter erreicht wird als eine Vorstufe für neue Ent= wickelungen.

Bezeichnend ferner für die Biedermeierzeit ist das ausklingende eklektische, klassische Drama, sind die Stücke Raupachs, die auf lange Zeit das Berliner Schauspielhaus - und auch noch andere Hoftheater - beherrschten. Allein sechzehn Hohenstaufendramen waren darunter mit einer nimmer endenden Kette lang dahinrollender fünffüßiger Jamben. Man darf aber den äußeren Erfolg dieser Dinge nicht schlichtweg auf einen künstlich gezüchteten Patriotismus zurückführen, sondern muß bedenken, daß diese Zeit die ersten großen Geschichtsforscher sah und historisch eminent interessiert war. Auch war sie unterrichtet genug, um allen geschichtlichen Verwickelungen zu folgen. Endlich sind ja die Stücke Raupachs genau so Romantik wie die schwertklirrenden, edelmuttriefenden, mondscheinumflossenen, sagenumwobenen Erzählungen Fouqués, der einst als der Größte gepriesen wurde, und der doch sich selbst überlebte und unter kümmerlichen Verhältnissen zugrunde ging. Sie selbst, die Dramen Raupachs, werden aus der gleichen Quelle gespeist. Und ein Walter Scott ist auch keineswegs der Schöpfer dieser Bewegung, sondern er ist ebenso wie die andern nur ein lebendig gewordener Ausdruck für die historisch-romantische Sehnsucht der Biedermeierzeit.

Hat sich aus dem Theater, aus dem Schauspiel jener Zeit eigentlich nur das erhalten, was keinen allzu großen Erfolg hatte, eben weil es in die Zukunft wies, wie die Dramen von Hebbel, oder was in seiner strengen Schönheit, in seiner schmucklosen Innerlichkeit nicht Beifall genug fand, um zu bestehen, wie die Arbeiten Grillparzers, so sind die großen Opernerfolge bleibend gewesen. – Und fast alles – mit Ausnahme von Mozart – was wir heute zum festen Repertoire unserer Opern rechnen, ist in jenen Jahren zum erstenmal über die Bühnen gegangen. 1821 brachte den Freischütz, 1831 Robert den Teufel, 1836 die Hugenotten, ja in den Beginn der 40er Jahre fallen schon die ersten großen Opern Richard Wagners. Und alle die feinen Spielopern, die wir heute wieder lieben, von Kreutzer, Lortzing, Nicolai usw. stammen aus der Biedermeierzeit. Ebenso wie fast unser ganzes Repertoire des Hausgesanges und der Konzertsäle in der gleichen Epoche entstanden ist. Das ist natürlich auch keineswegs reine Zufälligkeit, sondern es ergibt sich daraus, daß die Zeit sehr musikliebend war, und daß nicht nur die öffentlichen Musikaufführungen in jeder Form sich eines großen Zuspruches erfreuten und wichtige Kunstereignisse waren, sondern daß fast in jedem besseren Hause Hausmusik gepflegt wurde, daß man zusammenkam, um nach besten Kräften zu musizieren, Opern mit verteilten Rollen zu singen, Streichquartetten zu lauschen, ja um die Kompositionen von Freunden und Verwandten durchzunehmen, und sie vom Papier in die klingende Wirklichkeit zu übersetzen. Erst mit dem Auftreten von Liszt und mit der Überschätzung des Virtuosentums wird die Kunst aus dem Hause vertrieben, hat nur noch in den Konzertsälen ihr Heimatsrecht.

Dann aber bricht die alte musikalische Kultur schnell zusammen, und es kommt zu einer Entfremdung jenes Teils der Bevölkerung, der nicht Geld genug oder keine Lust hat, die Stätten aufzusuchen, in der Musik anspruchsvoll gepflegt wird.

Genau so wie es in der Literatur dem alternden Goethe ging, so ging es in der Musik auch dem alternden Beethoven. Beide ragen als die Größten einer klassischen Zeit in die neue Epoche hinein, und beide traf das gleiche Schicksal. Beethovens letzte und unerhörte Schönheiten versuchte man mit seiner zunehmenden Taubheit zu entschuldigen, und die wenigen Vorkämpfer wie Marx und Rellstab vermochten doch nicht, seinen spätesten und größten Arbeiten Geltung zu verschaffen.

Von der vollen Bedeutung der Literatur in jenen Tagen kann man sich heute nur schwer einen Begriff machen. Nicht etwa, daß der Bücherverkauf und die Auflagenhöhe der Zeitschriften ein übergroßer gewesen wäre – dazu war die Zeit nicht reich genug – nein, die Bücher von literarischem Wert gingen wohl noch mehr als heute von Hand zu Hand; und nach heutigen Begriffen hohe Auflagen erreichten nur die Taschenbücher, die durch ihre zierliche Ausstattung zugleich ein Stück Boudoirkunst waren. – Aber trotzdem hatte die Literatur eine Machtsphäre wie nie zuvor, und der Einfluß der Literatur und der Glaube an sie als Kunstform und zugleich als Heilfaktor in der Wirrnis der Zustände war so stark, wie er es kaum jemals vorher oder nachher war. Dilettiert, in Versen und Prosa, wurde außerdem von aller Welt, und was uns von solchen Dingen heute in die Hände fällt, mag oft hohl und inhaltsschwach sein, überrascht aber fast immer durch Versbegabung und Sprachsinn. Noch auffallender aber erscheint uns heute die stilistische Gewandtheit aller, die in der Zeit lebten oder aus ihr hervorgingen . . . mögen das nun Ärzte, Staatsmänner, Offiziere, Gelehrte, Historiker, Naturwissenschaftler oder selbst harmlose Briefschreiber sein. Immer und stets fesselt uns die Schreibkultur, die Klarheit und die schöne Kraft der langhinrollenden Perioden. Selbst Zeitungen und Zeitschriften zweiten Grades waren bedeutend „besser geschrieben", als das heute geschieht. Und wenn auch die Biedermeierzeit – überschwenglicher als die unsere – mehr zur Phrase neigt, so steht doch diese etwas altmodisch umständliche Phrase – halb pathetisch, halb sentimental – ihr vorzüglich zu Gesicht, und sie ist aus ihrem Kulturbild nicht fortzudenken.

Ein wie stark politisches Gepräge jede Schriftstellerei damals hatte, offen zur Schau trug oder geheim verbarg, ist schon erwähnt worden. In Wahrheit gibt es wohl kaum einen bedeutsamen Schriftsteller der Zeit, der nicht irgendwie in eine Untersuchung verwickelt wurde und der keine Zensurschwierigkeiten hatte. Von vornherein war der Dichter, mehr noch der Literat, verdächtig.

Ja, man ging sogar so weit, nicht nur geschriebene und gedruckte, sondern noch ungeschriebene und noch ungedruckte Bücher für alle Zukunft zu verbieten. Ein Verdikt, das Heine und das Junge Deutschland traf,

Es blüht der Lenz, es platzen die Schoten,
Wir atmen frei in der freien Natur,
Und wird uns der ganze Druck verboten,
So schwindet am Ende von selbst die Zensur.

Natürlich wurden diese Verbote dadurch umgangen, daß man die Bücher in außerpreußischen Staaten, wie der freien Hansestadt Hamburg oder in Zürich, drucken ließ, und daß sie insgeheim auch in Preußen nur um so mehr verkauft wurden.

Schwerer aber als in Preußen hatten wohl noch die österreichischen Schriftsteller unter ungünstigen Zensurverhältnissen zu leiden; und das ganze Leben eines Grillparzer ist fast ein einziges Klagelied über diese unerträglichen Zustände. Werke über zwanzig Bogen galten aber als zensurfrei, denn man nahm an, daß die gefährlichen Gedanken in ihnen genugsam verwässert waren, um nur noch als homöopathische Dosen zu wirken. Ein Mißstand, der sich daraus ergab, war Weitschweifigkeit, und das Hineinstopfen von allen möglichen Einschiebseln in die Bücher, die die Einheitlichkeit schädigten.

Als zusammenhängend mit den Zensurschwierigkeiten, aber zugleich auch als Ausdruck einer neuen internationalen kosmopolitischen Strömung in der Literatur muß man die außerordentliche Unstetheit der Schriftsteller jener Tage betrachten. Die größten gingen vorübergehend oder auf lange Jahrzehnte ins Ausland. Die meisten lebten heute hier und im nächsten Jahr dort; sie wurden ewig hin und her gewirbelt, konnten sich nirgends lange halten, weil sie immer wieder Verfolgungen ausgesetzt waren. Selbst viele, die seßhafter hätten sein können, fühl-

ten eine romantische Reisesehnsucht in sich, durchstreisten, wie Fürst
Pückler, Italien, Rußland, Spanien oder den Orient, waren in Lon=
don so gut zu Hause wie in Paris, in Baden=Baden wie in Peters=
burg. Und alle berichteten treu von ihren Impressionen in mehr oder
minder dickbändigen „Reisebildern", von denen uns doch eigentlich heute
nur noch die Heines geblieben sind. Die Brücke von diesen Reisebildern
zu den verträumten Wanderliedern mit ihrer dämmerigen, unbestimm=
ten Sehnsucht der früheren Romantiker ist nicht schwer zu schlagen, und
doch muß man sich hüten, es zu tun, denn das eine stellte ein Zurück=
flüchten dar, das andere aber ein Vorwärtsdrängen in die neue Zeit.

Das gesamte literarische Bild der Epoche ist – das sollten wir nie
vergessen – ein außerordentlich vielfältiges und kompliziertes. Man
könnte im Augenblick dreißig Namen aufzählen, dreißig Leute von sehr
verschiedener künstlerischer Physiognomie, die heute in ihren vorzüg=
lichsten Werken oder Gedichten noch jeder kennt, ohne sich gerade klar=
zumachen, welcher Zeit sie entstammen. Sicherlich wird das Erbe der
Gegenwart an Schriftstellern von gleichem Wert weit kleiner sein.
Und doch hat auch diese Zeit literarisch außerordentlich schnell gelebt.
Daß sie eine große Zahl recht fader und heute vergessener Unterhal=
tungsschriftsteller hatte, die die Götter der Leihbibliotheken waren,
spricht nicht gegen die Qualitäten der andern und nicht gegen die hohe
Verehrung, die man in weiten Kreisen guter Literatur zollte. Stärker
als der Einfluß Goethes auf die Zeit, stärker als der Einfluß Schillers,
der seine Höhe eigentlich erst nach 1848 bis in die achtziger Jahre
hinein in der Periode des zielbewußten Liberalismus erreichte, ist für
jene Zeit noch der Einfluß und die rückhaltlose Verehrung Jean Pauls.
Für uns Heutige hält es nur schwer, zu dem Genuß der Jean Paul=
schen Werke zu kommen, die, mit einem unerhörten Reichtum von
tausenderlei Beziehungen überspielt, barock und langatmig, nicht leicht
ihre Seele offenbaren, und jedenfalls heute durch ihre skurrilen For=
men die Menge abschrecken würden, die klare Rechnung verlangt.

In der jüngsten Gegenwart aber wächst wieder das Interesse an
Jean Paul bei der äußersten Vorhut der literarisch Kultivierten, und
Stephan George hat der „Goldharfe aus erhabenen Himmelschören,
dem Sänger von Maiental und Blumenbühl", wundervolle Verszeilen
gewidmet. Wie eine Generation den Titan las, das wissen wir aus

Platens Tagebüchern, und was Jean Paul seiner Zeit war, das sagt die ergreifende Gedenkrede des so kritischen Ludwig Börne, der mit der eisigen Klarheit seines Verstandes sonst stets das Feuer seiner Begeisterung oder das Übermaß seiner Empfindungen zu dämpfen wußte. Jean Paul war der Gradmesser für die Empfindungen und wurde gelesen wie kein anderer. Börne erzählt die nette Geschichte, daß ihm auf einem Rheindampfer ein Reisender auffällt, der sich nicht genugtun kann, mit grobem Volk grobe Witze zu reißen. Und wie der Mann dann, ermüdet durch die lange Fahrt, etwas einschläft, fällt ihm ein Buch aus der Tasche. Es ist der Titan, und die Ränder der Seiten sind über und über mit Anmerkungen bedeckt, die eine ganz andere „schöne Seele" verraten, als man vermutet hatte. Nebenbei geht der Einfluß Jean Pauls in den Werken Raabes, der seiner ja auch in Abu Telfan ehrend gedenkt, bis in die Gegenwart hinein.

Ebenso kann man sich heute schwer vorstellen, mit welchem Enthusiasmus Börne gelesen wurde, und was er der Generation vor uns bedeutete. Ein Schriftsteller, der an Politik und Tagesgeschichte so viel voraussetzt, wäre heute – und wenn er noch so sehr von Maximen funkelte – doch nur für einen ganz kleinen Kreis politisch höchst versierter Leute möglich und lesenswert. Und was war er der Generation vor uns?

Mir sind zwei kleine Beispiele dafür in Erinnerung geblieben: Eine alte, achtzigjährige Dame war hingefallen und hatte sich eine Stirnwunde zugezogen, und sie bat den Arzt inständig, man möchte ihr doch nicht den Verband über das Auge machen, da sie heute abend noch Börne lesen müsse. Und als man meinem Vater einen Tag vor seinem Tode, da er um ein Buch zum Lesen ersuchte, den Börne brachte, den er so liebte, bat er darum, man möchte ihm etwas anderes geben, denn Börne kenne er auswendig. – Und das scheint mir bezeichnend für eine frühere Generation. Sie las wohl nicht so viel wie die heutige, aber sie las ihre Lieblingsschriftsteller sehr intensiv, drang in ihr Wesen ein und empfing von ihnen eine ganz bestimmte Geistesrichtung.

In stärkerem Maße als von Börne gilt das letzte noch von Heine, der wohl von allen Schriftstellern – und das involviert keineswegs ein Qualitätsurteil! – das Glück hat, am innigsten gelesen zu werden, mit der größten Freude an einer Wendung, einem Wortbild, einer Klangschönheit, dem schillernden Funkeln eines Aperçus und eines Witzes. Selbst für den, der sich nicht allzuviel mit ihm beschäftigt, hat er doch die Eigenschaften des Federweißen, des jungen Weins. Er geht leicht ein und berauscht stark. – Vielleicht besteht das Hauptverdienst Heines darin, daß er die schwereren Vers- und Prosaformen in handlichere, beweglichere, impressionistischere Formen überführte, die ermöglichten, die Inhalte einer neuen Zeit zu deuten. Theodor Amadeus Hoffmann und Heine haben Frankreich weit mehr Achtung eingeflößt, als das die Klassiker vermocht hatten, die noch unter dem Einfluß Rousseau= scher und Voltairescher Gedanken= und Empfindungskreise gestanden hatten. Kein Wunder, daß überall, wo literarische Interessen waren, jedes neue Werk Heines mit Spannung erwartet wurde. Was wird er nun bringen? In fast vierzig Jahren seiner literarischen Tätigkeit hat man ihm nie gleichgültig gegenübergestanden, und kaum ein Ge= ringerer hat sich seiner Persönlichkeit entziehen können, die – unnach= ahmlich – in lyrischen Formen (nicht zum besten der Dichtkunst) bis zum heutigen Tag nachwirkt. Der späte Heine aber weist, wie kaum ein Dichter der Zeit, nach Kunst und Inhalt in die Zukunft, ist ganz und gar modern und hat seine eigene Jugend weit hinter sich gelassen.

Mit diesen paar Namen ist keineswegs die literarische Physiognomie dieser Zeit gegeben. Platen und Rückert bringen formal die Kunst= dichtung auf eine außerordentliche Höhe, führen ihr aus allen Zonen und Zeiten neue Rhythmen zu, und beide sind in ihrer etwas nüchternen, doktrinären Art, in ihrem wissenschaftlich gefärbten Dichtungsbetrieb, mit ihren kalten Sprachschönheiten echte Kinder ihrer Zeit, die zugleich nüch= tern begeistert war und Wissenschaft und Empfindung zu vereinen suchte.

Fast allen Romantikern, die einer früheren Generation angehören, ist es bestimmt, in der Biedermeierperiode sich selbst zu überleben, ob das nun Arnim oder Brentano, Tieck oder Fouqué ist. Nur solche, die sich früh vollenden, bleiben sich getreu.

Zum Ausgang der 30 er Jahre hebt mit dem Jungen Deutschland, mit Wienbarg, Mundt, Gutzkow, Kühne, Laube, Dingelstedt eine neue, rein politisch gefärbte Zweckkunst an, die heute halb vergessen, doch bis in den Roman der 90 er Jahre hinüberspielt und als Verbindungs= glied, als Loslösung von klassizistischen und romantischen Idealen ihre Bedeutung behält.

Neben all dem steht als Pflegstätte einer feineren, gemütstiefen, wurzelechten Lyrik aber die schwäbische Dichterschule, die auch um die Entwicklung der reinen Erzählung und der lyrischen Novelle in Hauff und Mörike, ebenso wie um die Pflege der Ballade ihre Verdienste hat. Sie steht eigentlich in all diesen Bestrebungen abseits und pflegt die Dichtung als Endzweck, rein um ihrer selbst willen.

Nie wieder vorher und nie wieder nachher ist aber die politische Lyrik so reich gewesen wie zum Ausgang der Biedermeierzeit, und ein Herwegh konnte zum Beginn der 40er Jahre einen wahren Triumphzug durch Deutschland unternehmen. Freiligrath, Dingelstedt, Anastasius Grün, Hoffmann von Fallersleben und nicht zuletzt Heine sind die Hauptträger der starken politischen Lyrik, die eine Parallele bildet zu der patriotischen Dichtkunst vor den Freiheitskriegen, den gleichen Einfluß hat, und die aus den gleichen, zum mindesten doch aus verwandten Quellen entspringt. Wenn heute die Dinge für uns bei aller Wucht der begeisternden Rhythmen vielfach leer sind, so dürfen wir doch nicht vergessen, daß eine politisch hochgehende Zeit stets die Phrase liebt, und daß für uns die Voraussetzungen fehlen und die Grundstimmung verblaßt ist, aus der sie geschrieben wurden, in der sie deklamiert und gesungen wurden. Jedenfalls haben spätere Zeitereignisse nichts hervorgebracht, was literarisch jenen Zeitgedichten zu vergleichen ist, weder an Wucht, noch an Witz. Schon der künstlerische Niederschlag von 1870 ist demgegenüber außerordentlich geringwertig.

An indirekten Einflüssen von fremden Literaturen ist vor allem der großzügige weltschmerzliche Fanatismus Byrons zu erwähnen, der für Heine nicht ohne Folgen blieb, ist Walter Scott zu nennen, der die Richtung und die Vorliebe für den historischen Roman bestimmte, und der seinen Einfluß über Wilibald Alexis bis zu Fontane herabschickt. Und dann vor allem Eugen Sue, dessen dunkel gefärbte, mordbrennerische Romantik immer wieder bis heute in der deutschen Literatur durch alle Firnisschichten hindurchschlägt, geliebt in einer geradezu verbrecherischen Liebe von den breiten Schichten. Der Einfluß Dickens macht sich erst nach der Biedermeierzeit bemerkbar. Thackeray und Balzac sind leider, trotzdem sie stark gelesen wurden, auf die deutsche Erzählerkunst ohne Einfluß geblieben.

Daß die Wissenschaften, vor allem die Sprachforschung, wie die

Beſchäftigung mit Perſiſch, Arabiſch, Sanskrit, nicht ohne Nachhall
für die Dichtkunſt blieben, wurde bei Rückert und Platen ſchon er=
wähnt; aber ohne Zweifel reicht die Beeinfluſſung weiter. So ziehen
ſich Linien vom ſpaniſchen Drama zu Grillparzer und Schack, von
der ſpaniſch=hebräiſchen Kunſtdichtung zu Heine, von der Märchen=
forſchung und der Erſchließung germaniſcher Quellen zu vielen Roman=
tikern. Und überall zeigt ſich das Beſtreben, die Errungenſchaften der
neuen Sprachwiſſenſchaft dichteriſch zu aſſimilieren.

Die Wiſſenſchaft ſah in jenen Tagen eine Reihe bedeutender Män=
ner, deren Namen noch heute von dem Nimbus großer Leiſtungen und
einer achtunggebietenden umfaſſenden Allgemeinbildung umgeben iſt.
Sie ſah die letzten Polyhiſtoren, Gelehrte, die auf faſt allen Wiſſens=
gebieten gleich gut zu Hauſe waren, und die zu alledem noch, wie die
Brüder Humboldt, von vornehmer äſthetiſcher Kultur waren. Für eine
Reihe von Geiſteswiſſenſchaften iſt damals der Grundſtein gelegt wor=
den, und die moderne Forſchung, die heutige Betrachtungsweiſe datiert
von da an. Und es iſt höchſt bezeichnend für dieſe unmaterielle Epoche,
daß es weniger Naturwiſſenſchaften ſind, die gefördert werden, als reine
Geiſteswiſſenſchaften: Geſchichtsforſchung, Sprachforſchung, Jurispru=
denz, Theologie und Philoſophie; während in Medizin und Phyſik erſt
eine Generation ſpäter die Schöpfer und Neuerer auftreten. Man
könnte eine große Zahl von Namen aufführen. Namen bedeutender
Gelehrter, die heute noch jedermann geläufig ſind. Denken wir nur
an die Grimms und Humboldts, an Hegel und Schelling, an Raumer
und Rotteck, an Savigny und Gans, an Bopp, an Ranke, an Nie=
buhr und Boeckh uſw. Und vergeſſen wir endlich nicht, daß damals,
abſeits von den Univerſitätsbetrieben und ziemlich unbeachtet, ſchon
die erſten großen Werke eines Schopenhauer einer ihnen entgegen=
ſchlummernden Welt übergeben waren. Für eine Kunſtforſchung im
heutigen Sinne war vielleicht das Biedermeier zu ſentimental. Immer=
hin ſind es nicht nur romantiſche Neigungen, welche die Gebrüder
Boiſſerée beſtimmten, ihr Intereſſe dem Primitiven, vor allem der
Kölner Malerſchule, zuzuwenden.

Aus dieſer romantiſch=hiſtoriſchen Neigung aber entwickelte auf an=
derer Seite ſich leider auch eine wilde Reſtaurationswut, die in den
Muſeen und Sammlungen kein Bild, und, was ſchlimmer noch, kaum

ein altes Bauwerk in Deutschland unverschönt ließ. Über Restaurierung
von Bauwerken früherer Epochen läßt sich vielleicht noch streiten. Man
kann sie für unnötig oder nötig halten. - In der ausgehenden Bieder=
meierzeit aber wurden sie überall von nüchtern=doktrinären Architek=
ten und ohne genügende Stilkenntnis unternommen, so daß wir heute
vor traurigen Resultaten stehen. Auf anderer Seite aber wurde rück=
sichtslos viel Kulturgut zerstört - alte gotische Kapellen und köstliche
Bauwerke für ein paar Taler auf Abbruch verkauft oder, wie die früh=
gotische Kirche zu Kobolzell, in ein Salzmagazin verwandelt.

Wenn also die Achtung vor der Kunst früherer Perioden in der
Biedermeierzeit nicht allzu groß war, so schätzte sie doch ihre eigene
„hohe Kunst" dafür desto mehr. Und es ist amüsant, sich klarzu=
machen, wie die drei Hauptmotive des Lebens jener Tage in der Ma=
lerei ihr Widerspiel finden.

Das historische Interesse der Zeit, das so überaus stark entwickelt
war, machte es dem Historienbild leicht, eine bedeutende und führende
Rolle zu erlangen, als „die" Malerei sich aufzuspielen. Man malte
Weltgeschichte, wie man Weltgeschichte schrieb. Man zeichnete Philo=
sophie, wie man Philosophie dozierte. Da man sich als Aufgabe nahm,
große Wandflächen mit Gruppen und Figuren zu füllen, so kam man
bald dazu, die Farbe als etwas Nebensächliches zu betrachten und die
Kalligraphie der Linie, Zeichnung und Komposition zu überschätzen, -
kam es zur Abstraktion des „Kartons".

In gehörigem Abstande folgte dann das Anekdotenbild. Roman=
tisch, leicht rührsam, mit Freude am Erzählerischen, sentimental und mit
etwas spießerischem Witz. Es vernachlässigte die Farbe nicht, wie das
Historienbild - arbeitete aber auch als urechte Atelierkunst mit Rezepten
und Requisiten. Im ganzen hat es in der Gegenwart einen übleren
Ruf, als es verdient. Aber manchmal dämmert uns so etwas, daß
der Stil dieser Dinge doch ganz amüsant ist und jedenfalls sehr be=
zeichnend für die Zeit seiner Entstehung. Als kultureller Ausdruck
ist es weit bestimmter als das, was heute geschaffen wird.

Diese beiden Gruppen der Malerei erfreuten sich in der Biedermeier=
zeit einer starken Schätzung - während wir im Gegenteil heute uns
nur für die letzte Gruppe von Künstlern interessieren, die abseits der
Schulen standen, Naturalisten waren und versuchten, ohne Anlehnung

an alte Vorbilder oder an literarische Modeströmungen sich mit dem abzufinden, was sie sahen. Die Jahrhundertausstellung hat aus allen Teilen Deutschlands, vor allem aber aus Norddeutschland, vergessene Künstler wieder ans Licht gezogen, die mit überraschendem Können und mit reinen, malerischen Absichten das einfache Leben des Tages, die ganze Behaglichkeit, Sauberkeit und Helligkeit, den Ernst und die Gründlichkeit des intimen Lebens jener Zeiten widerspiegelten. – Es sind gute Zeichner unter ihnen, vorzügliche Porträtisten, ebenso wie feinsinnige Landschafter, die die ersten Schritte machen in das Neuland der Landschaftskunst des 19. Jahrhunderts hinein.

Ebenso wie in Musik und Literatur, so war auch das Dilettieren in der Bildenden Kunst und im Kunstgewerbe weit verbreitet und zeitigte höchst angenehme und liebenswürdige Resultate. Man braucht nur einer Dame eine großmütterliche Stickerei zu zeigen, und sie wird sofort sagen, daß heute so etwas niemand mehr machen könnte. Das meiste, was uns an Silhouetten, gemalten und geschnittenen, aus jener Zeit begegnet, ist Dilettantenarbeit – und auch viele Festkarten, ja selbst Bildnisse, stammen nicht von eigentlichen Berufskünstlern.

Das anspruchslose Dilettieren in allen Künsten, und die gerade darauf beruhende Sicherheit des Geschmackes ist mit eine der Grundlagen für die Kultur des Biedermeier gewesen.

Aus dieser Kunst ist auch Menzel hervorgegangen, und wie sehr wir sie heute wieder schätzen, dafür ist die hohe Wertung, die dem jungen Menzel als Maler entgegengebracht wird, genügender Beweis. Krüger und Blechen in Berlin, Waldmüller in Wien, Kaspar David Friedrich in Lübeck sind heute in den Rang erster Meister emporgerückt. Den jungen Nazarenern gilt als Landschaftern und Porträtisten unsere Bewunderung, während der Stern eines Kaulbach, ja eines Cornelius, Lessing, Friedrich Schadow und Bendemann stark verblaßt ist. Aus dieser Gruppe hat einzig die intensive Kunst eines Rethel an Schätzung gewonnen.

Und doch können wir uns keinen dieser Künstler aus dem Rahmen der Zeit fortdenken, und erst alle zusammen ergeben für uns das geschlossene Kulturbild mit seinen wissenschaftlichen und literarischen Strömungen und seinem fest umgrenzten, in sich geschlossenen Lebenshintergrund.

In der Architektur hatte die Biedermeierzeit das Glück, daß der
letzte große schöpferische Architekt, Friedrich Schinkel, Einfluß auf die
Ausgestaltung des Berliner Stadtbildes gewinnen konnte, und daß er
eine Reihe von Baukünstlern nach sich zog. Ja, seine gestaltende Kraft
wirkt bis weit in das Kunstgewerbe hinein auf Möbel, Innenaus=
stattung, Öfen, Eisenarbeiten. – Selbst das Szenarium des Theaters
wird von ihm umgeformt und im heutigen Sinne reformiert. Schinkels
Ausstattung großer Opern, wie Mozarts Zauberflöte, in denen er seine
geniale architektonische Vorstellungskraft frei entfalten konnte, sind bis
heute an Macht und Gewalt ihrer Stimmungen nicht übertroffen.

Immerhin dürfen wir nicht vergessen, daß der direkte Einfluß Schin=
kels auf das Kunstgewerbe der Biedermeierzeit sich doch nur in wenigen
exquisiten Schloßausstattungen – wie der des römischen Hauses in
Charlottenhof – geltend macht, und daß er einen noch starken, stilistisch
klar empfindenden, künstlerisch denkenden Handwerkerstand vorfand.

*   *   *

Aber das hier entworfene knappe Bild der Biedermeierzeit wäre
unvollkommen, wenn man nicht noch zwei Dinge erwähnte, an die man
zuerst denkt, wenn das Wort Biedermeier unser Ohr trifft. Aha, das
war ja die Zeit noch v o r der Eisenbahn – als die Menschen mit der
Post fuhren, und als die Briefbestellung noch eine höchst unsichere Sache
war! Und dann war es ja auch jene Epoche, in der Männer und Frauen
noch so nett, so altmodisch angezogen gingen – die Männerkleidung
noch farbig war, mit bunten Fracks und langen Röcken, mit hohen Zy=
lindern und Steigen an den Beinkleidern. Während die Frauen mit
Rosenkränzchen auf den Schuten gingen, kurze Taillen hatten, freie
Arme und lange, bauschige Röcke, die über und über mit Volants und
Garnierungen bedeckt waren, jene Zeit, in der man Changeant=Seide,
Linon, Gros de Naples, Gingan trug oder geblümte, farbige Musseline!

Nun, wir wissen heute ganz genau, daß die Mode damals keines=
wegs so einheitlich war, wie wir das noch vor einem Jahrzehnt annah=
men, sondern daß sie – gerade wie heute – sich von Jahr zu Jahr änderte,
und von Jahrzehnt zu Jahrzehnt sich fast ganz wandelte und verschob.

Die direkt unter dem Busen beginnende Taille der Empirezeit mit
dem lang herabwallenden Kleide, das die Füße fast verdeckt, rückt im

gleichen Maße nach unten, wie der Rock sich bauscht und kürzer wird. Die freien Arme werden bald mit Ärmeln bedeckt, die immer größer werden und zu riesigen Keulenärmeln, die bis auf das Handgelenk herabfallen, ausarten. Und dann schlägt plötzlich die Mode wieder in das Extrem um. Ebenso wie der Hut sich wandelt, wandelt sich auch mit der Kopfbekleidung die Haarfrisur. Eine Zeit trägt das Haar ganz fest an den Kopf gepreßt - trägt Locken an den Schläfen, während eine andere es wieder ganz locker zu hohen Stehflechten, ja, fast zu japanischen Frisuren aufbauscht.

Bei all diesem Wandel und bei allen diesen feinen Abtönungen aber bleibt für uns heute immer wieder und wieder entzückend die Kultur der Kleidung, die wundervolle Musterung der Stoffe, die naive Blumenfreudigkeit in Bändern und Bordüren, die Farbenfreude, - und vor allem die reizenden Details, mit denen eine Modedame oder ein Mann, der etwas auf sich hielt, sich umgab. Als da sind: Schmuck und Ringe, Necessaire und Handtaschen, Spangen, Notizbücher, Uhren und Berlocken, Krayons und Schlipsnadeln, Schirme und Stöcke, Spitzentücher und jene überreich gemusterten, schweren, seidenen Umschlagetücher, ohne die der Staat einer schönen Frau unvollkommen gewesen wäre. Diese hohe Kultur der Mode gab sicherlich dem ganzen Leben eine freudigere und charakteristische Färbung. Denn der erste und letzte Träger des Lebens bleibt nun einmal der Mensch.

Und wenn er grau und schmucklos, ohne seiner selbst zu achten, durch die Welt geht, so wird auch die Welt grau und schmucklos sein. - - Und gerade, als sie uns das geworden, begannen wir ja, auf die Biedermeierzeit zurückzugreifen.

Und als uns das Tempo unseres Lebens zu haftig wurde, da fingen wir an, wieder für die Poesie der alten Postkutsche zu schwärmen. - - Nun, wir wissen heute ziemlich genau, daß diese Poesie sich nicht mit dem Bild der Wirklichkeit deckt, und daß nur die Entfernung uns Reize vortäuscht, die die Wirklichkeit nicht kannte. Wenn wir Eichendorff lesen und Lenaus Postillion „Lieblich war die Maiennacht" uns vordeklamieren, so ist das ja etwas ganz Köstliches; aber in Wahrheit war in ganz Deutschland des Schimpfens über die Unhaltbarkeit der postalischen Zustände, über die Langsamkeit des Verkehrs, über die Minderwertigkeit des Wagenmaterials, über die Verwahrlosung der

Wege, über die Barschheit, Grobheit, Umständlichkeit der Postillione und Posthalter kein Ende. Und auf nichts ist so viel Satire gespritzt worden, wie auf die „Thurn=und=Taxissche Postschnecke".

Und als mit dem Beginn der Eisenbahn Justinus Kerner sich be= klagt, daß mit der Eisenbahn die Poesie aus der Welt fliehen würde, da ruft ihm Gottfried Keller das Wort von der neuen Poesie der Zeit entgegen:

> Schon schafft der Geist sich Sturmesschwingen
> Und spannt Elias' Wagen an –
> Willst träumend du im Grase singen,
> Wer hindert dich, Poet, daran?

Und er grüßt dann in den Schlußzeilen als Seher – wie es die Dichter seit Urzeiten sind – die ferne Zukunft, unsere Gegenwart:

> Und wenn vielleicht in hundert Jahren
> Ein Luftschiff hoch mit Griechenwein
> Durchs Morgenrot käm' hergefahren –
> Wer möchte da nicht Fährmann sein?

> Dann bög' ich mich, ein sel'ger Zecher,
> Wohl über Bord, von Kränzen schwer,
> Und gösse langsam meinen Becher
> Hinab in das verlaßne Meer.

Berlin, Ende 1912.   Georg Hermann.

Erstes Buch.

Die Kultur.

Biedermeier in seinen vier Pfählen.
Leben in Haus, Garten und Gesellschaft.

Paul de Lagarde, der Göttinger Orientalist, Schüler des Dichters Rückert, der auch im deutschen Sinne als großzügiger, politischer Schriftsteller bezeichnet werden muß, entwirft in seinen Erinnerungen an Friedrich Rückert ein sehr ansprechendes, liebenswürdiges und konzises Bild von Berlin vor 1840, das selbst in der heutigen Innenstadt noch vielfach einen ländlichen Charakter hatte und von großen Gärten durchsetzt war. Ich wenigstens kann nie an diese Zeilen Lagardes denken, ohne daß sofort das Berlin von heute sich gegen das Berlin von einst stellt, und ohne daß ich mir statt der Seßhaftigkeit alter Geschlechter, die Jahrzehnte an der gleichen Stelle sogar zur Miete wohnen blieben, die Umzugswut von heute und alles, was kulturell mit ihr zusammenhängt, vorstelle.

Berlin war bis 1840 und, wenn man will, bis 1848 eine Stadt voll Poesie. Überall ist Poesie, wo der Mensch eine Heimat hat: eine solche in Berlin zu haben war damals noch möglich, aber nur unter Bedingungen, welche Rückert nicht beschaffen konnte: dies ist der Grund, um dessen willen er eine lebhafte Abneigung gegen die Stadt faßte. Berliner Getue war einer seiner stärksten Tadel.

Die Stadt zerfiel in sehr verschiedenartige Teile. Neu=Cöln am Wasser bot den eigentümlichsten Anblick. Der Fluß, an einem Ufer von einer breiten Gracht begleitet, war nicht belebt, obwohl die bekannten langen Kähne auf ihm lagen: aber eben diese ungegliederten Holzgestelle, aus deren Kajüten Torfrauch aufstieg, über denen Windeln und Hemden getrocknet wurden, machten den Eindruck einer ganz eigenartigen Wohnlichkeit sogar der Spree: manch strammer Mann hat auf diesen Kähnen in Berlin selbst, oder während sie ihre Fracht, Torf und Obst, auf der Havel zusammenholten, das Licht des Lebens erblickt. Darüber mehr Kirchtürme sichtbar, mehr Turmuhren und Glocken und Glockenspiele hörbar, als man sonst in Berlin sah und vernahm. Dann die Königsstadt, sehr belebt nach damaligen Begriffen, der

Sitz des Kolonialwarenhandels, der Tuchläden, der Post, des Stadt=
gerichts, der Polizei; davor Straßen nach den Toren sich dehnend, die
ganz ländlichen Eindruck machten: Vierfüßler, Hühner, Enten, Gänse
auf den geräumigen Höfen. Die Friedrichstadt unendlich still; eine
Puttkamer=, Bessel=, Anhaltstraße gab es noch nicht; die Sternwarte
war noch nicht freigelegt; Garten an Garten voll Baumblüte und Vogel=
sang im Frühlinge, voll Trauben, Apfeln und Birnen im Herbste,
und nachmittags voller Kinder, welche das Wiesel mitten in der Stadt
jagen konnten und nie ein Bedürfnis fühlten, frische Luft außerhalb der
Stadtmauern zu suchen. Die ganze obere Friedrichstraße von sogenann=
ten Viehmeistern bewohnt, durch welche die Südstadt mit Milch ver=
sorgt wurde, welche ehrerbietigst von den grünen Holzstühlen, den
Ruhesitzen ihrer Abende, aufstanden, wann der von ihnen bediente Ho=
noratiore vorbeikam. Von der alten Jakobstraße bis zum Schlesischen
Tore das Köpenicker Feld, über das wir, aus der Pfuelschen Schwimm=
anstalt heimkehrend, so manchmal hinweggeschwitzt sind unter glühender
Sonne – denn diese gute Alte meinte es damals noch besser mit den
Menschen und hatte auch Ursach' – an Kartoffeln, roten Rüben und
Roggen, und Roggen, roten Rüben und Kartoffeln vorbei. Ob nicht
manchem, der 1840 jung war, noch beifällt, wie gelegentlich, um die
Hasenhegergasse – jetzige Feilnerstraße – zu sparen, die junge Gesell=
schaft über die Mauer des Oberbergamtsgartens kletterte, ohne daß
jemand danach fragte? Jetzt heißt jener Garten Oranienstraße. Vor
dem Halleschen Tore ein sandiger Feldweg, am Upstall mit seinem Teiche
und seinen weidenden Pferden vorüber nach dem Kreuzberge, an dessen
Fuße gartenlose Beamte im Sommer wohnten, wie wir es mit Illaires
und Ulferts zusammen mehrere Jahre getan. Die jetzige Königgrätzer=
straße an dem 1844 zugeschütteten Schafgraben so einsam, daß das
Quaken der Frösche in lauen Abenden weithin gehört ward: dort
wohnte Ludwig Jonas die Sommer hindurch. In der oberen Wilhelm=
straße der Brüdersaal und die kleingefensterten Häuser der eingewan=
derten Böhmen.

Der Verkehr ein behaglicher; das Bedürfnis nach Nachrichten so
gering, daß für jeden Brief auf den Stadtposten eine gestempelte Marke
verabfolgt wurde und für die Briefe abgebenden Kinder guter Kunden
der die Post versorgende Kaufmann Dütchen groben, grauen Lösch=

papiers mit je fünf sehr klebrigen Rosinen darin bereithalten konnte, ohne Schaden für seine Kasse zu fürchten. Für die höheren Stände die wenigen Weinstuben, holzgetäfelt, mit den schlichten schweren Tischen ohne Tafeltuch. Gott segne euch, Nött, Nitze, Röllig, Bracht, Habel! Was für Behagen habt ihr uns Kindern erweckt, wann wir unsere Lehrer, Bresemer, Drogan, Yxem, Rex, Siebenhaar, in euch hineinsteigen sahen und der Duft von Siegellack und Rhein= wein uns verkündete, was wir würden einmal genießen können, wann wir Männer sein würden. Das Volk hatte sein Weißbier, der vierte Stand, der – wenig zahlreich – noch nicht wußte, daß er ein Stand war, seinen Schnaps, und diesen ab und zu – aber selten – reichlicher, als ihm diente.

Dabei ein ruhiges Wohnenbleiben in denselben Räumen. Der Vater meiner lieben Stiefmutter war bei dem alten Boyen Arzt; so war dieser vielverehrte Mann, der die Schwerter für den Befreiungskrieg geschmie= det, uns persönlich nahe genug gerückt. Ich denke den alten Löwen stets in demselben Hause und sehe das frische, rote Gesicht und die weißen Haare noch jetzt über das eiserne Geländer seiner Treppe oder seines Balkons gebeugt, wie er uns zunickte und zurief, wann wir bei ihm mit vorfuhren. Erst als er Minister geworden, ist Boyen aus die= sem Hause in seine Dienstwohnung verzogen. Chamisso hat, soweit meine Erinnerung aufwärts reicht, in denselben Räumen seinen mäch= tigen Husten ertönen lassen. Unser Freund Winterfeld, der taube Mu= siker, in der Kochstraße (nachmals baute er sich das Haus, in dem jetzt der Oberkirchenrat seinen Sitz hat), Karl Ritter am Gendarmenmarkte, an der Ecke der französischen und der Markgrafenstraße (über ihm mein Großoheim Henri de Lagarde), Heinrich Steffens bei Stobwasser in der Wilhelmstraße, August Twesten am Dönhofsplatze – sie haben ein Menschenalter hindurch zur Miete gewohnt wie in eigenem Besitze.

Wo für den Berliner der Gesellschaft die äußerste Grenze lag, an der er wohnen konnte, ohne jeden geselligen Verkehr aufzugeben, davon erzählt uns S. Hensel in seinen Erinnerungen an die Familie Mendelssohn. Wir sehen zugleich den großzügigen Lebenszuschnitt reicher Familien von einst, die doch wieder manches in Kauf nahmen, was uns heute unglaublich er= scheint – so die Unheizbarkeit einer Wohnung, die man aber über die schö= nen Räume für häusliche Musikaufführungen vergißt.

Im Jahre 1825 trat ein Ereignis ein, das auf die Entwickelung der Kinder, auf die ganze Gestaltung des Lebens der Familie auf Generationen hinaus vom bestimmendsten Einfluß werden sollte, und das auch deshalb zur Überschrift dieses Kapitels gewählt wurde: Abraham kaufte das schöne Grundstück Leipzigerstraße Nr. 3. In diesem wundervollen Hause und Garten verlebten Abraham und Lea den Rest ihres Lebens, hier heiratete Fanny und lebte auch bis zuletzt hier. Allen Mitgliedern der Familie war aber dies Haus nicht ein gewöhnlicher Besitz, ein toter Steinhaufen, sondern eine lebendige Individualität, ein Mitglied, teilnehmend am Glück der Familie, es war ihnen und den Nächststehenden gewissermaßen Repräsentant derselben. In diesem Sinne brauchte Felix oft den Ausdruck „Leipzigerstraße 3" und in diesem Sinne liebten alle das Grundstück und betrauerten seinen Verlust, als es nach Fannys und Felix' Tode verkauft und – das Herrenhaus hineinverlegt wurde.

Die Straßenfront des Hauses ist noch dieselbe wie damals. Die Räume darin waren stattlich, groß und hoch mit jener angenehmen Raumverschwendung gebaut, die in den Zeiten der hohen Grundstückspreise den Architekten fast ganz abhanden gekommen, und für deren Wert kaum mehr das Verständnis – oder die Mittel – vorhanden zu sein scheinen. Namentlich war ein Zimmer nach dem Hof hinaus mit einem daranstoßenden, durch drei große Bogen damit verbundenen Kabinett wunderschön und zu Theatervorstellungen wie geschaffen. Hier wurden denn auch viele, viele Jahre hindurch zu Weihnachten, Geburts- oder andern Festen die reizendsten, von Witz und Laune sprudelnden Aufführungen veranstaltet. Für gewöhnlich war dies Leas Wohnzimmer. Man hatte aus den Fenstern desselben die Aussicht auf den sehr großen Hof, umgeben von niedrigen Seitengebäuden und geschlossen durch die einstöckige Gartenwohnung, über welche hinweg die Kronen der hohen Bäume ragten. Diese Gartenwohnung hatten Hensels von ihrer Verheiratung ab inne. Sie ist jetzt niedergerissen und hat dem Sitzungssaal des Herrenhauses Platz gemacht. Die Wohnung hatte im Winter große Übelstände: sie war kalt, feucht, jedes Zimmer war Durchgang, und keins hatte Gegenhitze, da das Gartenhaus nur ein Zimmer tief war. Doppelfenster waren damals in Berlin große Seltenheit, diese Wohnung besaß keine, und täglich strömten von den

gefrorenen Scheiben große Wassermassen, die fortwährend aufgewischt
werden mußten. Über eine Zimmertemperatur von 13° kam es im Win=
ter selten. Dafür aber war die Wohnung im Sommer bezaubernd schön.
Alle Fenster sahen nach dem Garten hinaus, in blühende Fliederbüsche,
in Alleen schöner alter Bäume, das Weinlaub die Scheiben umrankend
- und für alle Jahreszeiten hatte sie andere große Vorzüge; nament=
lich die vollständige Ruhe und Stille: durch den großen Hof und das
hohe Vordergebäude wurde jeder Ton von der geräuschvollen Straße
abgeschnitten; man lebte wie in der tiefsten Einsamkeit des Waldes und
war doch nur 100 Schritt von der Straße entfernt. Kein Vis-à-vis
als die herrlichen Bäume des Gartens mit lustig zwitschernden Vögeln
und keinen Mieter über, unter oder neben sich; nach dem Straßen=
lärm tiefste, fast ländliche Stille und Abgeschlossenheit und vor den
Fenstern das Grün der Bäume. Das Schönste an der Gartenwohnung
war der große, in der Mitte gelegene Saal. Derselbe faßte mehrere
hundert Menschen und bestand nach dem Garten zu aus lauter zurück=
schiebbaren Glaswänden mit Säulen dazwischen, so daß er in eine ganz
offene Säulenhalle zu verwandeln war. Wände und Decke, letztere eine
flache Kuppel bildend, waren in etwas barocker aber phantastischer Weise
mit Freskobildern geziert. Hier war das eigentliche Lokal, wo die Sonn=
tagsmusiken ihre volle Ausdehnung gewinnen sollten. Man genoß aus
ihm den Überblick über den 7 Morgen großen, parkartigen Garten, der
bis an die Gärten des Prinzen Albrecht reichte und, ein Überrest des
Tiergartens, der sich noch zu Friedrichs des Großen Zeiten bis hierher
erstreckt hatte, einen großen Reichtum der schönsten alten Bäume besaß.
Über den beabsichtigten Ankauf dieses Grundstücks schrieb Lea an Hen=
sel nach Rom (1. Februar 1825): „Ist es Ihnen nicht auch überraschend
gewesen, daß mein Mann ernstlich damit umgeht, sich hier durch Kauf
anzusiedeln? Das Grundstück, aus dem etwas sehr Schönes werden
kann, lockte ihn freilich. Das Haus ist zwar ganz so verfallen und ver=
nachlässigt, als es bei vielen Besitzern (die v. d. Recksche Familie), die
nie eines Sinnes werden und nie Gemeingeist haben, stets der Fall
ist, und es muß viel verwandt werden, um es nur in wohnbaren Stand
zu setzen. Der Garten ist aber ein wahrer Park, mit herrlichen Bäumen,
einem Stück Feld, Rasenplätzen und einer höchst angenehmen Sommer=
wohnung, und dies allein tentiert meinen Mann sowohl als mich." -

Die Hausfreunde aber jammerten vorerst und klagten, daß Mendels=
sohns so weit aus der Welt und in eine so abgelegene tote Gegend
zögen, wo das Gras auf den Straßen wächst – denn das Potsdamer
Tor war damals die „Ultima=Thule", wo die Berliner Geographie
aufhörte.

Intimen Schilderungen von Wohnräumen und Wohnungseinrichtungen be=
gegnet man leider ziemlich selten. Wohl aus dem Grunde, weil die Art der
Wohnungseinrichtung allgemein bekannt war, sich in den einzelnen Häusern
nicht allzuviel unterschied und eigentlich für den Mitlebenden nichts Auf=
fallendes bot – ganz im Gegensatz zu unserer heutigen Betrachtung.
In dem liebenswürdigen und überaus lesenswerten Buche von Felix
Eberty, der später Professor der Rechtswissenschaften in Breslau wurde,
in den „Jugenderinnerungen eines alten Berliners", hat sich aber das Spiegel=
bild einer solchen Wohnung ziemlich klar und treu erhalten.

Das zweite Stockwerk wurde von meinen Eltern bewohnt. Sie
hatten nach vorn ein sehr behagliches dreifenstriges Zimmer mit
einem schrägen Glasverschlage für Blumen an einem der Fenster. Ein
großer Vorhang schloß die weite Öffnung von doppelter Türbreite,
welche den Alkoven, das Schlafgemach der Eltern, mit der Wohnstube
verband. Aus dem Alkoven gelangte man in ein kleines Gemach,
welches als Speisekammer diente; aus dieser kam man durch die Ge=
sindestube in die Küche und von da durch einen Gang, auf den die
Türen von allerlei Vorratskammern und Wandschränken sich öffneten,
in den mit dem Vorderhause gleichlaufenden Hausflügel im Hofe, wo
die geräumige freundliche Kinderstube lag.

Die beiden neben der Wohnstube nach der Straße hinausschauenden
Fenster gehörten zu der sogenannten Putzstube, dem Stolz der Kinder,
und auch wohl ein wenig der Älteren. Die Wände waren hellgrau ge=
strichen. Tapeten kamen nur bei den reichsten Leuten vor. Auf die eine
Wand hatte Wilhelm Schadow, der nachherige Direktor der Düssel=
dorfer Akademie und meines Vaters Jugendfreund, demselben als
Hochzeitsgeschenk die vier Jahreszeiten, grau in grau und mit weißen
Lichtern gehöht, schön und plastisch gemalt, so daß es ein Relief zu sein
schien. Ein herrlicher Teppich, Erdbeerblätter, Blüten und Früchte
zeigend, bedeckte den Fußboden, die Möbel waren sehr zierlich aus
weißem Birkenmaserholz gefertigt. Ein kleiner Kronleuchter zu vier

Lichtern, an Glasketten hängend, schien uns überaus prächtig und ein unnahbares Kunstwerk zu sein, das wir gar zu gern mit den Händen berührt hätten, wenn es nicht aufs strengste verboten gewesen wäre; denn die Möglichkeit, diese Begierde zu befriedigen, war vorhanden, weil die Zimmerhöhe gestattet hätte, mittelst eines Stuhls die glänzenden Glasstückchen zu erreichen.

Im Wohnzimmer, dessen Fußboden ein einfacher Teppich bedeckte, und dessen Vorhänge dunkelgrün waren, hingen schöne Kupferstiche, meist nach Raffael, welche die Eltern anschafften oder geschenkt erhielten. Zwischen Fenstern an den Pfeilern standen zwei nette, nach unten spitz zulaufende Wandschränkchen, die ich noch besitze, und in deren einem die Mutter Tee, Zucker und Schokolade, in dem anderen Wolle, Seide und Stickmuster aufbewahrte. Hinter dem Putzzimmer lag noch ein unscheinbares Gemach nach dem Hofe hinaus. In demselben wurde zu Mittag gegessen, wenn wir allein waren.

Weit schlichter war die Wohnungseinrichtung in kleinen Städten der Provinz, selbst bei leidlich wohlhabenden Leuten, wie es die Eltern Gustav Freytags waren. Auch die Lebenshaltung und Beköstigung war von einer fast spartanischen Einfachheit.

Wie einfach war doch der ganze Haushalt, obgleich die Eltern, nach den Verhältnissen jener Zeit, in mäßigem Wohlstande lebten. Die Papiertapete galt für einen Luxus, den wir in keiner Wohnstube hatten, die Wände waren mit bunter Kalkfarbe blau, rosa, gelb getüncht, eine kleine gemalte Rosette an der Decke der „guten" Stube wurde sehr bewundert. Auch das Streichen der Fußböden war noch ungebräuchlich, und zur großen Beschwer der Familie und der Dienstmädchen blieb ein ewiges Scheuern der weißen Dielen notwendig; die Möbel standen gradlinig und einfach, kaum ein altes Stück in Rokoko darunter; zu Mittag nur ein Gericht, am Abend erhielten die Kinder selten ein Stück Fleisch, häufig Wassersuppe, welche die Mutter durch Wurzeln oder einen Milchzusatz anmutig machte. Wein wurde nur aufgesetzt, wenn ein lieber Besuch kam. Dabei wuchsen wir gesund und rotbäckig heran. Solche Einfachheit des Tageslebens war allgemein. Wenn die Herren einmal reichlicher Geld ausgaben, geschah es in der Weinstube, die der Vater sehr selten besuchte.

(Gustav Freytag, „Gesammelte Werke", Bd. I.)

Da Berlin noch nicht so eng bebaut war wie heute, so gehörte zu vielen
Häusern reichliches Gartenland. Professor Felix Eberty berichtet uns in
seinen „Jugenderinnerungen eines alten Berliners" von einem Garten am
väterlichen Hause, der noch aus der Rokokozeit stammte, unter der nachfol-
genden, ärmeren Generation etwas verwildert und verwahrlost war, aber
gerade dadurch für die spielenden Kinder etwas Unheimlich=Märchenhaftes
bekam

Aus dem großen, von allen Seiten durch Gebäude eingeschlossenen
Hofe führte am äußersten Ende ein Gittertor zu der Treppe, auf
welcher man in diesen tiefer gelegenen Garten gelangte. Jeder Tritt
auf den Stufen verursachte ein eigentümliches, metallisch=glockenähn-
liches Geräusch, welches wahrscheinlich von daruntergelegenen Ge-
wölben herrührte. Der Garten selbst erstreckte sich bis an die Spree,
und manche Punkte desselben boten eine herrliche Aussicht über den
Strom auf den gegenüberliegenden Teil der Stadt. Seit des Urgroß-
vaters Tode betrat nur selten jemand die wohlgepflegten Anlagen.
Die Treibhäuser standen leer, und statt blühender Gewächse wurden
darin verstümmelte Statuen und andere Gartenzierate aufbewahrt.
Wenn ich mich neugierig in die glasbedeckten Räume wagte, um diese
seltsamen Dinge in Augenschein zu nehmen, so hallten die Schritte des
einsamen Knaben schauerlich wider, und ich eilte ins Freie zurück, um
mich an den duftigen Blumenbeeten zu ergötzen, die sauber mit dichten
Reihen des wohlriechenden Lavendel und anderer gewürziger Kräuter
eingefaßt waren.

Auf einem Rasenplatze mitten im Garten stand ein Bronzeabguß
des berühmten antiken betenden Knaben, dessen erhobene Arme, wie
man glaubt, von Benvenuto Cellini ergänzt sind. Klopfte man an
diese Statue, so gab sie denselben feierlichen Klang, wie jene Treppen-
stufen. Es wurde mir wunderlich dabei zumut! und als ich später
das Goethesche Märchen vom neuen Paris kennen lernte, da tauchte
das Bild des alten Gartens aus meiner frühesten Kinderzeit lebhaft
wieder auf.

Über Haus und Garten, über Blumenpflege im Zimmer, über die feinen
Formen des geselligen Verkehrs und vor allem über die starke Blumenfreude
des Biedermeier berichtet uns Karl Gutzkow in seinen Erinnerungen „Aus
der Knabenzeit", das auch sonst eine Fundgrube für den Freund der Biedermeierzeit ist.

Welch ein Reiz liegt in der traulichen Geselligkeit eines gebildeten Hauses! Kein Patschuli oder Moschus und doch ein eigner Duft, keine strahlenden Lüsters und doch ein heller Glanz! Die Ordnung und die Pflege verbreiten überall eine Wärme und Behaglichkeit, die neben den äußeren Sinnen auch das Gemüt ergreift. Die kleinen Arbeitstische der Frauen am Fenster, die Nähkörbchen mit den kleinen Zwirnrollen, mit den blauen englischen Nadelpapieren, den buntlackierten Sternchen zum Aufwickeln der Seide, die Fingerhüte, die Scheren, das aufgeschlagene Nähkissen des Tischchens, nebenan das Piano mit den Noten, Hyazinthen in Treibgläsern am Fenster, ein Vogel in schönem Messingbauer, ein Teppich im Zimmer, der jedes Auftreten abmildert, an den Wänden die Kupferstiche, die Beseitigung alles nur vorübergehend Notwendigen auf entfernte Räume, die Begegnungen der Familie unter sich voll Maß und Ehrerbietung, kein Schreien, kein Rennen und Laufen, die Besuche mit Sammlung empfangen, abends der runde, von der Lampe erhellte Tisch, das siedende Teewasser, die Ordnung des Gebens und Nehmens, das Bedürfnis der geistigen Mitteilung . . . im Zusammenklang aller dieser Akkorde liegt eine Harmonie, ein sittliches Etwas, das jeden Menschen ergreift, bildet und veredelt.

Die Gartenlust wurde wie von Bienen genossen. Aber bei der Freude am Laufen und Rennen in den sömmetrischen Wegen, unter hohen Rosenbüschen, Stachelbeer- und Himbeerhecken hin durfte auch die wirkliche Pflege der Blumen und Beete nicht fehlen. Man pflanzte und säete, man führte die Gießkanne, wenn die Sonne sich senkte, man half ernten und arbeitete nach bestimmten, von dem mathematischen Herrn Cleanth gestellten Aufgaben. Da war ein Salatbeet von Unkraut auszujäten, da waren Stöcke für die Nelken zu schneiden und aufzustecken, da waren die zerstreuten Blätter der abgeblühten Zentifolien zu sammeln, eine Arbeit, die dadurch belohnt wurde, daß man diese Rosenblätter den Apothekern korbweise verkaufen durfte. Lange Weinspaliere wurden nach den neuen Keechtschen Grundsätzen gezogen. Ein Gärtner führte die Oberaufsicht, mußte aber den jungen Freunden immer etwas von seiner leichteren Arbeit zuweisen, denn Herr Cleanth duldete keine gedankenlosen Spiele. Wie frucht- und blumenreich war dieser Garten! Wie malerische Sträuße von weißen und roten Lilien, von Rosen und Nelken, von Holunder und Maiblumen in erster

Frühlingszeit wurden zusammengestellt! Und dies Leben mit den
Fröschen in einem kleinen Bewässerungstümpel, mit den Maikäfern,
die je nach der Farbe der Halsschilde und der Fühlfäden in mehr Gat=
tungen eingeteilt wurden, als Buffon klassifiziert hat, mit den Gold=
käfern, die so träg und duftberauscht in der Mittagssonnenhitze auf
Blumenkelchen in allen Regenbogenfarben schillerten!

Über Essen und Haushalt, über die kulinarischen Intima jener Zeit verbreitet
sich Otto Bähr (Eine deutsche Stadt vor 60 Jahren), der als einer der
ersten versuchte, aus seiner Erinnerung heraus alle kleinen Lebenszüge von
einst zusammenzustellen.

Wie in den einzelnen Familien gelebt wurde, war ja gewiß ver=
schieden je nach der Größe des Einkommens, sowie nach den
Ansprüchen des Eheherrn und der Geschicklichkeit der Hausfrau. Im
allgemeinen aber wurde sehr einfach gelebt.

Als Morgentrank war Kaffee (der noch im vorigen Jahrhundert
selten und mancherorten sogar verpönt war) schon allgemein üblich,
wenn auch öfters mit Zichorien oder ähnlichen Ersatzmitteln gemischt.
Auch nachmittags wurde in den meisten Familien Kaffee getrunken.
Tee am Morgen zu trinken, war ganz unbekannt. Er wurde überhaupt
nur wenig getrunken; meist nur in Abendgesellschaften. Auch trank man
allgemein grünen Tee; der schwarze Tee wurde erst in späterer Zeit als
der gesündere empfohlen.

Das Mittagsmahl war um 12 oder 1 Uhr. Ein späteres „Diner"
kannte man nicht. Die Abendmahlzeit ward meist um 7 oder 8 Uhr
eingenommen. Die Nahrungsmittel waren - abgesehen von den jetzt
aus weiter Ferne uns zugeführten - von den heutigen kaum verschieden.
Auch die Zubereitung derselben dürfte ziemlich gleichgeblieben sein. Jedoch
fehlte das Hilfsmittel, womit man jetzt Suppen und Brühen kräftigt,
der Fleischextrakt, welcher erst seit etwa zwanzig Jahren in unseren Küchen
heimisch geworden ist. Überhaupt aber hielt man sich an die einfacheren
Speisen und verschmähte die kostspieligeren. Fleisch wurde mittags in
den besseren Familien durchweg gegessen. Für die Wochentage bildete
jedoch gekochtes Fleisch (Suppenfleisch) die Regel. Dann und wann wurde
auch ein Braten aufgetischt. Beefsteak kannte man noch nicht. Als Ge=
müse mußte dienen, was der Garten bot. Es durfte nichts umkommen.

Die Herstellung des Mittagsmahles ließ sich die Hausfrau selbst angelegen sein. Kochbücher hatte man schon damals, wenn auch recht dürftige. Man legte aber noch Wert darauf, daß die Frau selbst kochen könne; und viele konnten und taten es auch wirklich. Man hatte in der Regel nur einen weiblichen Dienstboten. Gleichzeitig eine „Köchin" und ein „Hausmädchen" zu halten, galt schon für einen Luxus. Einen Bedienten hatten nur vornehme Leute. Selbst in wohlhabenden Bürger= familien war es übrigens nicht selten, daß Sonnabends, wo das „Rein= machen" stattfand, zu Mittag gar nicht „gekocht", sondern Kaffee ge= trunken wurde.

Für den Abendtisch war vor allem das Schlachtewerk von Wert. Wohlhabende Bürger schlachteten im Winter ein oder mehrere Schweine; bei welcher feierlichen Gelegenheit auch die guten Freunde mit einer „Wurstsuppe" bedacht werden mußten. Die Schlachterei ging oft auf offener Straße vor sich. Ein Teil des Schlachtewerkes mußte frisch ge= gessen werden. Die geräucherten Würste und Schinken dienten das ganze Jahr hindurch als Zukost. Man speiste sie noch ohne alle Tri= chinenfurcht. Außerdem bestand die Abendmahlzeit öfters zur Sommer= zeit in saurer Milch, zur Winterzeit in einer konsistenten Suppe.

Was die Zwischenkost betrifft, so galt es damals auch in bessern Ständen noch nicht für eine Schande, trocken Brot zu essen. Schwarz= brot und Weißbrot wurden ungefähr ebenso bereitet wie jetzt. Man kaufte sie in Kassel allgemein schon von den Bäckern; während an kleinern Orten noch die Brotbereitung im eigenen Hause üblich war. Dagegen wurden auch in Kassel die bei den großen Festen üblichen Festkuchen meist noch im eigenen Hause zubereitet und dem Bäcker zum Backen übersandt. An feinerem Gebäck lieferten die Bäcker Zwieback und Kringel; die übrigen feineren Backwaren sind neueren Ursprungs. Morgens aß man Weißbrot zum Kaffee, meist ohne Butter. Auch „belegte Butterbröter" zum Frühstück waren nicht üblich. Butter wurde überhaupt möglichst gespart. Geschmelzt wurde mit Rindsfett oder Speck. Einige Speisen (z. B. Pfannkuchen) mußten sich auch gefallen lassen, mit „Olei" (Rüböl) zubereitet zu werden. Kindern gab man wohl einen „Wecke" mit in die Schule. Zum Vieruhrbrot wurde ihnen ein Stück Schwarzbrot, vielleicht mit einem Apfel, gereicht.

Der Schriftsteller Adolph Stahr (Aus der Jugendzeit) stellt die Gesellig=
keit von einst der „zum Verzweifeln langweiligen und gemütlosen Öde un=
serer modernen Gesellig keit" gegenüber. Die Zeilen sind um 1870 geschrie=
ben; und es ist nicht bewiesen, daß es seitdem besser geworden ist. Vor
allem beklagt er das Schwinden der musikalischen Kultur und der Freude an
Tisch= und Gesellschaftsliedern und gibt ihnen schuld an der Verarmung des
geselligen Lebens.

Aber auch die gegenseitigen Besuche mit den obengedachten Nach=
barn waren verhältnismäßig selten, namentlich die eigentlichen
Gastbesuche zum Mittagbrot oder zu Kaffee und Abendbrot. Dergleis=
chen Besuche waren recht eigentliche Feste, und ein Tag, wo ein solcher
Überlandbesuch einer oder zweier befreundeter Nachbarfamilien von uns
erwartet wurde, war ein wirklicher Festtag. Ein solcher kündigte sich
schon im voraus an durch ein vorhergehendes allgemeines Reinmachen
und Scheuern des ganzen Hauses, dessen Zimmer und Flur sodann mit
dem weißesten Sande und mit Kalmus bestreut und mit Wacholder=
beeren oder auch wohl mit einigen angezündeten „Räucherkerzen"
durchduftet wurden, was unsere feierliche Stimmung beträchtlich er=
höhte. Solche Gastgesellschaften fanden meist nur im Sommer oder in
der guten Jahreszeit bei besonderen Familienanlässen statt, wobei auch
die Gunst des Mondes als heimleuchtendes Gestirn für späte Rück=
fahrt sorgfältig in Betracht gezogen wurde.

Die Bewirtung war äußerst mäßig - selbst für jene mäßige und ge=
nügsame Zeit. Wein - roter oder weißer Franzwein - blieb nur den
feierlichsten Gelegenheiten vorbehalten; das gewöhnliche Getränk bei
einem solchen Gastmittagbrote war Bier, Braunbier für die Jugend,
Bitterbier für die älteren Gäste, beides aus Prenzlau bezogen. Den
Luxus einiger Flaschen „Fredersdorfer" Doppelbiers, welches in Stet=
tin gebraut wurde - Fredersdorf, der bekannte vertraute Kammerdiener
Friedrichs des Großen, ward als Gründer der Brauerei genannt - ver=
gönnten sich bei solchen Gelegenheiten nur Reichere. Dagegen ward
abends wohl eine Bowle Punsch bereitet und unter fröhlichem Gesange
bekannter Gesellschafts= und Tischlieder, an dem Männer und Frauen,
alt und jung teilnahmen, heiter genossen. Solch gemeinsamer Tafel=
gesang fehlte damals bei keinem Festmahle in der Stadt wie auf dem
Lande und trug mehr als heutzutage Champagner und kostbare Dessert=
weine dazu bei, die Stimmung der Tischgenossen zu einer festlich erhöh=

ten und im besten Sinne gesellig zu machen. Das Mittagbrot einer solchen „Gesellschaft" bestand aus Suppe und Braten mit einem Zugemüse, und den Nachtisch lieferte das wenige Obst des Pfarrgartens und die im Backen von Waffeln und Napfkuchen bewährte Kunst der Hausfrau. – Eins der beliebtesten Tafellieder bei solchen Gelegenheiten war das akademische:

> „Vom hohn Olymp herab ward uns die Freude,
> Ward uns der Jugendtraum beschert!" usw.,

über dessen Verfasser noch heute jede Gewißheit fehlt. Eine Tradition, über welche ich anderwärts berichtet habe, nannte schon damals Jena als Entstehungsort und Schiller als den Dichter des beliebten Liedes. Daneben wurden des Schweizers Martin Usteri

> „Freut euch des Lebens",

komponiert von Hans Georg Nägeli, Kotzebues, von Himmel in Musik gesetztes Lied:

> „Es kann ja nicht immer so bleiben
> Hier unter dem wechselnden Mond",

Schillers Punschlied der „vier innig gesellten Elemente" besonders gern gesungen; auch Lieder aus der Zeit der glorreichen Befreiungskriege fehlten nicht; und wenn der Punsch die würdigen alten Herren erwärmt und die Erinnerungen an ihre akademischen Jugendjahre neu belebt hatte, so ward auch wohl ein herzhaftes Gaudeamus igitur angestimmt, an welchem wir Gymnasiasten uns im froh erwartenden Gedenken an die auch uns dereinst bevorstehende Herrlichkeit akademischen Burschenlebens mit besonderem Eifer beteiligten. Selbst Claudius' Rheinweinlied wurde durch den Umstand, daß Rheinwein in unserem und aller unserer Freunde Häusern damals eine durchaus unbekannte Größe war, durchaus nicht ausgeschlossen, und das fröhliche:

> „Am Rhein, am Rhein, da wachsen unsre Reben!"

erscholl um nichts weniger herzlich zum Klange der Gläser, obschon dieselben nur mit bescheidenem Punsche gefüllt waren. Ich selber habe den ersten Rheinwein in meinem Leben erst am Rhein selbst getrunken, als ich, ein fast 23 jähriger Student, meine große Ferienreise an den Rhein im Herbste des Jahres 1826 zu Fuße und mit dem Ränzel auf dem Rücken unternahm.

Die Sitte des fröhlichen Gesanges bei Tische, wie bei Wasserfahrten, Land= und Waldpartien, die sich heutzutage nur noch in den Zusammenkünften der mehr oder minder kunstmäßig geschulten „Liedertafeln" erhalten hat, trug viel dazu bei, das damalige gesellige Zusammensein der Menschen zu erheitern und der Musik zu jener ethischen Wirkung auf das Gemüt zu verhelfen, die denn doch am Ende die Hauptsache ist und bleibt. Diese Sitte währte in den mittleren Schichten der Gesellschaft in Norddeutschland noch fort bis zum Anfange der dreißiger Jahre, wo sie unter dem zunehmenden Einflusse des musikalischen Virtuosentums allmählich verschwand und in dem geselligen Leben eine empfindliche Lücke zurückließ. Ein deutscher Kulturgeschichtschreiber wird dieselbe nicht unbeachtet lassen dürfen, wenn er es unternimmt, die Ursachen und Symptome der mehr und mehr zunehmenden Trockenheit und gemütlichen Verarmung und der mitten im materiellen Überflusse oft zum Verzweifeln langweiligen und gemütlosen Öde unserer modernen Geselligkeit aufzuzeigen.

Ludwig Feuerbach, der aus Süddeutschland nach Berlin heraufkommt und Empfehlungen mitbringt an Hitzig, den Freund, Stammtischgenossen, Biographen Theodor Amadeus Hoffmanns, ist, wie sein „Briefwechsel und Nachlaß" zeigt, erstaunt, in einem Berliner ästhetischen Tee etwas ganz anderes zu finden als das, was man sich auch noch heute unter dieser Institution vorstellt.

Hitzig läßt sich Dir vielmals empfehlen und danken für Deinen Brief. Da ich gar nichts davon wußte, daß Du mich in dem Briefe, den Du Heidenreich gabst, empfohlen hattest, war ich um so mehr überrascht, als er mich sogleich mit Heidenreich, ohne daß ich ihn vorher besucht oder gesprochen hätte, zu sich auf einen Abend einlud. Zum ersten Male zu einem großen Berliner Tee eingeladen zu werden, ist keine Kleinigkeit, zumal da weit und breit die Ansprüche bekannt sind, die an einen gemacht werden, der in diese Mysterien treten will, nämlich daß er sei Poet, Schriftsteller, Künstler, Philosoph, kurz, in allem ein Stümper; aber ich bin bekanntermaßen weiter nichts, als ein armer Theolog, und wollte daher, um in einem Berliner Tee doch

vernünftig aufzutreten, mir vorher aus der Leihbibliothek einige Ro=
mane, Almanache oder Journale holen, damit ich einige poetische,
hohle, bombastische Phrasen und Worte in petto hätte, die dann von
Zeit zu Zeit wie süße Lindenblüten herabfielen unter den sanften
Zephirshauchen einer Teetasse, sanft gerötet von der Morgenröte Bei=
fall äußernder Damenlippen und sich spiegelnd in dem blauen Himmels=
gewölbe poetisch verzückter Augen; aber wenn ich auch wirklich, wie ich
zuerst wollte, solche Anstalten und Präparationen getroffen hätte, um
auf der Eselsbrücke poetischer Ausdrücke die brausenden Fluten des
Tees glücklich zu passieren, so wäre es doch umsonst gewesen; denn
Hitzig ist ein höchst einfacher, schlichter und gebildeter Mann, wie auch
der ganze Kreis, der damals versammelt war und zum Teil aus be=
kannten Männern bestand, wie z. B. von Chamisso, der mit Kotzebue
die Welt umsegelte. –

Von meiner Reise weiß ich Dir nichts zu erzählen, als daß ich mich
in Göttingen entschloß, über Jena zu gehen. Ich hielt mich aber bloß
zwei Tage dort auf. Die Verwandten sind alle recht wohl und ge=
sund; ich war recht vergnügt daselbst. Tief gerührt ging ich oft durch
die Gassen, denkend, wie Du oder Großvater durch sie einst gewandelt
seid. Wenn Ihr etwas von unserem guten Karl erfahrt, so schreibt es
mir recht bald. Lebe recht wohl.

Dein treuer, gehorsamer Sohn Ludwig.

Der Pädagoge und Staatsmann Eilers in seiner „Wanderung durchs
Leben" erzählt uns, in welcher Weise Literatur gepflegt wurde, wie man in
größeren Gesellschaften Stücke mit verteilten Rollen las oder Novellen nam=
hafter Schriftsteller zum Gehör brachte. Ein letztes Rudiment davon hat sich
in den Lesezirkeln junger Mädchen und Schüler bis heute erhalten. Die
Gesellschaft der Erwachsenen ist über diese Dinge hinausgewachsen.

Auch in der Stadt selbst bildete sich bald ein schöner, freundlicher
Kreis heiterer und geistig belebter Geselligkeit. Es waren die
Familien Hout, Lossen, Buß, Prieger, Eichhoff, Cauer, Mohr, Schnödt
und Knebel, die sich mit uns zum Zwecke geselliger Erheiterung und
Belebung zusammenfanden. Die Frauen hatten alle eine feinere Ge=
mütsbildung, einige, z. B. Frau Hout, auch eine höhere ästhetische und
Kunstbildung. Die Männer waren befreundet; keiner hegte Mißtrauen

gegen den andern. Eine vollkommene, nie gemißbrauchte Freiheit der
Gedankenäußerungen herrschte. Gespräche über Religion wurden durch
das Schicklichkeitsgefühl aller ausgeschlossen, weil die Gesellschaft eine
gemischte war; auch politische Zeitfragen wurden nur vorübergehend
in kleinen Männergruppen berührt. Die Gesellschaften fanden jede
Woche an einem bestimmten Abend bei einer der Familien nach fest=
gesetzter Reihenfolge statt. Hinzugezogen wurden einzelne unverhei=
ratete Herren, die an dem Tone der Gesellschaft Geschmack fanden
und zur Belebung beitragen konnten. Man versammelte sich unter herz=
lichen Begrüßungen und genoß den Tee unter allerlei flüchtigen Mit=
teilungen und Fragen, während die Frauen sich von ihren Kindern und
Mägden unterhielten. Dann wurden ausgesuchte dramatische Stücke
rollenweise gelesen, auch wohl bessere belletristische Schriften, z. B.
Novellen von Tieck und die „Vier Norweger" von Steffens, von
guten Lesern vorgelesen. Freien Lauf ließ man zum Schluß bei Tische,
wo der jedesmalige Gastgeber für gute Weine zu sorgen nicht unter=
ließ, allen anständigen Auslassungen der Heiterkeit und des Witzes,
wobei der Bildhauer Cauer durch seine mimischen Talente und seine
naiven Witze eine Hauptrolle spielte. Dieser liebenswürdige Künstler
ist seitdem durch seine reinen und schönen plastischen Darstellungen,
Idealstatuetten und Porträtstatuetten, ein allgemein bekannter Mann
geworden. In Dresden war sein Name längst bekannt. Von da wurde
er, ich weiß nicht mehr, auf wessen Empfehlung, als Zeichenlehrer an
das Kreuznacher Gymnasium berufen, wo er noch steht.

Mit welchem Geschmack, welchem Aufwand und welcher Grazie man
sich ehemals für das Theater und mehr noch für die junge Schönheit be=
rühmter Schauspielerinnen zu ruinieren wußte, in jener Zeit des Theater=
enthusiasmus und des Personenkults auf der Bühne, davon gibt uns
Karoline Bauer ein sehr anschauliches Bild. Der Gastgeber, Justi=
rat Ludolff, der durch seine Theaterleidenschaft zum Verbrecher wurde und
endlich nach Unterschlagung von Mündelgeldern durch Selbstmord endete,
ist eine Figur, der man gerne einmal in einem Romane aus jenen Tagen
begegnen möchte.

Meine fröhliche Jugendzeit in Berlin in den Jahren 1824-1829
war die reichste an Triumphen auf der Bühne und im gesel=
ligen Leben - und an den mannigfaltigsten und wunderlichsten Vereh=

rern meiner blühenden Erscheinung, meiner rosigen Laune und heiteren Kunst.

Die Verehrer lassen sich einteilen in gesellschaftliche, ästhetische und verliebte!

Das gesellschaftliche Leben des alten Berlins vor einem halben Jahrhundert war das animierteste und fröhlichste. Man suchte und fand in der Geselligkeit Ersatz für das fehlende öffentliche Leben einer politischen Residenz. Und die damalige Kleinstadt Berlin – kaum ein Fünftel so groß wie die heutige kaiserliche Millionenstadt – gestaltete dies gesellige Leben zu einem intimen und familiären, wie in einem Provinzstädtchen. Man kannte alle Welt und kam mit aller Welt an allen Orten immer wieder zusammen. Und diese rege Geselligkeit wurde dadurch möglich, daß sie bescheidener auftrat als heute. Man machte gegenseitig keine kostspieligen Ansprüche auf üppige Bewirtung, luxuriös ausgestattete Salons, glänzende Toiletten. Man konnte unkritisiert immer wieder in denselben Gesellschaftskleidern erscheinen – und wir waren bei der Beleuchtung von einigen mageren Talglichtern, die fortwährend Ansprüche an die heute von jüngeren Lesern kaum noch dem Namen nach gekannte „Lichtputzschere" machten – an birkenen oder „kienenen" Tischen und bei einer Tasse Tee und den berühmten oder berüchtigten dünnen Berliner Butterbrodchen seelenvergnügt.

Eins der gastfreisten, behaglichsten, elegantesten und interessantesten Häuser machte der Justizrat Ludolff, im Winter in seiner schönen Stadtwohnung Unter den Linden, im Sommer in seiner reizenden Villa im Tiergarten. Er war ein heiterer, genialer Genußmensch, schwärmend für Kunst, Künstler und – Künstlerinnen. An dem damals grassierenden „Sontag-Fieber" ist der wirklich liebenswürdige Mann zuletzt traurig zugrunde gegangen – worüber ausführlicher in einem späteren Abschnitt dieser Memoiren.

Kaum war ich in Berlin zu einer kleinen Berühmtheit geworden, so wurde Ludolff einer meiner wärmsten Verehrer und Beschützer – in allen Ehren. Ich durfte bei keinem der heiteren und oft sogar glänzenden Feste fehlen, die dieser geist- und lebensprudelnde Mäzen in seinem Hause, in seinem Garten, in einem öffentlichen Lokal oder auf einer Landpartie nach Treptow, nach den Pichelsbergen oder nach der damals berühmten Pfaueninsel mit ihren wilden Tieren, köstlichen Blumen und dem königlichen Riesen mit künstlerischer Grazie veranstaltete.

Zur Feier von Ludolffs Geburtstag spielte ich einst in seiner Tiergarten-Villa vor einer glänzenden Gesellschaft von 300 Personen mit dem jungen Neffen des Hauses, dem später als Journalist und Dramatiker bekannt gewordenen Alexander Cosmar, und zwei reizenden Fräulein von Winterfeld in dem Stück: „Die Savoyarden". Zur Krönung des Festes stieg dann dessen Königin – Henriette Sontag – als liebreizendste Blumenfee aus einem riesigen Blumenkorbe empor und sang mit ihrer süßen Vogelstimme ein Huldigungslied.

Der schwärmerisch verehrten Henriette zu Ehren veranstaltete Ludolff in dem damals glänzendsten Lokal Berlins, dem nach Schinkels genialen Zeichnungen erbauten und dekorierten Spiegelsaale des Konditors Fuchs Unter den Linden im Winter 1825/26 einen feenhaften Ball. Ganz Berlin sprach schon wochenlang vorher von diesem „Ereignis", und alle tanzlustigen Schönheiten gerieten in fieberhafte Aufregung: ob sie zu den Glücklichen zählen würden, zu diesem exklusiven Zauberfest eine Einladung zu erhalten. Denn wegen des beschränkten Raumes sollten nur dreißig tanzende Paare eingeladen werden, und es war bekannt, daß bei Ludolffs über Schönheit und Grazie strengstes Gericht gehalten wurde. Ich fand Gnade vor den kritischen Augen und war eine von den auserwählten dreißig Tänzerinnen.

Endlich war der große Abend da. Der berühmte Spiegelsaal, dessen Wände, Türen und Plafond nur aus Spiegeln und überreich vergoldetem Stuck bestand, funkelte von Hunderten von duftenden Wachslichten, die durch den Reflex von allen Seiten vertausendfacht wurden. In allen Ecken und in den Fensternischen schimmernde Blumengruppen – und dazwischen tanzende Jugend und Schönheit, die auch für die Toiletten etwas Außergewöhnliches getan hatte.

Wie entzückend schön war die sylphenhafte, heiterkeitstrahlende Henriette Sontag in ihrer duftigen Toilette: weißer Seidentüll, gestickt mit grünen Blättern und Ranken, über weißem Atlas Smaragdschmuck und weiße Rosen im Haar!

Die lieblichen, aber armen beiden Fräulein von Winterfeld hatten anonym reizende Pariser Toiletten: weißer Krepp mit lichtblauen Astern, zugesandt erhalten - von dem generösen Ballgeber Ludolff.

Ich trug Gaze-Iris mit Girlanden von Rosenknospen und Schneebällen, einen gleichen Blumenschmuck im Haar.

Uns alle aber überstrahlte die ehemalige Solotänzerin Böhnisch, die
ein reicher Gutsbesitzer der Bühne entführt hatte, durch ihre leuchtende
junonische Schönheit und die Pracht ihrer Toilette. Sie trug Drap
d'argent, mit Granatblüten verziert, und gleiche Blumen in den licht=
braunen Locken. Der Glanz ihrer wunderschönen, tiefblauen Augen
wetteiferte mit dem Feuer ihrer reichen Diamantenpracht. – Mlle.
Böhnisch war zugleich mit der schönen Mlle. Vestris, der späteren Mad.
Hoguet, auf königliche Kosten in Paris als Tänzerin ausgebildet, aber
bald für die Bühne verloren.

Von diesem feenhaften Ball wurde noch lange in Berlin gesprochen
– – und Ludolff schwamm in einem Meer von Entzücken und von –
Schulden, was aber damals noch niemand ahnte.

Eine Person, die in den niederen Ständen bei ernsten Anlässen das gesell=
schaftliche Dekorum zu wahren hatte, und die heute wohl schon seit langen
Jahrzehnten verschwunden ist, war der Leichenbitter. Zwei Schriftsteller,
Lenz und Eichler, die sich in „Berlin und die Berliner" zu einer Reihe von
Lokalschilderungen zusammengetan haben, entwerfen ein sehr belustigendes
Bild von seiner Tätigkeit. Hosemann hat hierzu einen reizenden kleinen
Kupfer geschaffen, auf dem wir den Leichenbitter mit dem dreikantigen Na=
poleonshut, von dem lange Flore herabhängen, mit dem schlechtsitzenden
Frack und den riesigen Handschuhen sehen. Sein Gesicht trägt die Züge pro=
fessioneller Traurigkeit, verbunden mit den Spuren eines übermäßigen Al=
koholgenusses. Und doch fühlt man nur zu deutlich heraus, daß er bei seiner
Amtshandlung nur an das Trinkgeld denkt und an die Art, wie er das
Trinkgeld möglichst anregend umwandeln kann.

Wenn ein Individuum aus der minder wohlhabenden Bürgerklasse,
das Glied einer Handwerker= oder Krämerfamilie, vom Tode
hingerafft worden, so ist der erste Gang seiner Angehörigen zum Lei=
chenkommissarius, der zweite zum Leichenbitter. Der letztere findet sich
ungesäumt im Totenhause ein; er weiß, daß ihn darin der Anblick des
Todes, Tränen, Schmerz und Klage erwarten, er weiß aber auch, daß
er – althergebrachter Sitte gemäß – ein Butterbrot mit Schinken oder
Schlackwurst belegt und ein Glas Branntwein darin findet. Es ist
seines Amtes, zu trösten, und er tröstet nach besten Kräften. Da er
indes dafürhält, daß viele Worte mit der Würde eines Leichenbitters
unverträglich sind, so läßt er in die lauten und ungestümen Ausbrüche
des Schmerzes der nächsten Angehörigen des Dahingeschiedenen in

angemessenen Intervallen eine seiner Stereotypphrasen fallen, die er
mit einem obligaten Seufzer begleitet, wie z. B.: „Ihm ist wohl!" -
„Er hat ausgerungen!" - „Er ruht jetzt im Schoße unseres Heilands!"
- „Für den Tod kein Kraut nich gewachsen ist!" - „Jott hat ihn re=
tourgenommen!" - „Er hat sich von diesem Dasein absolviert!" -
„Wer weiß, wozu es jut ist!" usw. usw. Zuweilen aber, und wenn
der Verstorbene begütert war und ein solennes Leichenbegängnis zu
erwarten steht, läßt sich auch der Leichenbitter vom Schmerz überwältigen,
und während er Butterschnitte, von dem Umfange kleiner Quadersteine,
in seinen Mund schiebt und in der Betrübnis seines Herzens ganze
Weingläser voll bittern Schnapses hinunterschüttet, rinnen Tränen
innigsten Mitgefühls über sein wehmütiges Angesicht.

In dem Trauerhause hat er die Liste der zur Bestattung des Ver=
storbenen einzuladenden Personen empfangen, und er beginnt seine Runde.
Zuvörderst begibt er sich zu denen, die er für wohlhabend genug hält,
ihm ein kleines Douceur zufließen zu lassen. Wenn es nur irgend tun=
lich, sucht er seinen Besuch so einzurichten, daß er die ganze Familie
beisammen trifft, und wählt, um den Effekt zu erhöhen, gewöhnlich die
Zeit des Mittagessens. Die Wirkung seines Erscheinens ist in der
Tat schlagend. Der Meister legt den Löffel nieder, die Meisterin
faltet die Hände, die Kinder flüchten zu ihrer Mutter, schmiegen
sich an sie und werfen scheue und furchtsame Blicke auf den „schwarzen
Mann", der Gesell wagt es nicht, den Bissen, der schon an der Schwelle
der Vernichtung stand, seiner Bestimmung entgegenzuführen, und durch
die halbgeöffnete, zur Flur führende Tür stecken die Nachbarinnen die
Köpfe und lauschen ängstlich und atemlos der Rede des Grabesboten;
nur der Lehrbursche macht ein mokantes Gesicht und benutzt die feier=
liche Stimmung, sein Brot unbemerkt in die Sauce von seines Nach=
bars, des Gesellen, Teller zu tunken. Könntet ihr doch jetzt den Leichen=
bitter sehen, den Leichenbitter in seiner Glorie! Das Schicksal, wenn
es personifiziert in den Tragödien der Alten auftrat, es konnte sich un=
möglich ergreifender, fürchterlicher produzieren. Pluto selbst würde
sich vor ihm entsetzen und der Zerberus heulend davonlaufen. Er ist
ohne einleitenden Gruß eingetreten, hat seinen dreieckigen Hut auf den
Magen gelegt, die Hände darüber gefaltet, und da ihm in diesem Mo=
ment die Leichdornen infolge einer bevorstehenden Witterungsverän=

derung zu schmerzen beginnen, hat sein Gesicht den Ausdruck wahren und unerkünstelten Schmerzes angenommen; sodann beginnt er, während sein eines Auge an der Decke haftet und das andere sich mit der auf dem Tische befindlichen Schüssel mit sauren Aalen, zufällig des Leichenbitters Lieblingsspeise, in Korrespondenz zu setzen versucht, mit hohlem, dumpfem Grabeston seinen Sermon:

„Es hat den Herrn gefallen, den Bürger und Sporenmacher= meister Anton Jottlieb Ludewig Wackelmann, seit 22 Jahren Bezirksvorsteher und Altmeister der hochachtbaren und hochlöb= lichen Zunft der Sporenmacher allhier, von dieses Leben abzu= rufen. Die betrübte Witwe, die anjitzo vergeblich einen Tröster sucht, beabsichtigt ihren an Altersschwäche hinübergeschlummerten Herrn und Ehgemahl, den Bürger vnd Sporenmachermeister, Be= zirksvorsteher, auch Altmeister der hochlöblichen Sporenmacher= zunft Anton Jottlieb Ludewig Wackelmann, seligen, übermor= gen früh, neun Uhr, zur ewigen Ruhe gelangen zu lassen und ladet Ihnen ein, ein Zeuge dieser feuerlichen Handlung zu sein. Amen!"

Hat der Leichenbitter seine Rede beendet, so verharrt er, in Erwar= tung einer Trostesspende, noch einige Augenblicke in seiner de= und weh= mütigen Stellung. Wenn er die Familie zu seinem eigenen Leichen= begängnisse einzuladen hätte, er könnte unmöglich trauriger ausschauen: er scheint ganz übermannt vom Schmerz, und nicht eher kehrt er zum Bewußtsein zurück, bis ein ihm in die Hand gedrücktes Viergroschen= stück den Krampf seiner Seele löst.

Biedermeier geht aus.
Konditoreien, Restaurants, Gartenlokale.

Über die Rolle, die Ausstattung, vor allem aber über die politische Bedeu=
tung der Konditoreien in Berlin als Versammlungszentren der Intelligenz
äußert sich Friedrich Saß, ein Berliner Schriftsteller der 40er Jahre, in
seiner Schrift „Berlin in seiner neuesten Zeit und Entwicklung" und gibt
zugleich ein vorzügliches Bild der Kulturschichtungen der besseren Berliner
Kreise von ehemals – der Offiziere, Beamten, Kaufleute, Literaten usw., die
scheinbar durcheinanderfluteten und von denen doch schon jeder nur inner=
halb seiner scharfgezogenen Grenzen lebte.

Wir wollen mit der Jostÿschen Konditorei beginnen. Sie liegt
an der Stechbahn, an der gefährlichsten Ecke Berlins, dem
Schlosse schräg gegenüber. Schon die lebensgroßen Wandgemälde des
verstorbenen und jetzigen Königs in vollständiger Uniform können den
Eintretenden belehren, daß er sich hier an einem Orte befindet, wo die
Elemente der preußischen Militärhierarchie ganz besonders vorzuherrschen
pflegen. Es ist aber nicht der leichtfüßige Gardeleutnantston, wie er
bei Kranzler zum Vorschein kommt, der sich hier geltend macht, es ist
hier bei Jostÿ noch manches alte, schwere und vernagelte Geschütz von
Anno 1813 vorhanden. In den Wochentagen sieht man viele Zivil=
personen, deren ramassierter Schnurrbart den pensionierten Militär ver=
kündigt. Sonntags nach der Parade blitzen und blinken die Uniformen
in buntester Mischung. Die Militärpersonen, welche bei Jostÿ ver=
kehren, sind meistens gereist und alternd, manche von ihnen sind mal=
content, wenn auch nur im stillen, was ja nicht gegen die Subordi=
nation ist. Viele von ihnen sind über die Erinnerungen 1813–15 nicht
hinausgegangen und halten sie fest und verteidigen sie als ihr teuerstes
Gut. Im allgemeinen ist der Geist des Jahres 1815 lange verdampft
im preußischen Heere. Nur in einzelnen Typen hat er sich hartnäckig
verfestet, und wenn die Resultate, mit welchen jener Geist uns be=

schenkt hat, auch keine Veranlassung zu Lobhymnen auf ihn geben
können, so muß er doch jedenfalls neben dem modernen Gardeleutnants=
geiste, den wir, wenn wir die Kranzlersche Konditorei besuchen, genauer
schildern werden, seine volle Berechtigung finden. Er tritt mit dem mo=
dernen Militärgeiste oft in entschiedenen Widerspruch. Er achtet das
Volk als seine Stütze, während dieser nichts mit dem Volke zu tun
haben mag und alles, was in Zivil geht, sich gegenüberstellt. Nach
und nach verschwinden aber auch immer mehr Typen des preußischen
Militärgeistes von 1815 bei Josty, man trägt die alten Kämpfer zur
Ruhe, der Säbel des neuen Geschlechtes ist ohne Scharten und für das
Blinken und Funkeln auf der Parade eingerichtet.

Eine andere Schweizer Konditorei, in der ebenfalls das ancien ré=
gime vorzuherrschen pflegt, wenngleich ein anderes, ist die Konditorei
des Herrn Spargnapani Unter den Linden. Sie ist berühmt durch
ihre immer ausgezeichnete Ware. Des Morgens und des Abends sieht
man hier viele ergrauende, ernste Männer. Die meisten sind die Gegner
und die Feinde der neuen Zeit und des neuen Geschlechts. Sie leiden
an Gicht, an Podagra, an Chiragra, an Rheumatismus, und wenn
dann und wann ein junger Mann in diesem Kreise erscheint und die
Türe etwas länger aufbleibt als gewöhnlich, so ziehen finstere Wolken
über ihre Stirnen, und sie ruhen und rasten nicht, bevor jedes Luftloch
wieder verschlossen. Herr Spargnapani ist ein feiner Mann und berück=
sichtigt sein Publikum. Darum ist abends in seinem Lokale eine Hitze,
welche die blutwarme Jugend nie lange vertragen kann, während die
geschwächten Körper unseres ancien régime sich ganz behaglich in der=
selben erquicken. Seinem Charakter nach läßt sich das feierliche und
morose Alter in der Spargnapanischen Konditorei als ein hohes und
mittleres Beamtentum bezeichnen.

Es wäre unrecht, diesem Alter Intelligenz abzusprechen. Im Gegen=
teil, dieses Alter hat einen zähen, praktischen Verstand, und ist keines=
wegs in Indifferentismus und Indolenz versunken. Das kann man
schon bei Spargnapani erblicken, wo dieses Alter sich von seinen bureau=
kratischen Mühen erholt. Die Bewegungen der Gegenwart werden
keineswegs ignoriert, sie werden vielmehr alle verfolgt. Die liberalen
Zeitungen werden alle gelesen, die französischen, die englischen Kammer=
verhandlungen werden oft mit wahrer Gier bis ins einzelne beachtet;

aber der Standpunkt des Altpreußentums wird allem dem gegenüber
nicht aufgegeben, es bleibt hartnäckig, starr, zähe, unumstößlich.

Ein lautes Reden ist beinahe unerhört und könnte allgemeinen Un=
willen erregen. Die Garçons treten kaum hörbar auf. Die alten Herren
sitzen da, wie die römischen Senatoren, als sie mit feierlichem Ernste
und unbeweglich den Einbruch der Gallier erwarteten.

Einen ganz anderen Charakter prägt, der Spargnapanischen Kon=
ditorei gegenüber, die Stehelÿsche am Gendarmenmarkte aus.
Ihre Lage, dem Schauspielhause schräg gegenüber, berechtigt sie von
vorneherein, ein Sammelplatz der literarischen und künstlerischen Ele=
mente Berlins zu werden, und eine Geschichte der Stehelÿschen Kon=
ditorei schreiben, hieße nichts anderes, als die Geschichte der Berliner
Literaturzustände geben. Hier war es, um nur bei der letzten Periode
zu bleiben, hier war es, wo T. A. Hoffmann phantasierte und seinen
Spuk trieb, wo die Teelöffel vor ihm tanzten und die Kaffeekannen ein
Ave=Maria beteten, hier war es, wo Heine seine Baisers verzehrte und
die ganze Berliner Welt, besonders aber den Herrn von Raumer,
karikierte. Hier war es, wo in den zwanziger Jahren das Theater=
rezensententum seine Huldigungen entgegennahm, wo eine Kritik über
die Sontag das Herz des alten Europa im tiefsten Innern erschüttern
machte; hier war es, wo die Julirevolution und die Hegelsche Philo=
sophie vom Jungen Deutschland entbunden wurde und das ganze
Koteriewesen seinen Mittelpunkt fand. Hier war es, von wo aus die
eine Partei im Jungen Deutschland die andere zu bekämpfen suchte,
hier war es, wo der „Standpunkt des Jungen Deutschlands zuerst
überwunden wurde", hier war es, von wo aus die „Hallischen Jahr=
bücher" und die „Rheinische Zeitung" ihr Geschütz bezogen, und hier
eben waltet der Kreis, von dem Deutschlands Zeitungen ihre Berliner
Korrespondenzen erhalten. Schon diese kurzen Andeutungen zeigen,
wie wichtig die Kenntnis der Stehelÿschen Konditorei für die Erkennt=
nis der Berliner und der deutschen Kultur= und Literaturzustände ge=
worden ist. Man kann es ohne Anmaßung sagen, das junge Volk, die
neue Zeit, hat gesiegt bei Stehelÿ. Diese Konditorei ist der Gegenpol
von Spargnapani geworden. Zwar zeigt sich auch hier noch dann und
wann eine Gestalt des ancien régime, aber sie wagt sich entweder nicht
weiter, als bis in die Vorhalle, oder sie zieht sich in den Hintergrund

zurück. Der Mittelpunkt dieser Konditorei, die vielerwähnte „Rote Stube", ist dem Geiste des jungen Volkes erobert.

Die „Rote Stube" bei Stehely ist der Zusammenkunftsplatz der Berliner Liberalen und Radikalen geworden, und eben diesen gilt, was Prutz in der Parabase seiner „Politischen Wochenstube" bemerkt:

„Politik allein, so schnattern sie laut und essen Baisers bei Stehely."

Alle Nachmittag finden hier bei einer Tasse Kaffee unschuldige Besprechungen und Erörterungen statt, wie sie Journallektüre und die Ereignisse des Tages herbeiführen, und es wird hier nichts weniger als das Spargnapanische Prinzip des Schweigens aufrechterhalten. Die Stimmung der „Roten Stube" pflegt immer eine lebendige zu sein. In neuester Zeit freilich ist der Kreis nicht mehr so vollständig, als früher. Es sind viele Parteiungen und Dissonanzen in das literarische Berlin hineingefahren, welche ein Zusammensein häufig verhindern und auch die „Rote Stube" beeinträchtigt haben. Aber immer noch geht es in ihr zwischen 4 Uhr nachmittags und der Theaterzeit ziemlich lebhaft zu.

Verlassen wir nun die Stehelysche Konditorei, mit ihrer von Literatur, Politik und Philosophie geschwängerten Atmosphäre, so werden wir der Vollständigkeit halber uns an Orte begeben müssen, wo aristokratische Luft weht. Ehe wir indes das Eldorado der Berliner Gardeleutnants und Dandys, Lions usw. besuchen – und es gehört Überwindung dazu – müssen wir noch einer Konditorei erwähnen, die zwar auch die Aristokratie zur Schau trägt, sich aber als aristokratischer Parvenü bezeichnen lassen würde. Wir meinen die Fuchssche Konditorei Unter den Linden.

Ein prachtvolles Lokal. Man muß schon, wenn ein Provinziale die Hauptstadt besucht, ihn hierher führen, um ihn in Bewunderung über einen solchen Luxus zu versetzen. Die Wände des einen Zimmers sind durchgängig Spiegelglas. Ein anderes Zimmer ist ganz im Geschmacke eines Schweizerhauses eingerichtet worden. In dieser Konditorei soll man aber auch nichts anderes als die kalte Pracht bewundern, denn für Journallektüre ist kaum gesorgt worden, und Stille und Einsamkeit herrscht durchgängig in diesen eleganten Räumen. Aristokratisch-blasiert-einsam steht die Fuchssche Konditorei das ganze Jahr, aber in der

Weihnachtszeit wirft sie ihr aristokratisches Gewand von sich, arran=
giert eine Weihnachtsausstellung und gibt eben dadurch den Beweis,
daß sie nicht von echt aristokratischem Wasser ist. Um die Weihnachts=
zeit wird sie fleißig besucht; denn alsdann macht Herr „Punch" in ihr
Berliner Witze und sucht die Narrheiten und Verlegenheiten des ab=
laufenden Jahres humoristisch, mit Bilderbeigabe, vorüberzuführen. Es
versteht sich aber von selbst, daß dieser Witz kein ungezügelter sein darf;
denn dafür gibt es in Berlin Polizei und Zensoren, und die Witze des
Herrn Punch müssen erst vor ihrem Tribunal eine Bestätigung erhalten.

Und nun mögen wir immerhin, die Linden entlang, nach Kranz=
ler schlendern. Diese Konditorei ist die Walhalla der Berliner Garde=
leutnants geworden, wo sie, nachdem sie rechts und links kommandiert
haben, zur Belohnung für ihre Tapferkeit Eis und Baisers essen dürfen.
Das klassische Nichts hat in dieser Konditorei seinen glänzendsten Aus=
druck gefunden, und der Gardeleutnantston hat sich in ihr geltend
machen können, weil er hier auf keine politischen Debatten, auf keine
politischen Oppositionsjournale stößt; denn in diesem Tempel unserer
Aristokratie werden eben nur die „Preußische Staatszeitung", die
„Vossische Zeitung", der „Hamburger Korrespondent" und das wich=
tigste Blatt von allen, das Blatt, welches die Beförderungen im Militär
anzeigt, das „Militärblatt", gefunden. Die Aristokratie weiset den
Kampf der Zeit vornehm von sich ab und bewegt sich in prätentiösen,
exklusiven Formen, in einer vergoldeten Freiheit. In der Tat, ein Ber=
liner Gardeleutnant, ein Berliner Dandy - und beide der exklusivesten
Art, kann man bei Kranzler studieren - ist in unserer Zeit ein seltsames
Wesen. Er kann wohl unsere Beachtung verdienen als ein Beweis, in
welcher Leerheit der gegenwärtige Zustand der Gesellschaft seine Aus=
läufe findet. Der Gardeleutnant wird geboren als echtes Vollblut von
echtem Vollblut und fühlt sich nun von vornherein als ein Wesen
höherer Art, den Bauern, den Tagelöhnern, dem bürgerlichen Volk
gegenüber. Der junge „Von" braucht eigentlich nichts zu werden, er
kann die Erlernung eines Geschäfts, um vermittelst desselben zu er=
werben, dem Bürgertum überlassen; denn ein Gardeleutnant, wie er
sein soll, muß reich sein. Indessen „der Repräsentation wegen" wird
er in eine Kadettenanstalt geschickt und dort auf die bequemste und
sorgsamste Art mit jenen Kenntnissen versorgt, die er gerade braucht,

um dem Gardeleutnantstum Ehre zu machen. Und wenn das Bärt=
chen nun flaumt, wenn die Epaulettes zum ersten Male auf seinen
Schultern prangen, wenn der Federbusch zum ersten Male auf
seinem Haupte winkt, wenn die Soldaten in allen Ecken und Win=
keln präsentieren, wie sollte er da nicht fühlen, daß er berufen ist, ein
„Wesen von höherer Art" in dieser sublunarischen Welt darzustellen?
Ein Gardeleutnant glaubt schon, nicht mehr mit einem Leutnant von
der Linie umgehen zu dürfen. Er meint, daß dieser unter ihm stehe.
Was fehlt bei solchem Tone nun noch, um ganz und gar den Zu=
stand der preußischen Armee darzustellen, welcher 1806 ein so kläg=
liches Ende nahm?

Was sich sonst in Zivil bei Kranzler bewegt, pflegt mit den Garde=
leutnants in einer Sphäre zu atmen und als Dandy eine Blasiertheit
zur Schau zu tragen, welche jene noch unter dem Anscheine des militä=
rischen Heroismus verbergen müssen. Junger, müßiger Adel, der in
der Residenz seine Revenuen verzehrt, Gesandtschaftsattachés usw. sind
die Lichtpunkte, die großen Sonnen des Kranzlerschen Dandytumes,
denen sich mehr oder minder erleuchtete, dunkle oder leere Körper an=
schließen.

Hoffmann von Fallersleben, der Dichter der „Unpolitischen Lieder",
läßt sich durch die Berliner Konditoreien und Cafés sogar zu politischer
Lyrik begeistern. Ob das hier erwähnte Café National mit dem identisch
ist, das - tempora mutantur - heute ganz anderen und keineswegs poli=
tischen Zwecken dient, wüßte ich nicht zu sagen.

Café National.

Mel.: Wilhelm, komm an meine Seite.

Welch ein Flüstern, welch ein Summen!
Welch ein stiller Lesefleiß!
Nur Marqueure schrein und brummen:
Tasse schwarz! und Tasse weiß!

Und die Zeitungsblätter rauschen,
Und man liest und liest sich satt,
Um Ideen einzutauschen,
Weil man selbst gar wenig hat.

Und sie plaudern, blättern, suchen,
Endlich kommt ein Resultat:
Noch ein Stückchen Apfelkuchen!
Zwar der Kurs steht desolat.

Und sie sitzen, grübeln, denken,
Und sie werden heiß und stumm,
Und mit kühlenden Getränken
Stärken sie sich wiederum.

So vertreibt man sich die Zeiten
Und des Tages Hitz und Last,
Bis erfüllt mit Neuigkeiten
Geht nach Haus der letzte Gast.

Doch am Morgen sieht sich wieder
Hier der alte Leserkreis,
Und man läßt sich häuslich nieder:
Tasse schwarz! und Tasse weiß!

Den Szenenwechsel in der Hauptkonditorei Berlins bei Stehely charakterisiert vorzüglich der Berliner Lokalschriftsteller Dronke in „Berlin" und erzählt uns, wie diese, für die Politik so wichtigen Lokale von polizeilichen Agenten überwacht wurden.

Die größte und unstreitig bedeutendste sämtlicher Konditoreien ist die von Stehely auf dem Gendarmenmarkt. Sie hat einen allgemeinen Ruf auch in der Ferne erlangt, indem die Hauptführer der periodischen Presse hier ihren Versammlungsplatz aufgeschlagen haben. Indes drängen sich die verschiedensten Gäste zu den verschiedenen Tageszeiten hierher. Am Morgen besucht der Geheimrat oder Regierungsbeamte, der auf sein Bureau eilt, diese Konditorei, um bei seinem Gläschen Madeira oder Malaga die eben angekommene Zeitung zu durchblättern, um seinen Kollegen die neusten Neuigkeiten bringen zu können. Ihnen folgen die Heroen der Oper, des Balletts und des Schauspiels. Die Szene ist auf einmal umgewandelt, und statt der geheimnisvollen diplomatischen Stille herrscht jetzt ein lautes, wirres Treiben. Es wird gelacht, disputiert, intrigiert, sogar Verschwörung angezettelt - alles in Theaterangelegenheiten. Manche neugierige junge Leute oder Fremde kommen ebenfalls zu dieser Zeit hierher, weil sie gehört haben, daß sie so die berühmten und bekannten Theatergrößen in der Nähe sehen können; jetzt sitzen sie überrascht und in heiliger Befangenheit da und wissen nicht recht, ob sie wirklich in diesen Leuten die illusorischen Bilder des Kulissenscheins wiedererkennen sollen. Plötzlich ist der ganze Trupp verschwunden und wandert dem nahen Schauspiel- oder Opernhause zu. Dann um die Mittagsstunde treten neue Erscheinungen auf die Szene. Es sind dies einige wenige Offiziere, die sich etwas mehr wie ihre Kameraden mit wissenschaftlichen oder wenigstens ernsten Dingen beschäftigen und nach überstandenen Paraden oder Besuchen ein paar belletristische Blätter und die Feuilletons der Zeitungen durchsehen. Nachmittags zwischen drei und vier erscheint ein kleines Häuflein Universitätslehrer und konservativer Geister, welche in dem vorderen Zimmer ihre Lager aufschlagen . . . .

Zwischen vier und sechs Uhr finden sich bei Stehély die Schriftsteller der radikal-politischen Partei ein, von denen wir einige weiter unten kennen lernen werden. Diesen Leuten ist die Konditorei Ersatz eines ordentlichen Lesezimmers, dessen Mangel in einer Stadt wie Berlin auffallend erscheinen muß. Sie kommen hierher, um die periodischen Blätter zu lesen, welche sie in größtem, ausgebreitetstem Maße vorfinden, besprechen sich und disputieren über die einzelnen Vorkommnisse und Angelegenheiten der Offentlichkeit und sammeln Notizen zu ihren journalistischen Arbeiten. Ihr Versammlungsort ist das letzte der vorderen Gemächer, welches man in Berlin wie auch auswärts in der entgegengesetzten Partei mit dem Namen des „Roten Zimmers" bezeichnet hat. Es geht oft lebhaft hier zu, und die Unterhaltungen sind stets anregend und von allgemeinem Interesse. Oftmals, oder selbst regelmäßig finden sich in diesem Raum schweigende Beobachter, die in einer Ecke diesen belehrenden Unterhaltungen über gemeininteressante Gegenstände zuhorchen und sich auf diese Weise ein tiefer eingehendes Urteil verschaffen, als es ihnen selbst möglich wäre; auch bezahlte „Beobachter", kenntlich an den schmalen, tiefgefurchten Spielergesichtern, trifft man hier, Leute, die nur zum Schein ein Zeitungsblatt in die Hand nehmen und, die Augen starr auf die Zeilen gerichtet, seitwärts nach den, hohen Orts so „mißliebigen" Schriftstellern lauschen. Diese Spione werden oft auf das unbarmherzigste malträtiert, aber wahrscheinlich hat sie das Bewußtsein ihres ehrlosen Gewerbes bereits so abgestumpft, daß sie fühllos gegen alles sind und stets unbekümmert wiederkehren. Gewiß ist, daß von diesem Zimmer aus ein großer Teil der ganzen deutschen Preßbewegung beherrscht wird, und wir werden sehen, welche rastlose und achtungswerte Tätigkeit von diesen Leuten ausgeht, die dem Interesse der Sache, für die sie schreiben, allen persönlichen ehrgeizigen Vorteil als „Schriftsteller" opfern. Daß von mancher Seite das „Rote Zimmer" mit hämischen, ja selbst entsetzten Blicken angesehen wird, ist nicht zu verwundern, und ich selbst bin Zeuge gewesen, wie ein ehrsamer loyaler Spießbürger einen begleitenden Fremden erschrocken vom Eintritt in jenes Zimmer zurückhielt, indem er dasselbe als den Herd der Jakobiner bezeichnete. Gegen Abend ist es ruhig. Nach dem Theater jedoch kehren noch einzelne alte Herren ein, welche über die Tänzerinnen sprechen, vielleicht auch einer kleinen jungen Freundin hier ein Vergnügen bereiten wollen.

Vergnügungen des Alltags.
Tänze, Tanzlokale, Konzertlokale.

Alle Schichten des Volkes waren in der Biedermeierzeit überaus tanzlustig und drängten sich nach jeder Art öffentlichen Vergnügens. Die Geheimnisse der feineren Tanzkunst, die im höfischen Rokoko sich entwickelt hatte, wurden noch zu jener Zeit, wie uns Meißner in der „Geschichte seines Lebens" erzählt, vielfach vom französischen Tanzmaitre, der irgendwo durch die Napoleonischen Kriege nach Deutschland oder Österreich verschneit war, oder durch uralte Flüchtlinge aus der Revolutionszeit, der schwerfälligeren deutschen Jugend überliefert.

Und der Professor der Tanzkunst stellte sich vor, ein kleines uraltes, verwittertes Männchen, in feinstem schwarzen Anzuge, mit grauem Haar, pedantisch trocken, der echte französische Tanzmeister. Nach einem feierlichen Schweigen, das als Vorbereitung gelten sollte, erhob er sich langsam auf seine Fußspitzen und eröffnete uns seine Absicht, uns in das Geheimnis eleganter Bewegungen einzuweihen. Wir mußten uns in zwei Reihen aufstellen, er zeigte uns die Positionen und forderte uns auf, ihm allerlei Pliez nachzumachen.

Monsieur Gaillard hatte auch eine ganz kleine Geige bei sich, eine Taschengeige, die längst verschollene Pochette, der er mit dem Fiedelbogen dünne, grelle, häßliche Töne entlockte. Er spielte uns die ersten Takte einer Gavotte vor. Bis diese aber getanzt wurde, dazu war es noch weithin. Es galt, die Kunst in ihren Prinzipien zu erfassen. Eine Erklärung der Fußstellungen, langsamere und elegantere Kniebeugungen, Versuche feierlicher Komplimente füllten eine ganze Reihe von Stunden aus.

Erst in der Biedermeierzeit drang, von Wien ausgehend, der Walzer mit seinen stärkeren, lebensfreudigeren Rhythmen in die Tanzgepflogenheiten ein und änderte das Bild des Tanzens in ähnlicher Weise, wie es in Europa vor ungefähr einem Jahrzehnt die stark pulsierenden amerikanischen Cakewalks und Twosteps getan haben. Ein schneller Walzer galt in guter Gesellschaft als nicht unschicklich.

Walzlied.

Hört ihr den schwäbischen Wirbeltanz?
Lirum, trallarum! Herbei!
Mag ein pedantischer Firlefanz
Rufen sein Ach und sein Fi!

Lirum, der Boden ist spiegelglatt,
Hell und bevölkert der Saal,
Lirum, es walze, wer Atem hat
Und ein gesundes Pedal.

Jünglinge, schwebet im Takte hin,
Fliegt den melodischen Flug,
Bis euch die glühende Tänzerin
Lispelt ein mattes „Genug"!

O der unnennbaren Seligkeit:
Unter dem Hörnergetön
Traulich in süßer Umschlungenheit
Sich wie die Sphären zu drehn!

Krittler, verdammt den Erfinder nicht!
Denn ihr verdammt die Natur!
Singet dem Walzer ein Lobgedicht,
Aber dem langsamen nur.

Johann Haug.

Über niedere Tanzlokale Berlins, deren kulturelle Bedeutung und Rolle ein Freund des Volkslebens nie unterschätzen wird, äußert sich Löbell, der versucht, „Berlin und Hamburg" einander gegenüberzustellen und aneinander zu charakterisieren.

Der Verfasser des „Tuttifrutti" will eine Art Schilderung des Berliner Volkscharakters geben, aber ... Se. Erlaucht suchen den Volkscharakter und das Berliner Leben in den Gräflich Brühlschen Bällen. Ja, lieber Herr, da finden Sie wohl Offiziere und Stifts- und courfähige Damen, aber der Nervus, die Bürgerklasse, kann sich ja nicht so hoch erheben. Se. Erlaucht hätten als gewissenhafter Berichterstatter es nicht verschmähen sollen, einmal den adeligen Nimbus abzuwerfen und sich dahin zu begeben, wo nach dem Sprichwort Confluxus Ca-

naillorum sich vereinigt. – Dort finden Sie den Charakter der Berliner
und ihre Volkstümlichkeit, dort, wo der Venus vulgivaga und dem
Bacchus geopfert wird, in Tanzböden und Trinkstuben; denn dort
schöpfte der große G–r, der berühmte dramatische Schriftsteller, der
Verfasser des „Berlin wie es ist – und trinkt", seine klassischen Witze.

„Ei wat braucht man, um jlücklich zu sind?"

singt der andere Heros: Angely. – Hat der Berliner des Abends seine
2¹/₂ Sgr. zu einer kühlen Blonden und vielleicht noch einige Groschens,
da die Tänze groschenweise nach einem Zeichen mit der Klingel bezahlt
werden – so steckt er die Pfeife in die Tasche, geht zu seiner Hulda,
die längst aufgescheuert und seiner mit Sehnsucht harrt, und wandelt
an ihrem kirschbräunlichen Arme in die Tabagie. Ach, der Berliner
hat im Jahre 1834 zwei furchtbare Verluste erlitten!
    Wegner in der Französischen und Geyer in der Königstraße schlossen
ihre heiligen Hallen – wie es heißt, auf Befehl der Polizei.
    Von etwas noch gemeinerem Genre ist aber noch die ***sche Bude,
indem sich dort Improvisatoren herumtreiben. Welche Gesellschaft sich
hier versammelt, beweist folgende Anekdote, die als wahr erzählt wird.
– Als nämlich einmal einige fein gekleidete Herren hierherkamen, soll
der Improvisator geschrien haben: „Ihr Gnoten, schmeißt den An=
stand 'naus!" Früher soll hier auch eine Tafel mit der Inschrift ge=
wesen sein: „Bei etwa vorkommenden Prügeleien möge man gefälligst
die Tisch= und Bankbeine in Ruhe lassen, da für diesen Fall ... Stöcke
hinter dem Ofen ständen!" Diese beiden Anekdoten trägt Fama in
Berlin herum, jedoch können wir die Wahrheit nicht verbürgen.
    Besser sind die Tabagien von Letze und Kühne (in der Sebastians=
kirchgasse), denn hier kommen vorzüglich des Sonntags die in der
Nähe wohnenden Bürger mit ihren Familien zusammen, und da beide
Etablissements mit Gärten versehen sind, so ist es im ganzen recht
hübsch. Jedoch an den Wochentagen kommen die Nymphen (die Sonn=
tags bei Frank sind) und tanzen mit obligater Prügelei.
    Das Kolosseum, vielleicht das prächtigste Etablissement Berlins,
machte anfangs viel Aufsehens ... Jetzt sieht man dort, vorzüglich
Donnerstags, dieselben Gesichter wie bei Franks und weiland Weg=
ners. Es hat auch schon oft derbe Prügelsuppen gegeben.

Als eine merkwürdige Erscheinung ist wohl zu bemerken . . . ., daß
in dem Kühneschen Lokale sich ein Lesekabinett findet, und daß es dort
eine Auswahl recht schöner Blätter gibt. In dieser Hinsicht steht also
bemeldete Tanzkneipe weit über mancher höchst anständigen Konditorei,
in denen man kaum sechs Blätter zusammenfinden kann.

> Sehr intime, von genauester Sachkenntnis getragene Explikationen über
> das alte Kolosseum, in das man ging, wenn man sich nicht langweilen
> wollte, und in dem alle Schichten zusammentrafen, in der gemeinsamen
> Absicht des Tanzens und des Sichvergnügens, geben wiederum Lenz und
> Eichler („Berlin und die Berliner").

Es gibt in Berlin eine sehr große Menge von Leuten, die tanzlustig sind, deren Bekanntschaft und Stellung aber nicht von der
Art ist, daß sie Einladungen zu Bällen zu erwarten hätten. Für diesen
Übelstand hat das Kolosseum Abhilfe, indem es seine eleganten großartigen Räume für gutes Geld öffnet.

Aber nicht etwa am Sonntage, dem Vergnügungstage für alle
Welt; ein Tag in der Woche, der glückliche Donnerstag, ist den Bestrebungen Terpsichores geweiht.

Da strömen des Abends elegante Handlungsdiener, von den Kom-
mis des Bankiers bis zu den Mühlendammlords und respektive
„Trankonditoren" herab, nach der Jakobstraße, Offiziere in Zivil,
Referendarien, Roués, junge Geschäftsleute, junge Leute überhaupt
aus fast allen Ständen und besonders Kohorten Studenten - Berliner
Studenten nämlich, welche fast alle sich wie gewöhnliche Leute tragen
- die verschiedenste Auswahl tanzlustiger Herren findet sich zusammen.

Der Leser und ich, wir nehmen uns eine Droschke, welche alsbald
vor dem erleuchteten Torwege hält. Wir steigen aus, lösen uns an der
Kasse eine Einlaßkarte, geben Hut, Mantel u. dgl. in der Garderobe
ab und öffnen die Flügeltüren des großen Saales, der geschmackvoll
dekoriert, glänzend erleuchtet und mit geputzten Leuten beiderlei Geschlechts fast überfüllt ist.

Der Tanz, welcher eben im besten Zuge ist, hindert uns vorläufig
am schnellen Vordringen durch die lebenslustige Menge, wir nehmen
unser Augenglas zur Hand und mustern die tanzenden Gruppen.

Im Grunde bieten die Tanzenden einen recht trostlosen, für den

Liebhaber charakteristischer Volksbelustigung betrübenden Anblick dar. Alles will hier sein sein, eine törichte Nachäffung anständiger, vornehmer Manieren gibt sich durchweg kund, niemand möchte seinen Stand verraten, eine echt berlinische Bestrebung.

Die roten, starken Hände des Dienstmädchens sind in enge Gehäuse von Glacéleder gepreßt, die naturwüchsigen Leiber durch Schnürleiber und Schnebbentaillen so bedrängt, daß die Haken, mit welchen die Ballkleider hinten zusammengehalten werden, zu springen drohen, die Bewegung der Arme, vermöge des ungewohnten Kleiderschnittes, so ungraziös als irgend möglich, und nun gar diese Sammetspenzer, die schönste, kleidsamste Tracht für feine, elegische Gestalten von vornehmer Turnüre, sie sehn bis zum Ekel zweifelhaft aus an diesen Mädchen, die freilich zu sehr großen Teilen ins Zweideutige hinüberschillern.

Der jungen naiven Mädchen aus den Bürgerständen, welche mit Familie anwesend sind, gibt es leider gar nicht viele, da diese nur ab und zu eines solchen Vergnügens teilhaftig werden, während der größere Teil der tanzenden Damen als Stammgäste des Kolosseums zu betrachten sind.

Daher auch die wirklich intime Bekanntschaft der Herren, welche Kolosseumshabitués sind, mit den meisten der Damen. Mit Kennerblicke, mit der Übersicht eines Feldherrn, durchfliegt ihr Auge den Saal, und bald sind die früher noch nicht gesehenen Mädchen gefunden, und falls sie hübsch sind, harangiert und die Bekanntschaft in bester Weise angeknüpft.

Der Habitué des Kolosseums tanzt selten, er verhält sich beobachtend und unterhaltend, in den Zwischenpausen bewährt sich seine eigentliche Tätigkeit. Er ist gewöhnlich reicher Student oder Referendarius, häufig von Adel, auch wohl Leutnant oder Fähnrich, jedenfalls aber ein Roué, der sein Bedürfnis, erfolgreiche Bekanntschaften unter dem weiblichen Geschlechte zu machen, hier aufs angenehmste befriedigen kann, und selten geht er nach Hause, ohne einige neue Adressen sich notiert zu haben.

Sobald die rauschende Musik verstummt und die Tänzer ihre Damen an die Plätze führen, beginnt er seine Wanderung durch die verschiedenen Räume und „reviert ab". Zu beiden Seiten des großen Tanzsaales sind Erhöhungen, auf welche ein paar Stufen führen; auf diesen Estraden sitzt der größere Teil des tanzenden Damenpublikums.

Dort kokettiert er in langsamstem Tempo vorüber, sein Lorgnon ins Auge gekniffen, hier und da einen Gruß spendend, ein paar freundliche Worte in zutraulichem Tone wechselnd, überall siegend durch seine menschengewinnende vornehme Freundlichkeit.

Indessen ist die allgemeine Stimmung erhöhter geworden, der männliche Teil des Publikums hat nicht umhingekonnt, teils in Wein teils in Grog zu wirken, die kleinen Reibungen, welche unter dem Tanzen bei der Unterhaltung mit den Damen und sonst vorzukommen pflegen, haben an Gewicht und Bedeutung gewonnen, die Haltung wird gefährlicher, die Charaktere neigen sich mehr den Extremen zu. Herr Krüger, ein stattlicher, kompakter Mann, geht umher und beaufsichtigt mit Ruhe, aber scharfem Blicke seine gechrten Gäste; er hat auf dem Flure Polizei und Gendarmen zu stehen, ohne welche kein Berliner Vergnügen denkbar ist; aber im Saal zieht er es vor, in eigner Person sein Hausrecht auszuüben, und weiß sich dabei mit so viel Schicklichkeit als Geschick zu benehmen.

Er begnügt sich z. B., einem Herrn, der seinen Arm etwas zu vertraulich auf die Schulter einer Dame gelegt, andeutungsweise, aber nachdrücklich darauf zu klopfen, so daß der Delinquent überrascht ist und erst, wenn der Wirt schon vorübergegangen, Zeit gewinnt, ärgerlich darüber zu werden. Er weiß auch gelegentlich - doch kommt das selten vor - den Arm einer Dame, die ihm aus ihr bewußten Gründen nicht gefällt, auszubitten, und sie voller Anstand aus dem Saale zu führen, welchen sie nicht wieder betritt.

Im Kolosseum werden gewöhnlich auch im Winter vor der eigentlichen Fastnachtszeit ebenso Maskenbälle gegeben, die sehr besucht sind, und sich vor denen im Opernhause - wenigstens in diesem Jahre - sehr vorteilhaft auszeichneten. Es ist bekannt, daß Herr Krüger gelegentlich einige Herren mit den Worten um anständiges Betragen bat: „Ich bitte Sie, zu bedenken, daß Sie hier nicht auf der Opernhausredoute sind."

Die Beschreibung des Kolosseums an einem solchen Redoutentage und während des Wollmarktes verspare ich mir auf ein anderes Mal, und folge dem Verlaufe eines gewöhnlichen Ballabends.

Sobald der Kotillon, der letzte Tanz, nur noch übrig ist, ergreift das Personal oben im Saale eine fieberhafte Bewegung.

Es ist der Anfang des Endes; dieser Gedanke läßt die Lust mit doppelter Begierde genießen. Alles geschieht hastiger, die Unterhaltung nimmt ein schnelles Tempo an, man beeilt sich, soviel als möglich noch vor sich zu bringen.

Die Herren, welche hoffnungsvolle Bekanntschaften angeknüpft haben, suchen sich denselben noch zu guter Letzt so angenehm als möglich zu machen. Gegen die Mütter der tanzenden Töchter wird man verbindlicher, gegen die unabhängig dastehenden, zum Teil auch emanzipierten Damen freier, dreister, ja manchmal fast zu dreist. Man kennt von den letzteren den Vornamen, und bei ihnen genügt das, von den Bemutterten Vornamen und Zunamen, man ist völlig orientiert und hat sich in keiner Beziehung etwas vorzuwerfen.

Der Kotillon mit seinen unendlichen Touren und Verwickelungen, bei welchen die maîtres de danse Wunderdinge leisten, ist im schönsten Fortgange, schon werden die Galerien oben und die Nebenräume leerer, die Tanzenden sind mehr unter sich, weil es den Nichttanzenden doch endlich zu lange dauert.

Hin und wieder erregt eine junge Dame unser Mitleid, die zum Kotillon engagiert war, aber von ihrem Herrn, vielleicht einem leichtfertigen Studenten, sitzen gelassen worden ist, weil er selbst bei der Flasche sich festgesetzt hat und darüber alle Kotillons und Damen der Welt vergißt.

Ein mitleidiger Nichttänzer sucht sie durch seine Unterhaltung etwas zu trösten, ist aber unverschämt genug, sich ihr nicht als Remplaçant anzubieten. Denn unsre heutigen jungen Männer sind im Punkte der Galanterie sehr aus der Art geschlagen, sie tun eben nur, was ihnen Vergnügen macht, und glauben, auf diese Art das weibliche Geschlecht gerade zu ködern. Dieses aber seufzt über die schlechten Zeiten und muß sich eben darin fügen, weil die jungen Herren doch nun einmal nicht zu entbehren sind.

Endlich hat der Kotillon ausgerast. Alles glüht vor Hitze, die Schals und Schnupftücher der Damen sind in fächelnder Bewegung, man legt sich nach dem Tanze aufs Lustwandeln zur Abkühlung, die Musikanten, diese Lustspender, packen ihre Instrumente ein und verschwinden.

Die Unterhaltung wird angenehmer und immer angenehmer, kann aber doch nicht eine solche Kraft ausüben, daß man der späten Stunde,

in der man sich befindet, oder vielmehr der frühen Tageszeit, sich nicht
erinnerte. Der Lebenszweck ist erfüllt, der Tanz genossen, und der Saal
wird leerer und leerer. Es nimmt ein trostloses Ende.

Die Familien steigen in ihre Wagen, nicht unbegleitet von zutun=
lichen jungen Herren. Gute Nacht tönt es von allen Seiten. Die Roués,
wenn sie nicht eine Dame nach Haus begleiten, rotten sich zusammen
und treten kritisierend den Heimweg an. Das ganze weibliche Personal
muß noch einmal die Revue passieren, die Nachtwächter horchen erstaunt
dem lauten Gespräche und schütteln bedächtig die Köpfe.

Nahe verwandt den Tanzvergnügen waren die öffentlichen Konzerte, in denen
in Gärten und Lokalen mehr oder minder gute Musik, wenn auch nicht als
Hauptzweck, gepflegt wurde. Alle diese Lokale galten für den Provinzler
als Sehenswürdigkeit, und ihr Name war weithin von Klang. Manche von
ihnen existieren noch, haben aber, wie Kroll, starke Wandlungen durch=
gemacht. Als Hintergrund für allerhand neue, großstädtische Erscheinungs=
formen waren sie alle einmal von der Bedeutung, wie es heute die Cafés
vom Kurfürstendamm sind.

Wenn das alte Kolosseum den Vergnügungstrieb der Berliner so
ziemlich zentralisiert hatte, so ging er nach dem Brande dieses
„Kunstinstituts" immer mehr auseinander, und er zerteilte sich nach
allen Richtungen. In neuester Zeit ist es versucht worden, einen neuen,
großartigen Vereinigungspunkt zu finden, und zwar in dem Krollschen
Etablissement vor dem Brandenburger Tore. Aber es will durchaus
nicht mehr gelingen. Keine Stadt in Deutschland hat ein ähnliches
Lokal aufzuweisen, wie Berlin in diesem Krollschen Etablissement, und
Berlin ist eine große Stadt. Dennoch ist Herr Kroll noch vor kurzem,
wie es ihm schon in Breslau geschah, von seinen Gläubigern exmittiert
worden, und es hat Mühe und hohe Protektion gekostet, um ihn, unter
Administration gesetzt, wieder zu installieren. Welche Schicksale das
Krollsche Etablissement noch haben wird, ist nicht leicht vorauszusehen.
Wie eine kleine Stadt, wenigstens wie eine großartige Burg mit Tür=
men und Mauern überragt es den Exerzierplatz. Die ganze Einrichtung
ist majestätisch. Die Pracht des großen Saales, mit den Logen, die ihn
umgeben, und seinen beiden Seitensälen übertrifft beinahe alle Beschrei=
bung. Unsere Zeit beschränkt die Pracht nicht mehr auf die Einsamkeit
fürstlicher Paläste, in ihrem demokratischen Charakter nimmt sie dieselbe

auch für die große Menge in Anspruch. Die großen Säle des Krollschen Etablissements, im Glanze der tausend Gasflammen, durchrauscht
von den starken, fröhlichen Tonwellen eines großen Orchesters und durch-
wogt von einer bunten, mannigfaltigen Menge, gewähren allerdings
einen überraschenden Eindruck, und man ist wohl imstande, hier in diesem Geschwirre und Gewirre die kleinen Sorgen des Lebens und die
Prinzipienfragen der Gegenwart zu vergessen, auf Abenteuer auszu-
gehen und vielleicht an irgendeinem verführerischen Auge hängenzu-
bleiben.

Wenn Herr Kroll weiter nichts tun wollte, als sein prächtiges Lokal offenhalten, für gute Musik und gute Bedienung sorgen, so würde
das Etablissement für die große Menge der Berliner, nachdem sie ihre
Neugierde befriedigt haben, keine große Anziehungskraft mehr besitzen;
Herr Kroll muß also alle Mittel der Raffinerie aufbieten und immer
darüber aus sein, den Berlinern etwas Neues, etwas ganz Unerhörtes
zu versprechen. Italienische Sommernächte, chinesische Nächte, Som-
mernachtsträume, Verlosungen, Bohnenfeste, phantastisch arrangierte
Maskenbälle, Weihnachtsausstellungen, Blumenüppigkeit, Wiener
Theater, alles wird in den Kreis der Krollschen Spekulation hineinge-
zogen und den Berlinern in riesengroßen Anschlagezetteln verkündigt.
Strauß wird aus Wien herbeigeholt, um mit seinen Walzern die Füße
der Berliner und Berlinerinnen zu beflügeln, aber Strauß hat selber
gemeint, daß hier in Berlin sein Boden nicht sei, und daß die Ver-
führungskünste seiner Tänze dem berlinischen Naturell wenig anhaben
könnten. Er ist unbefriedigt mit seiner Kapelle in die österreichische
Kaiserstadt zurückgezogen. Für die Größe des Lokales ist an gewöhnlichen Tagen, wo nicht etwas ganz Besonderes die Neugierde der Berliner anlockt, der Besuch viel zu gering, und Herr Kroll, der den Eintrittspreis anfangs auf 10 Silbergroschen festgesetzt hatte, hat sich schon
seit längerer Zeit genötigt gesehen, denselben bis auf die Hälfte zu re-
duzieren.

Kein Fremder aber, der Berlin auf einige Zeit besucht, wird es hoffentlich versäumen, das Krollsche Etablissement an einem seiner Glanzabende
oder einer seiner Glanznächte zu besuchen. Es sind hier tiefe Blicke in den
Zustand der berlinischen Welt zu tun. Es kann hier mancher Schleier ge-
lüftet werden. Aber dem Fremden entgeht gewöhnlich das meiste, und er

kann zufrieden sein, wenn er nicht eine schlimme Erfahrung macht. Er muß
vor allen Dingen nicht glauben, daß er hier das sogenannte „anstän=
dige Berlin" vor sich hat. Es umwirbelt und umgaukelt ihn das frivole
Berlin, sei es auf der Basis des Reichtums, der Verschwendung, der
Lüsternheit, der Langenweile, oder sei es auf der Basis der Not, des Er=
werbes, des jugendlichen Leichtsinns, der Schwindelei, der Prostitution.
Denn die Prostitution hat sich auch mit jenem breiten Strome, womit
sie unser ganzes Leben durchzieht, des Krollschen Lokales bemächtigt.
Kaum noch die drei ersten Bälle, welche in diesen prächtigen Räumen
gegeben wurden, waren von einem durchaus „anständigen" Publikum
besucht, bei dem vierten und fünften drängte sich das Heer der Prosti=
tution schon kräftig hervor, schon bei dem sechsten war die bekannte
Lakaientochter die Königin des Tages, bei dem siebenten und achten
fanden sich Taschendiebe und Spieler mit ihrem dunklen Anhange ein,
schon bei dem neunten und zehnten konnte das Auge des Kenners die
Geheimrätin neben der herausgeputzten Dirne sitzen sehen, und bei
dem elften und zwölften überwog schon der prostituierte Teil der Damen=
gesellschaft den der nicht prostituierten. Sehr bald aber, wie es in der
oben angeführten Schrift heißt, war es eine ausgemachte Erfahrung,
daß nur die Nachmittagskonzerte der Wochentage und die ersten Stun=
den der Ballnächte den Besuch anständiger Damen zuließen, die
Stunden nach Mitternacht und die Abende des Sonntags mußte man
dem gewöhnlichen Publikum und den Gewalthabern der Prostitution
überlassen. Will Herr Kroll diese aus seinem Lokal verbannen, was
ihm übrigens sehr schwer gelingen wird, so bereitet er sich, wie wir ihm
mit Gewißheit voraussagen wollen, selbst den Ruin. Die Prostitution
ist nun einmal in Berlin die Trägerin des gesamten öffentlichen und
heitern Lebens geworden.

(Friedrich Saß, „Berlin in seiner neuesten Zeit und Entwicklung".)

Es vergeht mit geringer Ausnahme kein Tag, an dem nicht an ir=
gendeinem Orte ein Konzert stattfindet. An allen öffentlichen Ver=
gnügungsorten höheren oder geringeren Grades finden wir dergleichen
musikalische Aufführungen, und während des Sommers vorzugsweise
in den Lustetablissements außerhalb der Stadt. Diese Konzerte unter=
scheiden sich indes von denen, welche im Saale des Schauspielhauses,

in der Singakademie oder in den Sälen der ersten Kaffeehäuser Berlins aufgeführt werden, im wesentlichen dadurch, daß sie, mehr für das Volk bestimmt, auch nur solche Musikstücke ausführen, die bekannt sind und gleichsam im Volke leben, und daß man sich bei den meisten derselben der Blasinstrumente bedient. Konzerte dieser Art, die man eigentlich wohl nur Unterhaltungsmusik nennen kann, führen gewöhnlich die Musikkorps der in Berlin in Garnison stehenden Regimenter auf, welche, von tüchtigen Direktoren geleitet, oft auch sehr Tüchtiges leisten. Der geringe Eintrittspreis, der sich großenteils nur auf wenige Groschen erstreckt, läßt diese Vergnügungen sehr viele Teilnehmer aus allen Ständen der Bewohner Berlins finden, und selbst der vornehme Mann verschmäht es nicht, besonders wenn diese Unterhaltungsmusik im Freien ausgeführt und von heiterem Wetter begünstigt wird, sie aufzusuchen. Demnach finden wir hier eine sehr gemischte Gesellschaft, und es kann für den Beobachter nichts Interessanteres geben, als an solchen Orten sowohl auf den einzelnen, als auch auf die Menge seine Aufmerksamkeit zu richten. Nirgends tritt der geistige und körperliche Unterschied der Stände, nirgends treten die verschiedenen Neigungen im Genusse lebhafter und greller hervor als hier. Der eine sitzt bei seinem Glase Weißbier, das beliebteste Getränk, welches der Berliner kennt, und auf dessen Güte er nicht geringe Vorzüge seiner Vaterstadt gründet, und unterhält sich mit einem oder mehreren Freunden über die öffentlichen Angelegenheiten politischen und nicht politischen Inhalts, über Gewerbe, über Glück oder Unglück seiner Freunde, über seine Familie und den Zustand seiner eigenen Verhältnisse; er erzählt artige Anekdoten, macht über diesen oder jenen seine Bemerkungen, bläst dabei aus der Tabakspfeife große Dampfwolken in die Luft, steht auf, sieht sich die Umgegend an, setzt sich wieder hin, trinkt und erzählt alles noch einmal, was er seinen Freunden bereits mitgeteilt hat. Der andere, der schon höher hinaus will und dem das allgemein Gebräuchliche abgeschmackt erscheint, hat irgendeins der fremden Biere, die sich seit den letzten Jahren in Berlin außerordentlich vermehrt haben, vor sich stehen, trinkt oder nippt vielmehr aus einem kleineren Glase, raucht einen Cigarro, klopft mit dem Bambusröhrchen leise auf die Schenkel, zupft am Halskragen, streicht sich das Haar über die Stirn, wirft den Kopf in die Höhe, spielt den Beobachter, starrt vor sich hin und lacht endlich leise und selbstzufrieden, den Kopf nach dem Takte der Musik bewegend, in sein fremdes Bier hinein. Noch ein anderer unterhält bei einer Tasse Kaffee oder Tee eine Gesellschaft von Frauen und jungen Mädchen, er flüstert mehr, als er spricht, räuspert sich oft, dreht sich nach allen Seiten, affektiert alle möglichen Gemütsbewegungen, macht auf dieses oder jenes aufmerksam, schimpft auf die Bedienung, wenn das Geforderte nicht gleich gebracht wird, streichelt den Schoßhund, hält ihm zarte Bissen vor, kurz und gut er ist alles, wozu ihn seine Gesellschaft macht. An diesen sitzenden Gruppen bewegen sich unzählige Lustwandelnde vorüber; hier gehen einige Beamten mit langen Ton- oder anderen Pfeifen einher, sprechen über Bureaugeschäfte, über die Gehalts- und Amtserhöhung eines ihrer Freunde, teilen sich Staatsgeheimnisse mit, die ihnen aus sicherer Quelle zugeflossen sind, bestreiten die Ansichten, welche die Zeitungen über dies oder jenes Ereignis aufstellen, beklagen in dem Luxus anwesender Bürgerfrauen den Verfall der Einfachheit, loben die wissenschaftlichen und moralischen Fortschritte ihrer Kinder, bestimmen deren künftige Laufbahn und ergießen sich zuletzt in Klageliedern über den allgemein eingerissenen Hang zum Studieren; dort wandeln junge Leute dahin, die mit ihren Lorgnetten die Frauen und Mädchen beäugeln, unaufhörlich an ihrer Toilette beschäftigt sind und immerfort lachen wie die Mädchen und Frauen, um ihre weißen Zähne zu zeigen. Neben und unter diesen verschiedenen Charakteren sieht man bürgerliche Familien aus der mittleren Klasse, die sich gleichsam aus dem Gewühl zurückgezogen haben, um der Beobachtung zu entgehen, und der Vornehme geht anspruchslos umher, beobachtet und wird beobachtet und bereitet sich aus dem, was ihm die Gegenwart bietet, seine edleren Genüsse. Dies Gemälde eines Berliner Vergnügungsortes, so treu wie möglich dem Leben entlehnt, kann im allgemeinen das Urteil über das geben, was die Berliner unter Vergnügen verstehen. Eine wahre Fröhlichkeit und Geselligkeit, wie man sie in Frankreich, Italien und zum Teil auch im südlichen Deutschland findet, muß man aber hier nicht suchen, vielmehr ist jeder Kreis, jede Familie für sich abgeschlossen, und aus diesem Grunde fehlt namentlich den Sommer-Vergnügungen der Berliner Lebendigkeit und allgemeiner Reiz. Was wir vorher darzustellen uns bemühten, gilt eigentlich nur für einen Teil der Sommerbelustigungen; die im Herbst und Winter

Sonntag in Tempelhof

Nach einer Lithographie von Theodor Hosemann

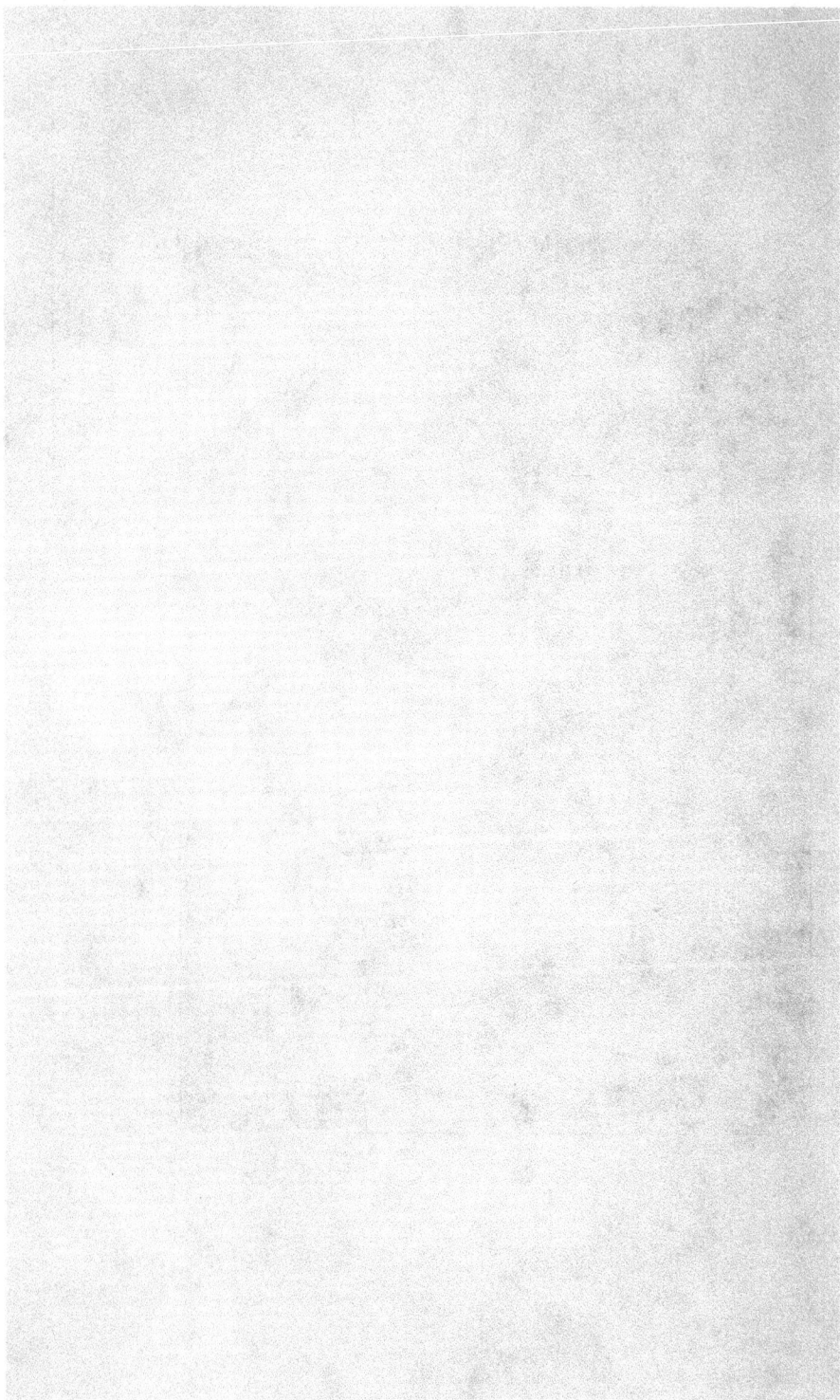

haben zwar in bezug auf das Abgeschloffenfein denfelben Charakter,
aber eben deshalb entbehren fie fast aller inneren Luft und Lebendig=
keit. Die Gefellfchaft zieht fich in das Innere des Haufes zurück, und
die Säle der Kaffeehäufer fowie die Treibhäufer wimmeln von Män=
nern und Frauen verfchiedenen Alters und Standes. In Tabaksrauch
gehüllt, fitzen die letzteren da, mit Handarbeiten befchäftigt, und er=
tragen hier das Übel des Rauches weit leichter als im Haufe. Die
eigentliche vornehme Welt oder wenigftens die Frauen diefes Standes
trifft man felten an folchen Orten; jedoch haben in den letzten Zeiten
fich eigene Etabliffements gebildet, die vorzugsweife für den vornehmen
und reichen Stand berechnet und durch Feftftellung gewiffer Eintritts=
preife dem unteren Stande verfchloffen find. Zu diefen Etabliffements
gehören Tivoli, der Gefundbrunnen und das Elyfium.

("Berlin, wie es ift.")

Wie fich bei den erft nicht allzu mufikalifchen Berlinern auch bei der breiten
Volksmenge zum Ausgang der Biedermeierzeit ein feinerer mufikalifcher
Sinn entwickelt, und wie fich für die Gartenkonzerte auch aus den Berliner
Mufikern ein Stamm guter Künftler heranbildet, der bald fremdländifche
Kapellen überflüffig macht, fchildert uns Friedrich Saß ("Berlin in feiner
neueften Zeit und Entwicklung"). Der Name Gungl und der des Militär=
mufikers Wieprecht ift älteren Berlinern aus Familientraditionen nicht un=
bekannt.

Damit wollen wir über die Tanzvergnügungen der Berliner fchließen
und uns zu ihren Konzertvergnügungen wenden, welche in den
letzten Jahren außerordentlich ausgedehnt worden find. Hauptfächlich
unterfcheiden fich Sommerkonzerte und Winterkonzerte. Erftere finden
im Freien, die letzteren in gefchloffenen Sälen ftatt. Wir reden hier
durchaus nicht von jenen Konzerten, in denen die Mufik wahrhaft als
Kunft kultiviert wird, fondern nur von jenen, in denen fie mehr als
Unterhaltung dient und den Strickftrumpf oder die „kühle Blonde"
begleitet. Und doch muß man geftehen, daß in Berlin die Mufik eine
fo große Ausdehnung erhalten hat, daß manche Hofkapelle froh fein
könnte, wüßte fie die Ouvertüren großer Meifter fo rein und fo vor=
trefflich vorzutragen, wie fie von unferen Berlinern alle Tage bei Bier
und Strickftrumpf gehört werden können. Die mufikalifchen Kräfte
Berlins fteigern fich fortwährend und nach allen Richtungen hin, und

Mühe genug kostet es der Königlichen Hofkapelle, gegen die vielen jungen Schößlinge ihre alternde Autorität zu behaupten.

Es versteht sich von selbst, daß auch das Krollsche Etablissement bei der Veranstaltung von Konzertmusiken nicht zurückbleiben durfte, und kein neues Lokal wird dieselben in Zukunft noch entbehren können. Den größten Beifall des Berliners aber in dieser Beziehung haben die beiden Brüder Joseph und Johann Gungl, welche im Sommerschen und im Güntherschen Lokale dirigieren, sich zu erwerben gewußt. Namentlich Joseph wurde der Liebling des Berliner Publikums. Er mochte spielen, wann er wollte, und er spielte alle Tage, und das Lokal war immer dicht gedrängt. Für fünf Silbergroschen bekam man für den ganzen Abend Musik und zum Teil eine recht pikante und vortreffliche. Und außer der Musik die Annehmlichkeit einer bunten, reichen Gesellschaft, in der schöne Weiber und liebreizende Mädchen als prächtige Sterne locken, wobei so manche Gelegenheit zu Abenteuern gegeben ist! Dazu der Genuß aller möglichen Speisen und Getränke in Aussicht gestellt und selbst das Rauchen erlaubt! Alle Bequemlichkeiten auf einen Platz zusammengedrängt! Da konnte der Berliner nicht fehlen! Joseph Gungl wurde der Held des Tages, der musikalische Diktator Berlins. Sein Violinbogen wuchs zu einem mächtigen Zepter. Bei Gungl und vor Gungl wurde Berlin beinahe gemütlich. Man lernte dort auf Augenblicke die Kälte und Glätte des nordischen Charakters vergessen. Das Publikum, welches sich nicht für einen Liszt und andere große Musikhelden, für eine Lind, einen Vieuxtemps usw. begeistert hatte, weil es die hohen Entrees nicht zahlen konnte oder mochte, das brachte seinen Enthusiasmus zu Gungl, und Gungl belohnte seine Getreuen mit seiner leichten, lieblichen Musik, mit seinen fröhlichen Walzern, mit seinen Polka-Quadrillen, mit seinen pikanten Potpourris usw. Anfangs brachte er eine eigene Kapelle aus Osterreich mit, allmählich hatte er alle Mitglieder derselben wieder entlassen, und geborene Berliner vertreten durchaus mit Geschick und Begabung deren Stelle. Als der jetzige König dies erfuhr, soll er gesagt haben: „Ja, aus meinen Berlinern kann noch was werden, wenn man sie nur zu regieren versteht!" Einen durchaus heiteren, wenig berlinischen Eindruck pflegen die Gunglschen Sommerkonzerte zu machen. Das Publikum, welches auf Gungl geschworen hat, ist vor allen Dingen der gute, anständige Mittelstand, die große Menge unserer mittleren Beamtenfamilien. Durchkreuzt werden diese Gruppen von lebenslustigen Männern aller Stände und jeden Alters, sowie von unseren geheimen und zum Teil auch direkten Prostituierten.

Sehr angesehen bei dem Berliner Bürgerstande sind auch die Konzertmusiken, welche im Sommer regelmäßig in den Lokalen des Tiergartens, im Odeum und Hofjäger, stattfinden. Sie versammeln immer ein großes Publikum. Den größten Ruf aber haben die Militärmusiken des Musikdirektors Wieprecht. Wenn ein solches Konzert angekündigt wird, so schlägt jedes Preußenherz vor Freude, und es ist auf den ungeheuersten Zudrang zu rechnen. Wieprecht ist allerdings genial in seinen Militärmusiken, in der Beherrschung der ungeheuren Instrumentenmassen, in der Hervorbringung von neuen und reichen Effekten. Das ist ein Gebrause, Gewirbel und ein helles, fröhliches Geschmetter. Die Instrumente liefern sich förmliche Schlachten. Die Infanterie rückt an mit dumpfem Trommelschlag, die Kavallerie fällt mit fröhlichem Trompetengeschmetter in die Flanken, und die Artillerie entscheidet mit ihrem schweren Geschütze. Wenn die preußische Militärmusik vielleicht die beste der europäischen Heere ist, so wollen wir nicht vergessen, sondern gern anerkennen, welches Verdienst Herr Wieprecht sich um die Ausbildung derselben erworben hat, und seine großen Militärkonzerte jedem Freunde kriegerischer Musik empfehlen. Der Berliner fühlt sich in ihnen geehrt und sein Preußentum verherrlicht. Bei diesem erweckt die Gewalt der Töne Erinnerungen aus den Freiheitskriegen, bei jenem aus dem Gamaschendienste der Garnisonstadt, und beide sind, solange Wieprecht den Taktstock schwingt, Helden, Spartaner!

Volksfeste und Straßenszenen.
Weihnachtsmarkt, Schützenfest, Stralauer Fischzug.

Volksvergnügungen und Feste spielten im Leben der Biedermeierzeit eine bedeutsame Rolle. Es ist anzunehmen, daß es bei ihnen weit roher, aber auch witziger zuging als heute. Überhaupt scheint sich der Volkscharakter besonders des Berliners verändert und verschoben zu haben. So kann man den Berlinern von heute mit Ausnahme vielleicht der allerniedrigsten Volksschichten keineswegs Neigung zu Schlägereien und Prügeleien nachsagen, und es dauert ziemlich lange, bis sie von Worten, mit denen sie ja nicht sparen, zu Tätlichkeiten übergehen. Gustav Freytag stellt in seinen Lebenserinnerungen („Gesammelte Werke") fest, daß das ehedem nicht so war, und alle Schilderungen von Volksszenen von Glaßbrenner und anderen Dichtern des vierten Standes enden eigentlich mit Prügeleien.

Wenn am Spätabend das Volk der Straßen aus den Schenken kam, hatten auch meine Schlesier gelärmt, und sooft zwei Haufen zusammenstießen, hatten sie einander reichlich Schimpfworte gegönnt und waren dann friedlich nach Hause gegangen. In Berlin gab es bei solchem Zusammenstoß nicht lange Beschwerden, sondern sogleich Hiebe, und jeden Abend hörten wir aus unseren Stuben – wir wohnten auf dem Hackeschen Markt – den scharfen Lärm der Prügelei.

Aus dem Berliner Straßenleben ist der Leierkastenmann, der Harfenspieler, der herumziehende Sänger, der auf Dämmen und Höfen musizierte, fast verschwunden, während er früher eine wichtige und charakteristische Person war, die zu allerhand Spöttereien herhalten mußte, ja, dessen Witz sogar nicht ganz unpolitisch war; bei allen Volksszenen ist er mit dabei, und in kaum einer Volksschilderung fehlt seine komische Figur.

Der Leiermann.
Eine Episode.

Der Besitzer eines Winkelkastens, Leierkasten genannt, hat sich in einer Seitenstraße aufgestellt; viel Zuschauer sind um ihn versammelt.

Leiermann (nach Beendigung einer kurzen Introduktion der Drehorgel singt er mit leiser Stimme):

> Ich bin der große Ökonom,
> Wer etwas lernen will, der komm'
> Zu mir, ich praktiziere sie,
> Die neuste Ökonomie.

Nachspiel.

(Die Walzen der Drehorgel sind schadhaft, so daß sich beim Schluß des Refrains unartikulierte Laute hören lassen.)

Ein Schusterjunge: Männeken, Ihr Winselkasten hat den Schluck-uf.

Leiermann (während der Introduktion zum zweiten Verse): Dummer Junge, störe den Vortrag nich, sonst were ick dir uffstoßen, daß de de erschte acht Dage den Schluck-uf nich losweren sollst. (Singt:)

> Mein Hut sieht ökonomisch aus,
> Er dient zu's Obdach Ratz und Maus,
> Auch bersche ich ihn niemals rein,
> Die Berschten jar zu dheuer sein.

Nachspiel.

Eine Köchin: Is das een Galopp?

Leiermann: Se kennen ooch Musurek nach danzen. (Singt:)

> Am Rock hält mir kein Knopfloch mehr,
> Die Ärmel sind von Futter leer.

(Mehrere Schusterjungen akkompagnieren:)

> Die Farbe dran hält man für grau,
> - Maul gehalten! -
> Ein andrer schwört, es wäre blau.

Nachspiel.

Schusterjunge: Sie missen ihn des Morgens een roh Ei geben, daß die Stimme klar werd, der Winselkasten hat sich verkält't.

Leiermann: Nachher wer ick een Verhältnis mit dir anknippern un mir freundschaftlich mit dir was verzählen, ruppiger Junge. (Singt:)

Die Weste ist von Kasemir,
Die Seitenteile fehlen mir,
So drug's das preuß'sche Milletär,
Drum kränkt's auch mir nich eben sehr.

Nachspiel.

(Er präsentiert seinen Hut, einige werfen Geld hinein. Andere drücken sich auf die Seite. Der Leiermann mit einem Seitenblick auf einen feingekleideten Herrn, der dem Gesang zugehört:)

Soll ich Ihn' vielleicht een Dhaler wechseln?

Schusterjunge: Doch! – Erst kleen Geld in de Büchse haben.

Leiermann: Nachher were ick dir in de Büchse sehen lassen, du sollst globen, du kickst aus Prinz Heinrichs Palais. (Singt:)

Auch Hemden hatt' ich, ehmals drei,

Schusterjunge (unterbricht ihn): Herr Vertuose, se missen mal de Walze mit Kolefonium einreiben.

Leiermann (weitersingend):

Doch aber sind se schon enzwei,
Es drug se schon mein Großpapa
Wohl an die dreiundzwanzig Jahr.

Nachspiel.

Ein Nante (mit heiserer Stimme): Heren Se mal, Herr Kapell-meister, is denn des Lied for de Jugend reiferen Alters oder for de erwachsene Kindheit?

Leiermann: Meinetwegen ooch vor de verwachsene Kindheit.

Eine Köchin: Kennen Se nich des „Scheen Hannchen"?

Leiermann: Steeren Se mir nich, eens nach't andere. (Leiermann singt:)

Die Strümpfe sind zum Überfluß,

Schusterjunge (ihn unterbrechend): Heeren Se mal, des Lied scheint mir doch sehr von Zaun gebrochen.

Leiermann: Wirschte nich balle die koddrige Schnauze halten, sonst wer ick eenen Knippel von'en Zaun brechen.

Denn sie verderben nur den Fuß,
Auch zwick ich selber meinen Bart,
Weil dadurch wird viel Geld erspart.

Schusterjunge: Stille, jetzt kommt das Adajio.

Leiermann (packt den Schusterjungen mit der einen Hand, während er mit der anderen den Refrain orgelt): Warte, du dämlicher Junge, ick wer dir jetzt anstreichen mit eenen von Zaun gebrochenen Knippel, was es heeßt, Leute un Künstler in ihren Beruf steeren. (Prügelt ihn.) Des is vor des rohe Ei, des vor den Schluck=uf, des vor den Kolofonium – un des kannste vor dir behalten.

Schusterjunge (sich losreißend): Männeken, noch vorn Sechser Adajio.

Leiermann (geht musizierend weiter).

(„Nante Strumpfs hinterlassene Papiere.")

Seit langen Jahrzehnten völlig aus dem Straßenleben verschwunden ist hingegen der Guckkästner. Kaiser=Panorama und jetzt der „Kientopp", das Lichttheater, der Kinematograph, die Filmkunst sind im Volksleben seine Nachfolger geworden. Auch der Guckkästner war von charakteristischem, schlagfertigem Witz, und man genoß weniger die Bilder als seine komischen, aber oft ernst gemeinten Erklärungen, die auch reich an politischen Anspie= lungen waren. Die Journalistik und die Schilderung des Berliner Humors benutzte die Figur des Guckkästners oft, um Dinge zu sagen, die in anderer Form der Zensur anheimgefallen wären.

Unter den Linden.

Guckkästner. Immer 'ran, meine Herrschaften, hier sind die neu= sten Bilder aus allen Tierreichen und Weltgegenden zu sehen .... Immer 'ran ... meine Herrschaften, wem 'n Silbergroschen nich ans Herz jewachsen ist.

Roderich. Da, Fritze, da hast'n Jroschen, seh rin und paß' uf, deß du was lernst, Schafkopf, des sag' ich dir als dein Vater.

Guckkästner. Das, was Sie hier sehen, meine Herrschaften, ist die berühmte chinesische Mauer, welche der Kaiser von China Tingtam= tumtum einst erbauen ließ, als er die Schlacht= und Mahlsteuer im chinesischen Reiche einführte. Seit jener Zeit sind die Viergroschen= schrippen und die Maulschellen so klein ...

Brummer. Wer sagt Ihnen, daß die Maulschellen kleen sind? Ich kann Ihnen mit große ufwarten.

Guckkästner. Tun Sie mir den Jefallen und reißen Sie hier keene schlechte Witze ... da des meiste Brot von die Armen gegessen wird,

so bezahlen diese eigentlich das meiste von die Mahlsteuer. Die Reichen
halten sich mehr an Marzipan und Klahnsche Bonbons. Gefälligst unten
bemerken Sie an diese Mauer einen Krebs, der hier schon seit Jahren
nagt, um die Mauer umzustürzen, was ihm aber bisher noch nicht ge=
lungen ist . . . . Rrrr 'n anders Bild . . . . . . Hier, meine geehrten Herr=
schaften, zeigt sich Ihnen ein Rentier, der die höchst mühsame Arbeit hat,
schon seit drei Tagen die Kupons von seinen Staatspapieren abzu=
schneiden. Die Hand ist ihm erlahmt, und ihm fallen die Worte der
Bibel ein: Im Schweiße deines Angesichts sollst du dein Brot ver=
zehren. In demselben Angenblick klopft ein Bettler an. Er ruft ihm die
Worte entgegen: Warum arbeiten Sie nicht? Arbeiten muß jeder
Mensch – schlägt die Türe zu und geht wieder an seine Arbeit.

Brummer. Mir wundert man, daß Sie noch keine Kuponschneide=
maschine erfunden haben.

Guckkästner. Hier, meine Herrschaften, zeigt sich Ihnen eins der
sehenswürdigsten Gebäude Berlins, der sogenannte Freund in der Not,
das Leihamt in der Jägerstraße. Das Gebäude enthält das größte
Pumpwerk der Residenz und wird vorzüglich vor der Mietszeit, vor
der Zahlung der 4. Klasse und am Vorabend einer zu gebenden Fete
zahlreich von allen Ständen besucht. Es nimmt aus pure christliche
Liebe nur 10 Prozent und führt die Inschrift: Umsonst ist der Tod!
Alles per Interessen! Man gibt hier den Schein für bare Münze aus.

Brummer. Nach'n Landrecht dürfen ja nur 6 Prozent genommen
werden.

Tobias. Das ist ooch nich nach's Landrecht, das ist nach's Pfand=
recht.

Guckkästner. Hier bemerken Sie gefälligst eine ägyptische Pyra=
mide, die für das Museum nach Berlin geschickt wurde. Die Hiero=
glyphen an der Pyramide hat die Akademie nicht entziffern können,
bis endlich eener sie 'rausgekriegt hat. Es ist eine Denktafel, die ein
Geliebter seine Geliebte errichtet und den Namen der Angebeteten ent=
hält. L. IV. (El=vire).

Roderich. Diese Elvire habe ich ooch gekannt, sie diente bei meine
erste Frau als Kindermädchen. Sie hat nie ville getoogt.

Guckkästner. Betrachten Sie gefälligst das neue Opernhaus in
Berlin, welches in dem kalten Winter 1845 mit die Oper „Das Pelz=

lager in Schlesien" eröffnet wurde ... So lange die berühmte Lind hier sang, war's unmenschlich voll und kalt, aber es wurde jleich leerer und wärmer, als der Befehl kam: geh Lind (gelind).

Tobias. Aha die Lind! Ist die nicht aus Schweden?

Brummer. Ja woll, als sie fortreiste, stand uf ihren Abmeldezettel: Mit diesen Schweden verlassen 10000 Schweden Berlin.

Guckkästner. Dieser jute Berliner, den Sie das Zeughaus verlassen sehen, hat sich soeben seine Prämie von de Jewerbe-Ausstellungs-Lotterie abgeholt. Er fragt sein'n Freund: Siebecke, womit bist du'n rausgekommen? - Mit 'ne Schachtel Zahnpulver, und du? - Ich bin uf'n Drapp rausgekommen mit'n Gendarm - -. 'n Gendarm? I seh mal ... Den kannst du deine Frau schenken, wenn die den Gendarm uf'n Nipptisch setzt, denn soll's mal eener riskieren, in ihre Stube zu rooken. Brrr, 'n anderes Bild ... Hier, meine Herrschaften, zeigt sich Ihnen der feuerspeiende Berg Vesuv, einen solchen hat man auch im Tiergarten zur Verschönerung der neuen Anlagen anlegen wollen, allein das ging nicht, da in den neuen Anlagen nicht geraucht werden darf, und der Vesuv, den Sie gefälligst sehen, sich das Rauchen nicht abgewöhnen kann ... Wenn er ärgerlich wird, schnuppt er auch, und zwar Papstens Verdruß oder Ronges eigene Mischung.... Dieses ist das letzte Bild, das Sie heute jesehen ... rekommandieren Sie mir.

(Dr. E. Wehl, „Rebbenhagen auf dem Berliner Korso".)

Die Neujahrsgratulation, bei der man den Gratulanten mit einem Geldstück abfinden mußte, hatte sich für alle Besitzenden zu einer Art Landplage entwickelt, und diese Sitte wurde sogar dadurch öffentlich anerkannt und sanktioniert, daß selbst das Arbeitshaus seine Pforten öffnete und für diesen Tag seine Mitglieder auf die Gratulationscour schickte.

Des Jahres erster Tag.

An diesem Tage gleicht das prächtige Berlin einer großen Bettlerrepublik.

Schließt euch immerhin in der Stube ein, das Heer der bettelnden Küster, Nachtwächter, Laternenputzer, Balgentreter, Spritzenleute, Schornsteinfeger, Briefträger usw. schlägt euch die Pforte in Trümmer, wenn ihr nicht öffnen wollt, ihr sollt und müßt gegen eine bare Erkenntlichkeit ihre Glückwünsche hören. Nicht genug, daß diese autori-

fierten Bettelgratulanten euch nicht zu Odem kommen lassen, nein -
die Industrie geht soweit, daß selbst seine Köpfe an diesem Tage unter
der Ägide eines Nachtwächters oder Briefträgerrockes zu lukrieren
streben, und woher nun gleich Argusaugen nehmen, um die verkappten
von den privilegierten Bettlern zu unterscheiden? -

Mir selbst passierte es, daß ein Töpferjunge, welcher drei Jahr früher
in meiner alten Wohnung bei der Umsetzung des Ofens tätig gewesen
war, mich in meiner neuen aufsuchte, um mir seine Glückwünsche darzubringen.

Tretet ihr vollends auf die Straßen, so fällt euch, ägyptischen Heu-
schrecken gleich, eine ganze Bettlerlegion auf den Hals; denn selbst der
sonst furchtbare Ochsenkopf[1]) öffnet an des Jahres erstem Tage mit-
leidig seinen grimmigen Rachen und speit seine ekelhaften, lüderlichen
und unverschämten Bewohner aus, ihnen das Recht vergönnend, nun
einmal recht con amore das Publikum zu brandschatzen und den Lieb-
lingsneigungen nachzuhängen. An jeder Ecke schreien euch zerlumpte
Belisare ihr: date obolum entgegen, und was das lustigste bei der
Sache bleibt, heute machen die Bettelvögte selbst mit jenen, deren ge-
fürchtete Feinde sie das ganze übrige Jahr durch sind, gemeinschaftliche
Sache und üben nach Herzenslust eine Sünde aus, welcher vorzubeugen sie angestellt sind.

Kein Berliner wird vermögen, einen Zug dieses Teiles unserer Zeichnung falsch zu schelten, und so wurde der Festtag noch am ersten Januar
1821 begangen.

Wehe dem, der einen Neujahrsgratulanten dieser Art hart zurück-
weisen wollte, er würde sich vielleicht handgreiflichen Beleidigungen
aussetzen.

Wer sich in Berlin den lieben Neujahrtag nicht ganz und gar ver-
gällen lassen will, der muß in des Jahres letzter Nacht aus den Mauern
der Stadt fliehen; ein zweiter Ausweg ist durchaus nicht einzuschlagen.

(Adolph von Schaden, „Berlins Licht- und Schattenseiten".)

---

[1]) So wird in Berlin die große Anstalt genannt, in welcher aufgegriffene
Straßenbettler, lüderliche Weibspersonen und anderes Gesindel untergebracht
und zu nützlicher Handarbeit angehalten wird.

Unter den Berliner Volksfesten war auch das Schützenfest, das am 3. August, dem Geburtstag Friedrich Wilhelms III., gefeiert wurde, von Bedeutung. Wenn es heute noch besteht, so ist es doch ganz zu einer internen Vereins= angelegenheit geworden.

Ähnlich dieser Lustbarkeit ist das jährlich um Pfingsten und Micha= elis wiederkehrende Fest des Schützenplatzes, welches seinem Ur= sprunge nach eine weit ernstere Bedeutung hatte, als es jetzt angenom= men. Aus der Geschichte wissen wir, daß die Übungen im Schießen nur dazu eingerichtet waren, um den Bürger mit der Waffe vertraut und ihn zugleich geschickt zu machen, seinen eigenen Herd gegen feind= liche Angriffe zu verteidigen. Mit der Einführung stehender Heere ver= lor sich diese ernste Tendenz, und es blieb der Schützenplatz nur noch eine Belustigung der Bürger, die dadurch dem Ehrgeize gewissermaßen eine Anregung ließ, daß man hierbei nach einer Meisterschaft im Schießen strebte. Eine solche Bedeutung hat der Schützenplatz eigentlich noch bis diese Stunde; um aber auch das Volk nicht leer ausgehen zu lassen, ersann man eine Belustigung, welche, wie das Trinken, eine Erbsünde unserer Väter ist, nämlich das Spiel. Damit indes mit dieser auf Hab= sucht basierten Zerstreuung zugleich auch ein Nutzen verbunden sei, lenkte man die in jedem mehr oder minder herrschende Gewinnsucht auf Eßwaren, nützlichen Hausrat, Luxusartikel oder andere Dinge, und so ist bereits seit Jahrhunderten mit dem Schützenplatze gleichsam ein Markt verbunden, auf welchem der Zufall des Würfelspiels den Besitz dessen bestimmt, wonach der einzelne aus Neigung oder Willkür strebt. Mehrere Reihen von Buden, die gleichsam Straßen bilden, bieten alles dar, was die Begierde des gemeinen Mannes anregen kann, Glaswaren aller Art, Porzellan und andere Geschirre, Handschuh= macherwaren, Luxusartikel, Tabakspfeifen und dergleichen Dinge; dazu kommen unzählige Buden mit Pfefferkuchen und anderen Gebäck= nissen, Buden mit Eßwaren, welche kalte und warme Speisen feilbieten; auch das Bier wird nicht vergessen, und obgleich man in neuerer Zeit durch polizeiliche Verordnung den Verkauf des Branntweins verboten hat: so trifft man hier doch ebensoviel Betrunkene, wie bei ähnlichen Lustbarkeiten, denn jeder führt entweder schon ein bedeutendes Quan= tum bei sich, oder man findet gutherzige Verkäufer, die jenes obener= wähnte Verbot übertreten und den Bitten um den einzigen Labetrank

nicht widerstehen können. – Das Schützenhaus und der dazugehörige
Platz liegen in der Nähe des neuen Königstores, und der letztere endigt
mit einer Anhöhe, von welcher aus sich der Anblick auf das Bild des
vielbewegten Volkslebens darbietet. Ein wunderbares Gewühl von
mehreren tausend Menschen zu seinen Füßen, umlagern den Beobachter
auch nach allen Seiten sitzende und liegende Gruppen, die teils
den mitgebrachten oder eben gekauften Mundvorrat verzehren, teils
behaglich der Ruhe pflegen. Frauen, Männer und Kinder jedes Alters
und Geschlechts gehen ihren Vergnügungen nach; diese würfeln, jene
unterhalten sich; einige, und namentlich die Gesellen, singen eben nicht
die sittsamsten Lieder, andere trinken und teilen sich mit lallender Stimme
Begebenheiten aus ihrem Leben mit. Dazwischen knallen die Büchsen
der Schützen, die Musik feiert in rauschenden Tönen den wohlgezielten
Schuß; man eilt der Schußbarriere zu und belacht laut die komischen
Gestikulationen, mit welchen der Quasi-Bajazzo den getroffenen Punkt
anzeigt. Hart am Eingange zum Schützenplatz halten mehrere Guck-
kasten, deren Besitzer mit heiserer und eintöniger Stimme die Selten-
heiten verkünden, welche der Kasten enthält. Bald versammelt sich eine
Menge Schaulustiger, und nun nimmt der Eigentümer als Cicerone
das Wort und erklärt alle die Merkwürdigkeiten, welche er den Zuschauern in Bildern vorüberführt. Mit seltener Geläufigkeit versieht dieser
sein Amt und wiederholt ohne Ermüdung funfzigmal dasselbe. Diese Erklärungen haben durchweg einen komischen Charakter, wie es denn überhaupt eine Eigenheit des gemeinen Berliners ist, daß selbst das Ernste
in seinem Munde und durch seine Sprache einen lächerlichen Anstrich
erhält. Die große und fast unglaubliche Verwechslung der Begriffe,
die Verwechslung des E mit dem A, welche vorzugsweise bei dem
Geschlechtsworte eintritt, die Trockenheit des Vortrages, die Mienen
und Gestikulationen, welche diesen begleiten, dies alles bietet dem Beobachter einen nicht uninteressanten Stoff. An die Hauptsache reihen
sich auch nicht selten Zusätze aus dem Stegreife, wozu Lokal- und Zeit-
umstände Veranlassung geben. Die Umstehenden spenden diesen natürlichen Witzen ihren Beifall, und der Witzreißer bemüht sich, durch
neue Einfälle die gute Laune seiner Zuhörer zu erhalten. Szenen dieser Art bieten einen reichen Genuß und sind zur Erweiterung der
Menschenkenntnis in der Tat nicht von geringem Werte. Wir raten

demnach jedem Fremden, der außer den Lokalen Berlins auch die Be=
wohner desselben und ihren Charakter kennen lernen will, ja nicht den
Stralauer Fischzug und Schützenplatz zu versäumen, und wir sind über=
zeugt, daß er als unbefangener und vorurteilsfreier Beobachter hinläng=
lichen Ersatz für seine Mühe finden wird. – An den Vergnügungen
des Schützenplatzes, wie wir sie eben darzustellen versuchten, nehmen
weder die Vornehmen noch Reichen und Wohlhabenden Anteil, wohl
aber schließen sich die letzteren der sogenannten Schützengilde an, von
welcher die Schießübungen abgehalten werden. Der Haupttag dieser
Schießfeste ist der Geburtstag des Königs, am 3. August, welcher Tag
überhaupt ein allgemeines und wahrhaftes Volksfest ist, und wer an
diesem sich als der beste Schütze beweist, wird auf ein Jahr zum Schützen=
könig ernannt, und silberne und goldene Ketten mit Medaillen von
gleichem Material, auf welchen das Bildnis des Königs prangt,
schmücken den zu dieser Würde Erkorenen, der zugleich auch für die
Dauer seines hohen Charakters mehrere bürgerliche Freiheiten genießt.

(„Berlin, wie es ist.")

Weit bedeutender als das Schützenfest war aber noch der Stralauer Fisch=
zug, dem Julius von Voß, ein ehemaliger Leutnant, später fruchtbarer
Lustspieldichter, eines der ersten, ja vielleicht das erste Berliner Volksstück
gewidmet hat. Er wurde unter enormer Beteiligung am 24. August gefeiert
und ist in Wort und Bild oft dargestellt worden. Für die höheren Kreise war
der Besuch des Fischzugs nur in den Tagesstunden möglich; Hof und Ge=
sellschaft verließen sogar nicht die Kutschen und Equipagen. Heute findet
der Stralauer Fischzug zwar noch statt, aber bleibt von der Menge unbeachtet.

(„Der Strahlower Fischzug.")

Neunter Auftritt.

Unter mehreren Ausgestiegenen Röschen und Ottilie, die in den Vorgrund
kommen. Vorige.

Horndrechsl.: Das sind Schneidermamsells. Lösen einen Gewerbe=
schein und können um so mehr verdienen, weil sie keinen blauen Montag
halten.

Röschen: Ob sie wohl hier sind? Ich sage nee!

Ottilie: Ich sage ja. Von 'n Fischzug bleiben sie nich.

Röschen: Is doch kurios, wie man 'n Menschen so leiden kann.
Er hat 'n kleenen Puckel uf der Nase, und das gefällt mir so.

Ottilie: Und Meiner is so flink uf die Füße. Des gefällt mir so.

Röschen: Ich möchte nur wissen, ob Meiner mich ooch leiden kann.

Ottilie: Ach, wenn sie uns begegnen, sehn sie uns ja nich an.

Röschen: Vielleicht sehn sie uns hier an.

Ottilie: Na, woll'n sehn, ob sie uns ansehn. (Gehn links ab.)

Horndrechsl.: Ganz schlecht sehn die Patentmeisters doch nicht aus.

Sattl.: Sagt mir doch, Schwager, warum sind denn Eure Söhne nicht auf Wanderschaft gegangen?

Horndrechsl.: Sie sollten ja; meine Frau lebte aber noch. Bis Schöneberg waren sie gewesen, da kamen sie aber zurück und sagten: es wär' ihnen leid geworden, sie könnten nicht von Muttern wegbleiben. Ah, da sind sie ja!

Zehnter Auftritt.
Martin. Fritz. Vorige.

Martin: Bonjour, Papa!

Fritz: Bonjour, Onkel!

Beide: Sein Diener, Cousinchen!

Friederike: Guten Abend!

Horndrechsl.: Das muß auch allenthalben sein.

Beide: Wir richten uns nach Ihnen, Papa!

Horndrechsl.: Das Geld verfahren –

Martin: Wir kommen nicht zu Schiffe. Das war uns zu langsam. Wir gingen bis an Tor; da kam der Viehmäster Bauch geritten. Wupti, sprung ich hinter ihm aufs Pferd, und so galoppierten wir zusammen her.

Fritz: Und ich sagte: Ich wette zwei Groschen, daß ich doch noch eher da bin. So nahm ich die Rockschöße untern Arm und kam noch zwei Ellen früher ans Dorfende. Nu bin ich aber auch so heiß wie 'n Bügeleisen.

Horndrechsl.: Die Jungens sind so lustig, wie 'n Bündel Maas, das sie beim Wind ans Fenster hängen. Aber hört einmal, die beiden Patentmeisters sind hier. Euer Meister hat mir gesagt: Eine hätt' ihm eine vornehme Dame unter den Linden abspenstig gemacht, und die andre eine vornehme Dame vom Theater.

Beide: Sind gewiß Pfuschers.

Horndrechsl.: Das verfluchte Röschen und die verfluchte Ottilie. Kennt ihr die nicht?

Beide: Ne!

Horndrechsl. (zeigt links in die Szene): Seht einmal, da gehn sie! Die sich untern Arm gefaßt haben. Geht hinterdrein, foppt sie ein bißchen.

Beide: Wie sollen wir das machen?

Horndrechsl.: I nun, sprecht anzüglich, das Anzügliche ist ja der Schneider Sache. Stichelt, Schneider müssen sich ja aufs Sticheln verstehn. Könnt etwa sagen: wenn Schneidermamsells alt würden und Herrn werden wollten, könnten sie desto besser nach dem Blocksberg reiten, weil sie schon mit dem Ziegenbock bekannt wären.

Martin: Papa, da sticheln Sie ja auf uns.

Fritz: Wären Sie nicht unser Papa, nähmen wir's übel.

Horndrechsl.: Na geht nur!

Beide: Komm, flink! (Eilen davon.)

Sattl. (zur Tochter): Aber dein Bräutigam läßt lange auf sich warten. Als ich auf Freiers Füßen ging, lief ich mir in sechs Tagen sieben Paar Stiefeln antzwee.

Horndrechsl.: Riekchen hat 'n Bräutigam?

Friederike (seufzend): Ach Gott ja!

Horndrechsl.: Davon weiß ich noch kein Wort.

Sattl. (wirft sich in die Brust): Woll'n bißchen herumgehen, da will ich Euch alles erzählen. Samuel kann nach unsre Sachen sehn. Der Bräutigam mag uns wohl nicht ausspüren können. Woll'n ihn suchen. (Steht auf.)

Horndrechsl.: Finden wir ihn nicht in Strahlow, finden wir ihn in Treptow, finden wir ihn nicht in Treptow, finden wir ihn in Rummelsburg.

(Sattler, Horndrechsler und Friederike links ab.)

Samuel (bleibt mit verschränkten Armen traurig sitzen).

Saucischenhändler (geht über die Bühne): Warm sind sie noch! Warm sind sie noch!

Kleines Handelsmädchen (ihm begegnend): Allerhand hübsche Waren, koofen Sie! Kleene Prinz von Preußen, süß wie Zucker. Harte Dalers, die man ufessen kann! Bonbons, un biblische Sprüche druf! (ab.)

Elfter Auftritt.
Ruſſiſche Sänger. Vorige.

Die ruſſ. Sänger (gehn langſam über die Bühne und ſingen ein ruſſiſches Volkslied. Wie ſie an den linken Rand der Bühne kommen, ſpringen ihnen aus dem Volkshaufen mehrere entgegen und reichen ihnen Flaſchen zum Trinken).

Ein Mann: Dobre Bratſch, dobre! Preuß und Ruß immer gut Freund!

Die Ruſſen (trinken und ſchütteln jenen die Hand): Jack predſched= zam! Immer gut Freund! (ab).

Berliner und Fremder: Amen!

*   *   *

Alles eilte an das Ufer und blickte auf den Fluß. Die Prinzen und Prinzeſſinnen fuhren eben auf einer einfachen Gondel vorüber, welche türkiſch gekleidete Matroſen fortruderten. Der ſchwarze Adler zierte die Flagge und verkündete die hohen Herrſchaften. Das Volk glaubte, den König vor ſich zu ſehen, und ſchwenkte dennoch die Hüte, als es ſeinen Irrtum erkannt hatte. – Die Prinzeſſinnen dankten ſehr leutſelig, und die von den hieſigen Einwohnern geliebte Alexandrine, jetzige Erb= herzogin von Mecklenburg, ließ ihr Taſchentuch durch die Luft wehen. Das rührte die Berliner dermaßen, daß viele, die gerade Würſte nach dem Munde zu führen im Begriffe waren, zweifelhaft daſtanden und überlegten, ob ſie ihrem Hunger oder ihrem Patriotismus nachgeben ſollten. Endlich ſiegte dieſer, die Wurſt wurde in die Taſche geſteckt und die Hand griff nach dem Hute. Das nenne ich Enthuſiasmus.

Ein Boot will eben nach Treptow rudern; ich denke, wir fahren mit herüber. Denn hier iſt es noch nicht pikant genug. Die Sonne ſcheint zu hell, und die Polizei iſt zu aufmerkſam. Das geräumige Fahr= zeug nimmt uns auf und trägt uns auf der glatten Spiegelfläche ſchnell an das Ziel. Neben mir ſaß ein betrunkener Kerl, der die ſchmutzigſten Zoten mit dem das Geld einſammelnden Mädchen trieb. Ich bewun= derte den Takt der ganzen Geſellſchaft; nicht das leiſeſte Lächeln zuckte über die Geſichter, und ein ſchönes Jungfrauengeſicht ſchaute ſo ſtill und befangen vor ſich hin, als ob gar nichts vorfiele. Würde ſie auch nur den Blick zu Boden geſchlagen, würde das Gehörte ihr auch nur ein wenig Schamröte in die Wangen gejagt haben . . . . Gutes Kind, du mußt entweder die Keuschheit selber, oder es muß mit dir schon sehr weit gekommen sein. Ich hoffe das erstere.

In Treptow wiederholte sich das alte Lied; nur findet man im Garten die sogenannte anständige Gesellschaft. Er liegt hart am Ufer und gewährt eine höchst reizende Aussicht, die, vom Balkon des Gasthauses aus angesehen, die schönste um Berlin ist.

Allmählich wird es Abend. Die Spree ist mit unzähligen, schwimmenden Lichtern bedeckt, die sich in der Flut wieder abspiegeln; die lärmende Menschenmenge sendet ihr Echo herüber, und der finstere Kirchturm erhebt sich düster aus seiner hellen Umgebung. Von ferne flimmern die erleuchteten Häuser der Stadt, und so weit das Auge sehen kann, ist die Spree mit Gondeln besät. Man glaubt sich nach Venedig versetzt, wenn nicht nebenan das: „Donnez-moi für einen Sechser Kümmel" eines Franzosen die Illusion störte. Ich ging in den Park, der sich hinter dem Garten hinzieht: und war es Täuschung oder Wahrheit? – ich gewahrte meine Rose und Lilie von gegenüber, wie sie in Begleitung jener Reiter durch das Gebüsch huschten. Ich kehrte schnell um: denn wenn die Blumen mich erblickt hätten, würde ich sie sobald nicht vom Fenster aus zu sehen bekommen haben. –

In Stralau geht es jetzt lustig her. Die Tanzmusik erschallt, und die benebelten Herren drehen sich im Walzer umher. Da sind Gruppen und Situationen, die des Hogarthschen Pinsels würdig wären. Hecken und Gebüsche werden belebt und bergen trauliche Pärchen. Es ist gut, daß die Polizei, der Mond und die Sterne nicht erröten können. Die Luft weht scharf und kühl und mahnt an das Nachhausegehen; noch mehr aber fordern die Rippenstöße, muntert das wüste Geschrei ringsumher dazu auf. Von den unzähligen Fußgängern sind $8/9$ total betrunken; und so mancher, den wir vorher ehrsam an der Seite seiner Hausfrau wandeln sahen, ist jetzt zum rohen Gesellen geworden, den der Rausch und die Dunkelheit zu jeder Pöbelhaftigkeit fähig macht. Die Weiber übernehmen jetzt ein ihrer würdiges Geschäft. Mit welcher Sanftmut geleiten sie die unmäßigen Männer nach Hause, wie reden sie ihnen zu und ertragen sanftmütig ihre Flüche und Stöße. Die Kinder laufen in der Dunkelheit voran und schreien und weinen. Die Wirte zählen zufrieden ihre Kasse nach, und manche bekümmerte Mutter denkt an das morgende Frühstück.

(J. Jacoby, „Bilder und Zustände aus Berlin".)

Ebenso ist, bis auf ein allerletztes trauriges Überbleibsel, auch aus dem Berliner Volksleben der Weihnachtsmarkt entschwunden, der schon vor der Biedermeierzeit viel beachtet und von Wichtigkeit war. Ältere Berliner erinnern sich des Treibens auf dem Schloßplatz und auf dem Platz vor dem Museum noch gut, das plötzlich einen großen Teil der Innenstadt in ein Feldlager von Buden verwandelte und in einen nie endenden Lärm von Knarren, Waldteufeln und dem Gebrüll der Anrufer tauchte. In seiner Blütezeit lockte der Weihnachtsmarkt alle Volksschichten an, ja, es war gleichsam Überlieferung, daß ihn der preußische Hof, die Prinzen und Prinzessinnen selbst, mit reichlichen Einkäufen bedachte. – Neben diesem öffentlichen Weihnachtsmarkt fanden aber bei den großen Konditoren Berlins Weihnachtsausstellungen statt, verbunden mit der Aufführung von Puppenspielen, die kleine, oft politisch gefärbte Theaterstücke brachte. Eines dieser Stücke ist uns erhalten geblieben. Es ist die witzige Parodie auf Don Carlos, die ein Berliner Buchhändler namens Silvius Landsberger schuf, und die zum Amüsement aller Freunde von Berlinensien der verstorbene Gotthilf Weißstein in einem Neudruck wieder herausgegeben hat.

Weihnachten.

Zu keiner Zeit, selbst nicht während des Karnevals, sieht man in Berlin ein regeres Leben, ein geschäftigeres Treiben, als um die Weihnachtszeit.

Vierzehn Tage vor dem heiligen Abende fängt der Weihnachtsmarkt an, und der Schloßplatz und die Breite Straße sind hier ganz mit Buden besetzt. Während dieser Zeit sind die Linden etwas verödet, denn die Sitte bringt es mit sich, auf dem Weihnachtsmarkte spazierenzugehen, die ausgestellten Sachen zu sehen und nebenbei selbst gesehen zu werden. Besonders besucht ist der Hauptgang, die Breite Straße hinauf, und keine elegante Dame wird es versäumen, sich bei schönem Wetter hier wenigstens einige Male, wenn auch nicht täglich, zu zeigen.

Des Abends, besonders die letzten Tage vor dem heiligen Abende, wird der Weihnachtsmarkt befahren, und selbst die ärmsten Familien würden sich nicht glücklich fühlen, machten sie sich dies Vergnügen nicht wenigstens einmal. Die Mietswagen sind übrigens in Berlin so wohlfeil, daß sie sich diesen Genuß wohl gewähren können, ohne deshalb der Verschwendung beschuldigt werden zu dürfen.

Des Abends ist der Weihnachtsmarkt auch ein Tummelplatz der Verliebten, und wenn man zwischen den Häusern und der Rückseite der Buden hindurchgeht, so wird man gewiß viele flüsternde Pärchen finden. Doch die Armen, die vielleicht ganz in ihrer Unschuld sich unterhalten, sind der unangenehmsten Überraschung nahe. Mehrere Male war ich von höchst komischen Auftritten Zeuge, die ich keines= wegs gutheißen konnte, über die ich aber doch herzlich lachen mußte.

Viele junge Leute, oft aus den ersten Familien, treiben sich des Abends stundenlang auf dem Weihnachtsmarkte umher, allerhand Ränke und Schwänke auszuführen oder Abenteuer aufzusuchen. Acht bis zehn dieser jungen Wüstlinge gehen, dicht in ihre Mäntel gewickelt, miteinander, denn oft leistet ihre größere Zahl ihnen die ersprießlichsten Dienste. Einer von ihnen tritt zufällig hinter die Buden, da stehen zwei Verliebte und plaudern emsig miteinander.

Sie scheint Kammermädchen einer vornehmen Herrschaft zu sein und ward wahrscheinlich in den nahen Putzladen geschickt, noch einige Sachen zur Weihnachtsbescherung zu holen, da traf, gewiß ganz zufällig, der junge Mann auf sie und redete sie an, um - sie nach dem Befinden ihrer Gebieterin zu fragen; denn er kennt sie sehr wohl und geht fast täglich in ihrem Hause ein und aus. - Aber der Kuß, den er der halb sich zurückziehenden, halb entgegenkommenden Lippe soeben aufdrückt, ist der auch für die Gebieterin? - Das wohl nicht gerade, indessen -.

Doch jetzt haben die oben erwähnten jungen Leute ihren Witz (denn in Berlin heißt alles Witz) vorbereitet und unbemerkt das Pärchen von allen Seiten umstellt. Rasch ziehen sie die Knarren, Trompeten, Pfeifen und Waldteufel, die sie unter den Mänteln verborgen hielten, hervor und tanzen unter wahrhaft teuflischer Musik und lautem Lachen und Jubeln eine Ronde um die Liebenden. Erschrocken fahren diese auseinander, und er will Ruhe gebieten, aber ein Blick auf die Zahl der lockern Spaßvögel überzeugt ihn, daß es hier rätlicher sei, zu schweigen. Daher greift er nach der Hand seines Mädchens und will, sie mit sich fortziehend, den Neckenden entschlüpfen; aber ruhig bleiben diese stehen und geben sich die Hände, wo er durchdringen will. So wird er, wie Papageno in der Zauberflöte, überall zurückgeschreckt. Wäh= rend der Zeit hat der infernalische Lärm eine Menge Zuschauer her= beigelockt, und die Absicht der Spaßvögel ist erreicht. Laut lachend sprengen sie nach allen Richtungen auseinander, und teils wütend teils beschämt schleicht auch das Liebespaar sich davon.

7*

Auf allen Straßen rufen die Knaben Fahnen, Pyramiden (Weih=
nachtsbäume) und Waldteufel mit lautem Geschrei zum Verkaufe aus und
haben dabei einen ganz eigentümlichen Ton, den man außer der Weih=
nachtszeit nicht hört, soviel auch sonst in den Straßen ausgerufen wird.

Aber noch etwas ist Berlin zur Weihnachtszeit ganz besonders
eigentümlich, und zwar die Ausstellungen bei den Konditoren. An
andern Orten findet man zwar ähnliches, aber in der Regel beschrän=
ken sich die Ausstellungen auf Gegenstände des Verkaufes. Hier ist
dies indessen keineswegs der Fall. Es wird ein Bild aus dem Leben
gegriffen, ein öffentlicher Ort, ein bekanntes Lokalereignis, durch kleine
Figuren von fünf bis sechs Zoll Größe dargestellt, oder auch wohl ein
Ereignis aus der Geschichte oder irgendein Phantasiegebilde. Einige
haben auch mechanische Vorstellungen mit beweglichen Figuren. So
hatte ein Konditor den Ausgang aus dem Theater, nach Beendigung
des Stückes, ein zweiter den Raub der Sabinerinnen karikiert; wieder
einer die Eisbahn in dem Tiergarten. Sämtliche komische Figuren Berlins,
welche die ganze Stadt kennt, sind auch auf diesen Ausstellungen unter
den Miniaturgestalten, aus Ton gebildet, aber größtenteils sehr ge=
troffen, zu finden und ergötzen die Zuschauer, welche sie auf den ersten
Blick erkennen, oft weidlich.

Eines dieser kopierten Originale sand sich einst auch auf einer sol=
chen Ausstellung. Es verdroß ihn, und er kaufte die Puppe, kaum
aber war er aus dem Laden, so war auch sein Konterfei schon wieder
da. Er erfuhr dies, kaufte sich am andern Tage noch einmal, und so
auch ein drittes und ein viertes Mal. Aber der Konditor hatte Vorrat
und ergänzte das verkaufte Püppchen sogleich wieder. Bald ward dies
bekannt, und nun wollte jeder ein solches Männchen haben. Der Kon=
ditor lachte sich ins Fäustchen, und der Kopierte schäumte vor Wut, daß
er ein verkehrtes Mittel ergriffen und dadurch das Übel nur ärger gemacht
habe; denn vorher lachte man über sein Bild, jetzt aber über ihn selbst.

Den heiligen Abend feiert jeder, von dem Könige an bis zu dem
geringsten, ärmsten Handarbeiter hinab, und der Fremde, der diesen
Tag in Berlin zubringt, müßte fast glauben, daß die Stadt ausge=
storben sei, denn das Theater ist geschlossen, die öffentlichen Orte leer und
unbesucht, und jeder zieht sich in den innersten Kreis seiner Familie zurück.

("Berlin, wie es ist.")

Ganz vergessen ist ebenso unter den Volksvergnügungen jener Zeit das
Puppentheater, das, wie die Schilderung von Lenz und Eichler („Berlin
und die Berliner") uns zeigt, damals doch noch recht auf der Höhe war
und der Theaterlust niederer Volksschichten genügte. Auch zu Gesellschaften
wurden in besseren Ständen zur Unterhaltung und mehr wohl noch aus
Freude an der Urwüchsigkeit des berlinischen und des schlagfertigen, vielfach
improvisierten Witzes, Puppenspieler geladen, die mit ihrem Ensemble ein=
trafen und schnell im Rahmen einer Tür ihre Bühne aufschlugen. Der letzte
dieser Art, der in Berlin noch bis zum Anfang der 70er Jahre eine Rolle
spielte, hieß, wenn ich mich recht erinnere, Linde. Immerhin war er schon
ein sinkender Stern, und die weithin strahlende Berühmtheit seines Vor=
gängers, des Puppenspielers Richter, hat er nicht mehr gehabt. Die Theater=
forschung von heute geht wohl nach Möglichkeit daran, die Stücke der
Puppenspieler zu sammeln, zu rekonstruieren und zu durchforschen, da sie
ihre Wurzeln vielfach tief in die Jahrhunderte zurücksenken. Und endlich
dürfen wir nicht vergessen, daß das größte deutsche Drama auf ein Puppen=
spiel zurückgeht.

Wem haben nicht einst die Augen geglänzt bei Erwähnung eines
Puppenspiels? Wer von uns hat als Kind nicht gelegentlich
dafür geschwärmt, wenn ihm einmal ausnahmsweise der seltene Genuß
eines Puppentheaters zuteil geworden war, wieviel schlaflose Nächte
hat vorher das Versprechen des Vaters, an dem und dem Tage hinein=
zugehen mit den Kindern, diesen gekostet?

Es ist eine rosige Zeit, wo man noch an den toten Puppen seine
Freude hat, und wenn man erwachsen ist und noch daran seine Freude
haben soll, so muß man entweder ungebildet oder verliebt und ledern
dazu sein, wie Wilhelm Meister.

Nichtsdestoweniger ist das Puppentheater ein köstlicher Schauplatz
für den Beobachter, und zwar in Berlin nicht sowohl des Theaters als
des Publikums wegen. – Der Italiener ist eigentlich der Meister der
Puppenspiele, und seine Lebhaftigkeit befähigt ihn auch dazu, in seinen
Stücken macht sich daher auch eine echte Volkstümlichkeit Bahn, was
bei uns keineswegs der Fall ist. Trotz allen Bestrebungen der Roman=
tiker, das volkstümliche Element herausfinden zu wollen aus unseren
Puppentheaterstücken, ist dies doch niemals gelungen; wir finden keine
stereotype Charaktere in den Stücken, welche aus dem Volke selbst
hervorgegangen zu sein scheinen, wie bei den Engländern z. B. der
köstliche, aber etwas gemeine Punch; nach einem ursprünglichen Fauste,

von welchem soviel gesprochen worden ist, hat der Schreiber dieses,
aller angewandten Mühe ungeachtet, auch die Spur nicht finden können;
über das ganze Repertoire des Berliner Puppenspiels ist die ballhorni=
sierende Hand der Halbkultur gegangen, welche freilich an einem so
theatersüchtigen Orte, als Berlin es ist, sich sehr bald der Volkspoesie
bemächtigen und sie dadurch vernichten mußte.

Herumziehende Spiele, Marionettentheater in kleinen Städten
mögen wohl noch einige schöne Traditionen aufzuweisen haben. In
Berlin existieren dergleichen nicht, wie ich versichern kann, da ich aus
gewissen Absichten einmal das ganze Material der Berliner Puppen=
theaterdramen durchgearbeitet habe und fast nichts gefunden, als scheuß=
liche Ritterstücke, welche einst auf der großen Bühne im Schwange
waren, einige Fäuste aus der Zeit der Romantiker offenbar, wie die
hindurchspielende, gar nicht hinpassende Ironie andeutet, Wiener Possen,
Opern und Märchen in Menge, welche jedoch sichtbar das Gepräge
des Gemachten, nicht unwillkürlich Entsprungenen an sich tragen.

Das einzig Originelle ist dabei, in den Manuskripten, die allerdings
sehr unappetitlich auszusehen pflegen und der Talg= und Ölflecke nicht
ermangeln, die Einschaltungen zu lesen, welche dieser und jener Pup=
penspieler aus seiner Praxis mit hineingeschrieben hat, und die für die
Fadheit dieser Volksbelustiger allerdings einen traurigen Beweis
liefern.

Man sagt dem Berliner immer nach, daß er sehr witzig sei, und
namentlich die unteren Klassen zeichnen sich durch Schlagfertigkeit in
Antworten sehr aus; aber sobald der Witz Zweck, und zwar Lebens=
zweck wird, scheint es doch etwas ärmlich mit ihm auszusehen, und
auch der Geschmack daran nicht bedeutend ausgebildet zu sein. Denn
es ist zu bewundern, wie dieselben Leute, welche im gewöhnlichen
Lebensverkehr wirklich so viel Geist zu entwickeln imstande sind, sich
bei den fadesten Seichtheiten königlich amüsieren können; erklärlich
wird es eben nur durch den Zug im Charakter des Berliners, daß,
wenn er sich amüsieren will, wenn er es sich fest vorgenommen hat, er
sich amüsiert, und mag es kommen, wie es will.

Gibt er also einmal seinen Silbergroschen oder zwei für ein zu er=
wartendes Vergnügen aus, und dasselbe ist wirklich nicht einen Dreier
wert, er verarbeitet es doch geduldig, und - es war hübsch, heißt es

beim Nachhausegehn. Dabei merkt er es nicht, daß nicht das, was ihm das Amüsement zu verheißen schien, das Amüsierende war, sondern er selbst; es amüsierte nur, insofern dadurch Gelegenheit gegeben wurde, zusammenzukommen, und ist diese und ein gültiger Vorwand da, so wird letzterer für die Ursache des Vergnügtseins gehalten.

Mag daher jemand gestorben sein, dessen feierliches Leichenbegängnis entweder an seine Bedeutsamkeit oder an seinen Reichtum erinnert, oder ist es gar ein Türke, wie vor einigen Jahren: er amüsiert sich eben dabei und denkt ganz naiv: „Ach, wenn doch alle Tage ein Türke begraben würde!"

So ist's auch mit dem Puppenspiel; es ist meistenteils recht gut besucht, und fast alle Tage kann man in den verschiedenen Teilen der Stadt eines angekündigt finden. Das Dienstmädchen, der Geselle, der Lehrbursche, wenn er sich einmal hinwegstehlen kann aus der strengen Zucht des Meisters, außerdem eine ganze Legion „Bummler" aus den niederen Ständen, mitunter auch einige Leute höherer Regionen, der Sonderbarkeit wegen, sind das Publikum des Künstlers, welcher die Drähte regiert und selten über Undank zu klagen hat, ja mitunter nach seinem Tode im Munde des Volkes fortlebt. Beweis jene Parodie von „Lott' ist dodt":

> „Wer ist dodt, wer ist dodt?
> Puppenspieler Richter.
> Schad' um ihn, schad' um ihn,
> War ein großer Dichter!"

War er nun zwar auch kein großer Dichter, und der Dichter des ihn ehrenden Couplets ein größerer, so wünsch' ich seiner Asche doch Frieden, denn er war es, der zum ersten Male vor mir den Himmel eines Puppenspieles auftat – ich weiß nicht, ob im Silber- oder Apollosaal; das aber weiß ich noch, daß das aufgeführte Stück jenes zu seiner Zeit so beliebte Machwerk Julius von Vossens war: der Stralauer Fischzug; es spielte dieselbe Rolle, wie später das Fest der Handwerker des seligen Angely. Von der Aufführung des Stückes damals weiß ich mir freilich nicht mehr gar viel zu erinnern, das aber weiß ich, daß ich lange dafür geschwärmt habe, bis der strenge Schulzwang mir leider die Gedanken an dergleichen Allotria vertrieb.

Meine sonstigen Studien im Puppenspielfache habe ich erst später begonnen, als mich der Ekel vor dem Theater einen neuen Weg zum Amüsement trieb.

Es läßt sich auch nicht leugnen, daß ein volkstümliches Puppentheater mit keckem derben, natürlichen Humor uns einen reineren Genuß gewähren würde, als so manches, was wir auf dem Theater mit ansehen müssen, und das verhältnismäßig ein Heidengeld kostet. Freilich muß man zum Genuß von Volkstümlichkeit nicht gerade zu ekle Nerven mitbringen, und das wollen wir denn jetzt auch tun, indem wir – der geneigte Leser und ich – uns nach dem Lokale einer Puppendarstellung hinbegeben. – –

Sieh jenes schmierige, räuchrige Haus, etwa mit einem Erkerstübchen nach der Straße hinaus; seine Front bietet eben keinen einladenden Anblick dar, und seine kleinen Dimensionen lassen nicht vermuten, daß es einen Vorhimmel oder eine Vorhölle zum Komödiengenuß ist. Und dennoch ist es so. Tritt nur dreist hinein in den engen, finstern Flur, auf dem ein höchst spelunkenhaftes Zwielicht ist; das Lokal der Kunst ist hinten auf dem Hofe, es ist ein Saal von einer Größe, wie man ihn nicht auf den ersten Anblick zu finden gehofft hätte. Die Kasse ist vor der Tür des Saales; um zwei Silbergroschen erhalten wir eine Marke, doch milderweise mit der Freiheit, sie gegen Speise oder Getränk wieder verwerten zu können und auf diese Weise das Schauspiel eigentlich frei zu haben.

Entblöße dein Haupt nicht, lieber Leser, es gehört hier nicht zum bon ton; zum Teil spart man bei dieser guten Sitte, den Hut oder die Mütze auf dem Kopfe zu behalten, die Mühe des Inderhandbehaltens oder der Aufbewahrung, und ist außerdem ziemlich sicher, daß die Kopfbedeckung einem nicht gestohlen wird, wiewohl ich nicht garantieren will, daß sie nicht bei etwanigen Handgemengen und zu erwartenden Prügeleien beschädigt werden oder ganz abhanden kommen könnte.

Gegen Tabaksqualm gibt es nur ein solides Mittel, nämlich selbst welchen zu machen; daher zünde dir eine Zigarre an, und dann bist du soweit, der Dinge, die da kommen werden, gemütlich warten zu können. Der Saal, dessen Farbe zu irgendeiner Art der inconnus gehört, ist zwar nicht glänzend, aber doch durch einige Blechlampen mit Schirmen erleuchtet, welche an den Wänden und in ziemlicher Höhe hängen, um Mißbrauch zu vermeiden. Ringsherum gehen Logen – ja, ja, Logen, wie man sie nur wünschen kann.

Ein dunkler, durch Ölflecke interessant gewordener Vorhang verhüllt noch das Heiligtum der Kunst, aber ein Klavier davor führt die angenehme Hoffnung zu, auch musikalisch regaliert zu werden.

Publikus ist schon in Menge vorhanden und nimmt lärmend Platz auf den im Saale dicht aneinandergereihten Bänken; Dienstmädchen in der Toilette, in welcher man sie tagüber zum Kaufmann gehen sieht, höchstens mit einem Umschlagetuch um die Schultern; Frauen, die gleichfalls nicht geschmückt zu nennen sind, sondern eben vom Herde zu kommen scheinen und über die Bänke herüber einander unendliche Konversationen sich zuschreien; Handwerker mit der geliebten Pfeife, einen Jungen auf dem Arm, dem von Zeit zu Zeit entweder die Nase geschneuzt oder ein väterlicher Erziehungspuff erteilt wird; junge Menschen aller Art, denen der Übermut und die verwegene Lust, sich um jeden Preis zu ergötzen, auf etwas berlinisch freche Art zu den Augen heraussieht – das sind die gebildeten Zuschauer, welche des Spieles harren.

Der Saal hat sich allmählich gefüllt; das Bestreben, sich gute Plätze zu sichern, hat dem tumultuarischen Hin- und Herlaufen ein Ende gemacht; meistenteils hat man sich schon gesetzt und bereitet sich zum Genusse durch mitgebrachtes Obst oder Nüsse vor; mitunter sieht man auch wohl den einen oder andern der Schnapsflasche zusprechen, von dem Glase Berliner Weißbieres nicht zu reden, das natürlich nicht fehlen darf.

Bereits wird man ungeduldig, man stampft mit den Füßen, und besonders oben in den Logen ist ein Heidenlärm; dorthin begeben sich gewöhnlich die jungen Burschen, welche es auf Verhöhnung des Spieles und am Ende daraus entstehenden Skandal abgesehen haben, und von der Höhe ihres Standpunktes aus mit lautem Schreien die anwesende junge Damenwelt bekritteln und einzelne mit treffenden Bezeichnungen anreden, welche den gerechten Zorn und gemeine Redensarten der Angegriffenen zur Folge haben. Andere Stimmen gebieten wieder Ruhe und machen den Lärm nur noch größer, indem sie zugleich Anlaß zu neuem Streite geben; es ist vorauszusehen, daß es unan-

genehm wird, ehe noch einmal der Vorhang aufgegangen ist; aber da
tönt die verhängnisvolle Klingel, alles setzt sich – aber es war bloß
das Signal zur Ouvertüre, welche auf dem Klavier abgehämmert
wird von einem Thalberg oder Liszt, der aber nur unbestimmte Wirkungen hervorbringen kann, weil sein Auditorium sich so laut unterhält, daß nur hin und wieder ein abgerissener Akkord durchschlägt.

„Ruhig, verdammter Klapperkasten!" schreit da eine tiefe Baß-
stimme von oben herab, „man kann ja sein eigenes Wort nicht hören!"

Der Pianist, der wohl weiß, daß er bald zu Ende ist, scheint den
Befehl gar nicht zu hören, sondern spielt harmlos weiter, bis ihm endlich ein Wurf mit einem abgebissenen Apfel auf die Finger das Spiel
verdirbt, und die Tasten noch einen letzten krampfhaften Klageschrei von
sich geben.

„Hoho, bravo!" tönt's von allen Seiten. „Vorhang aufziehen, anfangen, Freudenberg! Anfangen – Bravo! – – Ah – –"

Der Vorhang ist aufgegangen, der Klavierist verschwindet in eine
Tür neben dem Vorhange, um hinter den Kulissen seine Rolle zu übernehmen, welche er mit mehr Sicherheit dort ausführen kann, als die
am Klavier; er hilft nämlich mit „regieren" und Stimmen machen. –
Das freudige Staunen nach dem Aufziehen des Vorhangs war wohl
größtenteils ironisch gemeint und legt sich auch bald, obwohl die zu
sehende Walddekoration malerischer Reize gar nicht ermangelt. Es ist
ein Ritterstück, der Puppenspieler hat daher heute seine tiefsten Noten
in der Kehle zu strapazieren und tut es denn auch sofort in der ersten
Szene redlich; ein Kämpe mit seinem Schildknappen – dem Kasperle –
tritt auf und hält mit diesem ein Zwiegespräch, das in Fluchen und
Prügeln von des Ritters Seite, in naseweisen Reden von des Kaspars
Seite besteht. Bei den Prügeln jauchzen die anwesenden Kinder laut
auf, und die Flüche imponieren dem männlichen Publikus, höchstens
daß einmal einer sagt: „Na, der Kerl ist eigentlich aber doch zu grob!"
Der Ritter geht nun etwas auf Wegelagerung aus und heißt Kasparn,
der keine Courage hat, mitzugehen, hier im Walde warten. Kaspar
entwickelt einen pikanten, mit Anspielungen und faden Witzen gespick-
ten Monolog, der aber mit Hilfe des Publikums ganz interessant wird;
denn das spielt ganz gemütlich mit, macht seine Randglossen, auf die
der Puppenspieler zuerst Kaspar antworten läßt, dann aber kunst-

ergrimmt sich selbst mit seiner natürlichen Stimme einmischt und etwa einem Malefikanten die anmutigen Worte hinwirft: „Schafkopp, ick were Ihnen rausschmeißen lassen, wenn Sie hier bloß stören wollen."

„Na, na, man sachte, da müßt' ick doch ooch mit dabei sind! Ick habe hier mein Geld bezahlt, un davor duhe ick, wat ick will!"

„Wir haben ooch unser Geld bezahlt und wollen Ruhe haben!" rufen nun mehrere, das Geschrei nach Ruhe wird allgemein, der solcher Dinge kundige Puppenspieler bringt die nächste Szene, und alles ist wieder ziemlich still. Der Raubritter beschließt nach manchen Aben= teuern und Saufgelagen, die lärmend auf der kleinen Bühne mit Kasperschen Intermezzos vollbracht werden, sich an seinem Könige zu rächen, dem er schon lange Rache geschworen für irgendeine Nichts= würdigkeit. Das Zwiegespräch des Königs mit ihm ist höchst inter= essant, bis endlich der Verräter der Sache ein Ende macht, an den König heranbaumelt und sagt: „Biederer Feldherr, edler Gaugraf, empfange diesen mörderischen Stich von meiner Hand." Aber das Unglück will, daß der Arm, welcher das Schwert führt, sich verwickelt hat und hinter dem Rücken des Mörders mit konvulsivischen Zuckungen nach dem Könige stößt, der nichtsdestoweniger tot zur Erde sinkt.

Allgemeiner Jubel folgt dieser Szene, der Mörder wird vom Pup= penspieler in die Höhe gezogen, ihm den Arm wieder einzurichten, und das allgemeine Hohngelächter des Publikums wird so groß, daß alle Kunst des Direktors, der den Ritter wieder herabgelassen, unbedingt scheitern müßte, wenn ihm nicht ein Gott den genialen Gedanken eingäbe, Kaspar auftreten zu lassen und eine witzige Szene zu improvisieren, die hierherzusetzen zu langweilig für mich und den Leser sein würde.

Das Stück schleppt sich so von einer Nichtsnutzigkeit zur anderen; wem es nicht gefällt, der amüsiert sich irgendwie anders, erzählt sich mit seinen Nachbarn etwas, die jungen Herren raspeln auf handgreif= liche Weise mit den Mädchen Süßholz, wobei es natürlich an Streit und Geschrei nicht fehlt.

Der Vorhang fällt unter tumultuarischem Beifallsruf, die Mädchen ziehen ihre Umschlagetücher fester um ihre Schultern, schon wird hier und dort eine Lampe ausgelöscht, indes die Menge, vor Bewunderung wie vor Hitze glühend, sich dem Ausgange zudrängt, einander zurufend, wild durch= einander lärmend, gestoßen und stoßend, im Dunkeln neckend und geneckt.

Der Hof.

In einem Brief an feine Mutter äußert fich Moltke über das gefellfchaft=
liche Leben bei Hofe, dem er wohl felbft nicht allzu viele Reize abgewinnen
kann. Über zwei große Hoffeftlichkeiten aber, das Feft der weißen Rofe im
Jahre 1829 und die Aufführung von Lalla Rukh nach der gleichnamigen
Dichtung Moores, haben wir genauefte Nachricht und genauefte zeichnerifche
Darftellung. Die gefamte Berliner Künftlerfchaft war hier am Entwerfen
von Szenerien und Gruppen beteiligt. Die Zeichnungen, die wir von Hen=
fel von den einzelnen Figuren Lalla Rukhs befitzen, haben etwas von der
Feinheit perfifcher Miniaturen. Sie entftanden auf Wunfch der Kaiferin
von Rußland, die nach Schluß des Feftes in den bedauernden Ruf aus=
brach, daß es doch zu fchade wäre, daß es nun vorüber fei. Wir müffen in
diefen Feften bedeutende Äußerungen des Zeitgefchmacks fehen und erfreut
fein über das reftlofe Zufammengehen der Künftlerfchaft mit dem Hofe.
Das Andenken an fie hat fich in weiteren Kreifen bis heute erhalten, und
Streckfuß hat wenigftens bis heute recht behalten, wenn er feine Aus=
führungen fchließt, daß ein glänzenderes Feft niemals bei uns gefehen wurde.
     Eine Sache für fich ift der Fackeltanz bei fürftlichen Vermählungen, der
aber fchon damals, dadurch, daß fich ältere Leute an diefem Zeremoniell be=
teiligten, mehr Heiterkeit als Bewunderung erregte.

                              Berlin, den 8. Februar 1833.
          Liebe Mutter!
     Mit großer Freude habe ich Deinen lieben Brief vom 23. und alle
die guten Nachrichten erhalten, welche er enthielt.
     Was mich betrifft, fo geht es mir gut. Ich bin von früh bis fpät -
ich kann fagen abwechfelnd mit Gefchäften und Vergnügungen be=
fchäftigt, denn diefe werden während des Karnevals als fehr ernfte
Angelegenheit behandelt. Faft ohne es zu wollen, bin ich in den Stru=
del der großen Gefellfchaft hineingeraten, der einen fo leicht nicht wie=
der losläßt. Die verfchiedenartigfte Tätigkeit erfüllt den Tag. Morgens
arbeite ich an einer Beurteilung der ftrategifchen Verhältniffe des

Thüringer Waldes oder der geschichtlichen Bearbeitung des Feldzuges 1762, der Vormittag ist den Bureaugeschäften gewidmet, mittags gilt es, sein Pferd auf der Promenade zu produzieren, welche während der schönen Tage, die wir jetzt haben, wirklich glänzend ist. Die schönsten Pferde, die Menge von Uniformen und Equipagen und das dichte Gedränge der geputzten und vornehmsten Damenwelt machen dies sehr unterhaltend. Nach Tische (von Zeit zu Zeit schlafe ich aber darüber ein) treibe ich das Studium der Nationalökonomie, obwohl meine eigene mir schon genug zu schaffen macht. Abends stellt sich der Friseur ein, der mir das Haar in die geschmackvollsten Formen bringt, und um 8 Uhr ist Ball bei diesem Prinzen oder jenem Minister. Hier bleibe ich dann nur gerade so lange, als ich angenehme Engagements finde, und oft werden vor dem Schlafengehen noch einige Seiten aus dem Gibbon übersetzt. In den letzten vierzehn Tagen bin ich auf elf Bällen gewesen, habe auf jedem, solange ich da war, alle Tänze getanzt und befinde mich gut dabei. Vorigen Sonnabend war ich zum König zum déjeuner dansant befohlen. Diese Gesellschaften sind klein und erlesen, und man kann sich's als Auszeichnung schätzen, dazugezogen zu werden. Es ist eine seltsame Mode; um 11 Uhr fährt man hin, tanzt einen Walzer, und nun gehen die Herren in einen, die Damen in den anderen Saal, jeder erhält eine sehr hübsche Blume (gemachte), führt die Dame, welche dieselbe Blume erhalten, an den mit ebender Blume dekorierten Tisch. Das sogenannte Frühstück ist aber ein Mittagessen mit allen Schikanen, mit Schildkrötensuppen, Austern, Kaviar, Trüffel= pasteten und anderen glücklichen Mischungen der Kochkunst und den angemessenen Flüssigkeiten. Alles geht darauf in einer großen Polo= näse in den Tanzsaal, wo nun ein förmlicher Ball anfängt, der später bei Kerzenlicht bis 8 Uhr fortgesetzt wird, wo der Hof ins Theater fährt. Du kannst Dir denken, was für soignierte Toiletten gemacht werden, wo sie den prüfenden Blick bei Sonnenlicht bestehen sollen. Jetzt wird das Treiben nun aber bald ein Ende haben; die fremden Herrschaften reisen schon ab.

Heute über vier Wochen, am 30. März, wird bei der Parole be= fohlen werden, ob ich in den Generalstab einrangiert werde oder nicht; ich darf indessen hoffen, Dir die günstigere Nachricht zu melden. Diese Einrangierung ist mit einer ziemlich beträchtlichen Gehaltserhöhung,

aber auch mit einer kostbaren Equipierung verknüpft. Die Uniform ist
eine der hübschesten und kostbarsten, die wir hier haben. Sie ist blau,
mit karmoisinrotem Kragen und Aufschlägen mit Silber gestickt, Hut
mit weißer Feder, Degen, silberner Schärpe und Epauletts.

("Gesammelte Schriften und Denkwürdigkeiten des Grafen Moltke.")

Jetzt hat es sieben geschlagen. Im Schlosse ist alles in Bewegung.
Der Weiße Saal faßt die eingeladenen Gäste nur eben; jenseits,
durch alle Kammern, den Rittersaal, die Bildergalerie steht Maske
an Maske so eng gereiht, als es die gepreßte Brust nur irgend noch
gestatten will. Den Zug, den wenigstens hat jeder von den Tausenden
in diesen Mauern das Recht, zu sehen; auf alles andere, den Tanz
und jene Magie der Bilder werden sie Verzicht leisten müssen; denn
so weit der Raum auch ist, so väterlich des Königs Huld, Neigung
und Wunsch eines jeden berücksichtigend, dem großartigen Feste die
möglichste Ausdehnung lieh, allgegenwärtig konnte er nicht machen,
was durch Handlung und äußere Bedingnis an Ort und Zeit gebun=
den ist, und nur, was der Hof zu seinem Zirkel rechnet, fand in dem
bezeichneten Gemache Einlaß.

Indes nun Hoffnung und Ungeduld alle Sinne spannen, die
Schranken gezogen sind, der Gang, durch den der Zug hindurch muß,
freigelassen, der Raum in der Mitte mit Polstern eingefaßt, der ver=
hangene Rahmen im Hintergrunde um ein Drittel der Saalhöhe hinauf=
geschoben ist, unzählige Kerzen brennen, die Königliche Kapelle, den
schönen Marsch zu beginnen, wartet, die berühmtesten unserer Künstler
gefällig ihre Einsicht den Anordnungen der Bilder leihen – bewegt
sich der reiche Hof des Moguls und des schönen Aliris, Fürsten der
Bucharei, mit allem, was morgenländische Pracht und Phantasie in
sinnvoller Zusammenstellung vereinen konnten, aus den entlegenen
Kammern, wo wir uns versammelt hatten, nach den angefüllten Sälen,
welche alle, durch wohlverteilte Musik=Chöre, von den vollen, tönenden
Marschesklängen zugleich erschallten.

Du kennst im allgemeinen die Umrisse der Dichtung, die dargestellt
werden sollte. Du weißt, daß der Herrscher in Delhi, Aurengzeb,
seine Tochter Lalla Rukh dem Fürsten der Bucharei, Aliris, vermählte
und sie nach Kaschmir dem unbekannten Bräutigam zusendet. Auf der

Reise schließt sich Feramors, ein junger Dichter, dem Zuge der Prin=
zessin an und verkürzt den langen Weg durch Erzählung lieblicher
Märchen. Lalla Rukh fühlt die lebhafteste Teilnahme für den Sänger.
Die Poesie hat im geheimen ein Band geschlungen, das beide Seelen
unzerreißbar fesselt. Sie zittert, den bestimmten Gemahl zu sehen, und
erkennt mit überraschendem Entzücken Aliris in dem geliebten Feramor.
Den fortlaufenden Gang der Entwicklung in einzelnen Momenten zu
binden und diese als ein Ganzes hinzustellen, hatte scharfsinnige Er=
findung hier die Auskunft gewählt, daß alles dies wie ein Geschehenes
angenommen und jene Märchen, die Lichtpunkte beglückender Ver=
gangenheit, bei einem Festspiele zur Feier des väterlichen Besuchs durch
Lalla Rukh geordnet, beiden versammelten Höfen in Bildern vorüber=
geführt werden sollten. Da nun Liebe die höchste Poesie ist und das
Glück der schönsten Liebe, des innigsten Familienvereins zugleich hier
gefeiert ward, so fühlst Du, wie bedeutungsvoll die Fabel in diesem
Augenblicke ward, wie tief sie jede Brust bewegte.

In einem anziehenden Gemisch von Rührung, Freude und Bewun=
derung ordnete sich demzufolge das Geleit der schönsten und gelieb=
testen Herrscherfamilie. Den Zug eröffneten indische und bucharische
Tänzer und Tänzerinnen. Die ersteren in weißem Mull und Silber
gekleidet, die Männer mit Turbanen, die Frauen mit langen, zurück=
geschlagenen, wallenden Schleiern, einen Purpurschal in den leicht ge=
hobenen Händen. Die Bucharen bunt, die Frauen in gestreiftem wol=
lenen Stoff, ein vielfarbiges Bandelier über Brust und Schulter, breite,
abstehende Schirmmützen, mit Korallen und Juwelen verziert, lange
herabhängende Haarflechten und Gold= und Perlschnüre. Ihre Tänzer
in knappanliegenden, langen Röcken, über den Hüften breite, farbige
Schärpen gegürtet, weite, bauschige Beinkleider, rote Stiefel und
hohe pelzverbrämte Mütze. Ihnen folgten Edle aus Kaschmir und der
Bucharei, Süd und Nord in Tracht und Haltung wie die vorher=
gehenden Paare. Besonders zeichneten sich die Bucharen=Männer durch
Reichtum und Schmuck der Verzierungen aus.

Ihre seltsam geschweiften Mützen, durch Reiherbüsche noch verschönt,
waren zum öftern ganz mit Juwelen übersät, ebenso Schärpe und
Bandelier. Die Frauen, in hohen, goldstoffenen Pelzmützen, reichen
Kleidern, einem Kaftan, mit Zobel eingefaßt, bunten Schärpen, vielen

Juwelen, Perlen, Korallen und farbigen Steinen, suchten der Pracht
ihres Stammes, wie dem Glanz des strahlenden Festes, soviel als
möglich nahezukommen. Sehr vorteilhaft nahmen sich dagegen die
purpurverschleierten Kaschmirinnen an ihrer Seite aus. Wie der
glühende Hauch des Ostens gingen sie der Sonne voran. Zu ihnen
gehörig die bewaffneten Männer in weißer Tunilde, über Arm und
Brust geschlungenen echten Schal, einen vielfach gewundenen Turban
von gleichem Stoff, den schimmernden Dolch und auserlesenen Säbel
im Gurte. Verwandt durch Boden, Klima und Oberherrschaft, von
gleicher Tracht wie sie, nur farblos weiß wie die Einfassung des Edel=
steins, dem Hofe von Delhi näherstehend, gehen die Inder diesen un=
mittelbar voraus. Was aber sage ich Dir von den Erscheinungen, die
einem Feentraum entstiegen, an Farbe, Wesen und Gestalt dem Fabel=
lande angehören? Nenne ich die Perlen und Rubinen, Smaragd und
den bläulich schimmernden Opal: du hast den Blitz nur von dem
Strahlenschimmer, den vielgebrochen das goldene Licht versendet. Um=
sonst hoffte ich, der luftige Geisterreigen, der sich am Putztische der er=
lauchten Frauen niederließ, der Blumenkelche Schmelz, den Glanz
buntfarbigen Gefieders, der Silbermuschel feinstes Blicken und jene
süße Glut des Mittagslichtes geschäftig hier zusammentrug und Schleier
und Gewand wob, wie niemand sie zuvor gesehen - er solle auch mir
gefällig sein und den Spiegel, in welchem er jene Bilder davonge=
tragen, den Garten einer Fee zu schmücken, mir nur auf Augenblicke
überlassen. Die Neidischen mißgönnen der Erde so viel Glück. Mit farb=
loser Feder, schwarz auf weiß, soll ich Dir die leuchtenden Umrisse von
Aurengzeb und Aliris glänzender Familie hinzeichnen. Zuerst die jüng=
sten Kinder des Mogul, die Blüten des Paradieses von Delhi (die
Prinzen Albrecht und Adelbert von Preußen, Carl und Alexander
Solms, und Wladislav und Bogislav Radziwill). Sodann die beiden
älteren Söhne, Diamantsäulen des Thrones, Bahedur Schah und
Dschrander Schah (der Kronprinz und Prinz Wilhelm, Sohn unsers
Königs) und Dara (Prinzeß Luise), die Lilie des Gartens. Ihnen
gehen voran die drei Schwestern des gewaltigen Herrschers: Dscheha=
nara, Zierde der Welt (die Frau Herzogin von Cumberland), Roschi=
nara, Licht des Verstandes (Prinzessin Wilhelm), und Surin Banu,
die Glänzende (Prinzessin Alexandrine). Alle so phantastisch, so mär=

chenhaft, so reich und über allen Ausdruck schön gekleidet, daß ich Dich auf die Gemälde verweisen muß, die eines Künstlers Hand in genialem Fleiß der Nachwelt aufbewahrt. Abdallah, Vater des Aliris (Herzog von Cumberland), und seine Gemahlin (Prinzessin Luise Radzivill), mit den Prinzen Morad, Zangis und Walli (Prinz Carl, Prinz August und der Erbgroßherzog von Mecklenburg) die Bucharei beherrschend, sind in Tracht und Schmuck dem Abendlande wie dem Orient verwandt. Pelze von großer Kostbarkeit, schwerer Goldstoff und alle Schätze, die Samarkand und Tibet den ergiebigen Bergesklüften abgewonnen, prangen hier im buntesten Gemisch in seltener Auswahl. Aliris (der Großfürst) allein tritt schmucklos unter ihnen allen auf. Ein Sohn der Poesie, von ihrem ewigen Reiz umhaucht, schön wie das Unvergängliche, in Jugend, Anmut und Liebesglück strahlend, den Glanz des Sieges auf der Stirn, des Kriegers Blitz im Auge, hoch, kühn, voll stiller Glut, scheint er dem Sonnengotte gleich, der, irdische Pracht verschmähend, der Erde seinen Glanz gefällig leiht. Er ist des Festes König, und groß, wie Könige sind, genügt ihm, sich in sich selbst zu fassen und seiner innern Flamme starkes Licht freien Raum zu schaffen. Die Perlen und Juwelen, die er der schöpferischen Brust entwand, sie flocht die Liebe in ihren Strahlenkranz. Die Märchen sind es, die uns in Bildern wiederleuchten. Und Lalla Rukh, wie des Himmels Huld, ein rosiges Gewölk, der Sonne erstes Funkeln verschämt verhüllend, schwebt sie, hoch auf Baldachine thronend, von Sklaven, die sich ihrer Fesseln rühmen, im Triumph getragen, über Fürst und Volk in sinniger Betrachtung hin. Der ernste Blick trägt die bunte Erde, die der schöne Mund kindlich anlächelt, dem Himmel näher und scheint sich nur in seinem Licht verstehen zu können. Die Krone, in deren Bogen sich Demant an Demant reiht, ist ein duftiger Reif, aus Sonnenstaub gebildet, dessen zarter Gestalt der Steine Glanz, nicht das Gewicht der Steine, aufzulegen scheint, und wie aus Wolkenlicht gewoben, fließt der rötliche Schleier darunter hin. Es trifft Dein Auge heller Schimmer, und das Bild, was einzig Dir bleibt, ist das einer Himmelsrose, dem Garten der Erde, wie der Liebe, zu ewiger Obhut anvertraut.

(Caroline Baronin de la Motte-Fouqué, „Briefe über Berlin".)

„Das Fest der weißen Rose."

Die sechste Stunde des Nachmittags war zum Anfang des Festes
bestimmt. Auf dem Vorhofe des Neuen Palais sollte eine ritterliche Übung im Lanzenstechen und Speerwerfen vom Roß herab nach
bestimmten Gegenständen abgehalten werden, wobei alle Teilnehmer
in dem Kostüm turnierender Ritter aus dem zwölften Jahrhundert erschienen. Zu diesem Zweck war der Vorhof auf das geschmackvollste dekoriert; die rings im Innern desselben herumlaufenden Treppen hatte
man zu Sitzen der Zuschauer eingerichtet und mit einem Gitter umgeben, welches mit roten, goldgestickten Behängen reich drapiert war. In
kurzen Zwischenräumen flatterten ringsherum die Banner der Farben,
in welchen die Ritter gekleidet waren, mit weißen Rosen geschmückt,
und ebenso war eine reiche Trophäe von Bannern in der Mitte des
Raumes an einer Säule aufgesteckt. Dem Haupteingang des Gitters
gegenüber befand sich die Loge, auf welcher die höchsten Herrschaften,
die Damen im Kostüme jener Zeit, sowie alle zum Feste eingeladenen
Personen, welche nicht an den Quadrillen teilnahmen, sich befanden.
Ein grüner, goldbesetzter Baldachin bedeckte sie. Von beiden Seiten
dieser Loge dehnten sich die Sitze der Zuschauer aus, die in ungemein
großer Anzahl anwesend waren. Alle Fenster des Schlosses waren mit
Damen besetzt, auch die Communs enthielten auf ihren Treppen und
den Balkons eine unzählbare Menge von Zuschauern, wie nicht minder die Plätze zunächst dem Gitter. Schon dieser Anblick gewährte ein
höchst anziehendes Schauspiel. Um sechs Uhr erscholl Trompetengeschmetter, und der Zug der Ritter begann. Zuerst erschienen der Wappenkönig und zwei Herolde, in den Hauptfarben rot und blau gekleidet,
und baten bei der Kaiserin um Einlaß für die Ritter; dann rückte der
glänzende Zug in den Hof ein, voran ein Korps Trompeter, in Grün
und Orange gekleidet. Hierauf folgten zehn Quadrillen von Rittern,
die jedesmal aus einem Anführer, dem ein Bannerträger vorritt, zwei
Pagen, die Schild und Lanze trugen, folgten, und aus vier Rittern
nebst vier ihnen folgenden Knappen bestanden. Diese Quadrillen waren:
1. Führer der Kronprinz. Vor ihm wurde das Banner von Preußen
getragen. Die Ritter waren in Schwarz, Weiß und Gold gekleidet.
2. Prinz Friedrich der Niederlande, vor ihm das niederländische Panier,

die Ritter gelb, blau und gold. 3. Prinz Wilhelm, vor ihm das Kur=
Brandenburgische Banner, die Ritter blau, rot und silber. 4. Prinz
Karl, vor ihm das Banner von Schlesien, die Ritter gelb, schwarz und
silber. 5. Prinz Albrecht, vor ihm das Banner von Brandenburg, die
Ritter weiß, rot und silber. 6. Herzog Carl von Mecklenburg, vor ihm
das wendische Banner, die Ritter blau, karmesin und gold. 7. Prinz
Friedrich, Neffe des Königs, vor ihm das Banner von Hohenzollern,
die Ritter schwarz, weiß und silber. 8. Der Erb=Großherzog von
Mecklenburg, vor ihm das Banner von Mecklenburg, die Ritter kar=
mesin, blau und gold. 9. Prinz Adalbert, vor ihm das Banner der
Burggrafen von Nürnberg, die Ritter weiß, rot, schwarz und gold.
10. Herzog Wilhelm von Braunschweig=Ols, vor ihm das Banner von
Braunschweig, die Ritter weiß, rot und gold. — Der geschmackvolle
Glanz, der blendende Reichtum der Kostüme, die schönen, wohlgeüb=
ten, mit dem reichsten Zaumzeug und prächtig gestickten Schabracken
bedeckten Pferde, die schöne Haltung der Ritter, die Anordnung des
Zuges, alles dies muß man gesehen haben, wenn man sich einen Be=
griff von diesem in der Tat herrlichen Schauspiel machen will, das von
dem heitersten Wetter begünstigt wurde, in dessen leuchtender Sonne
Waffen und Rüstungen prächtig schimmerten. Man glaubte sich wirk=
lich in jene, Tapferkeit und Liebe so dichterisch verklärende Zeit versetzt.
Die Ritter hielten zuerst einen Umzug, begrüßten die Kaiserin und die
Damen ihrer Farben, und einer bat dann im Namen aller um Er=
laubnis, ritterliche Waffenspiele ausführen zu dürfen. Trompetenmusik
begleitete den Umzug, welche nach und nach auf 115 Trompeten an=
wuchs und gleichförmig geleitet wurde. Nachdem der ganze Zug den
Hofraum wieder verlassen und sich auf dem Platze vor dem Gitter auf=
gestellt hatte, ritten die sechs ersten Führer in die Schranken, zwei der=
selben stiegen vom Pferde und übernahmen das Amt der Kampfrichter.
Der Wappenkönig rief die Namen derjenigen auf, welche in die Schran=
ken ritten. Hier wurde nun nach Ringsäulen, Mohrenköpfen, Scheiben
usw. in einmaligem Anreiten im Galopp gestochen, namentlich zuerst
mit der Lanze nach einem Ringe, der aus einem Kranz weißer Rosen
bestand, nachher wurden die Lanzen abgegeben und kleine Wurfspieße
gebraucht, mit denen nach der Scheibe geworfen wurde. Dabei fand
die Überraschung statt, daß jedesmal, wenn die Mitte der Scheibe

getroffen wurde, ein Strauß von weißen Rosen aus der Scheibe sichtbar ward. Diese mehrfache Anspielung auf das Bild der schönsten und zartesten Blume konnte ihre Deutung nirgend verfehlen; hier mag es genügen, zu bemerken, daß die Gesundheit der Kaiserin etwas wankend war und sie blaß erschien. Die letzte Waffenübung wurde mit gezogenem Schwerte vollführt und bestand in dem Abnehmen eines zweiten Ringes und in dem Aufspießen eines auf der Erde stehenden Mohrenkopfes. In derselben Weise, wie die vier erwähnten Anführer die erste Quadrille ausführten, geschah dies auch durch die noch übrigen vier Anführer und sodann durch die Ritter jeder Quadrille in der angegebenen Ordnung. Dann rückten alle zehn Quadrillen nebst ihrem Gefolge wieder ein und führten eine große Quadrille zu Pferde mit den mannigfaltigsten und verwickeltsten Touren auf, wobei besonders das Gegeneinander=Durchreiten und Anschlagen mit den Lanzen und Schwertern einen ungemein glänzenden Anblick gewährte. Die Eleganz, Genauigkeit und Schnelligkeit der Bewegungen war erstaunenswert. Nachdem zum Schluß wieder ein großer Umzug gehalten worden war, rückten die Ritter in Front gegen die Tribüne der Kaiserin vor, saßen dann ab, forderten ihre Damen auf und traten mit diesen der Kaiserin vor, um sie in das Schloß zu geleiten. Dabei ertönte fast überraschend aus den oberen Fenstern des Schlosses ein vierstimmiger Gesang, durch welchen die Feier im Innern des Schlosses eingeleitet wurde. Zuerst wurden sinnige lebende Bilder dargestellt, bei welchen die Ritter und ihre Damen Zuschauer waren. Dann begaben sich alle nach dem Grottensaale, wo zwanzig Ritterfräulein und ebenso viele Ritter eine Quadrille tanzten. Das Orchester war unter Lauben von weißen Rosen versteckt. Der Tanz endigte mit einer huldigenden Gruppe gegen die hohe Königin des Tages. In dem Schauspielsaale war ein Zauberspiegel aufgestellt, welcher nacheinander die Gestalten der Erinnerung, Rübezahls, der Bellona, des Kronos und der Aurora in der Form lebender beweglicher Bilder zeigte. – Ein glänzenderes Fest hatte niemand je gesehen.

*   *   *

Für gewöhnlich sind die Hoffeste weder zahlreich noch glänzend, und beschränken sich fast lediglich auf Bälle bei dem Könige oder den königlichen Prinzen, doch bei außerordentlichen Gelegenheiten finden zuweilen Feste statt, bei denen eine wahrhaft königliche Pracht waltet, wie z. B. die großen Redouten auf dem Schlosse zu den Vermählungen der Prinzessin Friederike, Nichte des Königs, mit dem Herzoge von Dessau, und der Prinzeß Charlotte mit dem jetzigen Kaiser von Rußland. Diese Feste aber sind schon zu lange her, und es ist damals zu viel darüber gesprochen und geschrieben worden, als daß hier eine nochmalige, wenn auch noch so kursorische Beschreibung am rechten Orte wäre.

Bei minder feierlichen Gelegenheiten, z. B. Ankunft fremder Prinzen, Denkfesten usw. usw., werden allgemeine Couren angesagt, und diese sind wieder doppelter Art, nämlich bloße Cour oder Polonäsen-Cour. Immer jedoch finden sie auf dem Schlosse statt, nicht in der eigentlichen Wohnung des Königs, dem vorzugsweise sogenannten Palais.

Zu diesen Couren ist jeder Hoffähige schon durch diese Eigenschaft geladen. Jeder Referendar, jeder Offizier hat den Zutritt, und der König sieht es sogar gern, wenn recht viele sich bei diesen Couren einfinden.

Die Damen aber müssen besonders bei Hofe vorgestellt sein, doch findet hierbei keine übertriebene, strenge Etikette, keine Ahnenprobe und dergleichen statt, wie denn überhaupt der preußische Hof gewiß der ist, an welchem die wenigste altväterische Hofsitte, das wenigste Zeremoniell herrscht. Und wahrlich, man muß den König deshalb loben; denn was ist die Hofetikette, welche alte, grauköpfige Pedanten so oft und so viel rühmen, die sie als den einzigen sicheren Hort strenger Sitte und Tugend preisen, was ist sie anders, als der veraltete Gebrauch der Vorfahren, der größtenteils nicht mehr in unsere Zeit paßt und eben deshalb nicht selten lächerlich wird.

Bei einer Gelegenheit aber hat sich der alte Gebrauch noch erhalten, und zwar bei Vermählungen in der königlichen Familie, und deutlich zeugt dies für meine soeben aufgestellte Behauptung.

Gewöhnlich wird das hohe Paar in der Kapelle des Königlichen Schlosses getraut; hierauf begibt es sich in das Thronzimmer, und jetzt werden alle Anwesenden zur Cour gelassen, d. h. aus einem Saale, der an das Thronzimmer stößt, treten sie einzeln und ohne bestimmte Beachtung des Ranges heraus, gehen bis in die Mitte des Zimmers, dem Thronhimmel gerade gegenüber, machen hier der Prinzeß und dem

Prinzen eine Verbeugung, hierauf noch eine für das hohe Paar im ganzen, und verlassen nun auf der entgegengesetzten Seite das Zimmer.

Dann verfügt sich alles nach dem Weißen Saale, und hier erfolgt nun der Fackeltanz, d. h. die Braut tanzt mit sämtlichen anwesenden Prinzen, der Bräutigam ebenso mit sämtlichen anwesenden Prinzessinnen, wie sie im Range aufeinander folgen, eine Polonäse, einmal durch den Saal, und dabei wird ihnen mit großen Wachsfackeln vorgeleuchtet. Die Fackelträger sind - alle anwesenden preußischen Exzellenzen, und in der Regel wird auf dieses Vorrecht ein solcher Wert gelegt, daß selbst alte podagrische oder kranke Herren, die schon jahrelang nicht an den Hof kamen, sich bei solchen, natürlich nicht gar zu häufigen Gelegenheiten zusammennehmen, um - ihr Prädikat „Exzellenz" mit der Fackel zu beleuchten.

Nach dem Tanze folgt Spiel der Prinzen und Prinzessinnen, und zwar spielen sie - Commerce, das sie sämtlich nicht verstehen, und bei dem daher ein Kammerherr, der es oft nicht besser kennt, den Souffleur machen muß. Während dieser Zeit treten nach und nach alle fremden Gesandten, die Minister, Generale, oder sonstige Personen von hohem Range, an die Spieltische, den hohen Herrschaften persönlich ihre Verbeugung zu machen, sprechen zwei oder drei Worte und gehen dann weiter.

Ist nach einer Stunde das Spiel beendet, so teilt die Oberhofmeisterin der neuvermählten Prinzeß Stücke von deren Brautstrumpfband aus, und jeder, vom Höchsten bis zum Geringsten, ist froh, daß die Zeremonie beendigt ist und das Festtagsgesicht abgelegt werden darf.

(„Berlin, wie es ist.")

Wie das Volk sich dem Hofe gegenüber verhielt, dem es vor allem zu Zeiten Friedrich Wilhelms III. eine starke liebevolle Verehrung entgegenbrachte, das schildert uns der bekannte Schriftsteller und alte Musikkritiker der „Voß" in seinen Memoiren, und er erzählt auch von den schweren Unglücksfällen, die sich durch das Gedränge bei dieser Vermählungsfeier des nachmaligen Friedrich Wilhelm IV. mit einer bayrischen Prinzessin ereigneten. Die Zeitungen aber durften, charakteristisch für die damaligen Zensurverhältnisse, nicht eine Zeile darüber bringen.

Das Jahr 1823 war bekanntlich das Vermählungsjahr unseres Königs Friedrich Wilhelm IV. mit seiner Gemahlin Elisabeth von Bayern. Daß wir Jünglinge uns frisch unter alle Festlichkeiten

und feierlichen Anordnungen mischten, die zum Empfang des hohen
Paares getroffen waren, läßt sich begreifen. Das Glück wollte, daß
wir von dem Einzuge desselben alle Hauptmomente beobachteten, die
ihm auf der Fahrt von Charlottenburg nach Berlin gewidmet waren.
Ich lasse den Empfang durch die Bürgerwehrgarde zu Pferde und alles
damit in Verbindung Stehende indessen ungeschildert und berichte nur
einiges Volkstümliche davon. Gleich die ersten der herbstlich nackten
Bäume am Tor waren zu besonderen Empfangspforten gestempelt
worden, indem einige Knaben für zwei Groschen gestatteten, daß man
auf einer hohen Leiter, die sie mitgebracht, hinaufsteige. Man versichert,
daß die jungen Industrieritter so schlau gewesen seien, auf den Fort=
gang des Kurses ihrer Ware zu achten und, als die Feier vorüber war,
sich erboten, auch jeden herabsteigen zu lassen, wenn er nur acht Gro=
schen fürs Hinunterkommen zahlen wollte! Der Stern bei Bellevue
(damals „die Puppen", von den erschreckenden Sandsteinfiguren, die
ringsumher standen, benannt) war der Platz, wo die ankommende
Kronprinzessin hielt und durch die Begrüßung der Bürgerwehr aufge=
halten wurde; hier galt es natürlich, in dem Augenblick möglichst gut
zu sehen, wie dieser Akt ausgeführt werde. Die Hüte wurden natür=
lich beim Beginn des feierlichen Momentes abgenommen. Ein unglück=
licher Mann hatte einen herrlichen Platz erkämpft und stand mit seinem
schweren Filzhut hoch auf dem Kopf. Seine Nachbarn neckten ihn oder
machten Ernst damit, genug, wenige Minuten vor dem Anfang hatten
sie ihm die schwarze Maschine so auf sein Haupt herabgedrückt, daß
er in dem Zylinder steckte und weder sehen noch hören konnte. Der
ganze Umkreis war auf die Figur neugierig geworden, der es, aller
Mühen mit ihren Händen unerachtet, nicht gelang, gegen die Hunderte
von Händen, die ringsumher ihren Angriff auf sie machten, den Hut
wieder in die Höhe zu bringen. Und so verfloß der feierliche Akt in
der Tat, ohne daß der unglückliche Mann, trotz seines vorzüglichen
Platzes, irgend etwas gesehen oder gehört hätte. Viele andere hatten
indes auf seine Kosten recht herzlich gelacht. –

Ein Ereignis aber gab es im Lauf des späteren Tages, das aus
der Kurzweil binnen wenigen Minuten ein furchtbares Entsetzen berei=
tete. Die Stadt war zum Abend illuminiert; alle öffentlichen Gebäude
prangten in den schönsten Lampenausschmückungen, namentlich war

die Akademie herrlich beleuchtet. Ich war allein ausgegangen, um mir die Illumination zu beschauen, hatte aber ein paar Freunde getroffen, mit denen ich gemeinsam wanderte; es waren der Leutnant Dannhauer (jetzige General) und ein junger Mann namens Gerth, der als Sohn im Hause des Geheimfinanzrat Paalzow auferzogen war, welcher damals als Referendarius in Berlin lebte. Er ist längst abgeschieden, doch General Dannhauer kann die Wahrheit des Geschehenen noch bezeugen. Auf verschiedenen Wegen, die wir durch die Stadt machten, trafen wir auch den Fackelzug der Studierenden, und ich entsinne mich, mit einem der Führer (Geh.-Rat Fließ, der auch noch am Leben ist) über die Richtung, die der Zug nehmen wollte, gesprochen zu haben. Wir begleiteten denselben eine Strecke und hatten vor, dem Gaudeamus igitur, welches im Lustgarten gesungen werden sollte, und dem Verbrennen der Fackeln daselbst beizuwohnen. Bei den verschiedenen Wegen, die wir hier nahmen, hatten wir im Schloß schon einen kleinen Vorgeschmack des ungeheueren Drängens, indem dasselbe in dem einen Durchgang so heftig wurde, daß die jungen Mädchen aufkreischten und eines derselben mit verlorenem Kamm sich aus dem Getümmel wieder ins Freie drängen mußte. Doch wir jungen Leute nahmen das alles nur von der lustigen Seite, da unsere Natur durch solche Szenen nicht angegriffen wurde.

Die Darbringung des Fackelzuges vollendete sich nun, und die Studierenden zogen auf den Lustgarten, um in seiner damals freien Mitte einen Rundkreis zu bilden, das Gaudeamus zu singen und die Fackeln zu verbrennen. Kaum aber hatte dies begonnen, als sie von den herzuströmenden Volksmassen, die gerade dies Schauspiel sehen wollten, auf das furchtbarste bedrängt wurden. Alles steuerte gegen die Mitte des Platzes, und wir mußten uns anfassen und mit aller Macht rückwärts drängen, damit nur die Studenten nicht in das Feuer ihrer eigenen Fackeln gestoßen würden. Allmählich ging indes dieser ziemlich ernste Kampf vorüber, und wir beschlossen nun, zu der großen Feier des Festes zurückzukehren, wozu uns aus dem Lustgarten nur die kleine am Zeughause errichtete Laufbrücke blieb. Denn die Schloßbrücke, über welche vormittags die höchsten Herrschaften, begrüßt von den dreihundert jungen, blau und weiß gekleideten Revier-Mädchen, gefahren waren, blieb für den Abend gesperrt. Wir langten denn bei der Brücke

mit einem mächtigen, dichten Strom von Menschen an, glaubten aber,
in wenigen Minuten den Engpaß zu überwinden. Ernsthaft rückten
wir dem Ziel näher, indem wir den Boden der Brücke unter unsern
Sohlen fühlten und allmählich darauf vorschritten. Da staute sich plötz=
lich die ungeheure Masse so auf, daß sie wie eine Mauer stillstand.
Von hinten her jedoch erfolgte immer neuer Andrang. Vor uns hörte
man angstvolle Töne von Frauen und Kindern. Ich blickte noch vergnügt
und ahnungslos umher. Jetzt aber erhob ein Gendarm, der etwa zehn
Schritt vor uns auf der Brücke hielt, ein heftiges Geschrei, weil ihn
die Volksmasse mit dem Pferde gegen das Geländer drängte. Erschrocken
sah ich umher und entdeckte, daß mein Nachbar, der Leutnant Dann=
hauer, neben mir erblaßte; wenn ich mich recht erinnere, war ihm der
Degen, der sich etwas verschoben hatte, so heftig in die Seite getrieben.
Jetzt überfiel auch mich eine Ahnung des Schlimmsten. Indes ich dachte
doch nur, daß die Entgegenkommenden uns auf Augenblicke festhalten
und eine oder die andere Partei siegen müsse. Um das letztere für
unsere Seite zu befördern, riefen Dannhauer, Gerth und ich mit lauter
Stimme den uns zunächst Stehenden ein ermutigendes Vorwärts ent=
gegen, und sie drängten, sich mit uns vereinigend, aus aller Macht den
Linden zu. Aber wir gewannen nur einen oder zwei Schritte Feld,
dann war alles wieder festgerannt, und die furchtbare Enge war um
desto empfindlicher gestiegen. Noch gerade hatten wir die eisernen Schar=
niere unter unsern Füßen gefühlt, also die Hälfte der Brücke erreicht
und durften hoffen, die Sieger zu sein. Jetzt aber stand alles wieder
festgebannt, und nur das entsetzliche Geschrei einzelner, die sich von der
Gewalt des Gedränges wie zermalmt fühlten, war aus der tobenden
Menge zu entnehmen. Da öffnete sich, wo wir es am wenigsten ver=
muteten, plötzlich ein Weg rückwärts. Die Strömung ging nach dem
Lustgarten zurück. In solchen Momenten hat stets die Gegenwart ihr
Recht. Wir folgten ihr nachgehend und hatten wieder das Wonnege=
fühl einer freien Brust. Da hemmte uns plötzlich ein neuer Knäuel
von Menschen. Es waren bei der Flucht nach rückwärts einige gestürzt
und lagen, in Gefahr, zertreten zu werden, auf der Erde. Mit aller
Macht hielten wir die Nachstürmenden zurück und rissen die Gefalle=
nen wieder empor. Bei diesem Tumult wurde ich von meinem Freunde
getrennt. Ich blickte seitwärts, sah das Geländer der Brücke wegge=

brochen, schräg gelehnt; die Rettung war da, wenn ich hinübersprang. Ich führte es aus, indem ich aus dem sich vor mir windenden Knäuel einen kleinen Knaben emporraffte, ihn in den Arm nahm und mit ihm den Sprung ins Wasser versuchte. Doch indem ich auf das Geländer trat, entdeckte ich die unten angebrachte Waschbank, entschlossen sprang ich hinab und erreichte glücklich das Ziel. Es hatte sich schon eine Menge Menschen dort unten versammelt. Aus ihnen stürzte eine Frau plötzlich auf mich zu, umarmte das Kind, was ich auf dem Arm trug, als ihr eigenes, und dankte laut Gott für dessen wunderbare Rettung. Dies war mir der merkwürdigste Augenblick. – Ich ließ ihr den Knaben und blickte umher, was weiter zu tun sei. Drüben, jenseit der Brücke, sah ich verschiedene Personen rasch von ihr ins Wasser gleiten, ebenso sprangen auch zu uns noch andere herunter. Dies lehrte mich, daß unsere Stellung durch den Augenblick sehr bedingt sei, deshalb griff ich rasch nach einer der Kahnspitzen, die neben der Brücke lagen, schwang mich hinauf und erreichte so, über verschiedene Kähne kletternd, wieder den Lustgarten. Von dort schlug ich meinen Weg, dem ersten Plan entsprechend, ein und gelangte mit Umwegen und unter großem Getümmel, aber doch nicht mit erneutem gefährlichen Gedränge, nach den Linden. Hier erblickte ich an der Akademie plötzlich meine beiden Freunde, und wir begrüßten einander mit Umarmung und Kuß, wie auferstanden. Ein Beweis, daß wir jetzt erst die Größe der Gefahr, in der wir geschwebt hatten, recht einsahen! – Wir gingen miteinander in das Weinhaus zu Lutter & Wegner, wohin wir die ersten Nachrichten von dem geschehenen Unglück brachten; dieselben vervielfältigten sich jeden Augenblick, in dem neue Gäste eintraten. Es wurde viel von ähnlichen Verhältnissen gesprochen, unter anderm erzählte der Baron Hertefeld von einer Illumination in London, bei welcher er unter einem Kohlenwagen eine Zeitlang Schutz gefunden hatte, bis gegen Morgen das Menschengetümmel sich verminderte, und er wieder ins Freie hinaus konnte. – Das Wesentlichste, was geschehen war, ist mir heut nur ungefähr erinnerlich; es waren 70 Tote, teils zermalmt, teils ertrunken; das Unglück war durch einen gebrochenen Wagen, der die Brücke gesperrt hatte, veranlaßt. Der Kommandant soll die neuerbaute Schloßbrücke gesperrt gehalten haben. Vergeblich aber wird man durch die Zeitungen eine nähere Belehrung suchen; es ist kein Wort über den ganzen Vorfall

darin enthalten! Ein Beweis, wie unsere Angelegenheiten da=
mals verschleiert geführt wurden! Es ist nicht anders, als es über
sechzig Jahre früher mit den Russen erging. Über ihren Aufent=
halt in Berlin und ihre heftigen Maßnahmen wollte ich mich, behufs
der Novelle Valentin, die ich aus jener Zeit schrieb, über einiges
aus unseren Zeitungen belehren. Indessen ich fand nichts daselbst
vor, keinen Buchstaben, der den Aufenthalt des Feindes in unserer
Residenz bestätigte.

    — In solchem Zustand befanden sich damals die Blätter, die über
unsere Geschichte belehren sollten, und sechzig Jahre später traf man
sie genau noch so an!

                                        (L. Rellstab, „Aus meinem Leben".)

Die genaue Schilderung des Einzugs Friedrich Wilhelms IV. nach der
Krönung in Königsberg ist interessant durch das anschauliche Bild der Aus=
schmückung der Straßen und ferner durch die Rolle, die doch in jenen
Tagen in der Maschinenarbeit und in den großen maschinellen Betrieben
erst im Erstehen begriffen war, die Handwerker und ihre Innungen spielten;
von den Pfefferküchlern, den Siebmachern bis zu den „Raschmachern".

Zunächst am Tore empfingen J. J. M. M. rechts das Korps der
Schützengilde und links die Maurer, dann folgten rechts die Tisch=
ler, Pfefferküchler, Siebmacher (am Nikolaus=Bürger=Hospital), die
Schornsteinfeger, Knopfmacher, Riemer, Posamentiere und Schneider;
links aber die Nagelschmiede, Klempner, Sattler, Schuhmacher, Zeug=
schmiede, Brunnenmacher und Huf= und Waffenschmiede. Nun ging
der Zug, welchem sich diese einzelnen Korps mit ihren Musiken und
Fahnen anschlossen, unter fortwährendem Jubelruf der Bevölkerung,
beim Wehen der Tücher der bis auf die Dächer mit Personen aller
Stände in Festkleidern besetzten Häuser, aus der Großen in die Kleine
Frankfurter Straße über, wo nun rechts die Raschmacher und die
Gürtler, links die Dachdecker, Kupferschmiede und Steinsetzer aufge=
stellt waren. Mehrere Tribünen, welche man in dieser Straße errichtet
sah, gewährten durch ihre geschmackvolle Ausschmückung einen schönen
Anblick. Von hier ging der Zug in die Landsberger Straße und fand
hier rechts die Klein=Böttcher, die Bürstenbinder, Gelbgießer, Buch=
binder und Seifensieder; links aber die Garnweber, Schiffbauer und

Zimmerleute. Ausgezeichnet durch Laubgewinde und Kränze mit In=
schriften, Hausverzierungen, Schärpen, Fahnen, Girlanden, welche,
über die Straßen gezogen, die beiden Häuserreihen verbanden, und
Blumen=Medaillons, die den Namen der Gefeierten trugen, war vor
allen diese Strecke des Weges, welchen der Wagen J.J. M.M. zu=
rücklegte.

Auf dem Alexanderplatze, der Königsbrücke gegenüber, war eine
Ehrenpforte errichtet. Das in seinem Hauptkörper 50 Fuß hohe Ge=
bäude bildete ein griechisches Kreuz, von welchem zwei Arme als Durch=
gangsbogen dienten und zwei die Estraden aufnahmen, auf welchen
sich die Jungfrauen befanden. Die Seitenlänge betrug 40 Fuß, die
Torbogen maßen 27 Fuß in der Weite. An den vier Ecken erhoben
sich minarettähnliche Türme, und ein fünfter größerer Turm schloß in
der Mitte das Ganze. Dieser Turm war bestimmt, ein Trompeter=
korps aufzunehmen, und hoch über demselben wehte an einem ver=
goldeten Schiffsmast die Landesfahne. Das Ganze hatte den Charak=
ter eines Zeltbaues; Stützen von Holz in den leichtesten Verhältnissen,
mit Laub umwunden, bemalt, vergoldet, und ähnliches Bretterwerk
bildeten das Gerüst. Dazwischen war teils Draperie ausgespannt, teils
gestalteten sich große Öffnungen, namentlich an den Seitenfronten;
Tripoden, mit Blumen gefüllt, Festons und Kränze schmückten diesel=
ben. Auf der Empfangsseite sah man über der Mitte des Tores das
allgemeine Wappenschild der Stadt, dagegen zu beiden Seiten, an den
Wänden herablaufend, die Wappenschilde der acht Stadtteile, Berlin
und Kölln an der Spitze. Auf der entgegengesetzten Seite entsprachen
diesen Wappen die Palmen, eine über die andere emporschießend. Die
beiden Hauptgiebel des Gebäudes prangten mit den verschlungenen
Namenszügen J. J. M. M., darüber hielten plastische Viktorien in
kniender Stellung Votivtafeln mit den Inschriften: „Willkommen"
und „Gott mit uns"; über diesen wieder bildeten königliche Kronen die
oberen Spitzen der Giebel. Mächtige Goldtripoden standen zwischen
goldenen Adlern auf den obenerwähnten vier Ecktürmen. Kleine Wim=
pel, abwechselnd mit den Farben des Königs und der Königin, waren
hier um den ganzen Rand des Daches angebracht. Mancherlei zierliche
Korbflechtarbeit war an den Kapitellen, den Kronen und als Zier=
knoten der Laubsäulen benutzt.

Im Innern erhob sich über den vier Flügeln, als Hauptraum für den Empfang, ein höheres Purpurzelt, von Festons getragen, die zugleich einen großen Stern hielten. Rechts und links erhoben sich die Estraden; den auf denselben befindlichen Damen in weißer Kleidung diente eine große rote Draperie als vorteilhafter Hintergrund.

(Karl Streckfuß, „Der Preußen Huldigungsfest".)

Wien und die Wiener.

Die Biedermeierzeit hat eine große Literatur über das Volksleben geschaffen und hat es auch an Schilderungen über Wien, an satirischen so gut wie an begeisterten, nicht fehlen lassen: selbst ein Dichter von der Bedeutung Stifters findet sich unter den Schilderern Wiens, und es ist merkwürdig sogar für einen nicht allzu guten Kenner der Wiener Verhältnisse, wieviel von diesen Wiener Schilderungen noch auf das Heute paßt, denn im ganzen ist ja die Bevölkerung der österreichischen Kaiserstadt weit konservativer in ihren Gewohnheiten als die Berlins, weit schärfer umrissen in ihren Lebensäußerungen. Vor allem hat Wien noch mehr als Berlin sich an dem Leben vor den Toren gefreut, den Volksgarten, den Kaffeegarten, den Prater geliebt, der sich frühzeitig in den Teil für die bessere Gesellschaft und in jenen, der für die Volksmassen bestimmt war, schied.

Die Hauskultur, alle Zweige des Kunstgewerbes, vor allem die Miniature, auch die Pflege der Musik standen in Wien mit seinen alten reichen Adels- und Bürgergeschlechtern höher als im Norden. Und doch hatte das Grillparzersche Wort, das er Wien entgegenwirft:

> Du erschlaffst den Lehrer wie den Meister,
> Wie Fieberhauch weht deine Luft,
> Du Kapua der Geister!

nicht nur seine Begründung in ungünstigen politischen Verhältnissen, sondern hängt ebensosehr mit Eigenheiten des völkischen Charakters zusammen. Den Stolz Wiens bildete aber schon zu jener Zeit das Burgtheater, das ganz im Gegensatz zu anderen höfischen Theatern sich allein erhielt, sogar Überschüsse brachte, ein außerordentlich interessiertes Publikum hatte, stets Direktoren und Leiter von literarischen Qualitäten besaß und für die deutsche Schauspielkunst durch Generationen die erste Stelle einnahm, von der es ja bis heute, trotzdem es mit etwas zu viel Tradition belastet ist, nicht ganz verdrängt wird.

Öffentliche Bälle und Redouten.

Ein Hauptzug im Charakter des Wieners ist Lust am Lebensgenusse. Er ist ein Epikureer - und wenngleich nicht durchweg ein grober, doch auch nicht immer einer der feinsten. Der bekannte Vers

Schillers: „Immer dreht sich am Herde der Spieß" - findet bei uns
Wienern völlige Anwendung. Das ganze liebe Jahr hindurch gibt es
öffentliche Unterhaltungen, Schmausereien, Musik und Tanz. Daher
mag es kommen, daß der Karneval, diese privilegierte Zeit für dergleichen, im Grunde in unserer Residenz keinen besonderen Typus an
sich trägt und sich von der übrigen Zeit des Jahres höchstens durch
die größere Anzahl der öffentlichen Anschlagzetteln unterscheidet, die
da an allen Straßenecken hangen und mit riesengroßen Lettern all die
Herrlichkeiten des heutigen oder morgenden Abends im verlockendsten
Stile anpreisen und verkünden.

Dergleichen ellenlange Affichen gibt es zwar auch das ganze Jahr
hindurch in schwerer Menge; da finden Réunionen, dort Soiréen statt;
hier produziert sich ein beliebter Volkssänger mit seiner Gesellschaft,
dort hat ein berühmter Walzergeiger die allerpersönlichste Leitung seines Orchesters übernommen; hier konzertiert ein Harfenist, dort jodeln
zwanzig Alpensänger aus Lerchenfeld; hier bittet echtes Liesinger Bier
um geneigten Zuspruch, dort verhofft sich süßer Heuriger die gerechte
Teilnahme eines geehrten Publikums; da schlägt ein Pudel Karten
auf und spielt Domino, dort gibt es dressierte Flöhe; - kurz an einer
und derselben Straßenecke trifft unser Auge eine ganze Proskriptions-
liste von hundert der verschiedenartigsten Genüsse, unter denen dem
lüsternen Leser, der sich heute etwa einen guten Tag machen will, die
Wahl oft sehr schwer werden muß.

Nun laßt aber erst den Frühling anrücken! - Heiliger Saturnus! -
welche Sündflut von Annoncen ließest du über unsere bedauernswerten
Häuser kommen! - Wer durch dieses chaotische Meer dringt, ohne
einen Kompaß um Rat gefragt zu haben - der ist ein zweiter Kolum-
bus - wenn er auch dabei entdeckt, daß es nichts Neues unter der Sonne
und im Fasching gebe. Hier Bälle - dort Bälle - überall Bälle! -

Sämtliche Lokalitäten sind geöffnet! Brillante Beleuchtung! - Treff-
liches, wohlbesetztes Orchester! Für Erfrischung ist bestens gesorgt! -
Herr Kapellmeister X wird heute seine „Unsterblichen" das erstemal vorzutragen die Ehre haben! - Herr Tanzmeister Y wird die Tänze ar-
rangieren! usf. mit Grazie in infinitum!

Da stehen denn die Tanzlustigen aus allen Ständen um diesen
riesenlangen Speisezettel des Karnevals, vom frühesten Morgen an-

gefangen; zählen heimlich in der Tasche die silbernen Häupter ihrer
Lieben und berechnen, ob es noch hinlange für den heutigen Abend,
und machen dann die rosenrotesten Pläne ungeheurer Heiterkeit!

Die öffentlichen Bälle selbst, die ehemals in den renommiertesten
Tanzsälen der Residenzstadt abgehalten worden, sind seit geraumer
Zeit nur mehr der Tummelplatz einer sehr gemischten Gesellschaft, mit
Ausnahme einiger, der sogenannten geschlossenen Gesellschaftsbälle,
worin sich vorzugsweise der Beamtenstand, die begüterten Bürger und
gleichstehende Kategorien samt ihrer weiblichen Begleitung bewegen,
um in passender Gesellschaft die Freuden des Karnevals zu genießen.
Doch davon später – für jetzt wollen wir einen der gewöhnlichen öffent=
lichen Bälle besuchen; doch muß ich dem Leser, meinem freundlichen
Begleiter, in vorhinein versichern, daß es mitunter ziemlich mesquin
daselbst zugeht.

Wir wollen nicht lange die Anschlagzettel buchstabieren, sondern
den ersten besten Tanzsaal von größerem Rufe besuchen und ein Stünd=
chen in diesem Fegfeuer aller Nichttanzenden verweilen.

Sieh – schon rollen durch die lange Straße Fiakerwägen mit ge=
putzten Tänzerinnen und ihren Chapeaus. Dort vor dem hell erleuch=
teten Hause halten sie still und schütten ihren reizenden Inhalt in die
Arme des goldbetreßten Portiers, der sie höflich zum Salon hinauf=
weist. Die emporführende Treppe ist mit Teppichen belegt; Oleander
und Rosenstöcke duften rechts und links an den Stufen, und von oben
herab wirbeln schon die frohen Weisen, die vom Horne Oberons ihre
magnetische Kraft geerbt haben müssen. All diese Dinge zusammen
mögen wohl tauglich sein der geschmückten Schönen, die daneben die
Stufen emporschwebt, das Köpfchen schon in vorhinein ein wenig zu
verrücken und sie mit stolzen Ahnungen zu erfüllen von den Triumphen,
die sie heute feiern wird, den Eroberungen, die sie heute machen will,
und dem blassen, ohnmächtigen Neide mancher Nebenbuhlerin, die
minder hübsch und minder geputzt ist, als sie! – Doch – treten wir
ein. –

Da geht es ja hoch her! Bin auch dabei! – Doch nein – da bin ich
nicht dabei! Diese Hitze, dieser an der Decke emporwirbelnde Staub
und Qualm, der die hundert und hundert flackernden Lichtflämmchen
wie in einen Nebelschleier hüllt – diese verschiedenartigen Ausdün=

ftungen, von denen nicht jegliche vom echten Eau de Cologne her=
ftammt: – und mitten in diesem Schwißbade rasen die Leute beim be=
täubenden Schalle eines im fürchterlichsten Tempo herabgehudelten
Walzers wie besessen umher mit keuchendem Odem, glühenden Ge=
sichtern.

("Wien und die Wiener.")

Alle Wiener sind auf der Straße gleich gekleidet. – Du erkennst den
Fremden auf den ersten Blick, allein zur gastlichen Ehre der Stadt
sei es gesagt, auch darin lebt man, um dich leben zu lassen. Die schwarze
Binde mit dem ungeheuren Knoten ist ein gleiches Symbolum des
großen Ordens der Fashionablen. Der Gehrock hat eine Farbe, einen
Schnitt, die Beinkleider hängen gleich tief, die Stiefel oder Schuhe
bedeckend. Anders ist es freilich bei den Damen, die Mode variiert,
man will, man muß sich hervortun, – man gedieh schon so weit, sich
durch Einfachheit auszeichnen zu wollen, – man trägt einfach geschei=
teltes Haar, ohne Locken! – Aber für den Totalanblick kann der fran=
zösische Puß auf der Straße keine bunte Mannigfaltigkeit gewähren.
Nur Federhüte und bunte Schals tragen etwas zur Farbe bei.

Auch vermissest du, wenn du an Paris denkst, die Dekorationen der
Häuser, die gebauschten Tücher und Zeuge, welche die ganze Front
einnehmen, Girlanden selbst über die Straße schlingend, ein dem Auge
wohlgefälliger Scharlatanismus, der in Deutschland noch nicht Plaß
greifen will. Auch sind die Mauern noch mit keinen ellenhohen In=
schriften versehen. Die gemalten Schilder reichen noch nicht über den
zweiten Stock hinaus. Die Läden, elegant und schön, kommen den
prachtvollen der Boulevards und der Galerie Orleans, wo ein Chemiker
die Farbenkomposition geordnet zu haben scheint, – so wunderbar
glänzt es, – noch lange nicht gleich, aber brillanter, lockender sind sie
doch als die Berliner.

Ebenso irrst du, wenn du denkst, daß an jeder Ecke die Bratwürste,
oder gar schon die Makkaroni dir entgegendampfen, daß der Braten
sich ewig am Spieße wendet. Das sind schöne Bilder der Phantasie,
oder einer Vorzeit, die zur Atlantis geworden. Selbst in den Restau=
rationen dreht sich nicht immer der Braten am Spieß, und du mußt
mit „Naturschnißeln" zufrieden sein, was du übrigens ganz gut kannst,

wenn du treffliche Kälberkarbonade zu schätzen weißt. Nur die Eis-
buden auf dem Graben, die geöffneten Türen der Kaffeehäuser, welche
ihre Stühle und Bänke hie und da bei schönem Wetter auf die offene
Straße herausschieben oder Zelte darüber spannen, mahnen an ein
städtisches Straßenleben, dessen Anfang man umsonst in Berlin versucht hat.

Aber es ist doch bunt auf den Wiener Straßen. Du mußt nur nicht
verlangen, alles auf einen Blick zu haben, du mußt mit einem geistigen
Storchschnabel die Eindrücke konzentrieren. Die Militärs in allen
Farben, des Ungarn enganschließendes blaues Beinkleid mit den kurzen Schnürstiefeln darüber, sein Schnurrbart und die Bärenmütze des
Grenadiers, der polnische Jude, der Türke, der Armenier, sie sind
schon ein lustiger Kontrast zu der adretten Wienerin, zum feinen Elegant. Noch mehr der zerlumpte Slowake in braunem Mantel, ein
Prototyp der Bettlerblöße und des Bettlerschmutzes, mit gelben Zi-
geunerzügen und Kohlenaugen (nur eines Murillo Pinsel kann diesen
braungelben Schmutz wiedergeben!), denen das Auge nicht gern
begegnet. Man glaubt, man muß verhext werden. Sie sprechen
in einer Sprache oder in unartikulierten Lauten, die kein Sprach-
kundiger in Wien versteht, und doch versteht jeder, was sie wollen,
und kauft sich gern mit ein paar Kreuzern von ihrer näheren Bekanntschaft frei. - -

Die Enge der Gassen drängt die Fußgänger aneinander; so scheinen
die Hauptstraßen schon um deshalb bei mäßigem Zulauf belebter, als
es vielleicht der Fall wäre, wenn alle Straßen Berliner Breite hätten.
Haupt- und Modepassagen, wie der „Graben" und der Kohlmarkt,
bieten fast jeden Augenblick ein so munteres Bild als nur die rue
Richelieu in Paris. An schönen Sommer- und Feiertagen ist buchstäblich Kopf an Kopf, und so ungern der Wiener frühen Morgen
macht, schallt doch von der frühesten Frühe das Gesumme der Gehenden bis in die obersten Etagen, daß man nicht wohl weiß, wie hier
Geschäftsleute ihre Bureaus nach vorn heraus einrichten konnten.

Die Fuhrwerke tragen indes das meiste zur bunten Belebtheit des
inneren Wiens bei. Wenn man, ohne an die französische Hauptstadt
zu denken, die krummen, engen winkligen Gassen m Auge hat, so
begreift man nicht, wie, ohne tägliche Unglücksfälle, und gar schnell,

gefahren werden kann. Unsere Polizei müßte sich mit sich selbst multi=
plizieren, wollte sie, nach Berliner Art, nur in dem kleinen innern
Wien ausreichen, hier zu warnen, dort zu hemmen. Die Auffahrten
vor den Theatern, Konzerten sind von einer Enge, daß sie für Equi=
pagen und Reiter bei uns ganz gesperrt würden. Hier rauscht und
rollt es von Fiakern und herrschaftlichen Wagen, von Zweispännern,
und kaum ist ein Polizeibeamter zu sehen; die Fiaker sind sich da selbst
Polizei.

Ihre Kunst, schnell und gut zu fahren, ist weltberühmt; die Geschick=
lichkeit der Wiener, auszuweichen, wird ebenso anerkannt, und verhält=
nismäßig selten hört man von traurigen Vorfällen.

Halb Wien scheint an heitern Tagen nicht auf den Beinen, son=
dern auf Equipagen. Die Stellwagen (stage coach) nach den benach=
barten Lustorten kreuzen die Stadt, die Fiaker brauchen nicht ihr:
„Foahrn mer Ihro Gnaden?" zuzurufen, sie sind alle beschäftigt und
wetteifern mit den prachtvollen herrschaftlichen Kutschen. Was bei
diesen aber einen eigentümlichen Anblick gewährt, den die Gleichheits=
kultur in den westlichen Hauptstädten nicht zuläßt, sind die Diener der
österreichischen Aristokratie. Hier entwickelt sich aller Luxus, aller Ge=
schmack, alle Ostentation, um die reichsten Livreen ausfindig zu machen,
die in Vergangenheit und Gegenwart des madjarischen und aller slawo=
nischen Völker zum Vorschein kamen. Die gold= und silberstrotzenden
Jäger sind nichts dagegen, und die Pracht der Oper wird dürftig gegen
diese Wirklichkeit, die hinten aufsteht und schwebt, hinter einer Kutsche,
in der ein einfach angezogener Mann ohne Stern und Band sitzt. Nicht
in dem Maße, wie es bunt ist, ist es auch laut in den Wiener Straßen.
Mir kann es nämlich sehr still in einer Gegend vorkommen, wo zehn
Windmühlen in der Ferne klappern. So ist zwar auch hier immer Ge=
räusch, aber das Geräusch bleibt monoton, ich vermißte das Indivi=
duelle, den Jubel, die Ausbrüche der Freude, die ich mir als Wahr=
zeichen des Wiener Volkslebens dachte. Nichts von Ausrufern, Guck=
kasten, improvisierendem Marktwitz, der, in Berlin sogar zu Hause, hier
an der Schwelle Italiens, wie ich meinte, glänzender heraustreten
müsse. Diese Lustigkeit scheint indes für Wien in den Würstlprater
gewiesen.

(Wilibald Alexis, „Wiener Bilder".)

Es ist der 1. Mai, etwas nach vier Uhr nachmittags, und gerade auch Sonntag und der heiterste Himmel.

Wir gehen über die Ferdinandsbrücke in die Vorstadt Leopoldstadt und wenden uns gleich rechts gegen die Jägerzeile, die zum Prater führt; die ganze schöne, ungemein breite Straße ist bedeckt mit einem schwarzen Strome von Menschen, so dicht wellend, daß, wenn man jemandem sagte, er bekomme ein Herzogtum, unter der Bedingung, daß er die ganze Straße entlang gehe und an keinen Menschen streife, er sich dasselbe nicht verdienen könnte. Mitten in diesem Menschenstrome, wie Schiffe im Treibeise, gehen die Wagen, meist langsam, oft aufgehalten und zu vielen Minuten lang ganz stillestehend, oft aber, wenn die Wagenlinie Luft bekommt, aneinander hinfliegend, wie glänzende Phantome an der ruhigen wandelnden Menge der Zuschauer. Hie und da hervorragend aus dem Meere der Fußgänger, bald hin bald her der Wagenreihe vorüber, hüpfen die Gestalten der Reiter, und die meist prachtvollen Häuser dieser Straße stehen zu beiden Seiten ruhevoll aus dem schiebenden Menschengewimmel empor, und ihre Fenster und Balkone sind besetzt mit unzähligen Zuschauern, um den glänzenden Strom unter ihren Augen vorüberfluten zu sehen und sich an Pracht und Schimmer und Flitter zu ergötzen; meist sind es Damen, die, in alle Farben gekleidet, in dies Frühlingstreiben selber wie leibhaftige blühende Frühlingsgesträuche von den Fenstern herniederschauen. Man sollte meinen, die ganze Stadt sei um drei Viertel auf vier Uhr närrisch geworden, und wandle nun in ihrer fixen Idee da gerade diese Straße hinab, und du und ich, geliebter Fremdling, wandeln auch mit. Dort durch den Staub herauf von der Öffnung der Straße blicken schon die hohen Bäume des Praters, dem wir alle zuströmen, als würde dort das ewige Heil ausgeteilt. Endlich ist die lange Jägerzeile doch zu Ende, und die Straßen fahren wie in einem Sterne auseinander, und der Menschenknäuel lüftet sich. Fähnlein auf hohen Stangen wehen und weisen dem Wanderer verschiedene Wege; das zu unserer Linken trägt auf seiner flatternden Zunge hoch in den Lüften den Namen: „Ferdinands-Nordbahn", und wirklich fliegen auch Wagen, dicht mit Menschen besetzt, dem links stehenden Gebäude des Bahnhofs zu, wo schon die Feuerrosse pfeifend und schnaubend stehen, um eine endlose Wagenreihe hinaus in das Marchfeld, oder gar nach Brünn zu führen, das durch die Schnelligkeit dieser Rosse zu einer unserer Vorstädte geworden ist. – Das mittlere Fähnlein weist zur Schwimmschule, die auch heute ihr Eröffnungsfest feiert, – das dritte trägt den Namen „Nador" oder „Sophie" oder einen anderen, und ein gewaltiger Arm weist die Zufahrt zu dem Dampf= schiffe; weiter rechts auf dem Rasenplan stehen die hölzernen Hütten der Menagerien, und auf riesengroßen Leinwanden sind die Ungeheuer noch fürchterlicher gemacht, als sie selbst drinnen zu schauen sind, und diese Gemälde und dies exotische Schreien und Pfeifen und Girren und Brüllen im Innern lockt die Leute, daß vor dem Eingange stets ein dichtes Gedränge ist und in den glänzenden Blicken der Kinder und der Landmädchen sich schon das lebhafte Verlangen malt, zu sehen, was denn drinnen ist. Auf dem Rasenplatze stehen auch noch Buden mit Früchten und Gebäcke, ein Kroate mit Schwamm und Feuersteinen, ein Mann mit Spazierstöcken und einer mit einem Leier= kasten und einem Hund darauf, der gar aufrecht stehen und mit dem Schwerte in seiner Pfote schultern kann. – Aber all diesen Dingen vorüber geht der hauptsächliche Menschenstrom in die sogenannte Haupt= allee hinein; denn dort ist heute die höchste und hohe und niederste Wienerwelt zu sehen – was an Pracht der Kleider, der Equipagen und Dienerschaft nur immer Laune und Reichtum ersinnen konnten, ist heute in der Hauptallee zu sehen. Zu beiden Seiten sind schattige Alleen, eine für die Fußgänger, die andere für die Reiter, mitten in der Straße fahren die vielen tausend Wagen, einer hart an dem an= dern, der Sicherheit wegen auf einer Seite hinab, auf der anderen hinauf, und diesen Kreis machen viele oft mehrmals, um zu sehen und gesehen zu werden – das ist denn nun eigentlich der Ort, wo sich augen= betäubend Farbe an Farbe drängt, Reiz auf Reiz, Pracht auf Pracht, Masse an Masse, Bewegung auf Bewegung, so daß dem schwindelt, der es nicht gewohnt ist. Zu beiden Seiten der Straße stehen dicht gedrängt die Zuschauer, und hinter ihren Rücken wogt der bunte Strom der Spaziergänger, während in der Mitte Wagen an Wagen rollt, eine glänzende, schimmernde Linie, wohl über eine halbe Meile lang. Dort schwebt in ihrem Wagen, der so leicht wie ein Luftschiff geht, die Dame des höchsten Standes vorüber, prachtvoll einfach gekleidet, mit wenigen, aber kostbaren Schmuckstücken geziert, gleich hinter ihr die

Familie eines reichen Bürgers, dort ein Wagen voll fröhlicher Kinder,
die ihres Staunens und Jubelns kein Ende finden über die Pracht,
die sie umschwebt, hier kommt ein Mann, ganz allein in seinem Wagen
stehend, und mit den vier unvergleichlichen Pferden zum ersten Male
paradierend; jetzt sprengen Reiter vorüber und grüßen in einen Wagen,
aus dem die schönsten Antlitze entgegennicken, dort sitzt ein einsamer
alter Mann in seiner schweren Karosse, er ist in seines Schwarz ge=
kleidet und trägt viele winzig kleine Kreuzlein auf der Brust, dann
kommt ein Fiaker mit seligen Kaufmannsdienern oder Studenten –
dann andere und wieder andere, und vor den Augen tanzt es dir vor=
über, als wollte es sich nie erschöpfen und aus Glanz und Schimmer
wieder Glanz und Schimmer quellen, und wie es auch so treibt und
wallt und quillt, so siehst du doch dort ein Schauspiel, wie es nur der
Prater bieten kann; ganz nahe an der geputzten Menge steht ein Hirsch,
das stattliche Geweih zurückhaltend, und mit den dummklugen Augen
in das Gewühl glotzend; er hat es wohl oft gesehen, aber so toll nicht
wie heute, darum schaut er auch einige Augenblicke und geht dann
wieder abseits in seine Auen zurück; auch von den Menschen wundert
sich keiner, denn sie wissen es ja, der Prater ist für die Hirsche und
Spaziergänger. Und fort flutet es und fort – und wie auch die Pracht
der Gewänder, die Schönheit der Pferde und Wagen, das Wallen
der Federn, das Blitzen der Geschmeide dein Auge blenden, so taucht
doch, und nicht selten geschieht es, in dem Gewimmel oft ein Antlitz
auf, das alles vergessen macht, wie es in seiner sanften Schönheit dei=
nem Auge vorüberschwimmt, daß du ihm gerne nachschaust und es
dir öfter ist, als wärest du ärmer, da es vorüber. Warte nur, Wien
ist so dürftig nicht an Frauenschönheit, es kommt vielleicht bald wieder
ein gleiches oder gar noch ein schöneres. Sieh, was reißt dort alles die
Hüte ab die ganze Linie entlang? Sechs Schimmel ziehen einen schö=
nen Wagen – wer sitzt darinnen? – Der Kaiser und die Kaiserin. Du
wunderst dich? hast du dies in Paris nicht gesehen? Hier grüßt man
und staunt nicht, daß sie wie Private unter Privaten fahren; man ist es
gewohnt, und sie wissen, daß sie im dichtesten Volksgedränge so sicher
sind, wie in ihrem Palaste. – – Schau', auch der Held von Aspern ist
da; siehst du, jener schwarze Mann ist es, der mit einem anderen in
der Reitallee geht, und den alle grüßen – und warte nur, gewiß sehen

wir auch noch andere aus dem hohen Hause, wie sie das heutige Vergnügen teilen und mitgenießen. Dort fährt er hinab, der Sechsspänner,
und fügt sich in die heutige Wagenordnung ebenso wie dieser Fiaker,
der eben mit seinen zwei mühseligen Braunen vorüber keucht.

("Wien und die Wiener.")

Wiener Volksmusik.

Im Wiener Volksleben spielen die Harfenisten eine sehr bedeutende
Rolle, und ihrer Beliebtheit mag es zuzuschreiben sein, daß sich
ihre Zahl vermehrt wie der Sand am Meere. Dem gemeinen Mann
ist der Harfenist Ersatz für Oper, Tragödie, Lustspiel und Posse; bei dem
Harfenisten findet er Unterhaltung, Zerstreuung, Rührung und Belehrung; letztere freilich nicht immer in der edleren Bedeutung des Wortes.

Das Fortschreiten des Zeitgeistes hat auch auf das Harfenistenwesen oder -unwesen seinen Einfluß genommen, denn auch unter ihnen
haben sich einzelne zu einer gewissen Höhe aufgeschwungen und eine
bessere Tendenz gezeigt, die nicht ohne Wirkung auf das Volk geblieben. Wir werden später darauf zurückkommen. Der Harfenist – im
gewöhnlichen Sinne – ist ein Individuum, das in den Hofräumen
der Häuser, an Straßenecken, auf Spaziergängen im Prater oder dergleichen Orten herumzieht und da einige Lieder kräht, welche er mit
einer halb besaiteten und schlecht gestimmten Harfe begleitet.

Zuweilen verbinden sich zwei oder mehr solcher Virtuosen, deren
einer dann eine Klarinette bläst, oder eine Violine streicht, daß den
Zuhörern das Wasser in den Zähnen zusammenläuft, und die in mehr-
stimmigen Liedern, bald mit, bald ohne Akkompagnement, zum Mit-
leiden auffordern. Dieses Zusammentreffen der Künstler führte natür-
licherweise einen genialen Kopf auf die Idee, eine förmliche Gesellschaft zu errichten, sich selbst an ihre Spitze zu stellen und als Direktor von den Talenten seiner Untergebenen Nutzen zu ziehen.

So entstanden nun kleine herumziehende Truppen von Harfenisten,
die in Bierschenken und Praterhütten ihre Bühnen aufschlagen und da
den Pöbel mit ihren Schnacken ergötzen.

Einige begnügen sich mit Stegreifliedern und improvisierten Komö-
dien, in denen es toll genug zugeht. Die Witze sind wohl nicht immer

die lauterſten, und Sittlichkeit und Moral nicht die Tendenz derſelben. Die Geſellſchaft beſteht gewöhnlich aus einem ſogenannten komiſchen Alten, der zugleich Baſſobuffo iſt; einem Liebhaber, der den Tenor fiſtuliert, und einem Komiker, der ohne alle Stimme Bariton ſchnarrt; dann aus einem oder zwei weiblichen Individuen, die im Jodeln und als Liebhaberinnen exzellieren.

Zur Aufführung ihrer komiſchen Szenen beſitzen ſie eigene Garde= robe, die oft ſo ekelhaft ausſieht, als die Perſonen ſelbſt, die ſich damit bekleiden. In ihren Leiſtungen ſind ſie unermüdlich, und das Hurra ihrer Zuhörerſchaft begeiſtert ſie zu immer mehr begeiſtertem Eifer. Ihr Orcheſter beſteht gewöhnlich aus einer Harfe, auf welcher ein Blinder ſein Unweſen treibt.

Daß derlei Geſellſchaften nur vom niederſten Pöbel beſucht und goutiert werden, bedarf wohl keiner Beſtätigung, und es gehören auch robuſte Staturen dazu, dieſe Produktionen zu vertragen.

Bald rang ſich aus dieſem Schlamme hie und da ein beſſeres In= dividuum los, ſuchte ſich ein anſtändigeres Lokal ſeines Wirkens und wußte ähnlich Denkende an ſich zu ziehen. Auf dieſe Weiſe bildeten ſich Truppen honetterer Gattung, deren Tendenz Beluſtigung des Volkes ohne Zotenreißerei und Sittenloſigkeit war. Sie entfernten nach und nach die weiblichen Mitglieder aus ihrer Geſellſchaft und be= ſchränkten ſich auf das Abſingen mehr oder weniger bekannter Volks= lieder und auf das Rezitieren einzelner Szenen aus Lokalpoſſen, die ohne weibliches Perſonal dargeſtellt werden können.

Das Publikum, welches ſich bei ihren Produktionen verſammelt, gehört ſchon nicht mehr der Hefe des Volkes an und vergnügt ſich an den derben Witzen des Komikers, der ſeine Lieder und Darſtellungen mit den grellſten Lazzis zu würzen verſteht.

Iſt ſolch ein Komiker einmal der Liebling ſeines Publikums gewor= den, dann wird er aufgeblaſen und ſtolz; er quält den Direktor, iſt launenhaft und ungeſchliffen gegen das Auditorium und ſieht nur mit Verachtung auf ſeine Kollegen herab. Wenn er die Bühne betritt, ſcheint ſein Geſicht zu ſprechen: „Ich bin da, mich ſeht an!" Läßt ſich's einer aus der Verſammlung beigehen, noch ein Wort zu ſprechen, mit dem Glaſe zu klirren oder mit dem Teller ein Geräuſch zu machen, ſo ertönt ſein gebieteriſches „St!", und ein fürchterlicher Blick ſtraft

den Unbesonnenen für das Versäumnis der gebührenden Aufmerksam=
keit. Wird er nach vollendeter Produktion nicht energisch genug applau=
diert, so verläßt er die Tribüne mit einer Miene verachtenden Zornes
und würdigt die Anwesenden nicht eines Blickes. Mancher Theater=
direktor, manches Theaterpublikum könnte da sagen: „C'est tout
comme chez nous!“

Nachdem einmal die Bahn gebrochen, schritten die andern wacker
vorwärts. Man wollte in seinem Fache Ausgezeichnetes leisten und
war somit sorglicher in der Wahl der Mitglieder. Der Direktor for=
derte, daß seine Individuen ein anständiges Äußere, ein honettes Be=
tragen gegen das Publikum, einige musikalische Kenntnisse und eine
ziemlich gebildete Stimme besäßen; er engagierte einen Harfenspieler,
der sein Instrument zu behandeln wußte und der in den Zwischen=
räumen der Produktionen die Anwesenden mit gehaltvolleren Kompo=
sitionen zu unterhalten imstande war. Der Direktor oder eines seiner
Mitglieder schrieb für die Gesellschaft kleine Stücke komischen oder
ernsten Inhalts, in welche Lieder, Duetts oder Terzetten eingewebt
wurden, zu denen der Harfenspieler die Melodien setzen mußte. Diese
neugebildeten Gesellschaften versammelten allmählich ein besseres Publi=
kum um sich, sie erheiterten mit ihren, wenn auch trivialen, aber doch
nicht unflätigen Schwänken und Burlesken einige Abendstunden und
fanden reichlichen Gewinn. Soweit gediehen, war noch ein Schritt
zur Verbesserung des Harfenistenwesens, und bald ward auch dieser
getan. Einige Neuere standen auf und bildeten Gesellschaften, deren
Aufgabe in der Produktion besserer Piecen bestand, die aus ihren Dar=
stellungen jede Zote, jede Zweideutigkeit verbannten.

Unter diesen zeichnete sich vorzugsweise Moser aus, der den Titel
„Harfenist" ablegte, und sich dafür „Volkssänger" nannte. Daß er
dies ohne Anmaßung tun durfte, wird niemand verneinen, der seinen
Produktionen je beigewohnt. Er verbannte die Harfe und adoptierte
das Pianoforte zu seinem Orchester, um seinen Leistungen einen An=
strich von Noblesse zu geben.

Wo er mit seiner Gesellschaft Abendunterhaltungen gibt, versammelt
sich ein anständiges Publikum. Die Lokalitäten, die er wählt, sind zu=
meist Gasthäuser besserer Qualität, in welchen geräumige Salons die
Menge seines Publikums zu fassen vermögen. Um seinen Mitgliedern

das erniedrigende Geschäft des Sammelngehens zu ersparen, führte er das Erlegen eines mäßigen Eintrittspreises ein, wodurch überdies die gemeine Klasse von dem Besuche seiner Unterhaltungen abgehalten wurde.

Moser selbst ist ein artiger, feiner Mann, der in seiner Jugend zu einer andern Karriere berufen, aber durch die Mittellosigkeit seines Vaters, eines Trödlers, seine Studien aufzugeben genötigt war. Da es ihm durchaus nicht behagte, das Gewerbe seines Vaters zu ergreifen, so durchreiste er als Faktotum einer Herrschaft Deutschland, Frankreich, Schweiz und Holland und erwarb sich Sprachkenntnisse, die ihn nach seiner Rückkehr in den Stand setzten, als Sprachlehrer einige Zeit Unterhalt zu finden. Mangel an Bekanntschaften zwangen ihn endlich, zu einer Harfenistenbande zu treten, wo er nach jahrelangen, vergeblichen Mühen sich selbst zum Direktor emporschwang und als solcher bereits einen nicht unbedeutenden Ruf genießt.

Für die Tüchtigkeit seiner Leistungen bürgt, daß viele unserer angesehensten Journale sein Lob unverhohlen ausgesprochen, und daß der Hofkunsthändler, Herr Haslinger, die von Moser gedichteten und komponierten Lieder in einer sehr netten Ausgabe veröffentlichte.

Ohne Scheu kann jeder Gebildete in die Lokalitäten treten, in denen Moser sich produziert, und selbst Frauenohren dürfen es wagen, seinen Scherzen zu horchen.

So komisch es klingen mag, daß wir oben behaupteten, das Harfenistenwesen übe Einfluß auf die Geschmacksrichtung des Volkes, so gewiß und wahr ist diese Behauptung.

Nachdem es den Harfenisten bei ihren stundenlangen Produktionen, deren Hauptelement Abwechslung sein muß, häufig an Stoff gebrach und sie sich gezwungen sahen, immer Neues zu bringen, um ihr Publikum für die Dauer an sich zu ziehen, so wählten sie Lieder deutscher Poeten, die durch ihre Treuherzigkeit und Volkstümlichkeit das allgemeine Interesse erregten. Goethe, Uhland, Vogel, Müller u. dgl. m. wurden auf diese Weise dem Volke bekannt; die einschmeichelnden Weisen dieser Lieder von Beethoven, Schubert, Kreutzer, Adolph Müller, Proch u. m. a. verschafften ihnen noch größere Popularität, und bald tönten sie aus jedem Mund wieder.

Wenn dem Hyperästhetiker dies auch für den ersten Augenblick als

eine Profanierung erscheint, so ist es doch bei näherer Betrachtung ein=
leuchtend, daß, da der Zweck der Poesie und Tonkunst Belehrung und
Veredlung des Geistes mit der des Herzens ist, das Volk gerechte
Ansprüche auf deren Erzeugnisse hat.

Der gemeine Mann in Paris trillert mit Begeisterung die Couplets
französischer Chansonniers; der italienische Gondoliere deklamiert oder
singt mit Emphase ganze Gesänge des Ariost oder des Tasso, und
seine Kameraden horchen mit Entzücken und Stolz den unsterblichen
Klängen.

Des Volkes Mund entweiht diese Lieder nicht; die Namen der
Sänger aber schreibt es in sein Herz und pflanzt ihr Gedächtnis von
Gesellschaft zu Gesellschaft fort.

Die Beliebtheit Mosers ist außerordentlich, und sein Ruf hat sich
schon außer die Marken Österreichs verbreitet.

Mehrere Provinzialhauptstädte, in die er förmliche Kunstreisen ge=
macht, ergötzten sich an seinen Kunstproduktionen. Er selbst exzelliert
im Vortrage komischer Lieder. Sein Tenorist hat eine recht angenehme,
biegsame Stimme, und sein Komiker würde für manche Lokalbühne
eine schätzenswerte Akquisition sein.

Die burlesken Szenen von Mosers Feder sind drastisch=komisch und
voll Witz und Laune; zwei solche Szenen können manches lahme Lo=
kalstück vor dem Untergange retten.

Daß solche Produktionen stets mehr und mehr besucht werden, läßt
sich leicht erklären. Die Eintrittspreise in den Vorstadt=Theatern sind
im Durchschnitte so hoch gestellt, daß um denselben Preis ein Indi=
viduum der Mittelklasse das Entree bei Moser und ein bescheidenes
Souper bestreiten kann.

Mancher setzt überdies einen großen Wert darein, die ästhetischen
Genüsse mit den materiellen zu verbinden. Bei Bier und Tabak hört
und sieht sich der Schwank viel besser an; man stellt geringere Forde=
rungen an die Exequierenden und ist mit dem Gebotenen bald zufrie=
den. In diesem Betrachte machen auch die zahlreichen Harfenisten=
gesellschaften den Vorstadt=Theatern sehr empfindlichen Eintrag, da
viele Personen ohne jenes Zeitverkürzungsmittel der Theaterkasse ihren
kleinen Tribut nicht entziehen würden. Das Publikum eines derlei
Volkssängers gewährt einen anziehenden Anblick.

Die gespannteste Aufmerksamkeit ist auf allen Mienen deutlich zu lesen; bei jedem Scherzworte werden Heiterkeit und Frohsinn laut, und weitschallendes Gelächter übertönt den Vortrag unzählige Male. Alsogleich aber ist die Ruhe wiederhergestellt, und dasselbe Manöver beginnt von neuem. Unermüdlich wie das Publikum im Hören, ist die Gesellschaft im Produzieren, und man bewundert die Ausdauer dieser Sänger mit Recht, die durch drei bis vier Stunden im erstickenden Tabakqualme ohne Rast und Ruhe ihre Lungen in Tätigkeit setzen.

Besonders amüsant sind bei manchen Harfenistengesellschaften die Darstellungen ernsterer Szenen, wobei sogenanntes Hochdeutsch gesprochen wird. Betonung und Aussprache, Mimik und Plastik bieten da unerschöpflichen Stoff zur Heiterkeit. Man kann sich davon keinen Begriff machen, ohne das selbst mitangesehen und gehört zu haben.

*   *   *

Rings um die ernsten, hie und da eckig vorspringenden Wälle unserer Residenz schlängelt sich in runden Krümmungen – eine grüne, riesige Boa – das Glacis. Von zahlreichen Brückenstraßen, Alleen und Fußpfaden durchschnitten und in mancherlei mathematische Figuren geteilt, gewährt es, von den Bastionen aus angesehen, besonders abends, wenn alle die hellen Laternen flimmern, einen recht freundlichen Anblick; nicht minder an einem hübschen Frühlingsmorgen, wo das Grün noch frisch und die Kastanien und Akazien noch mit weißen Blütenflocken überschneit sind.

Des Morgens ist es der Exerzierplatz für das Militär, untertags ein Tummelplatz für die fröhlichen Scharen großer und kleiner Kinder, die da Bälle schlagen, Drachen steigen lassen und allerlei Kurzweile treiben, während sich die Wärterinnen unbesorgt im weichen Rasen lagern und plaudern, da sie die Erbfeinde der lieben Kleinen, scheue Pferde und rasselnde Fiaker, nicht zu fürchten haben; zugleich gewähren seine schattigen Alleen Raum für einsame Spaziergänger, Studierende und liebende Pärchen, die sich besonders abends hier zahlreich einzufinden pflegen.

Von diesem grünenden Gürtel nun, der die unmittelbare Vermittlung zwischen der innern Stadt und den Vorstädten bildet und, mit Ausnahme der kurzen Strecke außerhalb des Rotenturmtores, die um=

fangreiche Taille unserer Residenz umschlingt, bildet ein ganz kleiner unbedeutender Kreisabschnitt, das Wasserglacis, gewiß den wichtigsten, meistbesuchten Bestandteil, und dahin fordere ich den werten Leser diesmal auf, mich zu begleiten.

Dieses sogenannte Wasserglacis liegt zwischen dem Karolinen= und dem sehr nahen Stubentore und ist durch die ganze Sommerszeit eine früh morgens und in den Abendstunden sehr besuchte Promenade. Es ist ein mit Kastanien und Akazien bepflanzter Platz, einige hundert Schritte im Umfange, mit zahlreichen Hütten, Pavillons, Tischen und Bänken; denn es vereinigt einen Kaffeehausgarten und einen Kurplatz, da es eben von der Mineralwasseranstalt, die einst ziemlich besucht war, den Namen Wasserglacis erhalten hat. – Wollen wir es denn einmal an einem schönen Sommermorgen besuchen!

Da sitzen an den Tischen unter den Akazien und in den Pavillons eine Menge Kaffeeverehrer, fast durchaus unverheiratete Herren, die, statt sich zu Hause selbst die Finger mit dem heißen Kaffeesude abzu= brühen oder sich in ein dumpfes, raucherfülltes Kaffeehauslokal in der Stadt zu setzen, es mit vollem Rechte vorziehen, im Freien ihr Früh= stück zu genießen, wobei sie noch den dreifachen Vorteil: eines lauen Sonnenscheins, der zwischen den grünen Zweigen herniederweht, einer hübschen Aussicht und einer ganz leidlichen Musik mit in den Kauf be= kommen. – Und ich versichere dich aus Erfahrung, mein lieber Be= gleiter, es sitzt sich dort ganz gemütlich und behaglich. Man schlürft den braunen Mokkatrank in langsamen Zügen, raucht eine wohlduf= tende Havannazigarre dazu, schaukelt sich bequem im Sessel nach dem Takte der Musik und blickt mit bewaffneten Augen hinüber in die Hauptallee, wo die Wassertrinkenden bei jenem kleinen Hüttchen einen Becher nach dem andern aus den Händen der kredenzenden Hygiea in Empfang nehmen, ihn mit sauersüßen Mienen an die widerstrebenden Lippen setzen und endlich den heroischen Entschluß fassen, bei einem auffordernden Takte der Musik seinen Inhalt hinabzustürzen. Dann wandeln sie auf und nieder, bis der wiederholte Klang des Pfropfen= ziehers am Plutzer zu ihnen erklingt; ein Zeichen, daß die Becher frisch gefüllt wurden. So wiederholt sich dies, bis jeder Gast die ihm vor= geschriebene Anzahl Becher geleert hat. Doch muß ich hiebei bemerken, daß sich die Anzahl der Wassertrinkenden seit einigen Jahren bedeu=

tend vermindert hat; denn jetzt macht niemand mehr die Mode mit, was damals der Fall war.

Andere sitzen auf den Bänken und lesen, lorgnettieren, rauchen oder tun ganz und gar nichts; einige gähnen; andere stehen auf, wenn der Mann mit dem Notenblatte sich ihrem Horizonte nähert; die Damen beschäftigen sich mit weiblichen Arbeiten; die Kindswärterinnen zanken mit den Kindern, und ich kenne sogar einen, der seinen zwei Schülerinnen am Wasserglacis Vorlesungen in der Ästhetik hält, ohne sich durch die manchmal entsetzlich falschen Akkorde der Musik oder durch das Schreien eines unästhetischen Kindes oder das bekannte Plutzerklopfen irremachen zu lassen. Rendezvous werden gehalten – manchmal auch nicht – wobei gewöhnlich der umsonst harrende Teil seinen Gram in einer Melange und etlichen Kipfeln bestattet.

So geht dies stille Treiben fort bis gegen den spätern Vormittag, wo die Sonnenstrahlen etwas feuriger werden und die matt werdenden Musiker verjagen, mit deren Abgang sich so ziemlich alles zerstreut.

Untertags siehst du fast niemanden am Wasserglacis – als höchstens einige alte Herren, die nach dem Essen ihren „Schwarzen" trinken und die beiden politischen Orakel, den „Beobachter" und die „Allgemeine", mit tausend unwilligen Rufen vom Markör fordern, der sich aber achselzuckend entschuldigt, indem die „Allgemeine" schon in der Hand sei und der „Beobachter" schon pränumeriert.

Ziehen wir aber abends den Vorhang empor – und du wirst staunen, besonders wenn es an einem schönen Sonntagsabende geschieht. Du siehst – mit Abrechnung der Equipagen und Reiter – ein kleines Daguerreotyp des Praters. Viele Lampen blitzen an den Bäumen, auf den Tischen; – ein Schwall von geschmückten Lustwandelnden durchzieht in beständiger Kreisung die drei kurzen Alleen; die Musik ist besser und vollstimmiger; alle Tische sind besetzt; alles ruft, klingt an die Gläser, schleppt Stühle herbei, die von andern Tischen mit Gewalt oder List entwendet wurden – kurz, das Wasserglacis hat ein ganz verändertes, aufgefrischtes Aussehen.

An den Bänken aber längs der Bäume würdest du vergeblich einen Platz suchen – alles ist von Zuschauern besetzt, die das bunte Gewimmel vor ihren prüfenden Blicken die Revue passieren lassen. Tausend verschiedene Dinge siehst du und hörst du, wenn du dich in die bunte

Menge begibst. Komme aber nach acht Tagen wieder hierher, und in ein paar Wochen wieder, so kennst du den größten Teil aller derer, die da vor dir umherwandeln oder in den Reihen der Bänke figurieren; denn das Glacis hat sein stabiles, eigenes Publikum, welches nur einen ganz geringen Bestandteil fremdartiger Elemente in sich faßt.

Größtenteils sind es Beamte mit kleinem Gehalt, die auf der nahegelegenen Landstraße wohnhaft sind, oder bemittelte Bürger samt ihren geputzten, wohlbeleibten Ehehälften, elegante Ladendiener mit ihren Marchand-des-Modes-Mädchen, die, so sehr sie sich auch zieren, und so kokett sie auch aussehen mögen, doch lange nicht ihrem unerreichbaren Vorbilde gleichkommen, der Pariser Grisette, von welcher sie in den Werken ihres Lieblings Paul de Kock so viel Neckisches und Anmutiges gelesen haben, und die sie um ihr freies, ungebundenes Benehmen höchlichst beneiden.

("Wien und die Wiener.")

Nirgends auf der Welt werden so viel und so oftmal die Hände geküßt wie in Wien, wie in Österreich. In Gesellschaften, auf der Straße, beim Begegnen, im Theater küssen die Herren den Damen die Hände, bei jedem Anlasse von Abschied und Begrüßung, vor und nach Tische, vor und nach dem Tee, werden den Damen die Hände geküßt; oder besser: lassen diese zum Handkusse vor. Selbst Männer küssen einander die Hände, Geringe den Vornehmeren, der Bauer seinem Gerichtshalter, Grundherrn, dem Geistlichen, dem Schullehrer usw. Die Masse des Händeküssens ist demnach so groß, daß man, wo man nicht auszureichen imstande ist, eine Redensart als Surrogat dafür erfunden hat. Tritt man nämlich in Gesellschaft, und die Anzahl der Damen ist über zwanzig, sitzen sie zudem vielleicht bei den Spieltischen oder sonst zerstreut oder verschränkt, daß man ihnen schwer beikommen kann, so verbeugt man sich gegen jede und spricht bloß: „Ich küsse die Hand!" Wohlzumerken: die Hand – und es ist so so gut, als wenn's wirklich geschehen wäre. Hat man aber Gelegenheit zur Anbringung des natürlichen Kusses, so darf man es durchaus nicht unterlassen. Bei Tische und im Gespräche geschieht es täglich nur vom Anfang und zu Ende, die übrigen Kuß-Applikations-Gelegenheiten werden bloß mit der Redensart ausgefüllt. Das „Ich küsse die

Hand" hat aber seine verschiedenartige Bedeutung, und nur ein
Stutzer von Geist und Geschmack wird wissen, wo es gut und mit
welcher Betonung anzuwenden sei. Statt aller Antworten, als Be-
jahung, Verneinung kann man es auch durchaus anbringen, es verschlägt da nichts und zeigt höchstens von großem Respekte.

Ich will ein Beispiel geben. – Frägt eine Dame: „Wie ist Ihr Befinden?" so antwortet der Mann lächelnd: „Ich küsse die Hand!" und
das heißt soviel als: gut. – Fragt sie: „Waren der Herr Baron gestern
im Theater?" so antwortet er mit einer Beugung des Kopfes: „Ich
küsse die Hand." Fährt sie zu fragen fort: „Wie hat Ihnen die Musik
gefallen?" so erwidert er mit einem Achselzucken: „Ich küsse die Hand!"
und das heißt: nicht zum besten. – „Darf ich Ihnen noch ein Stück
Braten vorlegen?" heißt es bei Tische, und die Antwort ist mit etwas
erhobener Stimme und Nachdruck auf dem letzten Worte: „Ich küsse
die Hand!" und das heißt ablehnen. – Wird man gefragt, ob man
mitfahren, mitspielen, mittanzen oder -singen wolle, und man willigt
ein, so neigt man das Haupt, scharrt mit dem rechten Fuße etwas nach
hinten und spricht devot: „Ich küsse die Hand!" Wollen Sie mir den
Arm geben? forscht die Dame beim Nachhausegehen und beim Ein-
steigen in den Wagen, und man biegt den rechten Ellenbogen und
flüstert wie beglückt: „Ich küsse die Hand." –

Die übrigen Arten, Modifikationen und Betonungsweisen hier an-
zugeben, würde weitschweifig sein. Einen Mann von Welt muß dieses
hier der Instinkt lehren, hat er sich erst ein wenig eingebürgert. Darum
aber meinen auch die Wiener Damen von allen Fremden, daß sie steif
und unbeholfen seien, weil sie die Arten und Weisen der Hände-
küssungen nicht innehaben. Indes so was erlernt man, wie gesagt, bei
glücklichen Fähigkeiten bald.

Übrigens ist selbst unter Männern, die einander respektieren wollen,
üblich, daß sie einander bejahend, ablehnend, dankend das submisse
„Ich küsse die Hand!" alle Augenblicke entgegenwerfen. – Der Hand-
kuß ist also hier lange nicht in dem Maße Sache der Demut oder Verehrung, als er Sache der Höflichkeit, der Modeanständigkeit ist.

(„Wien, wie es ist.")

Das Wiener Burgtheater hat matte Dekorationen, keinen brillanten Kronleuchter, nicht ausgezeichnet schöne Kostüme, es liegt in einem Winkel der kaiserlichen Burg und es wird darauf weder gesungen noch gesprungen. Außerdem herrscht noch manches Veraltete, zum Beispiel, daß die Schauspieler ihre Rollen lernen, die Stücke, ehe sie gegeben, einstudiert werden, und das Publikum auch Konversationsstücken Aufmerksamkeit zollt.

Es ließe sich ein dickes Buch über diese Mißbräuche schreiben, die wohl mit der Zeit ihren Anforderungen weichen werden. Jetzt ist es aber noch buchstäblich so, und was diesen abnormen Zustand noch abnormer macht, ist, daß das Theater fast keiner Zuschüsse bedarf, vielmehr sich durch seine Einnahme, ohne Kunststücke, hält und so hält, daß Wien nicht allein durch die bedeutendste Gage die bedeutendsten Schauspieler anzieht, sondern auch selbst die deutschen Dichter anständig honoriert.

Sage ich noch, daß die Generalintendanten und Direktoren dieses Theaters immer wenigstens etwas von ihrem Geschäft verstanden und es mit Eifer und Liebe betrieben haben und betreiben, so, fürchte ich, meint man, ich schreibe ein persisches Märchen.

Darum schweige ich von dem eigentlichen Theater, wiewohl auch um deshalb, weil ich mir vornahm, in diese Wiener Szenen nichts zu mischen, was nicht in Wien zu Hause gehört, und darunter befindet sich das nicht, was wir eine Theaterkritik nennen. Indirekt wird das Wiener Burgtheater von jedem Kritiker gelobt, der über den Verfall der Hof- und Nationaltheater anderwärts klagt; aber neben dem vielen Lobenswerten und sehr vielem Anerkennenswerten ist doch auch viel zu rügen. Dies führte mich aber gerade zu dem, was ich vermeiden will, zur Kritik.

Ich lasse Schauspieler und Direktion hinter ihrem Vorhange und führe lieber den Leser in das Publikum. Dies allein ist ein Schauspiel für uns, merkwürdig wie ein überseeisches Naturwunder: ein Publikum, das fast immer zufrieden ist und sehr oft in der Wonne des Entzückens schwelgte. Du glaubtest, aus einem Berliner Parterre plötzlich in das Wiener getreten, in ein Land der Unschuld dich versetzt. So gibt hier alles Achtung, freut sich, nickt und blickt dem Schauspieler, dem Dichter, dem Drama zu. Ein zehnmal gesehenes bürgerliches

Schauspiel, ohne die Blitzwirkungen der Überraschung wird mit der=
selben Andacht verfolgt, wie das erstemal, und es brauchen nicht außer=
ordentliche Darstellerkräfte darauf verwandt zu sein. Man freut sich,
und nicht bloß am Sonntage, noch recht innig, wenn das Laster be=
straft wird, man weint mit der Tugend, wenn sie sich auch noch nicht
besser zu helfen weiß als durch sentimentale Redensarten.

Das Gepfefferte und Geschraubte ist noch eine Rarität, die Sprach=
weise der Ironie noch fremd. Ein lauter Applaus könnte dich täuschen,
denn du hast nichts gehört, was ihn hervorrief, als irgendeinen rüh=
renden Gemeinplatz; aber auch das ist nicht ironischer, es ist der auf=
richtig gemeinte Beifall der Teilnahme. Nichts von Zusammenstecken
der Köpfe, nichts von Kichern, von zugeflüsterten Bonmots, es sind
alles Freunde, die leben und leben lassen, und darunter, was dir am
befremdendsten vorkommt, solche jugendliche Stutzer, welche in andern
großen Städten nur für den Blick einer Tänzerin die Hände rühren.

Aber es ist in diesem Publikum die Beifallsfreude nebenbei ein Be=
dürfnis. Außern muß sich etwas. Unwille ist nicht erlaubt, höchstens
Mißfallen durch Schweigen, Gähnen, leises Zischen. Also da sie nicht
trommeln und pfeifen dürfen, auch wenn sie möchten, strömt der ganze
phösisch=psöchische Drang in Applaus aus. Man klatscht, man stampft,
man ruft bravo, da capo bei jeder Gemüts= und Sinnenbewegung.
Doch auch selbst der Freudenäußerung sind Grenzen gesetzt. Das Vor=
rufen ist nicht erlaubt – nur die Gastspiele sind ausgenommen –, da=
für empfängt man die Lieblinge. Um sich für dies Verbot in den Thea=
tern schadlos zu halten, ist des Klatschens, Bravorufens und Hervor=
rufens in den Konzerten kein Ende. Instrumental= und Vokalmusik
der Sänger wird dort zur Nebensache gegen die Vokalmusik des Jubels.

Und immer ist das Theater gefüllt, bei Kotzebue und Iffland, bei
Raupach und Schiller. Ist es auch nicht immer, was man in der tech=
nischen Sprache dafür Natur nennt, so ist die Kunst dabei doch ehren=
wert und liberaler Art. Nicht den devoten Schleichern, den Vettern
und Gevattern von Portiers und Theaterschneidern, sondern den Kunst=
freunden trägt man den freien Eintritt an und betrachtet es als eine
Ehrensache; wie denn die ganze Theateradministration, bei manchen
Mängeln, das Gepräge des Nobeln sehr zu ihrem Vorteil gegen an=
dere Hofbühnen an sich trägt.

Der altmodisch langrunde Bau des Burgtheaters und seine Ver‍zierungen stimmen zum Charakter dieser Bühne. Der moderne Glanz fehlt dem Äußern wie dem Innern. Auffahrt und Eingang sind zu‍gleich Hauptdurchfahrt von der Stadt zur Burg. Aber man tritt hinaus in einen der ungeheuern Höfe dieses Kaiserschlosses, das in seinen be‍haglichen Dimensionen auch den Charakter des patriarchalischen Regi‍ments abspiegelt, Größe und Behaglichkeit, wenig Schönheit und Ele‍ganz. Aber schon das Massenhafte imponiert. Wenn du durch diese Höfe mit ihren bis in die Wolken durch helle Fenster erleuchteten Mauern gehst, überkommt dich das Gefühl der Sicherheit und Er‍habenheit, du weißt, obgleich das Theater in der Burg ist, ist es doch nicht die Hauptsache, es ist nur der kleine Teil von einem großen Ganzen, Hof so an Hof und alle verbunden durch weithinlaufende Korridore, welche an stürmischen Tagen vielen Theatergängern einen Teil ihres Weges geschützt im Trocknen zu machen erlauben. Den Winter geheizt, sind sie der Armut geöffnet.

(Willibald Alexis, „Wiener Bilder".)

Thalia.
Theater, Schauspieler, Schauspielerinnen.

Mit der Figur des Eckenstehers Nante, die von der Bühne herab im König=
städtischen Theater durch den Komiker Beckmann glücklich verkörpert wurde,
begann, noch bevor Glaßbrenner seine großen Erfolge hatte, der Berliner
Lokalwitz und vor allem die Berliner Redeweise, die bisher als nicht sa=
lonfähig gegolten hatte, sich die Literatur und das Theater zu erobern, ja
selbst die Hofkreise und der witzige Kronprinz bedienten sich mit Vorliebe
des Berliner Jargons, und der Kaiser von Rußland versäumte nie, sowie
er nach Deutschland kam, sich nach den letzten Berliner Witzen und Rede=
blüten zu erkundigen. Die Figur des Eckenstehers selbst ist erst durch den
braven Dienstmann ersetzt worden, um heute in Zeitungsverkäufern und
Messengerboys uniformiert höchst gesittete, aber gegen die einstige Urwüch=
sichkeit doch recht degenerierte Enkel zu besitzen.

Die Holteischen und Angelyschen Arbeiten wurden zum Teil wahre
Zugstücke, aber sie erreichten noch bei weitem eine kleine Posse
nicht, welche zum Verfasser den Komiker Friedrich Beckmann hatte.
„Der Eckensteher Nante im Verhör" war der Titel des Stückes,
welches ein wahrhaft unglaubliches Aufsehen machte, unendlich oft
und immer vom rauschendsten Beifall begleitet gegeben wurde.

Die Eckensteher, welche jetzt völlig ausgestorben sind, denn die heu=
tigen Dienstleute gleichen ihnen nicht mehr als das heutige Berlin dem
damaligen, waren berühmt wegen ihres dreisten Witzes und ihrer
Trunksucht. Beckmann hatte einen von ihnen, Nr. 22, zum Helden
seines Stückes gemacht, und da er selbst mit unübertrefflicher Meister=
schaft die Titelrolle spielte, so hatte er das Berliner Publikum so bezau=
bert, daß Eckensteher Nante fortan eine stadtbekannte Person wurde.

Den heutigen, an reich mit politischen Anspielungen gewürzte
Couplets gewöhnten Berliner würde der kleine Scherz wahrscheinlich
kaum ein Lächeln abgewinnen, die damaligen Berliner riß er zu wahr=
haft stürmischen Ausbrüchen der Lachlust hin, besonders wurde das

Schlußlied immer und immer wieder da capo verlangt. Einige Verse mögen hier ihre Stelle finden, um ein Beispiel für den veränderten Geschmack des Berliner Theaterpublikums zu geben.

> Det beste Leben hab' ich doch,
> Ick kann mir nich beklagen,
> Pfeift ooch der Wind durchs Ermelloch,
> Det will ick schon verdragen.
> Det Morgens, wenn mir hungern duht
> Eß' ick ne Butterstulle;
> Dazu schmeckt mich der Kümmel jut
> Aus meine volle Pulle. (Trinkt.)
>
> Ein Eckensteher führt auf Ehr'
> Det allerschönste Leben,
> Man friert anjetzt zwar manchmal sehr,
> Doch bald is det zu heben.
> Von außen hau' ick mit de Faust
> Mir in de Seit' und Rücken,
> Un wenn een Schneegestöber saust,
> Muß Kümmel mir erquicken. (Trinkt.)
>
> Ick sitz' mit de Kamraten hier,
> Mit alle, groß und kleene;
> Beleidigt ooch mal eener mir,
> So stech' ick ihm gleich Eene.
> Un drag' ick endlich 'mal wat aus,
> So kann ick Groschens kneifen,
> Hol' wieder meine Pulle raus
> Un duhe Eenen pfeifen. (Trinkt.)
>
> Am Weihnachtsfeste hab' ick Ruh'
> Von wegen meiner Ollen;
> Sie wäscht und plätt' und spuhlt dazu,
> Un ick helf' manchmal rollen.
> Un kommt der Christmarcht erst heran,
> Gibt's allgemeinen Frieden:
> Sie macht Rosinenmänner dann,
> Un ick bau' Pergemiden. (Trinkt.)

oigsss stttich sich die Zuschauer selbst ein in das Spiel.

Ick seh' manchmal, wenn große Herrn
Hinein ins Wirtshaus gehen,
Da steh' ick denn so still von fern,
Duh' uf den Kümmel sehen
Un denk' bei mir, 's is ganz ejal,
Ob Wein, ob Schnaps im Glase,
Von beeden kriegt man allemal
Doch eene rote Nase. (Trinkl.) – ~ ~

Das Eckensteherlied ging auf alle Leierkasten über, man hörte es überall in Berlin. Wenig gute Volkslieder sind so allgemein gesungen worden, als jenes Nantelied.

Es ist gewiß für die Geschmacksrichtung der Berliner jener Zeit höchst bezeichnend, daß nicht nur auf dem Theater, sondern auch in der Literatur der Eckensteher Nante eine Bedeutung hatte.

(Adolph Streckfuß, „500 Jahre Berliner Geschichte".)

Über die allerletzten und niedersten Abarten des Berliner Theaters berichtet uns 1846 Ernst Dronke in seiner Schilderung von Berlin. Sicherlich sind derartige Theaterunternehmungen heute in Deutschland kaum noch zu finden, und wir müssen uns schon in die Hafenstädte italienischer oder französischer Küsten begeben, um ähnlichem zu begegnen.

Die Proletarier und die ärmeren Volksklassen haben indes in einigen Winkeln der Hauptstadt noch ihre besonderen Kunstanstalten. Eine derselben befindet sich in der Nähe des Tiergartens vor dem Tore. Das Theater besteht hier aus einem kleinem dunklen Bretterhäuschen, welches sehr charakteristisch die „wackelnde Wand" benamst ist. Die Truppe besteht aus einer Familie von Mann, Frau und einigen Kindern, welche sich dies Geschäft jedoch bloß zur Anlockung von Gästen für ihr Schenklokal erwählt hat. Es verkehren hier die Ärmsten, Besitzlosesten der arbeitenden Klasse, Schifferknechte, Tagelöhner und arbeitslose Handwerker. Auch die Prostitution in ihrer tiefsten Erniedrigung ist an diesem Orte zu finden. Die Zuschauer sitzen auf hölzernen Bänken oder auf der Erde und sehen für ein Eintrittsgeld von 1 bis 2 Groschen die fabelhaftesten Burlesken und unsinnigsten, zusammenhanglosesten Darstellungen. Schnaps und ein leichtes, bierähnliches Getränke gehen in der Runde da umher, und nicht selten mischen

sich die Zuschauer selbst in die traurige Komödie der Spielenden. Das
Ende pflegt gewöhnlich der Art zu sein, wie es die Trunkenheit und
die sittliche Vernachlässigung dieser Leute aus der „Hefe des Volkes"
nicht anders erwarten läßt; daß die Polizeidiener und Gendarmen,
welche stets in der Nähe sind, die Lage der Dinge nicht zu ändern
und zu bessern vermögen, brauchen wir wohl nicht besonders zu be=
merken. Einige „geordnete" Theateranstalten dieser Art, welche in den
Vierteln zerstreut liegen, sind im Grunde nicht anders beschaffen; Dienst=
mägde, Handwerker, welche nach der Arbeit hier ihren Genuß suchen,
bilden das Publikum, und nicht selten endet hier die Versammlung mit
Schlägereien, bei welchen sich der Zorn der Parteien zuletzt gegen die
Polizeigewalt richtet. Es sind die einzigen Orte, wo das „Volk" seinen
geistigen Genuß, seine geistige Erholung sucht, und wenn der Zustand
der Verhältnisse hier der allerkläglichste ist, so möge man bedenken,
daß den besitzlosen Volksklassen nichts anders gegeben wird. -

Wie groß der Enthusiasmus für Schauspieler in den Tagen der Bieder=
meierzeit war, schildert uns der Chronist Streckfuß; und weit mehr noch als
heute ging das Interesse von den Leistungen der Mimen und der Schau=
spielerinnen auch auf alle Äußerungen ihres Privatlebens über. Ja die
ganze, schwerwiegende Chronique scandaleuse der Theaterleute, die heute
mehr und mehr nur innerhalb ihrer Kreise Interesse hat - oder haben sollte -,
sie setzte früher die ganze Residenz und weitergehend weite Landstriche in ein
Fluidum fortgesetzter Spannung. Einen Theaterfanatismus, wie ihn - un=
begreiflich in seinem Entstehen! - die Sängerin Henriette Sontag ent=
flammte, hat eine spätere Zeit nicht mehr gesehen. Witzig und anschau=
lich und doch, wie man fühlt, ganz im Banne der Künstlerin, entwirft
Ludwig Börne eine Schilderung der Szenen, die sich in dem sonst kei=
neswegs so begeisterungsfähigen Frankfurt vor und bei dem Auftreten der
Künstlerin abspielten.
Ein Stern zweiter Größe war neben Henriette Sontag die Schauspielerin
Charlotte von Hagn. Wie ernst man es aber mit dem Theater damals
nahm, sieht man an der recht ausführlichen und gut fundierten Kritik des
Dichters Gustav Kühne, die ein anschauliches Bild von Figur und
Leistung der Künstlerin gibt, und die ein hübscher Beweis dafür ist, daß
die scheinbar so unmalerische Sprache doch fähig ist, ganz flüchtige
Dinge, wie das Wesen eines Menschen, seine Sprache, sein Gehaben
auf der Bühne, kleine Noten und Eigenarten seines Charakters festzu=
halten und dem Leser wieder vor Augen zu führen. Auch von Devrients
Spiel - dem genialsten Schauspieler der Zeit - gibt es Schilderungen,
die so lebendig die Differenziertheit seines Wesens erfassen, daß man

glaubt, ihn selbst gesehen zu haben, wenn man heute, nach bald achtzig
Jahren, diese Schilderungen liest.

Als Seydelmann im Jahre 1835 nach Berlin kam, zuerst, um
hier zu gastieren, feierte er einen Triumph, über den er selbst
in einem Briefe an einen Freund folgendermaßen berichtet:

„In eiligster Eile! – Freuen Sie sich! – Sie hätten wie alle meine
Freunde am 26. Mai im Opernhause zu Berlin sein müssen! Brechend vol=
les Haus (bei schönem Wetter). – Der König, alle Prinzen des Königs=
hauses, fremde Fürstlichkeiten versammelt. Beifall über Beifall! Als ich
auftrat, stürmisches, minutenlanges Begrüßen und Rufen: ich verlor in
allem Ernst die Fassung; nach dem ersten Stücke: „Ein Mann hilft dem
andern" – mußte ich hervor. Nach dem zweiten Akte des Abbé de l'épée:
stürmischer Hervorruf! Der König, der dicht am Theater seine Loge hat, ap=
plaudierte lange und mit sehr freundlichem Gesicht! – Endlich wurde ich
zum drittenmal gerufen, und nun, Freund! lassen Sie mich Ihnen nur das
Faktum berichten. Man sagt oft: Minutenlanger Beifall. Hier wurde es
buchstäblich wahr. Ich wußte nicht, wo ich mich eigentlich befand: demütig
in Gott stand ich da, während ein Regen von Gedichten, Blumen, Kränzen
das Haus erfüllte und der forttobende Ruf erscholl: Hierbleiben! Gleich!
Vivat! Seydelmann! Kränze nehmen! Kränze aufsetzen! Vivat! und so
fort. Endlich fühlte ich mir einen Kranz auf die Stirn gedrückt, aber, ge=
wiß! Ich sah mich nicht um, so war mir zumute. Die Hagn, welche den
Taubstummen gespielt hatte und in der Kulisse stand, war hervor=
getreten, um dem Publikum den Willen zu tun. Sprechen konnte ich erst
spät – Beifall und die obigen Ausrufungen unterbrachen mich stets.

Als der Vorhang endlich fiel, stürzte alles auf die Bühne, aus dem
Orchester kamen sie herausgestiegen und nahmen sich Kränze, Blumen
und Gedichte. Ich hörte laut schimpfen, daß man sie mir doch lassen
sollte. Einige brachten mir, was ich meiner Frau schicken werde. Ich
meine, so könne ich in meinem Leben nicht mehr geehrt werden! Es
war eine öffentliche Krönung im Angesichte eines ausgezeichneten Pu=
blikums; und wo????! Das also der Schluß meines Gastspiels in dem
gefürchteten Berlin! Mit mir ist Gott! Dafür bin aber auch ich nur sein
Geschöpf bis zum letzten Atemzuge! voll Dankbarkeit und Demut.

Ihr Seydelmann.

* * *

Nicht nur die Darstellungen der Künstler, auch das Privatleben derselben beschäftigte die Berliner jener Zeit auf das angelegentlichste. Wie Henriette Sontag sich kleidete, wie oft sie badete, welche Essenzen sie in ihr Waschwasser mischte, dies alles waren Gegenstände von höchster Wichtigkeit. Von einem Theaterzank hinter den Kulissen zwischen zwei berühmten Schauspielerinnen wurde in der Berliner Gesellschaft mehr und länger gesprochen als von den wichtigsten Staatsangelegenheiten.

Die Theaterskandal-Geschichte gewann dadurch eine Bedeutung, welche sie heutzutage längst verloren hat. Ein solcher Theaterskandal ist sogar von geschichtlicher Wichtigkeit geworden, weil er eine höchst denkwürdige Kabinettsorder des Königs, die niemals vergessen werden sollte, hervorgerufen hat.

Der Schauspieler Stich war schon seit langer Zeit eifersüchtig auf seine Frau, die er in dem Verdacht hatte, sie begünstige die allzu stürmischen Huldigungen eines Offiziers, des Leutnants von Blücher im 1. Husaren-Regiment.

Als Stich eines Tages früher, als er erwartet werden konnte, nach Hause kam, traf er auf der Treppe den Offizier, der eben aus der Wohnung des Schauspielers kam. Stich mochte um so mehr Verdacht haben, daß die Absichten des Herrn von Blücher keine lauteren gewesen seien, da der Besucher nicht die Uniform, sondern Zivilkleider trug.

Es gab eine stürmische Szene. Leutnant von Blücher griff, so hat er wenigstens später bei der Untersuchung behauptet, um sich vor tätlichen entehrenden Mißhandlungen zu schützen, zu einem Dolch, den er bei sich führte, und stieß mit demselben den beleidigten Ehemann nieder.

Das traurige Ereignis machte ein furchtbares Aufsehen in Berlin, es erregte die tiefste Entrüstung, die auch durch die Verurteilung des Leutnants von Blücher zu dreijährigem Festungsarrest nach einem Erkenntnis des Kriegsgerichts nicht besänftigt wurde; denn die gelinde Strafe widersprach dem Rechtsgefühl des Volkes.

Auch König Friedrich Wilhelm III. teilte die Ansicht der Berliner, auch er fand die Strafe dem Verbrechen nicht angemessen, und sprach dies durch folgende denkwürdige Kabinettsorder aus:

„Ich habe das Kriegsgerichts-Erkenntnis, welches den Leutnant
von Blücher des 1. Husaren-Regiments wegen Verwundung des
Schauspielers Stich durch einen Dolchstoß zu einem 3jährigen Festungsarrest verurteilt, heute bestätigt, obwohl die Schwere des Verbrechens
gesetzlich eine weit härtere Strafe verdient hätte. Wenn jedoch die Mehrzahl der Mitglieder des Kriegsgerichts den Beweggrund, von der
Strenge des Gesetzes abzugehen, daraus hergenommen hat, daß der
Leutnant von Blücher sich bei dem Vorfall im Stande der Notwehr befunden habe, indem er, von dem Schauspieler Stich in seiner Ver-
kleidung erkannt und angegriffen, sich seines Dolches um so mehr habe
bedienen müssen, als ihm bei seinem schwächlichen Körper kein anderes
Mittel zur Erhaltung seiner Ehre übriggeblieben sei, so kann Ich nur
dieser unrichtigen und höchst verdammungswürdigen Ansicht um so mehr
Mein lebhaftes Mißfallen zu erkennen geben. – Ich will nicht, daß
die Offiziere Meiner Armee die Aufrechterhaltung der Würde des
Standes in der blutigen Erwiderung selbstverschuldeter Beleidigungen
suchen, sondern Ich fordere von ihnen, daß sie dieselbe durch ein anständiges und sittliches Betragen und durch Unterlassung von Hand-
lungen bewähren, die nach den Gesetzen der Moral und der Ehre gleich
verwerflich sind. Ich trage Ihnen auf, dieses der Armee bekanntzu-
machen, und bemerke dabei, daß es schmerzlich ist, durch diese Veranlassung einen gefeierten Namen auf solche Weise berührt zu sehen.“

Madame Stich war bisher sowohl als Mädchen (Fräulein Dühring)
als nach ihrer Verheiratung mit dem Schauspieler Stich der Liebling des Publikums gewesen, lange Zeit aber dauerte es, ehe sie wieder auftreten konnte. Durch ihr meisterhaftes Spiel versöhnte sie endlich die in ihrem Gefühl tiefgekränkten Berliner mit der Vergangenheit.

Nicht so tragisch endete eine andere Theaterskandal-Geschichte,
welche ihrerzeit ebenfalls ganz Berlin in Aufregung versetzte. Wir
greifen sie aus der großen Zahl anderer zur Charakteristik des damaligen Theaterlebens heraus.

Clara Stich und Charlotte von Hagn waren, wie erwähnt, Ri-
valinnen in der Gunst des Publikums, sie haßten sich deshalb auch so
gründlich, als zwei Schauspielerinnen sich nur zu hassen vermögen.

Einst sollte Hermann und Dorothea gegeben werden und Charlotte
von Hagn in dem Stück die Titelrolle spielen. Sie befand sich nicht

ganz wohl und meldete sich krank in der Hoffnung, daß der Theater-
zettel eine Änderung erfahren werde. Zu ihrem höchsten Verdruß aber
vernahm sie, Clara Stich habe sich erboten, die Rolle der Dorothea
zu spielen; das Stück war deshalb nicht abbestellt worden.

Sie entschloß sich, auf die Gunst des Publikums bauend, zu einem
kühnen Schritte. Ohne Rücksicht auf ihre Krankheit zu nehmen, eilte
sie nach dem Theater, und plötzlich erschien sie im vollen Kostüm hinter
den Kulissen, als eben das Stück begonnen hatte.

Clara Stich wollte sich die Rolle nicht nehmen lassen, die Hagn
forderte sie als die ihrige. Zwischen beiden Schönen entspann sich
ein Streit, der so laut geführt wurde, daß die wenig melodischen Töne
der Zankenden sogar im Publikum gehört wurden.

Das sanfte Clärchen verteidigte mit Kraft sein Recht, die leidenschaftliche Charlotte forderte mit stürmischer Energie das ihrige. Der
vor dem versammelten Schauspielpersonal begonnene Streit wurde mit
rücksichtslosester Heftigkeit geführt. Im Publikum erzählte man später
von einer Ohrfeige, von zerkratzten Wangen und zerzausten Frisuren.

Für den Augenblick wurde der Streit durch die Energie der Madame Crelinger beigelegt, welche für ihr Töchterchen den Sieg durch
schnelle Besonnenheit errang – sie schob im richtigen Augenblick Clara
Stich auf die Bühne.

Die besiegte Charlotte von Hagn war darüber so außer sich, daß
sie in Ohnmacht sank und wirklich ernstlich krank wurde. Mehrere
Wochen lang vermochte sie nicht aufzutreten.

Der hinter den Kulissen geführte Kampf fand im Publikum seine
Fortsetzung, er wurde in allen seinen Details und gewiß auch mit vielen
Übertreibungen erzählt. Die Verehrer der Hagn rüsteten sich, um ihr
bei ihrem ersten Wiederauftreten einen namenlosen Triumph zu verschaffen, dagegen aber scharten sich die Freunde der schönen Clara zusammen, um die Huldigung der Hagn, welche eine Niederlag für
Clara Stich gewesen wäre, zunichte zu machen.

Endlich erschien der erwartete Tag. Der „Ball zu Ellerbrunn"
sollte gegeben werden und Charlotte von Hagn zum erstenmal nach
ihrer Krankheit auftreten. Der Kampf der beiden feindlichen Parteien
konnte beginnen.

Das Theater war völlig ausverkauft. An jenem Tage war selbst

die Galerie mit dem vornehmsten Publikum besetzt. Glücklich pries sich
derjenige, der überhaupt ein Billett erhalten hatte, wenn es auch
nur eins zum Olymp war, wenn er es auch mit Gold hatte aufwiegen
müssen.

Bis zum Auftreten der Erwarteten ging es ziemlich ruhig im Theater zu, als aber Charlotte von Hagn die Bühne betrat, erhob sich ein
Sturm, wie er vielleicht im Königlichen Theater zu Berlin nicht vorher und gewiß auch nicht später gehört worden ist. Donnerndes Bei-
fallklatschen, Jubelgeschrei, Zischen, Pfeifen und Pochen wirrten durch-
einander. Die geängstigte Schauspielerin verbeugte sich demütig. Sie
wollte sprechen, man sah die Bewegung ihrer Lippen, aber in dem
fürchterlichen Lärm war kein Ton zu vernehmen. Erst nach einigen
Minuten legte sich der Sturm, aber er begann von neuem, als die Verehrer der Hagn die gewonnene Ruhe benutzen wollten, um durch Bei-
fallklatschen ihre Huldigung darzubringen. Das Pfeifen, Zischen und
Toben dauerte fort, bis die zur Verzweiflung getriebene Schauspielerin
auf den Knien mit flehender Gebärde Abbitte leistete.

Jetzt endlich waren die Gegner wenigstens halb versöhnt; sie schwiegen. Charlotte von Hagn konnte ihr Spiel beginnen. In der ersten
Szene war sie etwas befangen, als aber reicher Beifall sie ermunterte,
den nur wenige Zischer zu unterbrechen wagten, faßte sie Mut. Mit
bewunderungswürdiger Geisteskraft überwand sie die Aufregung, in
welche sie der stürmische Empfang gesetzt hatte, sie bot den ganzen
Schatz ihres reichen Talentes auf – nie hat sie glänzender gespielt, nie
einen gewaltigeren Erfolg errungen, als an jenem Abend.

Alle Gegner waren versöhnt. Als der Vorhang fiel, wurde mit
einstimmigem, donnerndem Beifall die Künstlerin beehrt. Sie erschien;
jetzt wollte der Beifall kein Ende finden! Selbst die eifrigsten Verehrer der Clara Stich wagten nicht mehr, ein Zischen laut werden zu
lassen, sie hätten sicherlich durch ein Zeichen des Mißfallens sich den
schwersten Gefahren ausgesetzt. Die tiefbewegte Schauspielerin wurde
mit Blumensträußen und Kränzen fast überschüttet, und als schon längst
der Vorhang wieder gefallen war, dauerte noch immer das stürmische
Klatschen fort.

(Adolph Streckfuß, „500 Jahre Berliner Geschichte".)

Henriette Sontag in Frankfurt.

Seit die holde Muse des Gesangs, Henriette Sontag, vor einem
Jahre in Weimar erschienen, und die frommen deutschen Stern=
priester unter Zither= und Zimbelklang diese Konstellation zweier Größen
auf eine so seltsamliche, spanisch=maurische hyazinthenduftige, süß däm=
merliche Weise gefeiert und sie gesungen haben: „Der Dichterkönig
hat das Wunderkind gepflegt mit Speise und Trank", statt zu berich=
ten: Fräulein Sontag hat bei Herrn v. Goethe zu Nacht gegessen -
seitdem bin ich ganz toll geworden über das toll gewordene Volk, das
über Nacht umgesprungen und, gewohnt, wie es war, an der Flamme
des Prometheus nur seine Kartoffeln zu kochen, plötzlich Feuer schluckte
und, gewohnt, wie es war, seine mäßige Genießbarkeit unter bittere
und harte Schalen zu verbergen, auf einmal anfing, süß zu werden
und zu schwabbeln und zu gleißen und zu liebäugeln wie Gelee. Ich
hatte die aufgebrachtesten Dinge im Sinne, die ich alle wollte drucken
lassen; aber wohl mir, daß ich mich bedacht und es nicht getan. Wie
hätte man des unbeugsamen Rhadamanthus gespottet, der endlich der
Feder=Vasall eines schönen Mädchens geworden! Wahrlich, seit ich die
Zauberin selbst gehört und gesehen, hat sie mich bezaubert wie die an=
dern auch, und ich weiß nicht mehr, was ich spreche. Nur im Dämmer=
lichte, wie eines Traumes, erinnere ich mich, daß ich vor meiner Seelen=
wanderung der Meinung gewesen: es sei doch nicht recht, daß wir
Deutsche, die wir uns so schwer begeistern, die wir erst zu trinken an=
fangen, wenn andere schon Kopfschmerzen haben - daß wir unser jung=
fräuliches Herz, das noch nie geliebt, gleich der ersten lockenden Er=
scheinung hingeben, die, wenn auch schön, doch nicht unverwelklich,
wenn auch wohltuend, doch nicht wohltätig ist. Es sei eine unbesonnene
Verschwendung, erinnere ich mich gedacht zu haben. Jetzt aber denke
ich anders, und ich sage: es ist schön, laßt uns des Augenblickes ge=
nießen, wozu für unsere Enkel sparen? Wer weiß, wie lange es dauert,
bis man uns wieder einmal erlaubt, unsere Bewunderung laut auszu=
sprechen und einer Gottheit zu huldigen, die wir gewählt, der wir nicht
zugefallen. Nun möchte ich diese Zauberin, die ein solches Volk umge=
staltet, loben; aber wer gibt mir Worte? Selbst die ungeheure Masse
von Papierworten, die wir hier in Frankfurt geschaffen, seit uns der

bare Sinn ausgegangen, selbst diese ist erschöpft. Man könnte einen Preis von hundert Dukaten auf die Erfindung eines neuen Adjektives setzen, das für die Sontag nicht verwendet worden wäre, und keiner gewönne den Preis. Man hat sie genannt: die Namenlose, die Himmlische, die Hochgepriesene, die Unvergleichliche, die Hochgefeierte, die himmlische Jungfrau, die zarte Perle, die jungfräuliche Sängerin, die teure Henriette, liebliche Maid, holdes Mägdelein, die Heldin des Gesanges, Götterkind, den teuren Sangeshort, deutsches Mädchen, die Perle der deutschen Oper. Ich sage zu allen diesen Beiwörtern ja, aus vollem Herzen. Selbst nüchterne Kunstrichter haben geurteilt: ihre reizende Erscheinung, ihr Spiel, ihr Gesang, könnte auch jedes für sich verglichen werden, so habe man doch die Vereinigung aller dieser Gaben der Kunst und der Natur noch bei keiner andern Sängerin gefunden. Auch diesem stimme ich bei, ob mich zwar die Seltenheit dieser Vereinigung nicht bestechen konnte; denn mit der größten Anstrengung war es mir nicht gelungen, sie zugleich zu sehen und zu hören, und ich mußte ihre einzelnen Vorzüge zusammenrechnen, um die Summe ihres Wertes ganz zu haben. Daran halte ich mich: was eine wochentägliche deutsche Stadt in so festliche Bewegung bringen konnte, ohne daß es der Kalender oder die Polizei befohlen, das mußte etwas Würdiges, etwas Schönes sein. Unsere Sängerin zu preisen, will ich von dem Taumel reden, den sie hier hervorgebracht; denn ein so allgemeiner Rausch, lobt er auch die Trinker nicht, so lobt er doch den Wein.

Henriette Sontag könnte mit einer kleinen Veränderung wie Cäsar sagen: ich kam, man sah, ich siegte. Der Sieg ging vor ihr her, und ihr Kampf war nur ein Spiel zur Feier des Sieges. Die erste Huldigung, die sie in dem überwundenen Frankfurt gefunden – die erste, aber zugleich die wichtigste Huldigung, weil sie guten deutschen treuen Sinn und hohe, innigste Verehrung bezeichnete – war ihr von dem hiesigen Fremdenblättchen dargebracht, welches ihre Ankunft mit den Worten verkündete: „Fräulein Sontag, königlich preußische Kammersängerin, mit Gefolge und Dienerschaft." Es ist nämlich zu wissen, daß unser täglich erscheinendes Fremdenblättchen den Wert und die Würde der Reisenden auf eine höchst sinnreiche, genaue und streng staatsrechtliche Weise bezeichnet. Ist ein Fremder reich, dann hat er einen Bedienten, ist er sehr reich, hat er Bedienung; ist er zugleich vornehm, hat

er Dienerſchaft; und iſt er ſehr vornehm, hat er Gefolge und Diener=
ſchaft. Statt Gefolge wird zuweilen Suite gebraucht; was aber dieſe
zarte Feudal=Schattierung ausdrücken ſolle, darüber ſind die Frank=
furter Lehnrechtslehrer nicht einig. Fürſtliche Perſonen reiſen mit hohem
Gefolge und Dienerſchaft. Indem man alſo der Fräulein Sontag Ge=
folge und Dienerſchaft zuerkannte, hat man ſie bis an die Stufen des
Thrones geführt, und ohne Rebellion konnte ihr mehr Ehre gar nicht
erzeigt werden. An dieſe erſte Huldigung reihet ſich am ſchicklichſten
die letzte an, die ſie hier gefunden. Nämlich der Wirt des Gaſthauſes,
in welchem Fräulein Sontag vierzehn Tage gewohnt, ſchlug bei ihrer
Abreiſe jede Bezahlung aus und veredelte und verjüngte dadurch den
alten römiſchen Kaiſer zu einem Prytaneum, in welchem ruhmvolle
Deutſche im Namen des Vaterlandes bewirtet werden. Zwiſchen dieſen
beiden Huldigungen breiteten ſich die andern in unzähliger Menge aus.
Fräulein Sontag war hier in einer Zeit erſchienen, wo die allgemeine
Aufmerkſamkeit zu beſchäftigen viel ſchwerer war, als ſie zu verdienen.
Die Nachricht von der Schlacht bei Navarin und dem kriegeriſchen
Trotze der Ungläubigen war kurz vor der Sängerin hier angelangt,
und dennoch ſprach man von der letzteren auch, obgleich jeder kleine
Funke von Zwietracht zwiſchen den Mächten das ſtaatspapierne Frank=
furt gleich in helle lichte Flammen ſetzt. Die wilde türkiſche Muſik,
durchtönt von einer ſüßen Nachtigall, war gar wunderlich zu hören.
Der Sultan und die Sontag, Codrington und Othello, der Diwan und
der Barbier, das wurde alles untereinandergemiſcht. Sogar die Juden
bekamen einen leichten Schwindel, und wenn man ſie auf der Börſe
von Achteln und Quarteln ſprechen hörte, wußte man nicht, ob ſie Takte
oder Prozente meinten. Die Eingangspreiſe in das Schauſpielhaus
wurden verdoppelt, und das ſagt viel! Denn uns Frankfurtern, ſo reich
wir auch ſind an Geld, iſt jede ungewöhnliche Ausgabe eine unerträg=
liche. Die Zuſchauer ſtrömten in großen Scharen herbei, und nicht bloß
die hieſigen Einwohner, nicht bloß die Bewohner der nahegelegenen
Städte, gar weither, von Köln und Hannover kamen die Fremden.
Es war wie bei den olympiſchen Spielen. Ein Engländer, der keinen
Logenplatz mehr bekommen konnte, wollte das ganze Parterre für ſich
allein mieten und zeigte ſich, als man ihm bemerkte, daß dieſes ſchick=
licherweiſe nicht auszuführen ſei, ſehr erſtaunt über die wunderliche

Kontinentalprüderie. Ein junger Mensch machte den Weg von dem acht Stunden entfernten Wiesbaden zu Fuße, langte gerade hier an, als das Haus geöffnet wurde, erstürmte sich einen Sitz, war so gut= mütig, diesen einer matten Dame abzutreten, stellte sich, ward dann ohnmächtig, ehe die Vorstellung begann, wurde, weil in Ohnmacht zu fallen kein Platz da war, stehend und leblos von Hand zu Hand zur Türe hinausgeschoben, erholte sich erst wieder, als der Vorhang schon gefallen war, und kehrte noch in der nämlichen Nacht zu Fuß nach Wiesbaden zurück. Einen hiesigen Einwohner hatte die Enge und die Schwüle so erschöpft, daß er nach Hause gehen mußte und noch densel= ben Abend starb. Von einigen Verletzungen und Erkrankungen, von solchen, die mehrere Tage das Bett hüten mußten, hat man sich erzählt. In diesen Tagen war das Intelligenzblatt wie besät mit verlorenen Ketten, Ringen, Armbändern, Schleiern und anderen Dingen, welche Weiber im Gedränge verlieren können. Als ich am Tage des ersten Auftretens der Sontag zum Optiker kam, um mein zur Ausbesserung dahin gegebenes Perspektiv zu holen, mußte es unter andern fünfzig Ferngläsern, die alle in gleicher Absicht dort versammelt waren, her= vorgesucht werden. Es war eine allgemeine Augenrüstung der ganzen waffenfähigen Mannschaft in Frankfurt, und die vielen hundert im Glanze des neuen Kronleuchters schimmernden Fernrohre, die alle auf ein schwaches Mädchen gerichtet waren, boten einen furchtbaren, kriege= rischen Anblick dar. Doch nie war eine Artillerie schlechter bedient worden, denn der Feind wurde gar nicht, nur die ungeschickten Artille= risten wurden beschädigt.

Das Schauspielhaus wurde zwei Stunden früher als gewöhnlich geöffnet, und schon lange vorher war der große Platz vor demselben mit Menschen bedeckt. Die Hälfte der Menge war gekommen, in das Haus zu dringen, die andere Hälfte hinter der Fronte, dem Kampfe zuzusehen. Ein hiesiger Theaterkritiker hat das Gedränge sehr treffend mit den Worten geschildert: „Man hätte glauben sollen, dem ersten eintreten= den Fuße wäre ein Paar goldene Stiefel zugedacht." Nun denke man ja nicht, es sei etwas kleines, es sei ein bloßes Lustgefecht, in das hiesige Theater zu stürmen. Das Haus ist gar nicht gebaut, den Eingang zu erleichtern, sondern vielmehr ihn zu erschweren; es ist wie eine Festung gebaut, der sich Vauban nicht zu schämen hätte. Eine schmale und steile

Treppe von etwa zwölf Stufen führt unmittelbar von der Straße das
Haus hinauf, und diese Treppe wird von der engen Eingangstür in
zwei Hälften geschieden, ohne daß außer= und innerhalb der Türe ein
Absatz ist. Dieses Pförtchen öffnet sich nach außen und wird, im dra=
matischen Stile, plötzlich, rasch und unerwartet, wie ein Theatercoup, und
zwar von innen, aufgestoßen, so daß die auf der Treppe stehende Menge
mit Leichtigkeit herabgestürzt werden kann. Wenn man noch nie gehört,
daß bei solchen Gelegenheiten Frankfurter den Hals gebrochen, so haben
sie dieses bloß ihrer vortrefflichen gymnastischen Erziehung zu verdanken,
die sie von Kindheit an in diesen gefährlichen Stürmen geübt hat. Hat
man nun die erste Tür und die zweite Treppenhälfte zurückgelegt, dann
gelangt man an eine andere Türe, die halb offen steht. Hinter ihr aber
steht ein Riese mit breiter Brust und ausgebreiteten Armen und wehrt
den Eindringenden. Wer etwas klein ist, schlüpft dem Riesen unter den
Armen durch, die Großen aber müssen warten, bis die Schlagbäume
sich auftun.

Eine so hochgespannte Erwartung zu befriedigen, habe ich, ehe ich
die Wirklichkeit erfahren, nicht für möglich gehalten. Aber alle Zuschauer
gestanden, daß Fräulein Sontag jede Erwartung übertroffen habe. Und
hier, wo der Schein zum Wesen gehört, was könnte verführt, was ge=
blendet haben? Eine bezaubernde, unbeschreibliche Anmut begleitet alle
Bewegungen dieser Sängerin, und man weiß nicht, ob man ihr Spiel
oder ihren Gesang als den schönen Platz einer vollkommenen Schön=
heit ansehen soll. In scherzhaften Rollen bewahrt sie immer jene weib=
liche Schicklichkeit, die auf den Brettern so leicht zu verletzen, und in
ernsthaften eine Hoheit, die zugleich gebietend und rührend ist. Ma=
dame Catalani soll von ihr geurteilt haben: Elle est unique dans
son genre, mais son genre est petit; wer sie aber als Desdemona
in Rossinis Othello gehört hat, wird dieses Urteil sehr ungerecht finden.
Man vergaß ganz den abgeschmackten Text des Rossinischen Othello,
man sah und hörte Shakespeares Desdemona. Sie ist ebenso bewun=
derungswürdig im einfachen Gesange, der zu dem Herzen spricht, als
im verzierten, der nur mit dem Ohr plaudert. Man sah alte Männer
weinen – eine solche Wirkung bringt eine bloße Künstelei, sei sie auch
noch so unvergleichlich und unerhört, nie hervor. Ihre kleinen Töne,
ihre wundervollen Verschlingungen, Triller, Läufe und Kadenzen

11

gleichen den anmutigen kindlichen Verzierungen an einem gotischen
Gebäude, die dazu dienen, den strengen Ernst erhabener Bogen und
Pfeiler zu mildern und die Luft des Himmels mit der Luft der Erde
zu verknüpfen, nicht aber jenen Ernst zu entadeln und herabzusetzen.
Die Begeisterung, welche Henriette Sontag als Desdemona entzündet,
glich einem griechischen Feuer, das gar nicht zu löschen war, und....
Doch jetzt klammere ich mich an den Felsen der Besonnenheit, der sich
einzig mir zur Rettung darbietet. Vielleicht war es auch der Strudel,
der mich fortgerissen, vielleicht war es nicht bloß eine Art zu reden,
wenn ich früher sagte: „Ich weiß nicht mehr, was ich spreche." Sollte
so etwas geschehen, sollte mir etwas Menschliches begegnet sein - dann
will ich mich nicht allein dem spottenden Mitleide preisstellen, sondern
mich unter meine schiffbrüchigen Leidensgenossen mischen und will darum einiges von dem erzählen, was einige Theaterkritiker und Dichter
hier und in Darmstadt von der Sontag gesagt, gesungen und gewütet
haben. So verbunden, spotten wir der Spötter.

Mir schwindelt! Ich habe trunkene Deutsche gesehen - aber nicht
betrunken von Wein, sondern trunken von Begeisterung! Die Zeit ist
im Gebären, das Jahrhundert wird Vater werden und große Dinge
werden geschehen. Was ist gedichtet, was gefabelt worden! Es war
ein Landsturmsaufgebot im Olymp; selbst die Weiber, Kinder, Greise
und Veteranen der Mythologie mußten die Waffen ergreifen. Kritische
alte Weiber haben der Sängerin Liebeserklärungen gemacht, und düstere
Rezensenten haben mit ihr gekost. Schwere Philologen haben leichte
Gedichte gemacht, und tändelnde Anakreons haben mit dem schönen
Mädchen von Tod und Unsterblichkeit gesprochen, von dem Jammer
der Erde und von der Seligkeit des Himmels, und haben sie sehr gebeten, ihre bisherige Unschuld zu bewahren. Ein „Klausner" sang:

Liebling! komm, den Schleier mir zu heben!
Komm, enträtsle meinen hohen Sinn.

Aber ach! der Liebling ist nach Paris gereist und hat den hohen Sinn
des Verschleierten nicht enträtselt! „Eine Geisterstimme an Henriette
Sontag" ließ sich vernehmen, aber es war kein düstrer Ton aus dunkler Gruft, sondern das süße Saitengeflüster in einer spanischen Nacht,
und der Geist war sehr vollblütig. Das Jahrhundert von Volta war

schon überaus selig, wenn es die Freude einmal elektrisierte, aber das genügt nicht mehr - unsere Sängerin durchzückte ihre kritischen Frösche mit „galvanischer Freude". Ein Sterngucker sprach von der „Milchstraße", die dem Auge des Glücklichen immer neue Welten entdeckt. Ein anderer sagte: „Es gab keine Meinungen, keine Spaltungen mehr, die Palme der Zufriedenheit begeisterte alle Gemüter, jede Zwietracht war verschwunden." Ach, warum schickt man die Sängerin nicht nach Konstantinopel, daß sie den Diwan beschwichtige? In deutschen Novembertagen war die Sängerin von „hesperischen Lüften" umgaukelt. Ein anderer sagte stolz, er werde mit Stolz einst seinen Enkeln erzählen: „Auch ich lebte in dem großen Zeitalter." Ein Dichter sang prophetisch und aufrichtig:

> Mich verläßt in deinem Kreise
> Hauch, Bewegung, Geist und Leben.

Ein anderer:

> Wie war es nur ein kleines Wort,
> Was Sie mir sagte!
> Wie war es nur ein Silberblick,
> Den Sie mir tagte!
> Und selig leb' ich lange Zeiten
> Schon von dem Worte nur, dem Blick.

Wenn dieser nüchterne Poet so mäßig fortlebt, kann er Cornaros hohes Alter erreichen. Ein Kritiker wünschte sich „eines Argus Augen, um allen Reiz der holden Erscheinung einzusaugen", und reimte, ohne es zu wollen. Ein anderer Prosaist hatte sehr malerische und physikalische „Gedankenflocken" - wegen der Wintertage, die Wasser in Schnee verwandeln. Ein anderer ließ sich vernehmen: „O zarte Perle im Strahl eines gefühlvollen Blickes! Du rollest über die jugendliche Wange, damit ein Seraph mehr als Aon die Seele aller Tugendhaften beschütze!" Ein bejahrter Dichter sang aus eigener Erfahrung:

> In alle Glieder dringet Mark,

und der willkommene Schluß eines Sonettes lautet, wie folgt:

> So klang vielleicht die Harmonie der Sphären
> Am ersten Sonntag nach dem Wort: Es werde,

> Den Ewigen zu preisen und zu ehren.
> Und jenes Sonntags Wohllaut zu gewähren,
> Verlieh er eine Sontag jetzt der Erde
> Und Ohren uns, die Einzige zu hören.

Dieser theologische Sonettist behauptet also geradezu, die Menschheit habe erst jetzt, im sechstausendsten Jahre ihres Alters, Ohren bekommen. Ach, er mag recht haben! Die Geschichte sprach schon sechstausend Jahre, und wir hörten sie nicht. Der Schöpfer wird es uns wohl nicht übelnehmen, wenn wir künftig, so oft die Sontag nicht singt, unsere Ohren zu etwas anderem gebrauchen.

Nicht bloß die Menschen am Main und Rhein, sondern auch die sogenannte leblose Natur hat Henriette Sontag beseelt, erfreut und betrübt. Wir haben gelesen: „Die Natur hat den Einzug der Sontag in Frankfurt durch ein besonderes Zeichen gefeiert; denn in dem Augenblicke ihres Eintreffens in unsern Mauern wurde ein leuchtendes Meteor am Horizonte sichtbar, das sich mit Kanonendonner endigte." Freilich hatte hiergegen ein anderer bemerkt, daß die Feuerkugel, von welcher hier die Rede ist, dreißig Stunden später als die Sontag erschienen, und hat dieses aus den Berichten der hiesigen physikalischen Gesellschaft zu beweisen gesucht. Aber was ein ungläubiger Gibbon spricht, verdient keine Beachtung und soll uns unsere Seligkeit nicht rauben. Wir haben ferner gelesen: „Kaum hatte die Heldin des Gesanges unsere Mauern verlassen, so fing selbst der Himmel an zu weinen." Dieses Wunder kann ich beschwören; ich habe selbst gesehen, daß es zu regnen anfing, sobald die Heldin des Gesanges die Tore hinter sich hatte.

Man muß unsern „Schneeumstöberten" Pindaren die Gerechtigkeit widerfahren lassen, daß sie in ihren „Lufteinlufthindurchaufschwimmenden" Sontags-Päanen sich von jeder irdischen Fessel frei zu erhalten gewußt und sich von keiner erdstaubigen Regel befehlen ließen;

> Denn in Dithyramben, alles, was da glänzen will,
> Muß luftig sein, und dunkel, und schwarzglimmerig,
> Und flügelschwungreich.

Doch immer gelang es ihnen nicht. So konnten sie von dem gemeinen Gedanken nicht loskommen, daß der Name der Sängerin zugleich der

eines Wochentages, und daß in Sontag zugleich Sonne und Tag ent=
halten sei. Sie machten die unglaublichsten Anstrengungen, sich von
diesem Gedanken frei zu machen; aber, wenn sie des Teufels hätten
werden mögen = es ging nicht! Daher ein ewiges Vergleichen zwischen
dem wöchentlichen und der säkularischen Sontag, und ein unaufhör=
liches Besingen der Sonne und des Tages. Ich wüßte nicht, was ich
darum gegeben, hätte die Sängerin statt Sontag, Freitag geheißen.
Dann hätte noch ein deutscher Zeitungsschreiber die Freiheit besingen
dürfen, und man würde den Druck der Freiheit einmal auf eine andere
Art gesehen haben; denn der mitberauschte Zensor hätte wahrscheinlich
aller nüchternen Reklamationen gespottet . . . . . Ich könnte noch manches
erzählen von dem, was die „flügelschwungreichen Dithyrambenmeister
vom Stamm der Schwänzler" uns auch erzählen von dem Brekekex
koax koax, das „des Sumpfs Quellgeschlecht unter Schaumaufboppe=
lung" gesungen und wieder gesungen; aber es soll genug sein. Ich muß
endigen, ehe mir jemand zurufe:

Es sind nicht alle frei, die ihrer Ketten spotten!

(„Börnes Werke.")

Fräulein von Hagn ist eine jener Primadonnen des Schauspiels,
für welche die Berliner Welt sich in zwei große Parteien teilt, eine
Parteiung, die sich bis in die gelehrten Kreise erstreckt. Professor Gu=
bitz schwört nur zur Fahne der Hagn. Der alte Sp. Schultze und Fried=
rich von Raumer schwören nur zur Fahne der Crelinger. Es gibt jetzt
in Berlin keine anderen „Aner" als Hagnianer und Crelingianer. =
Ein großartiges Schisma! Diese Parteien scheiden sich wie Aristo=
kraten und Demokraten, die Hagnisten sind aristokratisch, mit Per=
mission zu sagen, die Crelingeristen, mit Erlaubnis, demokratisch, und
Herr von Raumer ist wenigstens insofern demokratisch, als er für den
Ruhm der Crelinger ficht. = Aber Spaß apart und Scherz beiseite!
unter so großartigem Schisma betrachten wir in Leipzig keine Schau=
spielerin. Wir haben auch ohne aristokratisch=sublime Gesinnung Fräu=
lein von Hagn mit Vergnügen, ja mit Bewunderung in dem, was sie
ist, anerkannt, und über das, was sie nicht ist, behielten wir demokra=
tisch offene Augen. Was sie auf der Bühne ist, läßt sich mit einem
Worte sagen, sie ist die Grisette par excellence, und dies mit einer

Virtuosität, die bei der Fülle ihrer überraschenden Einfälle, bei der
Feinheit ihrer Nuancen und der graziösen Keckheit ihres Humors an
Genialität grenzt. So sind denn ihre Leistungen in all den Rollen
höchst brillant, die Carl Blum für sie schrieb und für die Entwickelung
ihres Naturells einrichtete. Und dies reiche Naturell kann schon an und
für sich in der Tat für ein Kunstwerk gelten, für ein Kunstwerk, das
der Schöpfer hinstellte. Auch hat man nicht leicht eine vollendetere
Turnüre, ein schöneres Air auf der Bühne gesehen – bis auf den
Schritt dieser schönen Füße, der mir etwas zu männlich schien. Aber
was sonst weibliche Anmut und Grazie von der Natur entlehnen, was
joviale Laune, Eitelkeit und Stolz des Weibes, und vor allem die
Koketterie in jeglicher Nuance, von dem verwegensten Übermut bis zur
einschmeichelndsten Finesse, auf der Bühne vermögen, das sieht man
in dieser Persönlichkeit vereinigt. Dazu macht Fräulein Charlotte eine
Toilette, die fast eine ästhetische Leistung zu nennen ist, mindestens an
Delikatesse und feinem Geschmack ihresgleichen sucht. Das Naive steht
ihr wohl ebenso gut als das Kokette, allein es mischt sich in jenes leicht
eine Dosis von verschmitzter Listigkeit, so daß dadurch eine pointiertere
Färbung entsteht, als eigentlich dem harmlos Naiven zukommt. Die
Tonlage ihrer Gemütszustände reicht von der Grisette bis zur Dame
im Boudoir, von der frevelhaften Liebenswürdigkeit der Mirandolina
bis zur gekränkten Tugend einer edlen Hedwig (im Ball zu Ellerbrunn),
von der Margarethe in den Hagestolzen bis zur Donna Diana, die
Fräulein von Hagn mit allem Zauber der bis ans Tragische grenzen-
den Empfindung gibt. Ob sich dies seltene Talent, an sich schon um-
fangreich genug, nicht auch für die Tragödie erzogen hätte, wenn die
Tragödie reichhaltiger auf dem deutschen Repertoire stände, und
wenn ihre Kunst weniger daran gewöhnt wäre, Rollen zu geben, die
für sie gedacht und geschrieben worden, das läßt sich jetzt nur schwer
beantworten. Fräulein von Hagn ist daran gewöhnt, mit losen modernen
Figuren nach eigenem Behagen umzuspringen, die Leerheit flüchtiger
Lustspielcharaktere mit eigenen Einfällen auszustatten, und so fehlt ihr
die Ruhe der Konzeption, die dazu gehört, um sich mit einem tief-
sinnigen Dichterbilde in Einklang zu setzen. Ich meine die Julia, die
sie in Leipzig gab. Hier ist es, als wenn sich bei ihr die Empfindung
zuvor im Spiegel besieht, bald war ein Moment zu sehr, bald zu we-

nig berechnet, genug, es fehlte jene Sicherheit und Harmonie, die sie
als witzige Soubrette, als moderne Anstandsdame in so vollendeter
Weise zur Erscheinung bringt; selbst ihr Organ ist hier mit sich uneins,
es versucht sich bald in oberen, bald in unteren Tonlagen, wie ein In=
strument, das sich erst stimmen will. Allerdings wäre Fräulein von Hagn
berufen, Shakespearesche Gestalten darzustellen, aber nicht die Julia,
sondern die Beatrice. Leider aber ist das Shakespearesche Repertoire
sehr zusammengeschrumpft, obschon ein so glänzend humoristisches Talent
wie Fräulein Charlotte im Shakespeareschen Lustspiel einen außer=
ordentlich glücklichen Spielraum fände.

(F. Gustav Kühne, „Porträts und Silhouetten".)

Nun mußt' ich die Tochter meiner Freundin sehn, Mad. Schröder=
Devrient. Eurÿanthe sah ich von ihr. Gerne wäre ich von ihr
eingenommen gewesen; ich konnte ihr aber nur Gerechtigkeit wider=
fahren lassen. Eine schöne, karnationsschöne Frau; mit schönen Augen
und besonders reizendem Profil; nicht schlecht angezogen: den Kopf
sehr gut arrangiert; hatte aber zum Kleide Aprikosenfarbe, zu dem
blondlichen Teint - das erstemal - an. Spielt innig und gut, für mich
aber zu sehr im eigenen Spiel befangen und mit zu wenig Herrschaft
darüber: dies bedingt aber Vorteile, die man bei anderen gar ver=
mißt; als innigen Blick, und gar keine Acht auf Logen, Parterre und
Souffleur. Sie macht auch Coups, wie man's nennt: aber sie kommen
zu gehetzt, und doch wie mit zu vielem Bewußtsein; und dann das
Ganze, mit dem gesteigerten, sturmgeborenen Nachdruck, den die Fran=
zosen gern dulden, sonst forderten, und der das Nüchternste von der
Welt ist. Diese Gründe zum Tadel zerrissen mir das Ganze ihres
lobenswerten Spiels, welches ihr Natur erlaubt und fleißiges Studium
einbrachte. Vor dem Urteil ihres Gesangs schicke ich die Erklärung
voraus, daß ich gar keine deutsche Gesangsmethode anerkenne; sondern
nur eine: die italienische, die den besten Gebrauch des Gesanges;
welcher wieder seine Grenzen in Schönheit, und in dem hat, was er
auszudrücken vermag: welches von Franzosen nicht erahndet, von
Deutschen dünkelhaft verdreht wird. Mad. Devrient singt nicht in ita=
lienischer Art; etwas französiert im Geschrei; aber auch nicht brutal=
deutsch: sondern - nun kommt ihr wahrer Ruhm - sie singt zuweilen

beim höchsten Ausdruck in einer selbstgeschaffenen Manier; und diese
grade möchte ich eine deutsche nennen. Die positive - was man gewöhnlich so nennt, ist eine Gruppe Fehler, und Verneinungen des
wirklichen Gesangs - sie ist neu darin; sie drückt das Gefühl der Devrient, ihr individuelles Empfinden aus; in langen, geschliffenen, in-
einanderfließenden, in solchem Augenblick klar werdenden Tönen aus.
Sehr schöne Momente: die unapplaudiert vorübergingen, aber nicht
ihr in Frankreich gelerntes Losschreien! - Dieser schönen Momente
wegen will ich sie morgen in Fidelio hören. Ihre Stimme hat Umfang,
Tiefe und Höhe, aber keinen Klang; ist aber lang hinlänglich: sie
macht alles, was mit der Kehle gefordert wird, aber es ist nur gelungen, wenn es eben erreicht worden; vorher bin ich nie froh: es ge-
mahnte mich wie eine Stahlkugel, die ein Künstler immer den Berg
hinaufzurollen vermag; aber man sieht zu, ob es gelingt; er fehlt nie.
Sie hat großen Beifall; und verdient ihn; singt aber zu hideuse Weber-
sche und dergleichen Dinge bis jetzt. Ich würde an den Pranger gestellt, wenn dies meine deutschen Berliner läsen!!!

("Rahel. Ein Buch des Angedenkens für ihre Freunde.")

Terpsichore.
Oper, Ballett, Tänzerinnen.

In der erften Hälfte der Biedermeierzeit erfreute fich der Kunfttanz der Ballettänzerinnen einer hohen Schätzung, als äfthetifches Schaufpiel. Die Gagen, die die berühmten Tänzerinnen der Zeit, wie Taglioni und die Elßler, bekamen, waren immens, fie genoffen Weltruhm wohl weit ftärker, als das heute die erften Sterne des ruffifchen Balletts tun, und felbft die Höchftkultivierten, wie eine Rahel Levin, ftellten die Tanzkunft an die Spitze aller äfthetifchen Betätigungen, als eine direkte Umgeftaltung des menfchlichen Körpers in ein Kunftwerk.

Über den Tanz.

9. April 1819.

Die fchönfte Kunft! Die Kunft, wo wir felbft Kunftftoff werden, wo wir uns felbft, frei, glücklich, fchön, gefund, vollftändig vortragen; dies faßt in fich, gewandt, befcheiden, naiv, unfchuldig, richtig aus unferer Natur heraus, befreit von Elend, Zwang, Kampf, Befchränkung und Schwäche! Dies follte nicht die fchönfte Kunft fein? Gewiß, fie und die andre, welche entftünde, wenn die Sittlichkeit bis zur fichtlichen Darftellung gefteigert oder gebracht werden könnte, verdienten vor allen diefen Namen, weil fie uns felbft idealifch und frei darftellen, alle andern aber nur Ideen und Zuftände unfrer beften Momente. So denk' ich's mir; fo fühl ich's von Kindheit an; und am reizendften von allen Künftlererfcheinungen fchwebte mir die der vollkommenften idealifchen Tänzerin vor! Was ift das bißchen größre Dauer der andern Mufen= künfte? Sind fie nicht alle nur ein Auftauchen aus unfrem bedingten Zuftande? – Und ift nicht die Höhe, die Reinheit, die Vollftändigkeit der Geftalt diefes Zauberauffchwungs ein befferes Maß des Wertes der Künfte, als die, zwar nützliche, Dauer derfelben?

(B. Badt, „Rahel und ihre Zeit".)

Auf das Verhältnis des großen Publizisten Gentz zu der fast vier Jahrzehnte jüngeren Tänzerin Fanny Elßler wurde schon zu Eingang des Buches hingewiesen. Hier der Brief, in dem der alternde Mann die Herzens-
geheimnisse seiner langjährigen Freundin Rahel Levin mitteilt. Und er
schließt, um die Verjüngung und Umwandlung seines reaktionären Wesens
mit einem Satze voll zu erklären, mit den klassischen Worten: „Ich bete
eine Tänzerin an und sympathisiere mit Heine!"

Wien, den 22. September 1830.

Sie haben lange, sehr lange nichts von mir gehört, meine vortreffliche Freundin; gleichwohl glaube ich steif und fest, daß es mir
immer noch erlaubt ist, Sie mit diesem Namen zu nennen. – Ich weiß
ferner, daß in Ihnen sich nichts Wesentliches geändert haben kann, und
daß Sie heute noch alle die Eigenschaften besitzen müssen, die meinem
früheren Umgange mit Ihnen einen so hohen Reiz verliehen. Ich wage
es daher, Ihnen etwas von mir zu erzählen. – Mit meiner wiederkehren-
den Gesundheit habe ich mich von neuem in die Welt und das gesellschaftliche Leben geworfen, dem ich durch viele Jahre entsagt hatte. –
Daß ich mich noch verlieben könnte, hielt ich für unmöglich und fühlte
doch, daß ich zuletzt auch auf diesen Punkt noch einmal gelangen müßte,
um meiner erneuerten und verjüngten Existenz recht froh zu werden.
Dies Vorgefühl wurde auf eine höchst unerwartete Art realisiert.
Ihnen darf und muß ich gestehen, was ich gegen andere bloß nicht
förmlich ableugne, daß ich seit dem vorigen Winter eine Leidenschaft
von größerer Stärke als irgendeine meines früheren Lebens in meiner
Brust trage, daß diese Leidenschaft zwar zufällig entstanden, nachher
aber von mir vorsätzlich genährt und gepflegt worden ist.

Sie werden erstaunen, vielleicht sogar erschrecken, wenn ich Ihnen
sage, daß der Gegenstand dieser Leidenschaft ein neunzehnjähriges
Mädchen, und noch obendrein eine Tänzerin ist. Ich muß nicht allein
auf Ihre Gutmütigkeit, sondern auch auf Liberalität (im alten edelsten
Sinne des Wortes), auf Ihren über alle gemeinen Ansichten erhabenen Blick, auf Ihre Vielseitigkeit, auf Ihre Toleranz rechnen, um
nicht zu besorgen, daß Sie mich auf mein Geständnis dieser Art ohne
Gnade und Barmherzigkeit verdammen werden. – –

Ich bewundere in diesem Augenblicke den Mut, der dazu gehörte,
um Ihnen eine solche Reihe gewiß höchst unerwarteter Bekenntnisse
abzulegen, um Ihnen zu sagen – daß ich mich verjüngt fühle – daß ich

liebe – daß ich eine Tänzerin anbete – und daß ich mit Heine sym=
pathisiere. Sie sind aber auch die einzige Person in der Welt, gegen
welche ich das wagen würde.

(B. Badt, „Rahel und ihre Zeit".)

Mit dem Regierungsantritt Friedrich Wilhelms IV. hatte die Rolle des
Balletts an den Berliner Hoftheatern ausgespielt, und es konnte sich nie
wieder zur gleichen Bedeutung erheben.
Das platonische und doch wiederum nicht ganz platonische Verhältnis
Friedrich Wilhelms zu den Damen seines Balletts entbehrt nicht der Komik,
wurde aber, wie alles, was dieser Monarch tat, selbst von spottlustigen Ber=
linern in keiner Weise abfällig kritisiert.

Unter dem verstorbenen König war es bekanntlich das Ballett, wel=
ches sich vorzugsweise eines hohen Aufschwungs rühmen konnte.
Es war eine der kleinen und harmlosen Vergnügungen des Hochseligen,
die er ungern selbst an Orten, wo es kaum der Aufenthalt gestattete,
vermissen wollte. Auf den Privatbühnen, im Palais und in Potsdam
waren die Tänzerinnen die Königinnen des Tages oder vielmehr der
Nacht, und selbst in den großen Proben des Opernhauses wurde ihnen
nicht selten die Ehre des Besuches des gekrönten Kenners zuteil. Es
muß einen eigenen Anblick gewährt haben, den alten Herrn dort mit
seinem treuen Begleiter, dem General von Witzleben, wie er gewöhn=
lich pflegte, auf dem Souffleurkasten sitzend, die Attitüden der leichten
Amoretten studieren zu sehen. Erwarben sie sich seine besondere Zu=
friedenheit, so ward ihnen wohl auch eine besondere Ehre noch zuge=
dacht. Im königlichen Palais befand sich ein alter Biedermann, der
Kämmerer Timm, der vortreffliche Weine und die ausgesuchtesten
Leckerbissen auf seiner Tafel führte. Dieser Herr Timm lud dann zu=
weilen einzelne der Kleinen auf den Abend zu sich ein. Da man wußte,
was diese Auszeichnung zu bedeuten hatte, so war dieselbe stets ein
Gegenstand des ehrgeizigen Neides. Saßen sie nun in bester Stim=
mung bei Papa Timm, so öffnete sich plötzlich die Türe, und ein Zu=
fall führte den König herein. Der freundliche alte Herr wollte durch=
aus nicht stören, und gewöhnlich blieb er bis Mitternacht in dem auf=
geräumten Kreise. Manche Gnadengesuche wurden hier durchgesetzt,
manche Unterstützungen für heiratslustige Liebespaare oder anstellungs=
fähige Kandidaten wurden hier bewilligt, wenn die Petenten so glück=

lich waren, eine der geflügelten Favoritinnen zur Protektion zu haben.
Diese beschaulichen Zeiten sind vorbei, und die Epoche des neuen Re-
giments ist auch in der Theaterchronik verzeichnet. Die Toga des Sophokles hat die Trikots verdrängt. Man erzählt, der damalige Kronprinz habe eines schönen Tages seine Gemahlin mit den Worten ge-
tröstet: „Sei ruhig, mein Kind! Mein Vater läßt sie springen, wir
wollen sie laufen lassen!" Gewiß, die Ärmsten hatten eine Ahnung
von ihrem Schicksal, sie liebten darum ihren Gönner nicht wenig. Bei
dem Leichenbegängnis folgte eine lange Reihe von Wagen, darin die
verlassenen Flügelgöttinnen saßen und weinend die Beinchen hängen
ließen. Es war ihr erster Schmerz! Jetzt, wo ihr Unglück den Gipfel
erreicht, wo sie, außer einigen Opern, wenig Sprünge mehr machen
dürfen, jetzt wird es bald an der Zeit sein, Romane zu schreiben: „Die
letzte Tänzerin" oder „Geheimnisse der Garderobe". –

(Ernst Dronke, „Berlin".)

Der König hat eine Anzahl schöner Ternaux-Schals gekauft, sie bei
Timm auslegen und als Geschenke unter die Tänzerinnen ver-
losen lassen. Der König, sagt man, hat eine besondere Neigung
für die Tänzerinnen, überhaupt für die jungen Mädchen vom Theater;
sie erfreuen sich seiner Gunst, die aber in allen Ehren verbleibt; er
will, sie sollen tugendhaft sein, und schon um des Vorzugs willen,
den sie von seiten des Hofverhältnisses haben, keinen Liebhaber
dulden. Dagegen bekommen sie dann durch Timm alle schönsten
Kleider und andre Gaben zur Belohnung ihres guten Wandels,
den dieser ihnen bestens einschärft. „Eine sonderbare Art von Harem,"
sagte neulich ein General, „in welchem Timm das Haupt der Ver-
schnittenen spielt."

(Varnhagen, „Blätter aus der preußischen Geschichte".)

Über die Pflege guter, ernster Musik im Opernhause erzählt uns Moltke
(„Gesammelte Schriften und Denkwürdigkeiten"), der, wie überall, auch
hier ein guter Chronist und Beobachter war.

Ich komme eben von der hundertjährigen Geburtstagsfeier des Berliner Opernhauses. Sie wurde begangen durch Aufführung von
einzelnen Tonstücken aller der Komponisten, welche in diesem Zeitraum

für die hiesige Bühne Ausgezeichnetes geleistet haben. Der ganze Hof war gegenwärtig, und wir waren fünfzig Personen in der großen königlichen Loge. Eröffnet wurde die Vorstellung durch eine eigene Komposition Friedrichs des Großen, die wirklich, wenn er sie selbst gemacht hat, weit hübscher war als manches, welches nachher kam. Sodann kam ein Duett nebst Chor von Graun aus Kleopatra, ganz im Stil seiner Kirchenmusik gehalten. Man hatte die damalige Instrumentierung beibehalten und hörte nur ein paar Geigen und Bratschen. Kleopatra und ihre karthagischen Damen waren in Reifröcken und gepuderten Haaren, Cäsar (welcher eine Sopranpartie sang, denn es war ein Frauenzimmer) nebst seinen Römern erschienen mit Haarbeutel und Eskarpins zur Toga und nahmen beim Eintreten sehr höflich ihre Helme ab; alle machten tiefe Knickse resp. Verbeugungen. Jedes neue Gesangstück näherte sich etwas mehr unserm heutigen Geschmack, die Instrumentierung wurde reicher, die Melodien ansprechender. Nachdem wir „Als ich auf meiner Bleiche" glücklich überstanden, klangen die gewaltigen Chöre Glucks schon befreundeter. Winters schöne Komposition „Das unterbrochene Opferfest", sein „Kind, willst du ruhig schlafen", gefielen auch jetzt noch, endlich bildete Mozart den großen Hauptabschnitt und bahnte den Weg zur neuen Musik. Die Ouvertüre zu Belmonte und Konstanze und eine Szene aus dem Don Juan wurden gegeben. Hierauf erschien Beethoven mit seiner gewaltigen volltönenden Ouvertüre zu Egmont, welche da capo gespielt werden mußte. Ihm reihte sich Spohr an mit dem unübertrefflichen Duett aus Jessonda: „Teures Mädchen, wirst mich hassen". Von dem Freischütz wurde die Schlußszene des ersten Aktes gegeben und von den ganz neuen Kompositionen eine wunderbar schöne, geisterhafte Ouvertüre Mendelssohns zum Sommernachtstraum. Man glaubte den Tanz der Elfen zu belauschen. Den Schluß machte Maiseders Musik zum Ballett „Die Sylphiden".

Morgen habe ich den Dienst und werde im Neuen Palais bei Potsdam einer Vorstellung beiwohnen, zu welcher nur der Hof und einige klassische Geschmäcke befohlen sind. Die letzte Aufführung des Stückes, welches gegeben werden soll, hatte vor zweitausendfünfhundert Jahren statt. Es ist die Antigone von einem gewissen Sophokles. Es wird schwer sein, die Erben zu ermitteln, welche Anspruch an eine Tantieme der Einnahme haben, wahrscheinlich sind es Ruderknechte im Hafen von Konstantinopel.

Wenn Ihr die Allgemeine Zeitung haltet, so habt Ihr heute einen Aufsatz mit meinem Monogramm -/- gelesen: „Deutschland und seine germanischen Nachbarn". Das bitte ich aber in dänischen Landen niemand zu sagen, sonst lassen sie mich nicht wieder hinein, sondern ich werde gleich am Langenfelder Zoll konfisziert.

Musik.

Parthey, dessen überaus lesenswerte „Jugenderinnerungen" ein über=
raschend klares Bild der Napoleonischen Zeit und des beginnenden Biedermeier
geben, teilt uns viel über die Pflege der Musik im elterlichen Hause mit. Man
versuchte, gute Streichquartette zusammenzubringen, und vor allem sang man
Opern mit verteilten Rollen und nahm die neuen Musikwerke der Zeit so
völlig durch. Bei fast allen Memoirenschreibern der Biedermeierzeit begeg=
nen wir Reminiszenzen an solche häuslichen Opernaufführungen.

In weit glanzvollerer und anspruchsvollerer Weise als hier wurde aber
von den ersten Künstlern der Zeit im Mendelsfohnschen Hause, in dem
großen Konzertsaal des Gartenhauses Leipziger Straße 3, Musik gepflegt.
Trafen dort doch keine Geringeren als Liszt, Felix Mendelssohn=Bartholdy
und ein Wunderkind namens Josef Joachim zusammen. „Zwanzig Equi=
pagen standen auf dem Hof, und acht Prinzessinnen waren im Saal." Otto
Bähr, auf den schon öfter verwiesen wurde, gibt uns dann genauere De=
tails über die Musikpflege und über die Instrumente der Zeit - die noch
Flöte und Gitarre liebte und eine heut verschollene Form des Klaviers hatte.
In den 30er Jahren kamen die großen Musikfeste auf, die ja noch in der
Gegenwart, vor allem am Rhein und in Süddeutschland, für die Musik=
pflege Bedeutung haben.

Wenig zufrieden aber mit der Pflege der Musik in Berlin und überhaupt in
Deutschland ist Rahel Levin... Wie es uns heute scheint, wohl zu Unrecht.
Rellstab schildert uns dann einen Besuch bei dem alternden Beethoven
in Wien. Die Darstellung hat in ihrer Schlichtheit für mich etwas Er=
greifendes und steht seltsam in Parallele zur Schilderung des Besuches bei
Goethe, über den uns später Wilibald Alexis berichten wird.

Die Höhe der musikalischen Begeisterung brachte der Triumphzug Liszts
durch Deutschland, der Männer und mehr noch Frauen zu krankhaften Exal=
tationen und Huldigungen hinriß. Von da an ist der Zusammenbruch der
musikalischen Kultur zu datieren. Das Gedicht aus der Wiener Theater=
zeitung ist symptomatisch für die krankhafte Begeisterung, mit der man das
Virtuosentum in der Musik im ausgehenden Biedermeier umgab. Die küh=
leren Norddeutschen hingegen - die in Berlin in der Redaktion des „Frei=
mütigen" saßen — konnten schon nicht umhin, diese Verse zu glossieren.

Besonderes Vergnügen gewährten uns Kindern die Streichquartette, von denen mein Vater jeden Winter mehrere veranstaltete. Wir brauchten dabei nicht so still zu sitzen wie in den Oratorien und hatten uns mit keinem Textbuche zu quälen: Mein Vater lud zu den Quartetten die Virtuosen der Königlichen Kapelle und einige geschickte Dilettanten. Unter den letzten gedenke ich gern des Herrn Kielmann, Disponenten des Schicklerschen Bankhauses. Sein schöner Ton auf dem Violoncello hatte ihn in allen musikalischen Kreisen berühmt gemacht. Sein Äußeres hatte etwas Auffallendes: eine lange, hagere Gestalt mit gebogener Nase und vorstehendem Kinne, von überraschender Gewandtheit in allen seinen Bewegungen. Geistreich und schlagfertig im Urteil, wußte er jede Unterhaltung zu beleben. Er war unverheiratet und verkehrte gern bei uns. Wenn mein Vater ihn mündlich zum „nächsten Sonntag Abend" einlud, was sehr oft geschah, so fragte Kielmann ganz ernsthaft: „Soll ich meine Frau mitbringen?" So nannte er sein Violoncello. . . . Die Opernaufführungen am Klavier wurden auf den Wunsch meines Vaters wieder lebhaft in Gang gebracht. Don Juan, die Oper aller Opern und meines Vaters Lieblingsstück, kam zuerst an die Reihe. Die Besetzung war eine so vortreffliche, wie sie wohl selbst auf einer öffentlichen Bühne selten dagewesen sein mag. Prediger Ritschl sang den Don Juan mit vollendeter Meisterschaft; Dorn (jetzt Kapellmeister) den Leporello mit unnachahmlicher Komik; der hinreißende Tenor des Geheimen Postrat Weppler war für den Don Ottavio wie geschaffen; einen besseren Komtur als Herrn Hellwig würde man vergebens gesucht haben. Auguste Sebald leuchtete als Donna Anna in goldenem Glanze; ihrer Schwester Amalie seelenvoller Klang hob die Rolle der Elvira auf eine vorher nicht geahnte Höhe, und meine Schwester Lilli war als Zerline ganz an ihrem Platze. Klein am Klavier ersetzte ein volles Orchester; er besaß die Gabe des Dirigierens, des unmerklichen Einhelfens, des leisen Nachgebens und des fördernden Antreibens in ausgezeichneter Weise; nach ein paar Proben floß alles wie von selbst dahin. Von unschätzbarem Werte waren meines Vaters Bemerkungen über Tempi und Bewegungen der einzelnen Stücke. Da er, wie ich schon erwähnte, den Don Juan unter Mozarts Direktion in Prag gehört, so gab es für diese Dinge keine bessere Autorität als ihn, und Klein folgte eifrig seinen Andeutungen.

Jenny Lind
Nach einem Schabkunstblatt von K. H. Sagert

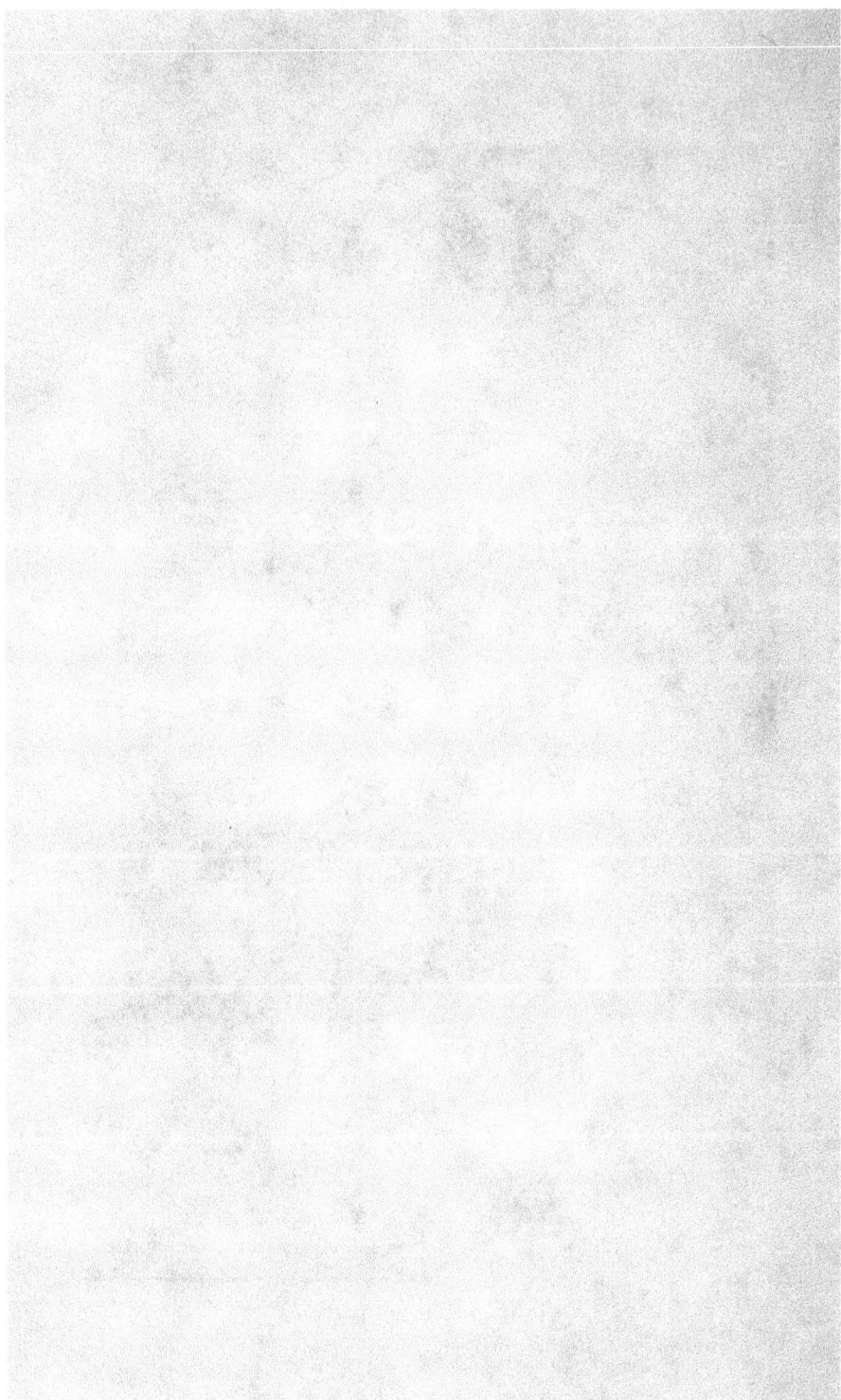

Die Aufführung war eine so vollkommene, daß sie mehr als einmal
unter immer steigendem Beifalle der wechselnden Zuhörer wiederholt
ward.

(„Jugenderinnerungen von Gustav Parthey".)

Was die Hausmusik betrifft, so galt damals Klavierunterricht noch
nicht als ein unentbehrlicher Bestandteil der Jugenderziehung.
Es war daher auch noch nicht – wie jetzt, meist zum schweren Leid=
wesen der Nachbarschaft – fast in jeder Familie ein Klavier vorhanden.
Unter den Klavieren war das tafelförmige Pianoforte vorherrschend.
Flügel waren selten. Pianinos kannte man noch nicht. Der Bau der
Klaviere war unvollkommen und ihr Ton meist klimperhaft. Dabei
legte man noch Wert auf viele „Züge". Neben dem „Fortezug" (so
nannte man die Aufhebung der Dämpfung) war auch ein „Pianozug"
(durch vorgeschobene Tuchläppchen) und womöglich ein „Trompeten=
zug" (durch eine angeschobene Papierrolle) vorhanden; bei Flügeln
öfters auch ein Zug, bei dessen Gebrauch sich eine türkische Musik hören
ließ. Hatte das Klavier noch nicht eine so beherrschende Stellung ge=
wonnen, so waren dagegen noch zwei Instrumente in der Hausmusik
heimisch, die heute fast gänzlich daraus verschwunden sind. Es waren
Flöte und Gitarre.

Die Flöte hatte wohl noch aus der Zeit Friedrichs des Großen ein
Ansehen bewahrt, kraft dessen sie als ein besonders schönes, auch für
Laien erlernenswertes Instrument galt. Hatte doch auch Mozart eine
seiner schönsten musikalischen Dichtungen an die Flöte geknüpft. Die
Beliebtheit des Instrumentes klingt noch durch in den Liedern Uh=
lands, welcher von „Des Nachbars lieblich Flötenspielen" singt und
uns den hübschen Vers hinterlassen hat:

In Gras und Blumen lieg' ich gern,
Wenn eine Flöte tönt von fern.

Heute verlangt niemand mehr eine einsame Flöte zu hören, weder von
fern noch nahe. Wer heute etwas recht Langweiliges bezeichnen will,
spricht von der „alten Flöte". Und deshalb hat die Flöte sich gänzlich
in das Orchester zurückgezogen.

Die Gitarre war allerdings ein klägliches Instrument, wenn sie für
sich allein auftrat. Einen Virtuosen auf der Gitarre zu hören – denn

auch deren gab es - war ein sehr zweifelhafter Kunstgenuß. Sie war aber ein durchaus anmutiges Instrument als Begleiterin des Gesanges. Junge Mädchen, die etwas Stimme hatten und gern ein Liedchen vortrugen oder auch eine sentimentale Stunde sich verkürzen wollten, lernten deshalb Gitarre, was binnen weniger Monate zu erreichen war. Eine solche Sängerin, die ihren Gesang mit Gitarre begleitete, sah ebenso hübsch aus, als sie sich gut anhörte. Auch Studenten sangen ihre Lieder gern zur Gitarre und zogen mit ihr von Haus zu Haus. Das alles setzte aber Lieder voraus, die ihre Schönheit in der einfachen Melodie fanden, und für welche deshalb die wenigen Akkorde, welche die Gitarre naturgemäß darbietet, ausreichten. Solche Lieder bildeten um jene Zeit noch die Regel. Es gehört dahin z. B. das schöne Lied von Reichardt „Freudvoll und leidvoll". Heute sind solche Lieder selten geworden. Die alten sind aus der Mode gekommen. Neue hat man nicht zu schaffen vermocht. Man kennt nur noch Lieder mit so künstlicher Begleitung, daß die Gitarre sie nicht zu leisten vermag. Und deshalb ist die Gitarre auf den Hausboden gewandert.

Auch der Musikunterricht trat noch nicht so anspruchsvoll auf, wie jetzt. Wer sich der Musik widmen wollte, begab sich zu einem Meister, unter welchem er seine Studien machte. Spohr und Moritz Hauptmann hatten jahraus jahrein eine Anzahl Schüler, die, um ihren Unterricht zu genießen, nach Kassel gekommen waren. Aber es fiel jenen nicht ein, ihr Stundengeben als eine „Hochschule für Violinspiel und Komposition" anzukündigen. Natürlich waren auch die Honorare für Musikunterricht nicht einmal annähernd den jetzigen gleich. Heute besteht fast in jeder großen Stadt ein Konservatorium für Musik; und die Zahl derer, welche sich darin zu Virtuosen oder Virtuosinnen ausbilden, ist Legion. Eine Folge hiervon ist unter andern die, daß der gewöhnliche Klavierunterricht, womit sich früher nur Männer befaßten, jetzt großenteils in die Hände von Damen geraten ist. Wirklich musikalische Menschen sind übrigens jetzt ebenso selten wie früher.

Die musikalischen Zustände der damaligen Zeit in ihrer inneren Gestaltung lassen sich mit den literarischen in eine gewisse Parallele stellen. So wie Lessing, Schiller und Goethe es waren, welche unsre Literatur schufen, so haben Haydn, Mozart und Beethoven unsre moderne Musik geschaffen. Mozart war, wie Schiller, früh gestorben.

Dennoch lebte er weit mehr im Herzen des Volkes, als Beethoven, welcher erst im Jahre 1827 aus dem Leben schied. Der alternde Beethoven wurde in seinen Kompositionen immer schwerer verständlich, das Zeitalter aber immer weniger befähigt, tiefere Schöpfungen zu verstehen. Der Sinn für klassische Musik war nicht sehr weit verbreitet. Beethovensche Symphonien zu hören, trug man kein besonders lebhaftes Verlangen. Die im Jahre 1823 von Beethoven vollendete neunte Symphonie wurde in Kassel zuerst im Jahre 1828 von Spohr dem Publikum vorgeführt. Bis dahin war sie nur in Wien und Berlin zur Aufführung gelangt. Spohr und Cherubini hielten an den Traditionen der klassischen Zeit fest. Aber sie besaßen in ihren Kompositionen zu wenig Volkstümliches, um dem Sinn für bessere Musik genügende Nahrung zu geben. Die Liederschätze Franz Schuberts waren noch wenig bekannt.

So gab das Zeitalter sich mehr und mehr der Freude an dem bloßen Virtuosentum und dem sinnenreizenden Klingklang in der Musik hin. Das Virtuosentum, welches sich heutzutage auf Gesang, Klavier und Streichinstrumente zu beschränken pflegt, machte sich damals noch in weit größerem Umfange geltend. Es gab reisende Künstler, welche auf der Flöte, dem Fagott, dem Waldhorn, der Posaune, ja selbst auf der Mundharmonika Konzerte gaben. Besondrer, mit Mitleid gemischter Gunst erfreuten sich blinde Flötenspieler. Bravoursängerinnen trugen mit Vorliebe Variationen über ein beliebtes Thema (z. B. „Mich fliehen alle Freuden") vor. Auf dem Gebiete der Klaviermusik waren Czerni, Cramer, Dussek, Field, Kalkbrenner, Henri Herz usw. an der Tagesordnung. Sehr beliebt waren auch „Potpourris", Zusammenstellungen von Opernstückchen, die in eine notdürftige musikalische Verbindung gebracht waren.

(Otto Bähr, „Eine deutsche Stadt vor 60 Jahren".)

Fanny an Rebekka.

Berlin, den 18. März 1844.

Wir haben hier in Saus und Braus gelebt, vorige Woche war jeder Tag doppelt und dreifach besetzt, vier große Abendfeten hintereinander, in deren einer die Rossi, in einer die Birch (eine englische Sängerin, die ganz wie die Novello singt) und in zweien die

Decker zu hören war. Diese hat an zwei aufeinanderfolgenden Donnerstagen die prachtvollsten Soireen gegeben, die man nur sehen kann, sie waren eigentlich für den Herzog von Mecklenburg und seinen Theater-Intendanten, leider aber kam jener gar nicht nach Berlin, und dieser mußte nach dem ersten Fest wieder zurückreisen; das tat aber dem Glanz der Soireen und der guten Laune der Wirtin, die prächtig bei Stimme war, keinen Eintrag. Vorigen Sonntag war auch bei uns die brillanteste Sonntagsmusik, die, glaube ich, noch jemals stattgefunden hat, sowohl was Ausführung als Publikum betraf. Wenn ich Dir sage, daß zweiundzwanzig Equipagen auf dem Hof und Liszt und acht Prinzessinnen im Saal waren, wirst Du mir die nähere Beschreibung des Glanzes meiner Hütte wohl erlassen. Dagegen will ich Dir mein Repertoire mitteilen: Quintett von Hummel, mit der Finger leicht Getummel, Duett aus Fidelio, Variationen von David, von dem prächtigen kleinen Joachim gespielt, der kein Wunderkind, sondern ein bewunderungswürdiges Kind ist, nebenbei Sebastians dicker Freund. Zwei Lieder, von denen das schöne „Laß die Schmerzen dieser Erde", von Eckert, von Felix und der Decker auswendig vorgetragen, wie immer großen Beifall fand. Ich erlaube Dir, Eckert kein Geheimnis daraus zu machen. Hierauf kam die Walpurgisnacht, auf die mein Publikum schon seit vier Wochen gespannt war und die vortrefflich ging. Wir hatten drei Proben gemacht, bei denen sich die Sänger so amüsierten, daß sie gern noch einmal soviel gehabt hätten. Bei der letzten war Felix zugegen und sehr zufrieden. Ich hätte gern gesehen, daß er begleitet hätte, das wollte er nun aber ein für allemal nicht, sondern spielte nur die Ouvertüre mit mir und griff bei den schwierigsten Stellen bald im Baß, bald im Diskant mit zu, so daß eine Art von improvisiertem vierhändigen Arrangement daraus ward, das sehr gut klang. Jetzt habe ich meine Musiken bis nach Ostern aussetzen müssen, da Felix bis dahin Zeit und Leute braucht; er führt nämlich Palmsonntags in der Garnisonkirche Israel in Ägypten mit einem Personal von etwa vierhundertundfünfzig Leuten auf; es wird ein gewaltiges Orchester dazu an der Orgel gebaut, und es wird hoffentlich prachtvoll werden. Vorher noch ist als Schluß der Symphonien die neunte mit Chören, so daß Felix vollauf zu tun hat. Dabei schreibt er ein Konzert für England, zwischendurch gehn die Korrekturen seiner neuen Werke, seine zahllose

Korrespondenz und alles, was sonst noch der Tag mit sich bringt; er ist fortwährend in bester Laune und freut sich sehr auf seine bevorstehende Reise. Neulich nach der Israel-Probe war ausnahmsweise gut Wetter; nachdem es aus war, stand und flanierte man auf der Straße, und dann gingen wir noch spazieren und abends spielten wir alle mit dem Geheimrath Böckh schwarzer Peter und ließen uns von Sebastian Schnurrbärte malen. Daß Du nicht bei Delaroche auf dem Ball warst, ist sehr unrecht, auf der Reise muß man alle Menschenscheu ablegen, sonst verliert man zuviel. Daß ich großenteils als Wegweiser predige, kannst Du wohl denken. Deine Beschreibung von Dirichlets weltverachtender Karnevalslaune hat mich sehr amüsiert, ich sehe ihn von hier mit unbesiegbarem Gelehrtenstolz Sträuße schleudern; hat er nicht aber doch von Zeit zu Zeit dazwischen süß gelächelt?

(S. Hensel, „Die Familie Mendelssohn".)

An Victorine Boissonnet.

Bonn, den 1. Juni 1833.

Einen schönen, herrlichen Mai habe ich nun schon am Rheine verlebt, ein schönes Pfingstfest an seinen Ufern gefeiert. Feste zu feiern, versteht freilich die Welt nicht mehr, aber hier findet man noch Anklänge wahrer Festesfreude, nicht in den Konzertsälen voll geputzter Herren und Damen, die nach jeder gelungenen pièce die Handschuhe ausziehen und klatschen, sondern in den Städtchen und Dörfern. Gestern vor 8 Tagen machte ich mich auf, das Musikfest zu bereisen. In einem vollgedrängten Nachen fuhr ich nach Köln, von da um 12 Uhr auf dem übermäßig gefüllten holländischen Dampfschiffe nach Düsseldorf. Den Konzerten und Konzertproben habe ich gewissenhaft beigewohnt und viel Genuß davon gehabt. Das Schönste von allem war unstreitig das große Oratorium von Händel, Israel in Agypten. Es ist die erste Musik, die mich wirklich begeistert hat, und da ich sie dreimal hörte, konnte ich dem Fluge des Künstlers etwas folgen. Sie besteht aus zwei Teilen, der erste schildert die Bedrückung Israels, die Plagen Agyptens und den Auszug, der zweite das Loblied Mosis. Die herrlichen Chöre, in seltener Vollendung aufgeführt, machten ungeheuren Eindruck. Ich begreife nicht, wie die Menschen immer klatschen und Bravo rufen konnten, als wenn sie einen Taschenspieler vor sich hätten, als wenn die Kunst nur darauf ausginge, Beifall einzuernten, und nicht die innersten Tiefen der Brust wunderbar anregte.

Der zweite Abend begann mit der schönen Beethovenschen Pastoralsömphonie, welche auf eine reizende Weise den ganzen Kreis ländlicher Empfindungen darstellt.

Es folgte die Ouvertüre zur Leonore und zuletzt die bekannte Kantate von Winter: „Die Macht der Töne".

Am Dienstag Morgen war ein drittes Konzert. Das Schönste aus Israel in Ägypten wurde wiederholt. Die Krone des Festes war Madame Decker aus Berlin. Mendelssohn-Bartholdy erntete für sein Direktorium viele Schmeicheleien und ward durch Gedichte, Medaillen, Bekränzung geehrt. Die Aufführung selbst war über jeden Tadel erhaben, die Solostimmen und Chöre ausgezeichnet schön, die Zahl der Singenden war 275, auch die Instrumentalpartie war sehr bedeutend, 62 Violinen, 18 Violoncelle, 13 Kontrabässe usw.

(Ernst Curtius, „Ein Lebensbild in Briefen".)

Aus Tagesblättern.

Berlin, den 19. Februar 1820.

Anstatt des Tagebuches stehe lieber folgendes hier: nur dies noch! Vorgestern sah ich Alceste; auch nur stärkere Bestätigung alles Alten über unser Berliner Theater. Schlechte Plätze. Kreischendes Orchester. Fürchterliche Tanzkunst, wo die Tänze nicht einmal zur Musik gehen wollen; ohne Sinn, ohne Verstand, ohne Grazie, mit Seiltänzermühe, ohne sie wie diese Tänzer uns unschuldig anzurechnen. Sänger vom Berliner Publikum gebildet. Das Publikum hat sich eine Art Beifall für Gluck auswendig gelernt, welchen zu wiederholen es keineswegs unterläßt, aber doch endlich nur sehr lässig bezeigen kann; auch die einzelnen in den Logen, einer gegen den anderen. Stümer sehr gut gespielt; wird sich aber die Brust angreifen. Weber läßt die Blasinstrumente mit den Sängern in die Wette forcieren; Töne in Fresko darzustellen, muß man von den großen italienischen Sängern gehört und es bemerkt haben. Man kann den Ton weit ausschicken, ohne zu schreien; wie die Farben klumpenweise für die Ferne auftragen. Wenn Gluck nur einmal solche Oper aufführen könnte! schon in Paris, durch Tradition im Orchester, hört man, wie Gluck es gemeint hat. Es ist noch

viel zu sagen. Neulich sagte ich, die Kunst müsse einer Nation natür=
lich sein; d. h. in den unteren Volksklassen entstehen; sonst vagiert sie,
hat keinen Boden, wird Krittelei, wenn sie vorher noch glücklich Nach=
ahmung war. Erst gestern, als Goethische Lieder ohne Begleitung ge=
sungen wurden, drang sich mir von neuem auf, daß es nur verbesserter
Wachtstuben= und Handwerksburschen=Gesang im Wandern war.
Hier haben wir keinen anderen Volksgesang. Nun gibt's noch Sol=
datenlieder aus dem Krieg. Alles andere Singen, auf den Theatern,
ist bald italienisch, bald halb dieser Gesang, halb jener bezeichnete, auf
Gluck, Mozart usw. angewandt; und meistens schon damit angefangen,
die Singorgane ganz mißzuverstehen. Dabei ein unendlicher Dünkel;
auf dünkelhaften sogenannten Patriotismus gepflanzt. Man findet hier
mehr schöne Stimmen, als man nur irgend vermuten sollte; aber gleich
werden sie verdorben; in die Kehle hineingezwungen, die Brusttöne
bis zur Vernichtung forciert, gequetscht, gekälbert. Leidenschaft besteht
nur in Forte und Piano, in Dehnen, et cetera!

(K. A. Varnhagen, „Vermischte Schriften".)

Mein erster Blick beim Eintreten traf auf ihn. Er saß lässig auf einem
ungeordneten Bett an der Rückwand des Zimmers, auf dem er
ebenzuvor noch gelegen zu haben schien. Den Brief von Zelter hielt
er in der einen Hand, die andere reichte er mir freundlich entgegen,
mit einem solchen Blick der Güte und zugleich des Leidens, daß
plötzlich jede Scheidewand der Beklemmung fiel und ich dem im tief=
sten Verehrten mit der ganzen Wärme meiner Liebe entgegenschritt.
Er stand auf, reichte mir die Hand, drückte sie herzlich, deutsch, und
sagte: „Sie haben mir einen schönen Brief von Zelter gebracht! Er
ist ein wahrer Beschützer der echten Kunst!" – Gewohnt, selbst am
meisten zu sprechen, da er die Gegenrede nur schwer vernehmen
konnte, fuhr er fort: „Ich bin nicht ganz wohl! Ich bin recht krank
gewesen! – Sie werden sich schlecht mit mir unterhalten, denn ich höre
sehr schwer!"

Was ich antwortete, ob ich antwortete, – ich weiß es wahrlich nicht!
Zumeist werden wohl meine Blicke, der wiederholte Druck meiner Hand
das ausgedrückt haben, wozu mir vielleicht die Worte gefehlt hätten,
auch wenn ich hier wie zu andern hätte sprechen können.

Beethoven lud mich ein, mich zu setzen; er selbst nahm seinen
Platz auf einem Stuhl vor dem Bett und rückte ihn an einen Tisch, der,
zwei Schritte davon, ganz mit Schätzen bedeckt war, mit Noten von
Beethovens Hand, mit den Arbeiten, die ihn eben jetzt beschäftigten.
Ich nahm einen Stuhl neben dem seinigen. Schnell werfe ich noch einen
Blick über das Zimmer. Es ist so groß wie das Vorzimmer, hat zwei
Fenster. Unter diesen steht ein Flügel. Sonst ist nichts darin zu entdecken,
was irgend Behaglichkeit, Bequemlichkeit, vollends Glanz oder Luxus
verriete. Ein Schreibschrank, einige Stühle und Tische, weiße Wände
mit alten, verstaubten Tapeten, – das ist Beethovens Gemach. Was
kümmert er sich um Bronzen, Spiegelwände, Diwans, Gold und Silber! Er, dem alle Pracht dieser Erde Tand, Staub und Asche ist, gegen einen göttlichen Funken, der, alles überstrahlend, aus seinem Innern aufleuchtet!

So saß ich denn neben dem kranken, schwermütigen Dulder. Das
fast durchweg graue Haar erhob sich buschig, ungeordnet auf seinem
Scheitel, nicht glatt, nicht kraus, nicht starr, ein Gemisch aus allem.
Die Züge erschienen auf den ersten Blick wenig bedeutend; das Gesicht war viel kleiner, als ich es mir nach den in eine gewaltsam geniale Wildheit gezwängten Bildnissen vorgestellt hatte. Nichts drückte
jene Schroffheit, jene stürmische Fessellosigkeit aus, die man seiner
Physiognomie geliehen, um sie in Übereinstimmung mit seinen Werken
zu bringen. Weshalb sollte denn aber auch Beethovens Angesicht aussehen wie seine Partituren? Seine Farbe war bräunlich, doch nicht jenes
gesunde, kräftige Braun, das sich der Jäger erwirbt, sondern mit einem
gelblich kränkelnden Ton versetzt. Die Nase schmal, scharf, der Mund
wohlwollend, das Auge klein, blaßgrau, doch sprechend. Wehmut,
Leiden, Güte las ich auf seinem Angesicht; doch, ich wiederhole es,
nicht ein Zug der Härte, nicht einer der mächtigen Kühnheit, die den
Schwung des Geistes bezeichnet, war auch nur vorübergehend zu bemerken. Ich will hier den Leser nicht durch eine Dichtung täuschen,
sondern die Wahrheit geben, ein treuer Spiegel eines teuren Bildnisses sein. Er büßte, trotz allem eben Gesagten, nichts von der ge-
heimnisvoll anziehenden Kraft ein, die uns so unwiderstehlich an das
Äußere großer Menschen fesselt. Denn das Leiden, der stumme, schwere
Schmerz, der sich darin ausdrückte, war nicht die Folge des augenblick-

lichen Unwohlseins, da ich diesen Ausdruck auch nach Wochen, wo sich
Beethoven viel gesünder fühlte, immer wieder fand, – sondern das
Ergebnis seines ganzen, einzigen Lebensgeschicks, welches die höchste
Gewähr der Bestätigung mit der grausamsten Prüfung des Versagens
verschmolz. Bevor wir nicht von einem in der Frische der Lebenskraft
erblindeten Raffael zu erzählen haben, wird Beethoven seinesglei-
chen an Heil und Unheil in der Kunst- wie in der Weltgeschichte nicht
finden! Denn auf solcher Höhe wird die Kunstgeschichte zur
Weltgeschichte.

Deshalb ergriff der Anblick dieses stillen und tiefen Grams, der
auf seiner wehmutvollen Stirn, in seinen milden Augen lag, mit
namenloser Rührung. Es gehörte starke Kraft der Selbstüberwin-
dung dazu, ihm gegenüberzusitzen und die hervordrängende Träne
zurückzuhalten. –

Nachdem wir uns gesetzt hatten, reichte mir Beethoven eine Schreib-
tafel und einen Bleistift, indem er sagte: „Sie dürfen mir nur die
Hauptsachen aufschreiben, ich weiß mich dann schon zu finden; ich bin
es nun schon viele Jahre gewohnt." –

(L. Rellstab, „Aus meinem Leben".)

Wodurch hat Franz Liszt diese Berliner enthusiastische Verzückung
herbeigeführt? – Durch seine produzierten Tonwerke selbst? –
Gewiß nicht! – denn alle kunstsinnigen Berliner und Franz Liszt selbst
werden eingestehen, daß uns der Genius der Musik in einer Mozart-
schen Ouverture oder Beethovenschen Symphonie, von einem vollstän-
digen, tüchtigen Orchester, unter Meisterleitung ausgeführt, mit ge-
waltigern Schauern ergreifen muß, als ein Klavierkonzert, und wenn
die heilige Cäcilie selbst die Tasten schlüge. – Es war aber zum Teil
die forcierte, nervöse Bildung der Berliner, ihre hohle Abgetriebenheit,
welche den Künstler Liszt zum Opfer ihrer hösterischen Begeisterung
erkor und ihn mit einem Heiligenschein umgab, damit sie ihn gerechtfertigt anbeten könnte. Zudem umschwebte ihn verführerisch die heimlich süße Mystik eines romantischen Künstlerlebens – eine warme, ka-
tholische Novelle, halb frivol halb verklärt durch den Namen George
Sand. – Dann seine Wohltätigkeit! dann Rellstab! – Zum Teil aber
riß Liszt die Kenner wirklich hin, nicht bloß als Meister, sondern auch

als der wunderbare Tyrann des Pianoforte. – Ja, einen Tyrannen
nenne ich ihn, diesen gutmütig lächelnden, freundlichen König der Töne;
denn noch keiner hat den klingenden Metallsaiten so viel geboten als
er. – Sie müssen ihm, wie altägyptische Sklaven, die kolossalen, mu=
sikalischen Pharaonenbauten ausführen; klingende Monumente, so hoch,
wie die höchsten Obelisken und Pyramiden; oder, wie geknechtete Geister
den Ossa auf den Pelion stülpen, damit der Herr Franz Liszt bequem
den Kopf in den blauen Himmel stecken kann. Sie müssen seinen gold=
nen Triumphwagen durch Europa ziehen; den stürmenden Ozean müssen
sie glätten wie ein theokritisches Bächlein und die Morgenröte bei den
Fittichen ergreifen; kurz, die Arbeiten des Herkules sind ein wahres
Kinderspiel gegen die Arbeiten, welche Liszt den Messingdrähten
seines Klaviers aufgibt. Und dabei können die armen, gehetzten Töne
gar nicht zu Atem kommen; immerfort müssen sie um ihren Meister
schweben und klingend die Anwesenheit kundtun, bis er ihnen gebietet,
zu den fernsten Sternen zu fliegen und hinabzufahren in den tiefsten
Höllenschlund, und fast in demselben Momente wieder vor ihm zu er=
scheinen! – Die Berliner aber, welche gute Royalisten sind, lieben und
verehren sehr den König Liszt, wie alle Könige, und sollten sie auch zu
den Pharaonen gehören! –

Auch wir haben vor kurzem Franz Liszt in unsrer Mitte gehabt; aber
der gesunde Sinn der Königsberger verschonte den Künstler mit jenem
widerlichen Veitstanze des Enthusiasmus, und ersparte sich ein Errö=
ten, das nicht bloß das Eingeständnis einer begangenen Torheit, son=
dern auch den Verrat an den heiligsten Interessen der Gegenwart und
der Zukunft bezeichnet hätte. – Während der Anwesenheit Liszts war
der Gesundheitszustand unsrer Stadt vortrefflich; denn die Nerven
unsrer ostpreußischen Damen sind nicht berlinisch verkränkelt. Es wurde
dem Künstler der Lorbeerkranz nicht vorenthalten, der ihm gebührt;
und wenn die philosophische Fakultät einen Doktorhut darauf gestülpt
hat, so ist wenigstens ein solcher Fall nicht unerhört in der Geschichte.
Auch Blücher wurde bei seiner Anwesenheit in England von der Uni=
versität Oxford zum Doktor kreiert. – Auf keinen Fall schadet es etwas,
da einem Doktor der Philosophie die ärztliche Praxis aufs strengste
untersagt ist. Wir zweifeln nicht daran, daß die Taglioni und Fanny
Elßler, die, wie man sagt, nicht bloß Geschichte, sondern auch Philo=

sophie tanzen können, falls sie einmal nach Königsberg kommen sollten, ebenfalls mit dem philosophischen Doktordiplome beehrt werden würden. ‒

(Walesrode, „Glossen und Randzeichnungen".)

Die Wiener Theaterzeitung enthält ein Gedicht auf Ole Bull, das so beginnt:

> Willkommen, edler Nordlandssohn,
> Mit deinem blitzenden Zauberton,
> Mit deinem schmelzenden Liebesfang,
> Mit deinem begeisternden Sphärenklang,
> Mit deinem harmonischen Solo=Quartett,
> Mit Stößen und Läufen so rein und nett!

(„Der Freimüthige.")

Dichterprofile.

Im Gegensatz zu den vielen, überschwenglichen Schilderungen von Besuchen bei Goethe gibt uns Wilibald Alexis ein Bild von der Vereinsamung, in der sich in den letzten Jahren doch der alte Dichter bewegte. Die neue Zeit, die letzte Generation, sah nicht mehr zu ihm auf, sondern glaubte, befugt zu sein, sich ihm gleichberechtigt gegenüberstellen zu können. Einfach, weil ihr und nicht ihm die Gegenwart gehörte.

Zu welchem Enthusiasmus sich aber bei einzelnen und vor allem bei begabten Frauen, wie Bettine v. Arnim, die Verehrung für Goethe steigern konnte, das zeigen die schönen Worte, die das „Kind" noch in einem Alter, wo sie längst kein Kind mehr war, an den Schriftsteller Adolf Stahr über ihr einstiges Aufgehen im Geiste Goethes fand.

Zehn Jahre nach jenem ersten Besuche war ich zum dritten Male in Weimar. Ich kam aus Paris zurück. Viel hatte sich zwischen 1819 und 1829 geändert. Die Zwerge rüttelten am Throne des Giganten; und der Gigant, alt geworden, horchte auf ihr Treiben. Er horchte mehr, als wir annahmen. Seine Tafelrunde zündete Kerzen an und schwenkte Weihkessel und ließ Trompeten, Orgel und Hymnen klingen, um das Nagen und Murmeln, das bald zu einem Sturm werden sollte, zu übertönen. Gewiß ein unrichtiges Verfahren; Goethe nickte auch wohl nur halbwillig zu dieser Liturgie. Aber er sandte denen, die fest an ihm hielten, freundliche Sprüche zu, und denen, die in seinem Dienste laut sprachen, Ehrenmedaillons mit seinem Bildnis. Auch ich hatte ein solches erhalten, ich meine aber nicht um Akoluthendienst. Denn ich habe nie den Weihkessel geschwenkt, weil es mir unwürdig dünkte der Größe, für die meine Verehrung nie erstorben, und meine Liebe wieder gewachsen war. Weniger um schuldigen Lehndienst, als weil das Herz mich drängte, den Heros noch einmal zu sehen, machte ich den Umweg über Weimar.

Goethe wohnte diesmal in seinem anmutigen Landhause am Park.

.... Wir saßen nicht wie damals auf feierlichen Stühlen einander gegenüber. Er zog mich auf das kleine Kanapee neben sich, und keiner brauchte die Unterhaltung zu machen; sie war von selbst da und ging in anmutigem Flusse fort. Goethe wollte von seinen Pariser Freunden wissen, und was ich ihm mitteilen konnte, war ihm angenehm. Unser gemeinsamer Freund, J. J. Ampère, der Sohn, konnte sich einer Teilnahme des Greises erfreuen, die mir bewies, daß Goethe wärmerer Gefühle fähig sei, als man ihm zugestand. Ganz undiplomatisch ging es freilich auch hier nicht zu. Denn als er mich fragte: „Hat denn unser Freund auch mit Appetit von dem Renntierschinken in Ihrer Lappenhütte gegessen?" so war es Goethen wohl weniger darum zu tun, dies zu erfahren, als mir auf eine artige Weise zu verstehen zu geben, daß er meine Herbstreise nach Skandinavien kenne. Um deshalb bildete ich mir übrigens nicht ein, daß er das Buch gelesen habe, aber es ist schon genug, wenn ein Dichter im achtzigsten Jahre, und ein Goethe, der jüngern Literatur nicht fremd bleibt und von allen Erscheinungen, sei es auch durch unvollkommene Freundesmitteilungen, Notiz nimmt. Dieselbe milde, anerkennende Tendenz im ganzen Gespräche, das ebendeshalb keine leuchtenden Punkte und keine schroffen Spitzen bot, die besonders in der Erinnerung geblieben wären. Hindeutungen auf eine allgemeine europäische und Welt-Literatur, eines der Lieblingsthemata in seinem noch von Phantasien umgaukelten Lebenswinter, traten auch hier in der Unterhaltung heraus.

Nicht enttäuscht und nicht berauscht, angenehm gesättigt trat ich aus der heitern Stube, aus dem freundlichen Hause. Das Bild des edlen Greises, in dessen Zügen noch volle Erinnerung an die Götterkraft seiner Jugend blitzte, begleitete mich. Alle Bilder, die damals von ihm existierten, und die mir nachher zu Gesicht kamen, drücken das nicht aus, was ich gesehen. Das Bild ist noch jetzt nicht verschwunden, die teure Reliquie von einem Manne, wie ein nächstes Jahrhundert keinen zweiten hervorbringen wird. Es war das letztemal, daß ich Goethen gesehen habe. -

(Wilibald Alexis, „Erinnerungen".)

Guter Herr Doktor Stahr (denn der sind Sie mir, indem Sie mit beharrlichem Vertrauen, das ich böslich vernachlässigte, sich mir zuwenden). Ich bitte um Verzeihung meiner Vernachlässigung, nicht der Gabe, denn die habe ich genoſſen, aber des Gebers, denn der Brief, der ihm geſchrieben war, wie einer an Herrn von Beaulieu, ſind beide auf meinem Schreibtiſch unter andern Papieren verloren geblie= ben; erſt vor wenig Tagen, wo ſie der Zufall ans Licht brachte, hab' ich ſie zum Feuer und mich zum ewigen Schweigen verdammt. – Durch Ihre Nachſicht entſühnt, darf ich dies Schweigen nicht brechen, Ihnen meinen verſpäteten Dank zu ſagen. – Zum Glück – ich ſage zum Glück – weiß ich nicht das geringſte von Merck; denn wüßte ich von ihm, ſo würde mich mein Gewiſſen drängen, abermals einen neuen Kanal zu bauen, deren ſchon ſo unzählige mich in Anſpruch nehmen, daß Tag= und Nachtgleiche für ewig für mich aus den Angeln gehoben iſt. Wie ein Spreewald, aus unzähligen Inſeln beſtehend, deren jede eines Kunſtgärtners bedarf, um ihre Früchte auf künſtlichem Roſte gedeihen zu machen, iſt mein Leben ausgefüllt. Eſſen und trinken kann ich nur im Flug, an Erneuerung meiner Gewande kann ich nimmer denken, dies paßt zum Einſiedlerleben. Kommen die Menſchen zu mir, ſo mach' ich's kurz und fall' mit der Tür ins Haus, um in aller Eile ihnen zu ſagen, was ſie ſonſt nur nach dem erſten Scheffel Salz ſich wollen ge= fallen laſſen, zu hören.

Mit Goethe hab' ich nicht von verſchiedenen geſprochen, unſer Reden war, wie unſre Blicke, ineinander konzentriert; alſo „Merck" wär' ein fremder Ton in unſrer Sprache geweſen, – aber einmal ſagte doch Goethe zu mir: „Merk' dir's, daß, wenn du künftig bei der Sterne Licht meiner gedenkend, ich bei ihrem Leuchten deiner gedenkend die" pp. – – – – –

Die Momente, die wir miteinander lebten, waren Tautropfen, in deren jedem die Sonne ſich ſpiegelte und ihre Strahlen in unſrer Stim= mung Farbe brach. – Ich fand einmal im Frühlingstau eine Heidel= beere und zählte auf dem Sträuchlein, aus deſſen Blätterreichtum ſie hervorguckte, hundertmal das Bild der Morgenſonne in hundert Tau= tropfen, die die kleine Heidelbeere umſtrahlten, da merkt' ich nichts von allem, was um mich her noch war, ich war verſunken ins Paradies der Heidelbeere, die inmitten unzähliger Spiegelungen des Sonnengotts unter dem Morgenduft ihrer Reiſe entgegenwuchs. So war's grad' mit mir – noch vom Duft der Kindheit gedeckt, ſonſt hätt' ich ſeinen Glanz nicht aushalten können, ſtrahlte der Dichter in unzähligen Gei=

stestropfen, rein wie der Morgentau um mich her; – und wär' ein Merck
oder sonst etwas aus der Tageswelt bemerkt worden, ich hätte es für
Schatten gehalten, der zwischen mich und meinen Gott fiele, wovor
sein Bild mich nicht anstrahlen könne; gewiß wär' mein Geist ver=
stummt, mein Begriff erstorben für alles, auch für Merck, den ich
nimmer hätte fassen können, mitsamt allem außer ihm.

Böttchers Klatschereien! – von denen weiß ich gar nichts. – Hat er
über mich gesprochen? – über Goethe? – ich kenne ihn nicht, ahne ihn
nicht, Goethe hat mir ihn nie erwähnt, daraus schließe ich, daß er nicht
zu den Liebesgöttern gehöre; – daß „Merck" Goethes frühster Jugend=
genosse, läßt sich eher hören, denn als ich zuerst in dieses Planeten Kreis
eintrat, da hatte er 59 mal den Frühling des Jahres wiedererobert, und
in meinem Anblick entschwang sich seine Seele jener früheren gewohn=
ten Bahn, Ungewohntes regte seinen Geist, sich neu zu befiedern, und
zärtlich deckte der junge Flaum sein Herz, daß es in der Wärme himm=
lische Glut ausströmte. Da war ich also sein ältester und einziger Ju=
gendgefährte, und anderer, die noch in des Uranos Zeiten mit ihm ver=
kehrten, wurde nicht gedacht. –

„Der reiche Schatz meiner Erinnerungen" ist es also nicht, wie Sie
wähnen, geeignet, den Wust in „Umlauf gesetzter Klatschereien" auf=
zuräumen.

Zur Strafe für den Mißgriff, den Ihr Geist hier gemacht hat, ver=
urteile ich Sie, diesen meinen Brief dem Herrn von Beaulieu vorzu=
lesen, mir Verzeihung zu erwirken, daß kein Danksagungsschreiben auf
seine Sendung und bescheidene Bitten erfolgte, ja wenn er's fordert
und darauf besteht, sogar diesen meinen unwichtigen Schreibezettel in
zwei Teile zu zerreißen und ihm die eine Hälfte davon als autogra=
phisches Denkmal zu überlassen, da ich weiß, daß die Menschen jetzo
einen Narren an solchen Dingen gefressen haben. Unterdessen zeichne
ich mit Hochachtung

Berlin, den 11. April 1839.   Bettine Arnim.

(Ludwig Geiger, „Aus Adolph Stahrs Nachlaß".)

Parthey entwirft ein ansprechendes Bild von dem Äußeren der Persön=
lichkeit Jean Pauls, dessen Bekanntschaft ihm durch Elise von der Recke
vermittelt wurde. Ein Bild, das vielleicht auf die bekannte Silhouette, die

Herbert Eulenberg jüngst von Jean Paul entwarf, nicht ganz ohne Einfluß geblieben ist. Welchen Eindruck aber Jean Paul auf die jüngere Generation von Schriftstellern machte, davon geben uns Platens Tagebücher ein gutes Zeugnis. Goethe hingegen stand sowohl Jean Paul, wie auch später dem Dramatiker Kleist, ablehnend gegenüber, da Persönlichkeiten von so starker Kompliziertheit wie die Jean Pauls oder Kleists, ja, selbst wie die eines Hoffmann oder Heine der kristallenen Klarheit seines Wesens fremd waren.

Am 26. Oktober 1820 verließen wir Löbichau und erreichten nach zwei kleinen Tagereisen Baireuth, wo die Herzogin sogleich den Legationsrat Richter zum Abend einladen ließ. Den vielverehrten Jean Paul von Angesicht zu Angesicht kennen zu lernen, gewährte mir eine unbeschreibliche Freude; ich fand ihn dem Bilde recht ähnlich, das ich mir nach Lesung seiner Schriften und nach Emiliens Beschreibung von ihm gemacht. Seine Korpulenz gab ihm etwas Unbehilfliches, sein Gesicht glich dem eines ehrlichen Pächters, aber auf der hohen, schöngewölbten Stirn thronte ein hervorragender Geist. Seinen Humor zu zeigen, fand er wenig Gelegenheit; nach einigen kleinen Proben sah man, daß er durchaus trocken, d. h. von dem Mantel des Ernstes umhüllt sei, wie dies in dem unschätzbaren Kleinode: Attila Schmelzles Reise nach Fläz durchgängig der Fall ist. Als die Herzogin bedauerte, ihm keinen Tee anbieten zu können, da sie von Löbichau her wisse, daß er denselben nicht trinke, so sagte er mit der größten Harmlosigkeit: „Ei, wenn Ew. Durchlaucht gütigst erlauben, so setze ich mein Bierkrügel neben die Teetassen." Und alsbald erschien ein Humpen des besten Baireuther Bieres, der im Laufe des Abends unter den anregendsten Gesprächen geleert ward. Seine Gedankenfülle zeigte sich, wie Emilie bemerkte, in der momentanen Schwierigkeit, den adäquaten Ausdruck zu finden; sagt er doch selbst einmal: mancher Autor habe ganze Bibliotheken von guten Gedanken im Kopfe, aber nur ebensoviel Zeit, um ein paar Bücherbretter davon aufzuschreiben. Beim Abschiede zündete Jean Paul im Vorsaale eine kleine Taschenlaterne an und wandelte langsam nach seiner Behausung durch die dunkeln Straßen von Baireuth, wo man weder von Lampen- noch von Gaslicht etwas zu wissen schien. Den getreuen Pudel hatte er zu Hause gelassen.

(„Jugenderinnerungen von Gustav Parthey.")

Am 21. Januar 1816. München.

Von Jean Pauls „Titan" habe ich nun den letzten Teil zu lesen vollendet. O ihr Musen, welch ein Buch! Wie ist alles darin Natur und Kraft und Schönheit! Welche Phantasie! Gleich einem nektartrunkenen Halbgott führt uns der Dichter wie durch elysäische Wege durch seine Metaphern. Wenn man einmal die eigene und doch wohl etwas manierierte Schreibart Jean Pauls gewöhnt ist, so ist alles groß und herrlich; aus allem blickt Genie, Urteilskraft und Belesenheit. Bei seinen üppigen Naturbeschreibungen glaubt man ein blühendes Gemälde zu sehen, nicht eines zu lesen. Weder Goethe noch Matthisson, noch sonst einer zeichnete uns je so schön die Riesenerinnerungen Roms und die Zaubergärten von Neapel . . . .

Die drei schrecklichsten Situationen im „Titan" sind ohne Zweifel Lindas Täuschung durch Roquairol im Flötenthal. Schoppes Tod durch seinen Ich-Wahn und Roquairols Selbstmord zum Schluß seines aufgeführten Trauerspiels . . . . Von allen die bei weitem Beklagenswürdigste ist Linda da Romeiro; ihr Glückswechsel ist fürchterlich. Unwiderruflich verloren für ihren Geliebten, verachtet von ihren Freundinnen, geschändet von der Welt, erkennt sie sich als die strafbare Gattin des verächtlichsten Menschen, der sich bereits ermordet hatte. Die Fürstin ist jedoch unendlich schuldiger an jener schwarzen Tat, als Roquairol selbst, in dessen Kopfe sie zum mindesten nicht entsprang.

("August von Platens Tagebücher", herausgegeben von v. Laubmann und v. Scheffler.)

Einen großen literarischen Kreis versammelte in Dresden Ludwig Tieck um sich, der, neben seinen schriftstellerischen Qualitäten, die Gabe des Vergegenwärtigens im Vorlesen in überraschender Weise besaß. – Amüsant ist die Erinnerung Meißners, dessen Vater ja als Arzt – er ist das Urbild zu Ibsens Volksfeind und ist unter gleichen Umständen seinerzeit aus Teplitz verjagt worden – und als Mann von literarischen Graden in dem Tieckschen Kreise Zugang fand.

An Carl Stahr.
Oldenburg, den 30. Oktober 1840.

Die (Karoline Bauer) drang (in Dresden) in mich, zu Tieck zu gehen, der mich schon durch sie kenne und mich gewiß gern empfangen und ohne Zweifel auch zum Abendtee und Vorlesung einladen werde. Bei ihr mußte ich dann versprechen, zur Nacht zu essen.

Um drei Uhr ließ ich mich bei Tieck melden. Er empfing mich freund=
lich, und nach den ersten allgemeinen Redensarten waren wir bald in
einem inhaltsvollen Gespräche, in dessen Gewebe Immermann, Goethe,
Grabbe, Euripides und seine Kritiker, Aristoteles und meine Arbeiten
die Einschlagsfäden bildeten. Ich mußte ihm gefallen haben, denn erst
nach einer Stunde entließ er mich mit dem Zusatze, daß er „Männern
meines Schlages in seinem Leben gern begegne", und daß er mich
auf heute abend zum Tee im Salon bei sich erwarte. So ging ich denn
um 6 Uhr wieder hin in das unscheinbare alte düstre Eckhaus am alten
Markte. Durch einen alten Materialladen mit allerhand Kram= und
Tonnenwesen auf dem Flur, parterre, gelangt man auf einer dunklen
Treppe in das zweite Stock, wo ein winkliger enger Diminutivvorplatz
die Dunkelheit nur zu einer Art Dämmerung lichtet. Der Gegensatz
zu Goethes heller, lichterfüllter Wohnung, ihrer stillen Ruhe und ängst=
lichen Sauberkeit bietet sich von selbst. Das Gesellschaftszimmer, ein
geräumiges Quadrat, war noch leer. Nur das Arrangement der Sofas
und Tische nebst den zahlreichen im Kreise gesetzten Armstühlen und
Sesseln, die vielen Lampen und Lichter und der brodelnde Teekessel
deuteten auf die zahlreiche erwartete Gesellschaft. – Ich hatte Muße,
mir Tiecks Marmorbüste von Davied und die zahlreichen Bilder und
Kupferstiche anzuschauen, von denen alle Wände bedeckt waren. Bald
trat die alte Gräfin Finkenstein herein, an den Augen leidend, mit
grünem Schirm, und mit ihr begann, nachdem sie sich auf dem Sofa
etabliert, ein allgemeines Gespräch, das indessen durch Tiecks Eintritt
bald unterbrochen wurde. Tieck ist klein von Gestalt. Der etwas starke
Oberkörper wird von einem sehr schwachen Piedestal nur mühsam ge=
tragen. Die Haltung des schönen Kopfes ist ganz nach der linken Seite
hin gebückt. Stehend gewährt er den Eindruck eines schwachen Greises,
die ganze Gestalt drückt Leiden aus. Sitzend dagegen verschwindet dies,
wie ich schon bei meinem ersten Besuch bemerkte, wo er mich in seinem
Arbeitszimmer empfing, im Schlafrock, die zwei Finger der Linken
gegen die Wange gelegt, stützend, die rechte ruhig herabhängend. – Ehe
die Gesellschaft sich mehrte, hatte ich Gelegenheit, an seiner Seite unser
Gespräch fortzusetzen. Bald indes nahmen die Eintretenden einen Teil
seiner Aufmerksamkeit in Anspruch. Einheimische, besonders Damen,
und Fremde stellten sich ein, ich bemerkte einen Geh. Rat v. Ungern=

Sternberg (Herausgeber des Stackelbergschen Nachlasses) u. a. – Als
der Tee genossen war, vereinten sich mehrere Stimmen heimlich, Tieck
zur „Vorlesung" aufzufordern. Dies schien notwendige Form zu sein.
Der Tisch ward für ihn beiseitgestellt mit den zwei Lichtern. Er setzt
sich und las: „Dame Kobold im Lustspiel von Calderon", und nun ging's
ohne Pause durch das ganze Stück mehrere Stunden lang, mit einer
Fülle der Kraft, des Wohllautes und der Beweglichkeit der Stimme
und Aktion, die mich mit Staunen erfüllte. Es war das Vollendetste,
was ich je gehört, und hier erst wurde mir das Problem durch die
kunstgeübteste Praxis gelöst, wie es möglich sei, innerhalb der glattge-
schornen, in unendlichen Formen gekräuselten und geschnörkelten Metrik
und Versifikation des spanischen Dramas den erfrischenden Hauch voller
Naturwahrheit der Sprache so lebendig zu erhalten, daß der prosaisch
und dramatisch bewegte Sprachton nicht den Vers und seine Kunst,
und diese nicht jenen beeinträchtige. Niemand, dem es möglich, sollte
sich den Genuß versagen, diese Kunstleistung, die in solcher Vollkom-
menheit wohl nie dagewesen ist, zu hören. Schauspieler können davon unendlich lernen. Nur bei Immermann fand ich im Jahre 38
Ähnliches. Ich gestehe, daß ich das Calderonsche Lustspiel erst hier verstehen gelernt habe. Beim Empfehlen lud mich T. sehr herzlich auf den
nächsten Abend wieder ein, und zwar schon um 5 Uhr. Ich will gleich
auch von diesem Abend einiges erzählen. Das Gespräch hauptsächlich
zwischen ihm und mir rollte lebhaft über Politik und Geschichte dahin.
Da plötzlich fragte er nach meinen Verbindungen und Freunden in
Halle. Sillig gestand mir nachher, als wir heimgingen: er habe ge-
zittert, daß ich unter meinen Freunden Echtermeyer, den er detestiert,
und Ruge nennen möchte. Indes, ich war besonnen genug, diese Klippe
zu vermeiden. Auch Solgers wurde gedacht, „wenn der länger gelebt
hätte," meinte der alte Vater der Romantik, „so würde das Unkraut
der Hegelschen Schule nicht so wuchernd aufgeschossen sein". Ich ließ
das hingehn, denn es geziemte sich nicht mir, dem Jüngeren, dem
werten Greise gegenüber den Belehrenden zu spielen, und da ich eben
Solgers Briefwechsel gelesen, konnte ich ihm vieles über Solger sagen,
was ihm von mir zu hören lieb war. Da meldete der eintretende Vohß:
„Hinrichs sei in Dresden, lasse sich Tieck empfehlen und ihn erinnern,
daß er ihm einmal versprochen, ihm Goethes Faust allein vorzulesen."

13*

Tieck war in der heitersten Laune und sprudelte von humoristischen Einfällen. „Das habe ich ihm unmöglich versprochen!" rief er; „wohl in Gesellschaft, aber allein – das könnte für uns beide gefährlich werden; denn, entweder er würde vernünftig oder ich schnappte über." Wir lachten. Ich erwähnte des famösen Kommentars zum Faust, von Hinrichs, und wie schwer es mir geworden, ihn auch nur zum Teil zu lesen. „Ja, was wollen Sie sagen," versetzte Tieck, schalkhaft lächelnd und seine tiefen schönen Märchenaugen auf mich heftend, „ich habe dieses Prachtstück im Manuskript ganz durchgelesen!" – Ist's möglich? – „Es ging besser, als Sie glauben," erwiderte er, „denn als ich die ersten 20 Seiten hinter mir hatte, war ich schon so vollkommen aus aller Vernunft heraus, daß ich alles übrige wie im Taumel und Rausch ganz behaglich hintereinander weglas." Als er gebeten ward, vorzulesen, wandte er sich an mich und erlaubte mir zu wählen: ich nannte Shakespeares „Viel Lärm um nichts", und er las es. So vortrefflich auch diese Vorlesung war, so muß es doch auf die Dauer ermüden, und ich wäre nicht oft imstande, es hintereinander auszuhalten. Seines neuesten Romanes ward nicht gedacht. Er ist, offen gesagt, kein Kunstwerk zu nennen. Das Historische überwuchert das Poetische, die schaffende zeugende Kraft fehlt. Die prosaischen Poesien daran sind formlose Ungetüme – Halbheiten mindestens – und die Katastrophe macht der nackte Zufall eines rein äußerlichen Geschehens, wohin sich der Fluß des Ganzen, wie der Rhein im Sande verliert.

(Ludwig Geiger, „Aus Adolph Stahrs Nachlaß".)

Bei diesem meinem ersten Aufenthalt in Dresden sollte ich auch einen der berühmten literarischen Abende bei Ludwig Tieck erleben. Tieck, der, wenn er nach Teplitz kam, meinen Vater zu konsultieren pflegte, war mir schon längst bekannt, ein kleiner, gedrungener Mann, dessen wunderbar tiefbraune, geradezu lichtsprühende Augen in meiner Erinnerung unvergänglich leben.

Er wohnte auf dem Altmarkt, in einem schwarzen Hause, einem Kaufmann gehörig, eine Treppe hoch.

Wir betraten einen Salon, der gut beleuchtet und mit vielen Bildern geziert war. Längs der Wände standen Kanapees und Divans. Eine zahlreiche Gesellschaft, aus Herren und Damen bestehend, war

anwesend. Am Teetische präsidierte eine alte Dame mit einem grü=
nen Augenschirme, vornehm, in aristokratischer Gemessenheit: es war
dies des Dichters Freundin, die Gräfin Finkenstein. Zwei ältere Fräu=
leins unterstützten sie in ihrer Tätigkeit: die eine derselben war Doro=
thea Tieck, die Tochter des Dichters. Nachdem uns eine Tasse Tee ge=
reicht worden, setzte sich Tieck an ein Tischlein, auf dem ein niederer
Armleuchter stand, ergriff ein dort liegendes Buch und begann mit einer
wunderbar wohllautenden Stimme die Vorlesung eines Theaterstückes.

Vergeblich suchte ich mich in diesem zurechtzufinden, denn siehe da,
schon das Personenverzeichnis war von einer verblüffenden Seltsam=
keit. Da war ein Herr von Fuchs, der einen Hausfreund namens
Fliege hatte, dann ein Herr Geier, ein Herr Rabe und ein Herr von
Krähfeld; ich wurde nicht klug daraus, ob ich es mit einer menschlichen
Gesellschaft oder mit redenden Tieren zu tun habe. Im Grübeln dar=
über schlummerte ich ein. Wie lange ich geschlafen, weiß ich nicht, ich
weiß nur, daß mein Vater mich aus einem tiefen, tiefen Schlafe auf=
rüttelte und freundlich sagte:

„Komm, armer Junge, es ist sehr spät. Wir gehen . . . .”

Viele Jahre später erfuhr ich, daß das Stück, welches Ludwig Tieck
uns vorgetragen, Ben Jonsons „Volpone” gewesen ist.

(Meißner, „Geschichte meines Lebens”.)

Mit der Zeit waren Börne und Heine in den Rang der literarischen Be=
suchsgrößen, wie die Klassiker von ehedem, emporgerückt, und kein Fremder,
kein Deutscher von irgendwelchen literarischen Ambitionen versäumte es, bei
den deutschen großen Publizisten, die im Exil lebten, seine Karte abzugeben.
So schildert uns Graf Schack, der spätere berühmte Sammler der Ge=
mälde von Feuerbach, Schwind und Böcklin, einen Besuch bei Börne. Und
Laube, ein Freund Heines, gibt ein trauriges Bild von dem erkrankenden
Heine, der aus einem soignierten, etwas feisten Lebemann zu einem ma=
geren, ergrauenden Männchen sich gewandelt hatte, und dem doch noch neun
Jahre schweren Siechtums bevorstanden. – Schwersten Siechtums, das nur
seinen Körper, nie seinen Geist zu unterjochen vermochte – den Geist die=
ses Mannes, der doch nicht einmal die Vorzüge des Krankseins genießen
durfte, und der noch auf dem Totenbett gezwungen war, seinen und seiner
Frau Unterhalt zu erwerben.

Über Brüssel gelangte ich nach Paris, und man kann sich denken,
wie gewaltig mir die Weltstadt imponierte. Nachdem ich am
ersten Tage deren Hauptstraßen und Plätze durchstreift, benützte ich den

Morgen des zweiten, um einen Besuch zu machen, der mir sehr wichtig war: er galt Ludwig Börne, für welchen ich mir einen Brief aus Frankfurt hatte schicken lassen. Börnes Name füllte damals alle deutschen Zeitungen, und seine Briefe aus Paris, von denen verschiedene Serien erschienen, wurden, obgleich strengstens verboten, eifrig in Deutschland gelesen. Da mir der scharfe, in ihnen über die deutschen Zustände ergossene Spott ungemein zusagte, wollte ich nicht in Paris sein, ohne den Urheber so schneidender und doch offenbar aus einem warmen Gemüt hervorgegangener Sarkasmen kennen zu lernen. Er empfing mich entgegenkommend und richtete, als er hörte, ich sei eben aus Deutschland eingetroffen, sogleich Fragen an mich, die durch den anscheinenden Ernst, mit dem er sie tat, um so komischer wirkten. Er fragte, ob die Herzöge von Anhalt-Köthen, Anhalt-Bernburg und Anhalt-Dessau noch fest auf ihrem Thron säßen, ob es wahr sei, daß in Reuß-Schleiz-Greiz eine gefährliche Verschwörung entdeckt worden sei; dann klagte er über die deutsche Geographie: wenn er auch hundert Jahre alt werden sollte, würde er es doch nie dahin bringen, sie zu lernen oder alle die buntfarbigen Grenzen der verschiedenen Länder auf den Landkarten zu entwirren; wenn es ihm aber gar zugemutet werden sollte, nach Bückeburg zu reisen, so würde er in Verzweiflung geraten und eher den Weg nach Timbuktu finden, als dorthin. Um mir eine Artigkeit zu erweisen, schlug er mir dann vor, mit ihm nach dem Père Lachaise zu fahren, wo er mir die schönste Aussicht auf Paris zeigen wolle. Ich nahm das Anerbieten dankbar an und brachte mehrere Stunden mit dem bereits alternden und, wie es schien, schwächlichen Manne zu, indem wir zwischen den Gräbern des Friedhofes auf und nieder wandelten. Es war ein schöner sonniger Herbsttag; doch viele gelbe Blätter rauschten schon zu unseren Füßen oder sanken von den Zweigen der Bäume auf die Grabmonumente nieder. Nach und nach ging Börnes Unmut in eine weichere Stimmung über, und er klagte in ergreifenden Worten über das politische Elend in Deutschland, über dessen Ohnmacht nach außen, über die Unterdrückung aller Freiheit im Innern durch die Großmächte, über die Erbärmlichkeit der Kleinstaaterei und die Servilität des Beamtentums. Er sprach geradezu aus, daß er eine Besserung nur durch eine Revolution für möglich erachte. Was er sagte, kam ihm sicher aus tiefstem Herzen, und ich hielt ihm selbst die Hinneigung zu den Franzosen, die er äußerte, zugute, obgleich ich in dieser Rücksicht ganz verschieden von ihm dachte und fühlte. Wohl konnte ich mir vorstellen, wie er, den in Frankfurt erduldeten Plackereien und der deutschen Misere entronnen, welche er dort in nächster Nähe mitangesehen, bei dem fremden Volke freier aufatmete. War doch hier das Joch der Restauration abgeschüttelt, das bei uns noch schwer auf allen Verhältnissen lastete! Ich bereute es nie, Börne aufgesucht zu haben, und bewahre ihm als Menschen ein liebevolles Andenken, wie ich ihn als Schriftsteller hochachte. Sein glänzender Witz war nicht bloß ein blendendes Feuerwerk zur Unterhaltung, sondern ruhte auf der Grundlage tiefen Ernstes und ethischer Überzeugung. Er darf daher nicht in die Reihe der Autoren gestellt werden, die mit dem Tage vergehen, sondern verdient, einen bleibenden Platz in unserer Literatur zu behaupten, wie etwa Lichtenberg, dem er an Geist nicht nachsteht, während er ihn an Wärme des Gefühls übertrifft. Einiges von ihm, wie seine Denkrede auf Jean Paul, scheint mir wahrhaft klassisch zu sein.

(„Adolf Friedrich Graf von Schack, Ein halbes Jahrhundert.")

So war der späte Nachmittag herangekommen, und es trieb mich, endlich die Hauptperson zu sehen. „Er ist zu Hause", sagte der Türwärter, indem er den lichten, offenen Namen Heine so zusammengedrückt aussprach, wie der Franzose den Haß bezeichnet.

Ich erschrak wie vor einem garstigen Vorzeichen und eilte die Treppe hinauf. Da saß er neben einer blühenden, in gesunder Körperfülle fröhlichen Französin, neben einer Frau, welche ihm seit fast einem Jahrzehnt treulich zur Seite steht oder doch wenigstens lacht. Daß sie so leicht lacht, ist ihm ein Segen. Da saß er an der Mittagstafel, welche nicht mehr für ihn gedeckt war – ach, wie verändert!

Von einem feisten, aus kleinen schalkhaften Augen Funken sprühenden Lebemanne hatte ich vor sieben Jahren luchend Abschied genommen, und jetzt umarmte ich fast weinend ein mageres Männchen, in dessen Antlitz kein Blick des Auges mehr zu finden war. Damals, sauber und fein wie ein weltlicher Abbé, trug er das lange Haar glatt gekämmt wie das eines Kammerherrn – jetzt hing das trocken gewordene Haar verwildert, grau gesprenkelt um die hohe Stirn und die breiten Schläfe, jetzt war das Gesicht eingerahmt von einem grauen Barte,

weil die schmerzlich erregten Nerven das Schermesser nicht mehr ver-
trugen. Die feine Nase war länger und spitzer, der anmutige Mund
war schmerzlich verzogen worden. Sonst neigte er das Haupt gern ein
wenig abwärts, als suche er mutwillig das schwache Fundament der
wackligen Menschenkinder zu ergründen; jetzt war es immer gewaltsam
in die Höhe gerichtet, damit die Pupille des rechten Auges in die nur
noch offene kleine Spalte zwischen den Augenlidern gelangen und ein
wenig sehen könne. Armer Heine!

Und doch dauerte das Klagen nur einige Minuten! Der Geist ist
unberührt, das Naturell ist unbetroffen: über die sentimentale Träne
hinweg flogen sofort wieder die lustigen Pfeile, welche er so lange
gegen Jahn oder Maaßmann oder sonst einen herkömmlichen Gegenstand seines Spottes geschnellt hatte. Ich spottete meinerseits, daß er
immer noch auf die alten, überlebten Kerle schieße, und er antwortete:
„Laß mich doch! Man braucht seine Gewohnheiten, und es wäre ja
undankbar von mir, wenn ich diese armen Teufel im Alter verlassen
wollte, nachdem sie mir so viele Jahre als Zielpunkt gedient. Wer
spräche denn noch von ihnen!"

Kurz, der versagende Körper war bald Nebensache, und Shakespeare
hat Mercutio nicht besser sterben lassen, als Heine sich selber sterben
läßt. Jede Hoffnung auf Besserung weist er lächelnd ab; er hält seine
Tage für gezählt und diese Zahl für sehr klein. „Hätte ich nicht Frau
und Papagei," sagt er lächelnd, „ich würde – Gott verzeih' mir die
Sünde, wenn's eine ist! – ich würde wie ein Römer diesen schlechten
brustgluckenden Nächten und dieser ganzen Misere jählings ein Ende
machen. Aber das schickt sich nicht für mich, den Hausvater. Laß uns
aber Testament machen, solange du hier bist!"

Dies geschah. Ach, was kam da alles zum Vorschein! Welch eine
sonderbare Verschwendung von Geist, Spott und Zorn, von vorbauen-
den und sicherstellenden Hilfsmitteln, von Plänen, Spekulationen und
Schimären steckt in den Briefen und Papieren eines Auswanderers,
welcher, wie Heine, seit sechzehn Jahren einen Mittelpunkt gebildet
hatte für die deutschen Wanderer politischer und poetischer Wünsche!
Und fast alles fraß da das Kaminfeuer in einer Stunde.

Der leichtsinnig erscheinende Heine war eigentlich gar nicht leichtsinnig. Es war alles an ihm reiflich überlegt, auch sein gedruckter Witz,

und in allen Fragen über positive Lebensverhältnisse war er von diplo=
matischer Peinlichkeit und Gewissenhaftigkeit.

Seine zahlreichen grellen Fehler hat man immer genau aufgezählt,
seine großen Vorzüge hat man gern im Dunkeln gelassen. Am Rande
seines Grabes erst haben wir die klagenden Stimmen gehört über seine
wohltätige liebevolle Hand, welche immer offen gestanden ist für dar=
bende Wanderer. Er hat die Feder, er hat den Mund nichts wissen
lassen von dieser hilfreichen Hand, und unerwartete Zeugen brachten jetzt
die Kunde, daß er nicht nur ein Genie, sondern auch ein gutes Herz
besessen habe – ein ganz einfach gutes Herz, nicht mehr und nicht minder.

Alle Welt betrachtete ihn mit dem verfallenden Leibe wie einen
Sterbenden, und wie über einen solchen sprach man und richtete man.
Er hatte ja ein Heer von Feinden, und doch waren unter den Deut=
schen in Paris nur noch wenig Widersacher übrig, welche seinen nahen
Tod nicht schmerzlich beklagt hätten. Viele blieben ihm prinzipielle
Widersacher, und dennoch beklagten sie aufrichtig das Hinscheiden eines
solchen Geistes.

Das war in Paris auch ganz natürlich; denn hier hat die Heine=
sche Begabung unserm deutschen Geiste eine Achtung erworben, welche
selbst ein tieferer und größerer Mann unserer klassischen Literatur nicht
hätte erwerben können unter den spöttischen und hochmütigen Franzosen.
Heine besaß immer, er besaß auch als Halbtoter noch in seinem Köcher
alle die kleinen Waffen dieser Gallier, welche sie am meisten fürchten.
Das wissen sie, und davor haben sie einen ganz redlichen, eigennützigen
Respekt. Von seiner belebenden Poesie verstehen sie nur die Hälfte;
von seinem Witze verstehen sie die ganze tödliche Kraft. In diesem
Punkte sind sie so scharf witternd, daß sie eine trockene Übersetzung des
„Atta Troll", eine Übersetzung in Prosa, welche die „Revue des deux
Mondes" damals brachte, und welche natürlich das Gedicht nur sehr
unvollständig wiedergibt, mit vollständigem Beifalle lasen. Die hun=
dertfältigen Beziehungen in die abgelegensten Winkel deutscher Lite=
ratur hinein können sie nicht verstehen, und dennoch verspüren sie etwas
von der Wirkung, und dennoch bleibt genug übrig, was ihnen Reiz und
Furcht einflößt.

Die Franzosen und manche von uns sagten wohl damals öfter:
Heine sei ein halb französischer Autor. Jetzt aber, wo man die Summe

zieht, verleugnet sich niemand mehr, daß dies ein Irrtum ist, und daß Heine ganz und gar in deutscher Poesie wurzle, halb Page, halb Landsknecht germanischer Romantik, welche er spaßhaft und närrisch behängt hat mit mancherlei Quincaillerie aus den Schaufenstern der Boulevards, aus den Schaufenstern der Journale. Ein deutscher Republikaner, der in einem Atem Heines Genie pries und Heines politische Maximen verwünschte, sagte eines Abends zu mir und erschrak selbst über das, was sein Mund sagte: „Am Ende wird man nach einem Jahrzehnt behaupten, Heine sei deutscher gewesen als Börne, der doch zuletzt ganz und gar in französischen Maximen aufgegangen.”

(„Heinrich Laubes Ausgewählte Werke", herausgegeben von Houben.)

Die Hoffnungen, die man gleich nach Erscheinen der „Ahnfrau" in den Schriftstellerkreisen Wiens auf den jungen Grillparzer setzte, werden uns lebhaft vor Augen geführt in einer liebenswürdigen Miniatur aus dem literarischen Leben Wiens. Von den agierenden Personen ist Josef Schreyvogel als Schriftsteller unter dem Namen Thomas West noch heute bekannt - ebenso war Friedrich Wilhelm Ziegler ein bekannter Theaterdichter jener Tage.

Ein Souper.

Als die „Ahnfrau" zuerst an der Wien gegeben, traf ich da mit Liebel zusammen. Der machte ein gar säuerliches Gesicht; bei dem donnernden Applaus des Publikums schüttelte er den schweren, grauen Kopf. „Und ich wette, Professor," sagte ich, „wir sehen und bewundern dies Werk des Genies gar bald auch im Hoftheater und in allen andern Hoftheatern der Welt." Er sagte kein Wort; er erstickte sich mit Schnupftabak. - Wie die „Ahnfrau" im Hoftheater gegeben wird, bin ich wieder da; und siehe: auch Professor Liebel ist wieder da! Allerliebst!

Die „Ahnfrau" geht nach Hause. Liebel und ich aber, wir gehen in das „Jägerhorn", Retzern zu sprechen, der da zu soupieren pflegt, im zweiten Zimmer rechts. Heute aber ist er nicht zugegen, vermutlich bei seinem kranken Freunde Leon. Hingegen finden wir Schreyvogel und Ziegler. „Wir kommen aus der ‚Ahnfrau‘," sage ich, „noch bebt das Haus von Beifall." Diese Worte berühren Schreyvogel freudig. „Und mit wohlverdientem", setzt er hinzu, einen Blick, der wie Geringschätzung aussah, auf Liebel werfend. Schreyvogel fährt fort: „Ich sah, mein Herr Professor, ich erkannte den Keim. Dieser junge Mann ist ein Talent, das Epoche machen wird. Ich will nicht sagen, daß ich ihn ermuntert, aber ich bin und bleibe sein Anwalt, wo immer es gelte, mein Herr des Katheders."

Ziegler wollte sekundieren; aber Liebel ließ ihn nicht zu Worte kommen. Nachdem er mit seinen riesigen, plumpen, schmierigen Händen seinen fadenscheinigen, beschmutzten, lehmfarbigen Rock aufgerissen, daß die großen Metallknöpfe klirrten, und einige gewaltige Prisen Tabak in die unförmige Nase gestopft, glotzte er stier in Schreyvogels feines, geistreiches Gesicht und stotterte mit flammenden und dennoch nichtssagenden Augen: „Mein Herr Theaterpräsident und mein Herr Rezensionsdirektor, ich sehe, Sie halten es mit beiden Schulen; nein, nein, Sie sind ein Apostel. Sie verleugnen die gute, alte Zeit des Batteux, des Ramler; Sie schlagen sich zu den Romantikern in Ihren alten Tagen. Abscheulich!"

Schreyvogel glühte vor Entrüstung, als Ziegler, der wohl schon seit 5 Uhr im „Jägerhorn" gesessen, sich in seiner derben, ungeschlachten Gestalt mit brennendem Gesicht erhob. „Ich bitte um das Wort, meine Herren; ich verlange das Wort! Professor Liebel, Ihnen sage ich dies: Ihr totes, mattes, geistloses Katheberbüchlein, über Dichter und Dichtkunst unserer Zeit, hatte ich das Unglück zu lesen. Ich sage Ihnen, Sie sind nichts als der Mann der kalten pedantischen Regel; von der Göttlichkeit der Poesie aber und von der Bedeutung unserer Zeit haben Sie keine Ahnung." Er schenkt sein Glas, vielleicht bereits das vierzigste, voll und erhebt es: „Es lebe die Dichtkunst, insonderheit die dramatische. Die Schaubühne ist die Dienerin der Moral, die Freundin der Gesetze. Aber man muß den Carus gelesen haben; man muß Psychologie haben, man muß Genie sein! Genie! Donner und Doria!"

Ein schallendes Gelächter entsteht. Es ist ein Mann, unter der Türe stehend; er zerplatzt vor Lachen; mit geschwungenen Armen klatscht er sich die Hände wund. Es ist der fein und elegant gekleidete Kurländer; aufgelöst vor Lustigkeit sinkt er in einen Sessel neben Ziegler, der, etwas taumelnd, wieder auf den seinigen niederschnellt. „Ach Himmel," ruft er, „warum ist eben heute unser Ketzer nicht da. Es gäbe einen köstlichen Spaß. Die Kräfte wären dann gleich." Auf Schreyvogel und Ziegler deutend, fährt er fort: „Meine Herren, Liebel und Ketzer im Bunde sind eine Macht gegen Sie. Lesen Sie den ‚Sammler‘; da lernen Sie Ketzer kennen. Er donnert gegen die jetzigen Dichter; er zermalmt die jungen Wiener Poeten; er sagt von ihrer Produktivität: c'est une abondance stérile. Er ist ein enragierter Liebelianer und der Verfasser des ‚Postzugs‘ seine bewaffnete Macht. Käme es zum Kampfe, meine Herren, Blut, viel Blut!"

Niesend unterbricht Kurländer sich selbst. Da sagt Schreyvogel mit kalter Ruhe: „Man vergesse nicht, daß ich der allererste bin, der den ‚Sammler‘ liest; als der Zensor dieses Blattes weiß ich auch, was nicht darin steht. Ich kann dem Baron nicht unrecht geben; aber ich weiß zu unterscheiden. Unsere jungen Belletristen sind Köpfe von Talent: die Ausnahmen sind gering. Sie werden sich entwickeln; Deutschland, die Welt wird sie kennen lernen, wird sie zu ehren verstehen. Was ihnen aber, den meisten nämlich, abgeht, ist wissenschaftliche Bildung; sie haben nichts gelernt; sie besitzen durchaus kein Studium, keine Belesenheit; ein klein wenig Mythologie, das ist alles. Sie sind profan."

„Wahr, sehr wahr", ruft alles, ruft auch Treitschke, der, soeben angelangt, die Rede stehend mit angehört. „Wahr, sehr wahr", fügt er hinzu, indem er Platz nimmt. „Die Unwissenheit ist zuweilen unbegreiflich, ja anekdotisch. Erst heute – denken Sie. Ich erhalte einen prachtvollen brasilischen Schmetterling. In Bewunderung versunken, nehme ich nicht wahr, daß ein Besuch an meiner Seite steht. Es ist ein Dichter, nichts weniger als ohne Ruf, und schon in Mannesjahren. ‚Betrachten Sie‘, sage ich, ‚dieses wunderschöne Geschöpf‘. – ‚Ah‘, erwiderte er, ‚ich danke; ich verstehe nichts von Botanik‘."

Es wird zügellos gelacht; selbst der ernste, gemessene Schreyvogel lacht zügellos. „Nichts von der Botanik! O ja! die Botanik ist ihnen die ganze Naturgeschichte! O Himmel, wie wird einem, wenn man hinwieder den Dichter der ‚Ahnfrau‘ vor Augen hat. Der ist Gelehrter; fest in der Geschichte, fest in der Literarhistorie; fünf bis sechs Sprachen; er liest den Sophokles im Original wie den Calderon und den Byron. Ein noch so junger Mann und schon so reich belesen. Allen Respekt!"

„Und dabei", setzt Kurländer hinzu, „welche Anspruchslosigkeit, welche Bescheidenheit!"

Ziegler hebt das Glas: „Er lebe!"

Liebel: Ja, er ist Philolog; das respektiere ich an ihm. Und er wird lange leben.

Ich: Die Engländer, Franzosen und Italiener kennen schon sehr gut seinen Namen. Und wissen Sie, Professor, wie er von Ihnen spricht?

Liebel: Von mir? Wieso? (Er nimmt mehrere Prisen und knöpft den Rock zu.) Ich glaube wohl, daß er Philolog sei; denn wenn man den Euripides . . .

Ich, einfallend: Griechisch liest und überhaupt die Hellenen kennt, so wird man auch den Archilochus kennen, mit dem Sie sich verewigt.

Liebel verbeugt sich: Nun, es ist wahr, meine Edition dieses Klassikers ist optima, schon zum zweitenmal gedruckt, einer der sicher=sten Verlagsartikel des würdigen Heubner. Nun, nun, ja! Aber daß der Verfasser der „Ahnfrau" – nein, das hatte ich mir nicht vorge=stellt. Von Seidl da wußte ich es wohl. Der ist nicht nur ein eminenter Lyriker, auch ein gründlicher Archäolog und Linguist. Ja, wir haben schon Leute; darunter Bauernfeld, der seinen Terenz und Plautus im kleinen Finger hat; das sind aber nur Ausnahmen.

„Und Sie halten es mit den Regeln", fiel Kurländer ein.

„Die verdammten Regeln", stotterte Ziegler; denn er erblickte an der Schwelle, lauernd und winkend, eine stämmige, verwitterte Magd, ein großes Parapluie in der Hand, ihn abzuholen und womöglich nach Hause zu bringen.

Gute Nacht.

(Franz Gräffer, „Kleine Wiener Memoiren".)

Der witzige und spöttische Beurmann („Vertraute Briefe über Preußens Hauptstadt") – dabei im ganzen doch wohl nur ein Schriftsteller dritten Grades und politisch nicht allzugut beleumundet – gibt eine nette Schil=derung von dem Verhältnis Hoffmanns und Devrients, dessen Alkohol=freudigkeit noch über das Grab hinausreichte. Si non vero . . .

Das Zeitalter Jahn verschwand nach und nach vor andern Ein=drücken; was daran Idee gewesen war, verlor sich in die Ge=fängnisse oder in die Stille der Nacht; die Form war bald vergessen. Für Berlin begann nun das Zeitalter Lutter und Wegner, halb Ma=terialismus, halb Spiritualismus: Hoffmann und Devrient wurden

die Repräsentanten desselben; um sie versammelte sich eine Sozietät
des Champagners und der Phantasie in jenem berühmten Wirtshause
am Gendarmenmarkt; die beiden mephistophelischen Gestalten mit den
langen, hagern Gesichtern und den scharfen, ausgeprägten Phantasie=
zügen, der eine mit den kleinen grauen Augen des Kater Murr, der
andere mit den glänzenden, großen Feuerkugeln, den beiden laternis
magicis, in welchen sich Shylock, Franz Moor und Lear die Hand
boten, waren der Wendepunkt einer neuen Berliner Ära. Die Hasen=
heide war vergessen, die Poesie spukte in Hoffmanns Schriften und auf
dem Hoftheater; denn Hoffmann und Devrient waren ein paar Nacht=
gestalten, ein paar lebendige Seitenstücke in Callots Manier, poetische
Gespenster, elektrische Phänomene. Ihr Materialismus bei Lutter
und Wegner war die Bedingung ihres Spiritualismus an dem
Schreibtisch und auf der Bühne; Hoffmann mußte seine Phantasie durch
Champagner zu allem jenem Irrlichtsglanze steigern, der seine Dich=
tungen färbt; Devrient mußte im Champagner die Außenwelt abspülen,
um sich ganz und gar seinem Genius überlassen zu können, der dann
eine Dichtung der Darstellung schuf, die weit über diese Welt hinaus
lag, da, wo Hölle und Himmel aneinanderstreifen und sich Engel und
Teufel bedrohen. Devrient ließ sich nie definieren, sondern nur fühlen,
er war eine Welt voll romantischer Dämonie, er beschwor Geister auf
der Bühne, die man nie geahnt hatte, er war, was seine Kunst betrifft,
der personifizierte Ausspruch Shakespeares: „Es gibt Dinge zwischen
Himmel und Erde, wovon sich unsere Philosophie nichts träumen läßt."

Was Devrient der darstellenden Kunst war, das war Hoffmann
der Literatur. Subjektiv, wie jener, gab er sich seiner Phantasie hin.
Wenn Devrient durch den darzustellenden Charakter in etwas an die
Welt gehalten wurde, an die Objektivität, an das Leben, so verlor sich
Hoffmann ganz und gar in seine Phantasmagorien, nachdem er abends
den juristischen Aktenstaub in Champagner abgespült hatte und nun
gereizt und magnetisiert nach Hause schritt durch die öden Gassen, auf
welchen die Mitternacht ruhte, durch die langen steinernen Häuserreihen,
jenem altertümlichen Gebäude in der Spandauer Straße, an der Ecke
der Königsstraße vorüber, das ihm Stoff zu einer Dichtung bot. Er
setzte sich an den Schreibtisch, in Nacht und Nebel aufgelöst, in mephisto=
phelischer Verklärung und ließ seine „Serapionsbrüder" erzählen.

Devrient und Hoffmann fanden sich einer in dem andern. Man be=
hauptet, dieser habe außer dem großen Kater, der sein steter Gesell=
schafter war, keinen innigeren Freund gehabt als jenen großen Mimen.
Als aber Hoffmann endlich seiner Phantasie erlag und Devrient ver=
lassen und allein bei Lutter und Wegner saß, da zog es ihn häufig
hinaus zu dem Grabe des Freundes, und er trank daselbst mit dem
Schatten Hoffmann Champagner, wie einst mit dem leibhaftigen, und
die frühere Zeit umrauschte ihn; er hörte nicht auf zu trinken, bis er
aller ihrer Phantasien habhaft wurde und in selige Erinnerungen ver=
sank. Dann nahm sich der Totengräber seiner an und ließ ihn in seinem
Hause den Rausch ausschlafen.

Devrient war der dramatische Hoffmann, Hoffmann war der lite=
rarische Devrient; beide lernten voneinander und hörten und sahen sich
beim Weinglase die Phantasie ab. Natürlich mußte Devrient durch
die gewaltsame Vernichtung seines irdischen Teils, welche er einen Tag
wie alle vornahm, am Ende das physische Leben lähmen und der Auf=
lösung entgegenführen. Die Mittel, die er zur Restauration des Kör=
pers anwandte, die Schläge der Elektrisiermaschine, denen er sich jeden
Morgen preisgab, um das Nervensystem bei einiger Kraft zu erhalten,
konnten für die Länge keine Hilfe bieten; sein Körper konnte dem Geiste
nicht mehr Gehorsam leisten. Aber Devrient war vielleicht der einzige
Schauspieler, der selbst ohne Arme und Füße ein großer Künstler ge=
worden wäre. In seinem Auge vermochte er die ganze Darstellung, den
ganzen Körper zu konzentrieren, und das bewirkte denn auch noch in
der letzten Zeit seiner Kunst eine Vollendung in ihm, die alle Mängel
übersehen ließ. Gerade zur rechten Zeit seines Ruhmes wurde er ab=
gerufen.

Ein literarischer Puppenspieler mit allen Fäden in der Hand, ein unermüd=
licher Tageschronist und Beobachter, ein Historiker von Urteilskraft und
Darstellungsvermögen – im ganzen vielleicht etwas preußisch=nüchtern, aber
achtunggebietend durch seinen Fleiß und die unbeirrte Geradheit seines Cha=
rakters – der Gatte und spätere Witwer der älteren Rahel – ist Varn=
hagen von Ense. Kein leuchtendes Gestirn am literarischen Himmel jener
Tage – aber eine Art Polarstern, um den die anderen ihre Kreise führten.
Heinrich Laube („Ausgewählte Werke", herausgegeben von Houben)
gibt eine lebendige Schilderung des Hauses in der Mauerstraße, in dem er
lebte, vornehm zurückgezogen und doch mit der ganzen Welt in Verbindung.

Während ich dieses schreibe, wird vielleicht die Spitzhacke angesetzt, um das Haus, eines der vornehmsten Bürgerhäuser aus dem 18. Jahrhundert, niederzubrechen, damit es - pietätvoll, wie wir nun einmal sind - dem Gebäude eines Bankhauses Platz mache.

Viel schlimmer noch stand Varnhagen angeschrieben, ein pensionierter Geheimer Legationsrat, welcher schon vor Olims Zeiten pensioniert worden war, weil er in der badischen Verfassungsfrage als preußischer Resident in Karlsruhe sich für die liberale Seite erklärt, sich also kompromittiert hatte. Seit so langer, langer Zeit lebte der entlassene Diplomat in Berlin und war eine unbequeme Person. Stets in Verbindung mit den freisinnigen Männern der Regierung und in ausgebreitetem Verkehr mit der politisch-literarischen Jugend von ganz Deutschland, war er eine Instanz, welche man oben höchst mißtrauisch ansah.

Dabei hatte er aber doch ein stolzes, preußisches Fundament unter sich als historischer Schriftsteller, welcher namentlich preußische Helden und Notabilitäten in ausgesuchter Darstellung schilderte, welcher dem soliden Geschichtschreiber Friedrichs des Großen, dem Professor Preuß, mit Rat und Tat zur Seite stand, welcher endlich als Gatte der kürzlich verstorbenen und rasch berühmt gewordenen Rahel ein ganz besonderer Mittelpunkt geworden war für alle Freunde wahrhaftigen Urteils. Das waren Schutzwehren, denen auch die Schmeichler der augenblicklichen, Varnhagen abholden Herrschaft ärgerlich aus dem Wege gehen mußten. Diesen war es insbesondere unausstehlich, daß Humboldt fast jede Woche einmal in dem stattlichen Hause der Mauerstraße, welches Varnhagen bewohnte, betroffen wurde.

Varnhagen war in der Tat eine ganz merkwürdige Persönlichkeit und ist nach den Berliner Revolutionsphasen von 1848 zu 1849 eine geradezu rätselhafte geworden.

Er stammte vom Niederrhein und war als Studiosus mit mehr oder minder poetischen Talenten in Berührung gekommen, ja, er hatte mit einem solchen kritischen Talente - Neumann - einen Roman gemeinschaftlich geschrieben, dessen Schluß, glaube ich, heute noch fehlt. Romanschreiben sah ihm später durchaus nicht mehr ähnlich. Das Wirkliche sein zu schildern, war seine Hauptfähigkeit in der Schrift, nicht aber romantische Erfindung.

Seine Jugend fiel unter die Franzosenherrschaft, welche von 1806 bis Anno 1813 Preußen belastete wie ein grausamer Alp, und Patriotismus erfüllte sein junges Herz vollständig. Er ging Anno 1809 nach Österreich und kämpfte bei Wagram mit. So kam er mit handelnden politischen Männern in täglichen Verkehr, denen sein Kopf und seine Feder willkommen waren, und auf diesem Wege fand er Amt und Würde im preußischen Staate, ein unermüdlich tätiger Partisan des damals entstehenden jungen Preußen, welches sich in Haupt und Gliedern reformierte.

Eine konstitutionelle Verfassung war vom Könige versprochen worden, als 1813 alle Kräfte aufgeboten wurden zum lebensgefährlichen Kampfe gegen Napoleon, und in diesem Sinne verwaltete Varnhagen das gesandtschaftliche Amt, welches ihm für Baden anvertraut worden war.

Jenes Versprechen wurde nicht gehalten, und eine Reaktion trat ein. Sie nahm ihm sein Amt und dauerte in den ersten vierziger Jahren bereits fünfundzwanzig Jahre lang. Jetzt unter dem neuen Könige fragte man laut und leise: ob denn diese Reaktion nun endlich vorüber sei. Man zuckte die Achseln zur Antwort; das von Geist schimmernde Wesen des Königs gestattete keine feste Schlußfolgerung.

Dies muß man sich vergegenwärtigen als Grundlage für Varnhagens Leben: es war fortwährend tiefbeschattet von der politischen Reaktion.

Im übrigen war sein Leben ungemein bereichert worden durch die Ehe mit Rahel, einer außerordentlich begabten Frau, welche gründlich wahr, gründlich gut und voll kritischen Geistes war. Es war ferner bereichert worden durch einen ausgebreiteten Verkehr mit geistig hervorragenden Männern dieser Zeit, Goethe an der Spitze, man kann fast sagen: mit allen Notabilitäten dieser Zeit. Und so war ihm eine innere Welt schöner Bildung aufgebaut worden, welche sich in ihren Wurzeln um Kant und Goethe gesammelt hatte. Der Respekt vor Kant und die Bewunderung Goethes bildeten den unerschütterlichen Trost seines Geistes.

Er war ein Mann von mittlerer Größe. Der Unterkörper war verhältnismäßig ein wenig zu kurz, wie bei Goethe. Sein Kopf war fein und vornehm; das blaue Auge, gedämpft durch eine Brille, belebte

14

sich rasch, wenn das Thema der Rede ein lebhaftes wurde, und die Rede selbst war äußerst geschickt, fließend, in der Debatte unerschöpflich. Der Ton der Rede war etwas hoch, und wenn er in Leidenschaft geriet, was leicht geschah, wohl auch schneidend. Der diplomatische Goethianer konnte dann alle höflichen Ausdrücke jach überspringen und das grellste Wort wählen, um die zornige Anschauung grell zu bezeichnen.

Solange ich in Berlin wohnte und nicht gerade eingesperrt in der Hausvoigtei saß, besuchte ich ihn fast jeden Tag um die Mittagszeit. Ich erfreute mich seines freundlichen Wohlwollens, und er nannte mich gern den Offizier, welcher zu allerlei Kriegstaten geeignet wäre. Daß ich undiplomatisch darauf losginge, erschreckte ihn zwar jedesmal, wenn eine Aktion im Gange war, aber er sagte dann oft lachend: Am Ende ist's richtig, daß es solche Soldaten gibt, wir kämen sonst nicht vom Flecke.

Aktionen hatte er aber stets nach allen Richtungen vor, literarische und publizistische. Er las alle neuen Bücher und alle wichtigen Zeitungen, und da ihn alles interessierte und er für alles einen wichtigen Zusammenhang fand, so war er wie ein Generalstabschef, welcher alle Tage nach verschiedenen Seiten Aufträge hatte. Er überging nicht die kleinste Notiz in irgendeinem kleinen Blatte, welche zu berichtigen oder zu fördern wäre, um die öffentliche Meinung auf richtiger Fährte zu erhalten. Die großen Zeitungen waren damals noch nicht in der Ausdehnung vorhanden wie jetzt, und nur die Augsburger Allgemeine Zeitung war von entscheidender Bedeutung.

Im ersten Stockwerke – Etage sagt man in Berlin – eines stattlichen Hauses in der Mauerstraße hatte er noch dieselbe Wohnung, welche Rahel mit ihm geteilt, und da saß er vormittags im bequemen Hausrocke auf dem Sofa und schrieb und schrieb, bis er durch Besuche unterbrochen wurde. Er schrieb wie gestochen; kein Wort war ausgestrichen, auch nicht in den zahllosen Briefen, die er täglich zur Post schickte, darin stets vorsichtig mit Äußerungen, weil er keinen Brief sicher erachtete vor geheimer Eröffnung. Ebenso zahllos nahm er Besuche an, welche von weit und breit kamen. Der Generalstab wollte von allem unterrichtet sein, und der alte Diener Baumann war sorgfältig eingeschult für die Anmeldung.

Wenn Baumann öffnete, da trat man in ein weites, hohes Zimmer, angefüllt an jeder Wand bis an die Decke hinauf mit Büchern. Rechts nach Süden gingen die Fenster auf Gärten, und die Sonne schien herein. Links öffnete sich die Tür zu seinem Wohn= und Schreibzimmer, dessen Fenster freien Ausblick hatten die Französische Straße hinauf. Er setzte die Brille auf, welche er beim Schreiben nicht brauchte, und sprach matt. Zunächst war er immer krank, wie Papst Sixtus der Fünfte, und das Aufhören der Existenz, von Nerven und Schwindel untergraben, schien ganz nahe zu sein. - „Ich störe?" - „O nein, es ist genug für heute."

Er schrieb täglich um diese Zeit an seinen Memoiren, welche jetzt in so überreichem Maße durch seine Nichte Ludmilla Assing in Druck ge= raten sind. „Vielleicht lassen Sie", sagte er einmal, „einst die Blätter drucken, welche ich da täglich vollschreibe!" Die Nichte war damals noch nicht bei ihm. - „Was ist's?" - Er benannte es nicht, stand auf und ging umher, das Thema suchend, welches eben wichtig war.

Nun, dieser immer sterbende moderne Sixtus hat im Jahre 1848 alle Welt überrascht durch die Stellung, welche er plötzlich voll Tat= kraft einnahm; er trat zu den Radikalen.

Derselbe Mann, welcher vier Jahrzehnte lang immer mäßig, vor= sichtig, zur Ausgleichung jeglicher Art bereit gewesen war, verlangte mit einem Male radikale Maßregeln. Wie kam das? War's Eitelkeit, welche ihn stachelte, noch eine Führerrolle zu suchen, noch unter einer Partei, mit welcher seine Bildung gar nicht harmonierte, mit welcher seine gesellige Art grell kontrastierte? Ich glaube nicht, daß man's nur auf Eitelkeit schieben darf. Ich glaube, es war der künstliche Entschluß, welcher aus Abstraktion stammt, aus bloßer Abstraktion. Es war das Fazit eines Rechenexempels. Er hatte so lange gewartet, so lange! und hatte nur immer heimlich vorbereiten dürfen; nun war die Gelegenheit zum Handeln endlich da, sie mochte aussehen, wie sie wollte, sie war da, und nun - glaube ich - übernahm er sich, damit die endlich vor= handene Gelegenheit nur ja nicht versäumt würde, übernahm er sich, damit diese Gelegenheit, wie es die Theorie verlangt, auch gründlich ausgebeutet würde.

Die vollen Konsequenzen eines radikal=liberalen Staatswesens waren ihm nie verborgen. Ich erinnere mich deutlich, daß er, wenn vom Jako=

binertum die Rede war, zu wiederholten Malen ausrief: „Ach was!
Denken Sie an Kant, und was der gesagt hat, als man die Übertrei=
bungen der Jakobiner beklagte. Er hat gesagt: Sie haben ja das Erb=
recht noch bestehen lassen!"

Das ist mir immer eingefallen, wenn man 1848 und 1849 in
Frankfurt mit Verwunderung erzählte: „Varnhagen ist zu den Radi=
kalen übergegangen, derselbe Varnhagen, der sich mit oft angezweifel=
tem Rechte ‚von Ense‘ genannt, der alte Goethesche Diplomat ist zur
rücksichtslosen Linken getreten!"

Ein heute fast Vergessener ist Fürst Pückler=Muskau, dessen Briefe
eines Verstorbenen und dessen Reisebücher einst viel gelesen wurden, und
dem Heine sogar mit einer etwas überschwenglichen Vorrede eines seiner
Werke zueignet. Pückler=Muskau ist außerdem ein Künstler im Anlegen
und Entwerfen gärtnerischer Anlagen gewesen. Sein eigener Park in Mus=
kau gibt davon noch Zeugnis. Ebenso ein berühmter Gourmet, Reiter,
Lebemann und Herzensbrecher. Sein Charakter ist wohl, wie die Briefe
aus England an seine Frau hier zeigen, etwas skrupellos. Denn es wirkt
immerhin auf ein einfaches Gemüt ein wenig sonderbar, wenn ein verheirate=
ter Mann, noch ungeschieden, den zudem noch eine Ehezuneigung an seine
Frau kettet, nach Berlin und dann nach England auf die Goldfischjagd geht
– mit dem festen Bemühen, eine reiche Erbin zu fangen, um mit Hilfe ihres
Geldes seine desolaten Verhältnisse zu rangieren. Versöhnlich hierbei wirkt
nur, daß seine Briefe, die von seinen Mißerfolgen auf diesem Gebiete er=
zählen, an seine Frau gerichtet sind und sich in zärtlichsten Wendungen
gegen diese ergehen. Bernhardi schildert uns Fürst Pückler dann zum
Schluß seines Lebens ganz und gar abgetakelt, aufgeschminkt und doch noch
faszinierend durch den Geist seiner Paradoxen. Als ganze Erscheinung ist
aber, mit seinen Licht= und Schattenseiten, Fürst Pückler=Muskau für die
Biedermeierzeit überaus charakteristisch.

London, den 5. September 1827.

Du weißt, meine Rosabel ist Cannings Kusine. Sie ist hier – und
ich mit ihr in Korrespondenz wegen ihrer Schwester. Je tiens les
deux fils, und ich schreibe ihr sehr schöne und leidenschaftliche Briefe,
kann aber leider keine Kopien davon nehmen, weil ich so enorm viel mit
meinen anderen Geschäften zu tun habe.

Kann ich 50000 Livres Sterling mit der kleinen Harriet bekommen,
die ein weiches Wachs in meiner Hand sein wird, so nehme ich sie, ich
fürchte aber sehr, sie hat nur 30000, und dann kann ich mich schwer=

lich entschließen; doch ist am Ende, wenn das Gewitter einzuschlagen
droht, der ein Tor, der durchaus nur in einen Palast eintreten will,
um sich davor zu schützen, obgleich ungewiß, ob er ihn zu erreichen Zeit
hat! Was meinst Du?

Den 20. Januar 1828.

Münster frug mich neulich, in gutgemeintem Scherz, ob ich nach
Brighton auf den Anstand ginge? Keine üble Benennung. Der Him=
mel gebe nur endlich ein Wild, was der Mühe wert ist, und ist es kein
Edelhirsch, so müssen wir uns mit einem Häschen begnügen, - den
Hunger zu stillen, car malgré toute la poésie, qui remplit mon
âme, il faut vivre, c'est la loi de notre nature, et il faut toujours
y revenir. Mache mir also nie Vorwürfe, meine Herzensschnucke,
wenn ich nach vergebenem Streben, den Braten zu erlangen, mein
Leben mit Kartoffeln oder selbst Tannzapfen friste. Der Römer, der
sich umbrachte, weil er nicht mehr Pfauenzungen essen konnte, war doch
ein großer Narr - und dem ahme ich gewiß nie nach. Ich hoffe
wenigstens.

Den 1. April 1828.

Schnucke! Tout est fini, je suis marié, j'ai 200000 L. St. de
rentes et deux enfants!

Bist Du angeführt? Hélas, je ne puis annoncer de bonnes nou-
velles qu'à la façon du premier Avril! -

(Hermann von Pückler=Muskau, „Ironie des Lebens".)

In der versammelten Hofgesellschaft ist die auffallendste Erscheinung
Semilasso (Fürst Pückler) - eine Karikatur; ein Siebziger in
preußischer Generals=Uniform, mit fabelhaft reich gelockter Perücke,
rabenschwarz gefärbtem collier grec und Schnurrbart - geschminkt und
falschen Zähnen. Eine Menge Ordenssterne, und das Ordensband ist
so kunstreich über die Brust gelegt und durch Stecknadeln festgehalten,
daß es nicht einen einzigen Stern bedeckt. Dünne schwankende Beine
und ein ungemein jugendliches séducteur=Wesen. - Eine höchst al=
berne Karikatur . . . .

Der achttägige Umgang mit Semilasso soll auf den Erbprinzen
einen gewissen Einfluß geübt haben. Er ist sehr eingenommen von ihm
und nennt ihn den größten Lebensphilosophen, den er kennen gelernt;

Semilasso trägt wie Lord Chesterfield, und gewiß nicht ohne Geist, die Frivolität und den Egoismus der großen Welt als ein philosophisches Shstem vor. Als Hauptlehre, die er sich daraus abstrahiert hat, wiederholt der Prinz: „Man muß die Menschen berücksichtigen, aber man muß sich nicht von ihnen beeinträchtigen lassen!" - und das ist ein vieldeutiger und viel umfassender Satz im Munde eines Fürsten, der denn doch den Gedanken nicht loswerden kann, daß ihm das Recht, in seinem eigenen Interesse zu regieren, von Gottes Gnaden zusteht! -

(Bernhardi, „Lebenserinnerungen".)

Ein Ereignis, das die Mitwelt und alle literarischen Kreise stark erregte, das wie eine Epidemie, wie eine Krankheit nachwirkte, war der Selbstmord der Charlotte Stieglitz.

Charlotte Stieglitz, eine geborene Willhöft, gab sich im Alter von kaum 30 Jahren selbst den Tod, um durch den Schmerz über ihren Verlust die latenten dichterischen Kräfte des Schriftstellers, Bibliothekars, Gymnasiallehrers Heinrich Stieglitz auszulösen, ohne daß die heroische Tat bei der Ekdalnatur des Heinrich Stieglitz von besonderer Wirkung war.

Wenn die heutige Forschung die Urgründe dieser Tat auch auf anderen Gebieten sucht, so nimmt das ihr doch nichts von ihrem Nimbus, der noch heute, nach bald so Jahren, das Andenken dieser schönen, stolzen und klugen Person Charlotte Stieglitz umstrahlt.

Das dumpfe Fallen des Schlüssels, der durchgestoßen werden mußte, um die Tür zu öffnen, war merkwürdig. Ihr letzter Seufzer erscholl gerade, als die Wirtin des Hauses, Madame Fröhlich, in die Tür trat. Wunderbar anzuschauen war ihr edles, züchtiges, in kräftiger Ordnung daliegendes Todesbild, das in solcher Ruhe und einem so sichern Frieden der Haltung sich darstellte, daß die Wunde, an der sie hingeschieden war, selbst von dem herbeigerufnen Arzt erst später entdeckt wurde. In der ganzen Lage des Körpers war keine Spur eines gewaltsamen Sterbekampfes wahrzunehmen.

- - - - - -

Folgendes sind die letzten Worte, die Charlotte hinterlassen hat:

„Unglücklicher konntest Du nicht werden, Vielgeliebter! Wohl aber glücklich im wahrhaften Unglück! in dem Unglücklich-Sein liegt oft ein wunderbarer Segen, er wird sicher über Dich kommen!!!! Wir litten beide ein Leiden, Du weißt es, wie ich in mir selber litt; nie komme ein Vorwurf über Dich, Du hast mich vielgeliebt! Es wird beſſer mit Dir werden, viel beſſer jetzt, warum? ich fühle es, ohne Worte dafür zu haben. Wir werden uns einſt wiederbegegnen, freier, gelöſter! Du aber wirſt noch hier Dich her= ausleben und mußt Dich noch tüchtig in der Welt herumtummeln. Grüße alle, die ich liebte, und die mich wiederliebten! Bis in alle Ewigkeit!

Deine Charlotte.

Zeige Dich nicht ſchwach, ſei ruhig und ſtark und groß!"

- - -

Die Worte, auf welche am ſtärkſten die Tränen gefallen ſein mußten, waren: „in der Welt herumtummeln".

(Mundt, „Charlotte Stieglitz. Ein Denkmal".)

An größeren literariſchen Vereinen iſt des „Tunnels unter der Spree" zu denken, über deſſen Inſtitutionen uns Fontane genaueſte Nachricht gibt, und deſſen Mitglieder, ſoweit ſie irgendwie bedeutſam ſind, in Fontanes „Von Zwanzig bis Dreißig" eine eingehende Charakteriſtik erfahren. Endlich befanden ſich doch ein Heyſe, Storm, Fontane, Strachwitz unter der großen Anzahl von dichtenden Dilettanten oder Schriftſteller zweiten Grades. Und das bedeutet ſchon einen ſtarken Prozentſatz von Hauptgewinnen gegenüber den vergeſſenen Nieten.

Der Leiter und die Seele des „Tunnels unter der Spree" war der Hof= ſchauſpieler und ſpätere Vorleſer Wilhelm des Großen Louis Schneider der zugleich als patriotiſcher Schriftſteller und Freund der Geſchichte Ber= lins und Potsdams Verdienſte hat.

Abſeits von dieſer großen literariſchen Vereinigung, dieſem Dichterhof der Berliner Meiſterſinger, ſtanden die ſieben Weiſen aus dem Hippelſchen Keller, denen Max Stirner und Bruno Bauer angehörten und von denen Fontane ſagt (und es will etwas bedeuten, wenn Fontane nach ſeiner ganzen Grundanſchauung dieſe Worte ausſpricht): „daß Berlin mit Ausnahme von Bismarck nie intereſſantere Leute geſehen hat, als die Sieben!"

Wie das Auftreten eines Dichters plötzlich geradezu eine Epidemie von Verſen hervorbrachte, davon erzählt uns Fontane endlich noch in ſeinen Erinnerungen an den Herwegh=Klub. Die Züricher Buchhandlung, die die Lieder eines Lebendigen herausgebracht hatte, wurde mit Manuſkripten überſchwemmt. Ja ganze Dichterkompagnien ſchloſſen ſich zu dieſem Behuf zuſammen.

Der Tunnel, oder mit ſeinem proſaiſcheren Namen der „Berliner Sonntagsverein", war 1827 durch den damals in Berlin leben= den M. G. Saphir gegründet worden. Dieſem erſchien in ſeinen ewi= gen literariſchen Fehden eine perſönliche Leibwache dringend wünſchens=

wert, ja nötig, welchen Dienst ihm, moralisch und beinahe auch physisch, der Tunnel leisten sollte. Zugleich war ihm in seiner Eigenschaft als Redakteur der „Schnellpost" an einem Stamm junger, unberühmter Mitarbeiter gelegen, die, weil unberühmt, an Honoraransprüche nicht dachten und froh waren, unter einer gefürchteten Flagge sich mitgefürchtet zu sehen. Also lauter „Werdende" waren es, die der Tunnel allsonntäglich in einem von Tabaksqualm durchzogenen Kaffeelokale versammelte: Studenten, Auskultatoren, junge Kaufleute, zu denen sich, unter Assistenz einerseits des Hofschauspielers Lemm (eines ganz ausgezeichneten Künstlers), andererseits des von Anfang an die Werbetrommel rührenden Louis Schneider, alsbald auch noch Schauspieler, Ärzte und Offiziere gesellten, junge Leutnants, die damals mit Vorliebe dilettierende Dichter waren, wie jetzt Musiker und Maler. Um die Zeit, als ich eintrat, siebzehn Jahre nach Gründung des Tunnels, hatte die Gesellschaft ihren ursprünglichen Charakter bereits stark verändert und sich aus einem Vereine dichtender Dilletanten in einen wirklichen Dichterverein umgewandelt. Auch jetzt noch, trotz dieser Umwandlung, herrschten „Amateurs" vor, gehörten aber doch meistens jener höheren Ordnung an, wo das Spielen mit der Kunst entweder in die wirkliche Kunst übergeht oder aber durch entgegenkommendes Verständnis ihr oft besser dient als der fachmäßige Betrieb. - - -

- - -

Eines Abends, auf dem Heimwege, sah ich mich, keine dreißig Schritt mehr von meiner Wohnung entfernt, von sechs, acht Strolchen, die sofort einen Kreis um mich schlossen, angebettelt. Alle hatten die Rockkragen in die Höhe geklappt und die Mützen und Hüte tief runter gezogen; ein paar humpelten, einer schien bucklig oder wenigstens mit sehr hoher Schulter. Dieser trat an mich heran, streckte mit gemachter Ängstlichkeit seine hohle Hand gegen mich aus und sagte: „Herr Jraf, bloß zwei Groschen." Es war Faucher. Ich hätte nun sagen können: „Faucher, seien Sie nicht verrückt." Aber das wäre Spielverderberei gewesen und hätte vielleicht auch zu sonderbaren Auseinandersetzungen geführt. Ich suchte also nach dem geforderten Geldstück, und weil ich ein solches leider nicht finden konnte, mußte ich mich mit einem Viergroschenstück loslösen, wofür ich unter devoten Bücklingen und heiterem Gejohle im Hintergrunde belobt wurde. Bald dar-

auf erfuhr ich, daß die Raubzüge dieser Bande mit einer Art Regel=
mäßigkeit unternommen würden, immer in nächster Nähe der Linden,
und daß sie's dabei bis auf mehrere Taler brächten, die dann so=
fort im Kap=Keller - zweites Haus in der Friedrichstraße - verkneipt
wurden.

Aus welchen Elementen sich die Bande zusammensetzte, hab' ich
nie sicher in Erfahrung gebracht. Wahrscheinlich fanden sie sich zufällig
zusammen, vielleicht aber waren es auch einige der berühmten „sieben
Weisen aus dem Hippelschen Keller", die den damaligen eigent=
lichen Umgang Fauchers bildeten. Alle Sieben haben eine Rolle
gespielt. Es waren, wenn ich recht berichtet bin, die folgenden:
Bruno Bauer, Edgar Bauer, Ludwig Buhl, Max Stirner, Leutnant
St. Paul und Leutnant Techow. Der Siebente war eben Faucher
selbst. - - -

Berlin hat kaum jemals - natürlich den einen Großen abgerechnet,
der um jene Zeit noch die Elbe=Deiche revidierte - interessantere Leute
gesehen als diese „Sieben". - - -

- - -

… So war unser Herwegh=Klub. Dichterisch kam dabei nicht viel
zutage, trotzdem von unserm Klub wie von so vielen andern Stellen
in Deutschland drei stattliche Manuskriptpakete die Wanderung nach
Zürich hin antraten, zu Froebel & Co., wo Herweghs Gedichte erschie=
nen waren. Eins dieser Manuskripte rührte, wie kaum noch gesagt
werden braucht, von mir her und war von einigen Einleitungsstrophen
begleitet, die, nicht minder selbstverständlich, die Überschrift: „An
Georg Herwegh" trugen. Es hieß darin nach voraufgehender
Schilderung eines grenzenlosen politischen und beinahe auch mensch=
lichen Elends:

> „… Schon fühl' ich meinen Blick umnachtet,
> Da plötzlich zwang es mich empor:
> Es schlug, wonach ich längst geschmachtet,
> Wie Wellenrauschen an mein Ohr.
> Und siehe, daß gestillet werde
> Der Durst, woran ich fast verschied,
> Durchzog ein Strom die Wüstenerde,
> Und dieser Strom - es war dein Lied.

Ich habe nicht genippt, getrunken
Und seinen Wellenschlag belauscht,
Ich bin in seine Flut gesunken
Und habe drinnen mich berauscht" usw.

Wir kriegten unsere Manuskripte zurück, ohne daß die Verlagsbuch=
handlung auch nur einen Blick hineingetan hätte. Wie konnte sie auch!
Es brach eben damals eine Hochflut über sie herein. Und alles waren
Worte, Worte –!

Malerei und Plastik.

Über Silhouetten studentischer Zirkel, über Lithographien und über die ersten Daguerreotyps berichtet Otto Bähr in seinem schon öfter erwähnten lesenswerten Buch „Eine deutsche Stadt vor 60 Jahren". Immermann erzählt in seinen Tagebüchern über die gute Aufnahme, die er in Berlin fand, da er Gast in dem von Schinkel erbauten oder doch ganz umgestalteten Redernschen Palais war. Er kommt zusammen mit bedeutenden Bildhauern und Gelehrten der Zeit. Wie stark schon die Reaktion war, die zu Beginn der 40er Jahre mit einem neuauftretenden Naturalismus gegen die sentimentale, anekdotische Düsseldorfer Schule einsetzte, beweist uns eine Kritik des „Freimüthigen". Ein rührendes document humain ist der Brief Bettines von Arnim an einen damaligen Regierungsrat Bethmann-Holweg, in dem sie bittet, für den Künstler Blechen, der uns heute als das größte und am meisten in die Zukunft weisende Genie jener Periode gilt, etwas zu tun, damit er, dessen schwere Nervosität unter unrichtiger Behandlung in Geisteskrankheit überzugehen droht, die nötige Pflege erhalten könne. Der Brief gibt zugleich eine feine Analyse seiner Stimmung und ist ein trauriger Beweis für die Rückständigkeit, die noch in der ärztlichen Behandlung Geisteskranker und nervös Gestörter in der Biedermeierzeit Platz hatte. Die Gattin des Künstlers war gegenüber einer Bettine von Arnim natürlich eine ganz einfache und unkomplizierte Person. Immerhin muß zu ihrer Ehre gesagt werden, daß sich das Bild, das Bettine von Arnim von ihr gibt, nicht mit dem Urteil deckt, das von anderen einsichtigen Leuten, wie z. B. Fontane, über sie gefällt wurde.

In Handel und Wandel fand die Bildhauerkunst kaum eine andere als die bescheidne Vertretung, daß wandernde Italiener Gipsfiguren feilboten, die sie mittels eines Brettes auf dem Kopfe umhertrugen.

Auch Ölbilder waren viel zu teuer, als daß sie einen großen Markt hätten finden können. Ausstellungen, wie sie jetzt in allen größern Städten üblich sind, gab es damals wohl erst an wenigen Orten. Wer nicht reich genug war, um Ölbilder zu kaufen, suchte nach andern Bildern, um sein Zimmer zu schmücken. Bilder in schwarzer Kreide gezeichnet, auch Bleistiftzeichnungen und getuschte Bilder sah man vielfach. Wer auch solche sich nicht erwerben konnte, griff nach gedruckten Bildern. Der Kupferstich, wenn er nicht zu teuer war, war durchaus geliebt. Sehr verbreitet war z. B. der Müllersche Stich des heiligen Johannes von Domenichino. Vorherrschend aber war es der erst vor kurzem erfundene Steindruck, welcher das Bedürfnis nach Bildern befriedigte.

Bei der Ungunst der Zeit bestritten viele Künstler ihren Lebensunterhalt durch Unterricht im Zeichnen. Nur eine Art der Malerei konnte auf eine selbständige Existenz rechnen, weil sie einem großen Begehr des Publikums entsprach. Das war die Porträtmalerei.

Der Wunsch der Menschen, das eigne Bildnis oder das eines teuren Angehörigen zu besitzen, war damals nicht minder rege als jetzt. Aber es fehlte das Mittel, welches heute in so wunderbarer Weise diesen Wunsch befriedigt, die Photographie. Wer ein Bildnis von sich haben wollte, mußte einen Künstler angehen. Und dabei war es noch immer zweifelhaft, in welchem Maße das Bild gelang. Die unvollkommenste Form für die Befriedigung jenes Bedürfnisses bot die aus dem vorigen Jahrhundert überkommene Silhouette. Dennoch war sie, da sie wenig kostete und zugleich einer leichten Vervielfältigung fähig war, in einzelnen Kreisen beliebt. So bei Studenten, welche in großer Zahl Silhouetten austauschten, so wie man jetzt Photographien austauscht. Manche Studenten hatten mit solchen Bildern eine ganze Wand ihres Zimmers ausgeschmückt. Für die Anfertigung derselben gab es besondre Silhouettenschneider auf den Universitäten. Allerdings waren diese Bilder oft von erschreckender Unähnlichkeit. Die Hauptsache war, daß neben dem schwarzen Antlitz Mütze und Band in den echten Korpsfarben prangten. Wer mehr an sich und seine Freunde wenden wollte, ließ sich wohl von einem Künstler zeichnen und das Bild durch Steindruck vervielfältigen. Auch ganze Korps von Studenten ließen sich in gemeinschaftlichem Bilde darstellen und dieses Bild lithographieren. In andern Ständen, in welchen man nicht auf die Vervielfältigung seines Bildnisses Wert legte, begnügte man sich mit dem vom Künstler unmittelbar geschaffenen Bilde. Auch hierbei waren Zeichnungen in Kreide oder Bleistift nicht ungewöhnlich. Lange Zeit hindurch waren

in Kaffel Paftellbilder fehr beliebt. Aber auch die Zahl der Ölbilder,
welche angefertigt wurden, war nicht ganz gering.

In diefe ganzen Verhältniffe hat die Photographie einen unge=
heuren Umfchwung gebracht. Die erften Erzeugniffe diefer Kunft, welche
man Daguerreotypen nannte und welche gegen Ende der 1830er Jahre
die Welt in Erftaunen fetzten, waren noch glänzende Metallplatten,
welche man hin und her wenden mußte, um das auf ihnen gleichfam
im Anfluge niedergefchlagene Bild richtig zu erkennen. In welcher
Weife feitdem diefe Kunft mehr und mehr fich vervollkommnet hat, wie
heute auch der Geringfte die Freude haben kann, für weniges Geld
ein fprechend ähnliches Bild von fich zu erlangen; wie diefe Bilder zu
Hunderten und Taufenden unter Freunden und Bekannten ausgetaufcht,
auch, wenn fie intereffante Perfonen zum Gegenftande haben, durch
den Handel verbreitet werden; wie ferner diefe Kunft uns die entfern=
teften Weltgegenden in abfoluter Treue der Darftellung näher bringt;
wie fie dann zu der hübfchen Erfindung der Stereofkope geführt hat,
an welchen viele ihre Freude haben; wie fie endlich in unzähligen Be=
ziehungen für wiffenfchaftliche und andre Zwecke verwertet wird: das
bedarf hier keiner näheren Darlegung. Heute ift es fchwer, fich in eine
Zeit zurückzudenken, wo dies alles noch fehlte. Und doch befitzen wir
die Kunft, welche diefe Entwicklung genommen hat, in ihrer heutigen
Bedeutung kaum feit einem Menfchenalter.

(Otto Bähr, „Eine deutfche Stadt vor 60 Jahren".)

Berlin, den 23. Oktober.

Seit einigen Tagen bin ich nun hier in der großen Stadt. Um vom
Quartiere anzufangen, fo hat fich diefes auf eine unerwartete
Weife gemacht. Schon in Potsdam fand ich einige fehr verbindliche
Zeilen des Grafen Redern, wodurch ich eine Einladung, in feinem
Haufe zu wohnen, empfing. Da diefelbe hier von ihm und feiner Mut=
ter wiederholt und mir gefagt wurde, daß meine Zimmer fchon in Be=
reitfchaft gefetzt feien, fo hatte ich keinen Grund, diefe Güte abzuleh=
nen. Nun wohne ich alfo in einem prächtigen Palais und fehe nach
einer Seite über den Parifer Platz aufs Brandenburger Tor, nach der
anderen über die Linden. Vortreffliche Bedienung, Ruhe und Stille
in meinen Zimmern, die Vergünftigung, die heiter und prächtig nach

Schinkels Zeichnungen dekorierten Säle des Hauses frei durchwan-
dern und die Bibliothek benutzen zu dürfen; alle Abend aber ein Platz
in der General-Intendanzloge, sind höchst angenehme Akzessorien dieses Zustandes. Die Sitte des Hauses läßt mir jegliche Freiheit. Nachmittags 4 Uhr wird gespeist; die Gesellschaft ist zwanglos, und auch
da genügt eine bloße Anzeige bei dem Kammerdiener, wenn man nicht
erscheinen will. Abends wird schon angenommen, daß man seine Gesellschaft außer dem Hause hat. Ich werde mit der zuvorkommendsten
Güte behandelt. Meine Wirte bestreben sich, mir den Aufenthalt bei
ihnen so angenehm als möglich zu machen, und bitten interessante Personen zusammen. So bin ich hier mit Rauch, Schinkel, Alexander von
Humboldt zusammen gewesen. Einen Mittag war auch der bekannte
Decker (Adalbert vom Thale) da, der zwar ein schlechter Dichter ist,
außerdem aber manches anregte, was sein Interesse hat.

Nebenbei lerne ich die hohe Berliner Aristokratie kennen. Eine Ku-
riosität derselben ist, daß sie jederzeit unter sich französisch zu sprechen
anfangen. Zuerst dachte ich: Du Gott, wie soll das mit dir werden,
wenn es so fortgeht? aber nach fünf Minuten hört es immer wieder
auf, und sie verfallen wieder ins ehrliche Deutsch. Mit Rauch hatte
ich die beste und fröhlichste Begegnung. Schon daß er ein schöner
Mensch ist, setzte mich in gute Stimmung; der prächtige ovale Kopf,
von weißen Locken umblüht, die herrlichen blauen Augen, die pro-
portionierte schlanke Gestalt! In seinem ganzen Behaben war die Tüchtigkeit und Sicherheit des Genies sichtbar, wir konnten trefflich zusammen schwatzen und waren bald vertraut. Es traf sich auch gut, daß ich
ihn fast überall fand, wo ich unter Menschen kam.

In seiner Werkstatt ist feurige Tätigkeit. Eines Tages erhielt ich
die Erlaubnis, ihn arbeiten zu sehen. Es geschah an dem Basrelief zu
dem Monumente des Königs von Bayern. Er kriegte den nassen Ton
vor, warf Stück vor Stück gegen die Wand, knetete und strich, und
siehe da, eine menschliche Gestalt war fertig. Als ich ihn so kneten
und wirtschaften sah, sagte ich zu ihm, die Bildhauer hätten's von den
Schwalben, die es auch so machten, abgesehen. Er lachte und nahm
sich vor, eine kleine Genreskizze zu entwerfen, worin ein junges Genie,
ein Knabe, auf die Arbeit der Schwalben achten und dieselben gleich
nachahmen sollte.

Wir sprachen über die Gegenstände der Skulptur und kamen über-
ein, daß, da doch nun einmal die Antike ihr hauptsächliches Terrain
bleibt, die modernen Künstler die Sujets nehmen müßten, die zwischen
den von den Alten ge- und verbrauchten lägen. Seine Eurydice ist
schon ein solches. Auf dieses Gespräch bezogen sich folgende Zeilen,
die ich ihm zum Abschied zuschickte:

> Das Altertum ist ein großes Buch,
> Drin viele täten schreiben;
> Die Leute rufen: „Es ist genug,
> Ihr Künstler, laßt's nun bleiben!"
>
> Du aber hast Dich zum Buche gewandt,
> Furchtlos sonder Wanken und Weilen!
> Und schreibst mit fester, gewaltiger Hand
> Gar Schönes zwischen die Zeilen.

Wachs empfingen mich überaus angenehm. Der Bruder sagte mir
durch verständiges, solides Wesen sehr zu; die Schwester, Henriette
Paalzow, war ein Muster von freundlichem, gewinnendem Wesen.
Gegen Naturen wie die ihre ist man in Deutschland immer ungerecht. Meistenteils suchen die Menschen sich bei uns geflissentlich un-
artig und nonchalant darzustellen, und darum werden denn diejenigen
verketzert, welche, mit Sinn, Verstand und Takt begabt, einen Wert
darauf legen, anderen zu gefallen. Dies nennt man maniert, absichtlich, übertrieben. Es ist wenigstens eine bessere Manier, als die
gewöhnliche.

Bei Schinkel sah ich endlich auch die Zeichnungen zum Museum,
von welchen ich schon so vieles gehört hatte. Diese Zeichnungen - in
Aquarell entworfen - sind ein ganz außerordentliches Werk; sie ver-
schmelzen das Antike und Mythische mit dem Nächsten, Modernen,
Sentimentalen so natürlich, sie geben dabei einen solchen Reichtum von
Ideen und Motiven, daß man vor dem erfindenden Geiste dieses
Meisters erstaunen muß. Ich glaube, ausgeführt würden sie eine Epoche
in der Kunst machen. Daß es noch nicht geschehen, daran ist der König
schuld, der sie nicht liebt. Wenn ich mir den Schmerz des Mannes,
der diese Sachen in seinem Zimmer versperrt halten muß, dachte und

dann fah, wie gefaßt er ihn zu verbergen weiß, fo konnte er mir als
ein Vorbild gelten. Hoffentlich wird ja der Kronprinz einmal zur Re=
gierung gelangen und diefe, wie fo manche andere Gefangene befreien.

Ich befand mich unter den Leuten fehr wohl, ich habe doch eigent=
lich eine wahre Narrenneigung zur bildenden Kunft; fie kamen mir
gut und zutraulich entgegen und hätten mich wohl gerne dort behalten.
Sie klagten alle über den Mangel eines fröhlich zufammenlebenden
und Produktionen austaufchenden Zirkels.

Von fonftigen Berliner Portraits und Begegnungen notiere ich noch
Alexander von Humboldt, den ich mehrmals fah. Die enorme Gelehr=
famkeit, die Eleganz der Mitteilung, das Streben, fich über jedes,
wovon er irgendeine Bereicherung für fich felbft hoffen durfte, au fait
zu fetzen, machten mir diefe europäifche Figur fehr intereffant. Leider
ift er Mode und Höfling, diefe Verhältniffe zwingen ihn in Verbin=
dung mit feinem eigenen Naturell, oft den Unterhaltenden zu fpielen,
d. h. Anekdötchen zu erzählen und Späßchen zu machen.

Eines Mittags fragte ich ihn aber, da ich wieder in meinen Gedanken
auf Montezuma gefallen war, über Mexico aus, und da ergoß er fich in
einen wahren Strom bedeutender Notizen und lichtvoller Andeutungen.

Graf Redern hatte ihm vom neuen Hofer gefagt, und fogleich hatte
er gegen ihn den Wunfch ausgefprochen, denfelben kennen zu lernen.
Ich nahm dies anfangs für ein Kompliment und wollte die Sache ab=
lehnen, allein Redern fagte mir, daß es Humboldts Ernft fei, und
daß er nach allem Neuen, wovon er etwas erwarte, das lebendigfte
Verlangen hege. Er äußerte fich nach der Vorlefung fo, daß ich merkte,
daß er gefolgt war.

Humboldts Äußeres hatte ich mir etwas anders, höfifcher, vorneh=
mer, parlamentarifcher, möchte ich fagen, gedacht. Er hat etwas, was
zwifchen Abbé und franzöfifchem Maître mitten innefteht.

Steffens ift fehr viel in Gefellfchaften, war daher, außer unter vielen,
wenig zu haben; doch machte ich mit ihm einen Spaziergang à deux
im Tiergarten. Ein ausdrucksvoller Kopf, feine Stirn, fchöne Nafe,
etwas norwegifch=dänifcher Anflug im Sprechtone. Sehr lebendig, viel
redend, dozierend.

Er fagte mir unter anderem, daß er den jungen Leuten immer vor=
halte, Philofophie fei keine Elementarwiffenfchaft; erft wenn man fich

Die Mode im Jahre 1832
Nach einer Lithographie von Paul Gavarni

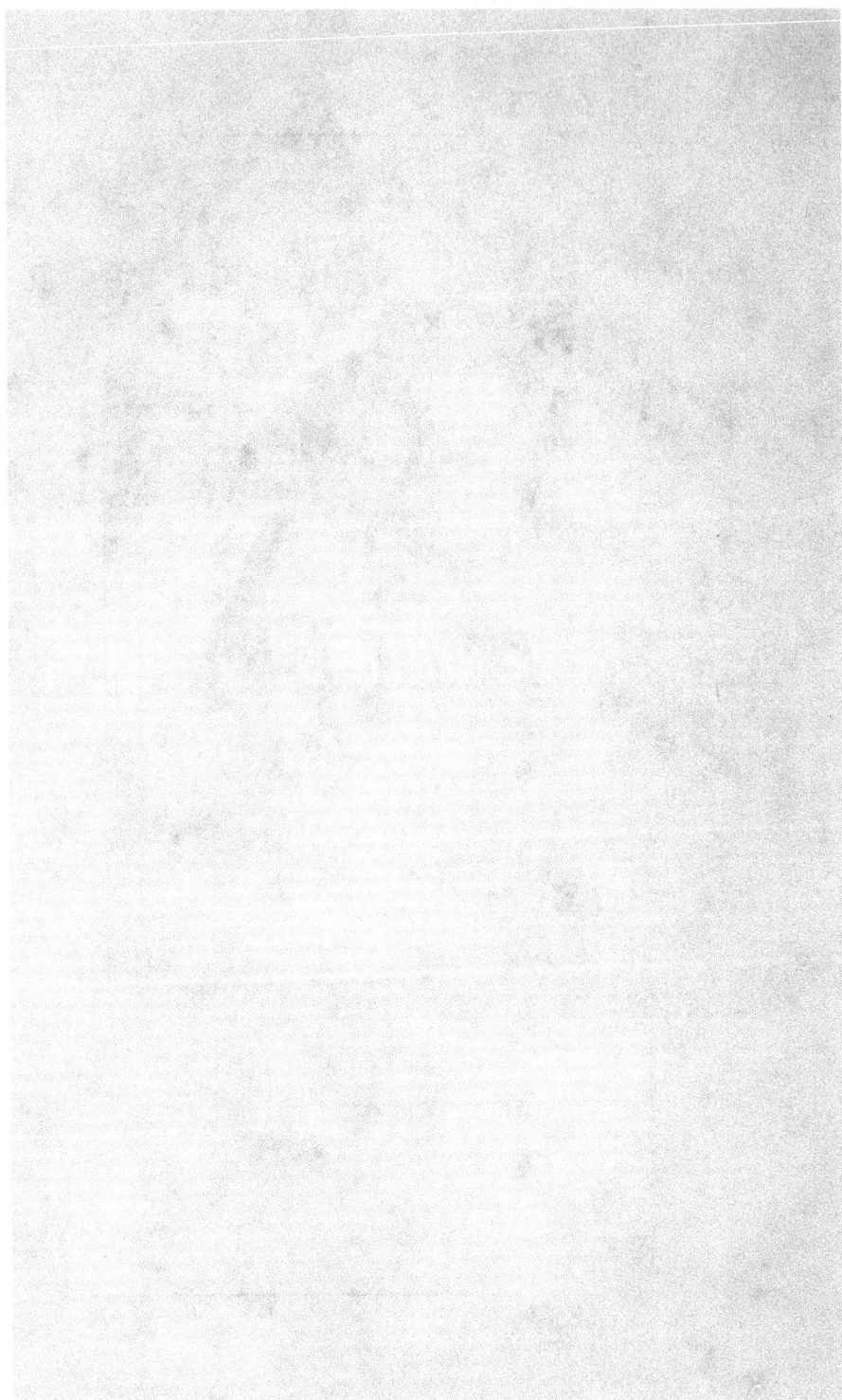

in der ganzen Breite der Empirie umgesehen, könne man zu ihr gelan=
gen; sie sei der Lohn eines wohlgeführten Lebens. Das Berliner Le=
ben hat für ihn auch etwas Unbehagliches, die trockene Hast, worin es
sich umschwingt, macht ihm nicht wohl. Ich nahm auch Gelegenheit,
mit ihm über seine religiöse Stellung zu reden, worüber er sich sehr
ernst und würdig ausdrückte.

Schleiermacher hörte ich über den Text: „Bittet, so wird euch ge=
geben" predigen, also eine Betrachtung über das Gebet und die Art,
wie dasselbe zu verrichten, anstellen. Es war eine recht gute Exegese
der Textesworte, in der mir nur der Satz wieder sehr auffallend war,
daß Gott auch des wahren Gebetes bedürfe, weil nur dadurch sein
Reich kommen könne. Also wieder Gott in eine gewisse Sphäre der
Notwendigkeit versetzt, ein Grundton vieler Schleiermacherschen Vor=
stellungsweisen. Steffens spricht ihm geradezu das Christentum ab; so
weit möchte ich nun nicht gehen, ich möchte nur sagen, er predige in
diesem Vergeistigen und Verflüchtigen der evangelischen Momente, in
diesem Friedenschließen zwischen Bildung und Religion das Christen=
tum der Verständigen, das einzige, was diesen zugänglich gemacht
werden kann, also freilich nicht das der Demütigen, Zerknirschten.

Chamisso empfing mich als weiß= und langhaariger Erzvater in
einer tabakdurchräucherten Stube und fing gleich nach den Einleitungs=
reden in seiner holprigen Sprechweise über den Verfall der Poesie und
Literatur zu klagen an. Da mich nun diese höchst ungerechten Nänien
immer aufbringen, so fuhr ich ihn ebenso holprig an: „Ihr denkt im=
mer, weil in Eurem sandigen Berlin nichts entsteht, so sei überall die
Laterne ausgegangen." Hierauf versetzte er, ohne es übelzunehmen, gut=
mütig: „Es ist wahr. Jeder pfeifet nur aus dem Loche, worin er sitzt!"

v. Eichendorff, eine grundehrliche, gewissermaßen schwäbische Dichter=
natur, mutete mich sehr an. Er hat ein Lustspiel geschrieben „Die Freier",
voll vortrefflicher Späße und Vorspiele, nur zu shakespearisierend.

(Gustav zu Putlitz, „Karl Immermann, sein Leben und seine Werke".)

Bericht über die Berliner Kunstausstellung 1840.

Ich durchlaufe die Säle, um noch einiges landschaftliche Leseholz zu=
sammenzubringen; was ich aber finde, ist, beim Licht besehen, nicht
des Aufhebens wert. Man müßte denn nach jenem Strohschmuck

greifen, der im Katalog „Ophelia aus Hamlet" heißt; allein Gott
behüte, daß ihm die kritische Fackel nahekomme. Wahnsinnsszene; starrt
von Halmen wie ein Spatzennest; singt: „O pfui, was soll das sein?"
Als Vierziger kann diese Ophelia gute Dienste leisten, go to a nunnery! In einen Strohsack, in einen Strohsack! Wenn du heiratest, so
gebe ich dir diesen Fluch zur Aussteuer: Sei so leer wie eine ausge-
droschene Sange, so fad und saftlos wie Packfüllsel, an dem ein hung-
riger Klepper nagt, und du entgehst doch dem Türschilde nicht. Geh
in ein Kloster! Laß dich als Kniekranz einem Scheuerweib unterschie-
ben; laß dich in einen Querpolster stopfen; in den Korb einer gluck-
senden Henne streuen; oder willst du durchaus in eine Kunstausstellung, so bleib in der Emballage und laß dich als Futtersack um die
Ohren eines Esels hängen, go to a nunnery! in einen alten Rekru-
tenstiefel! und mit diesem in ein Kloster! Geh, und das schleunig! Ich
weiß von euren Malereien Bescheid, recht gut. Gott hat euch einen
Pinsel in die Hand gegeben, und ihr malt, als wär' der Farbentopf ein
ganz anderes Gefäß. Mit jedem Jahre werdet ihr matter, unerfreuli-
cher, seelenloser. Ihr schniegelt, bügelt, glättet und verhunzt Gottes
Kreaturen und stellt aus Leichtfertigkeit statt Kunstgemälde Aufhänge-
schilder auf. Geht mir! nichts weiter davon! es hat mich toll gemacht.
Ich sage, wir wollen nichts mehr von euren Kreuzfahrern, Seeräubern
und trauernden Schinderhänsen wissen. Schade genug um das zwei-
schläfrige Bettlaken, das von oben bis unten besudelt ist; die übrigen
sollen bleiben, wie sie sind. In ein Kloster! Geh!

(„Der Freimütige.")

Lieber guter Holweg! Hätte ich doch bei Ihrem Aufenthalt hier
schon so tief das Geschick des armen Malers eingesehen, für den
ich in diesem Brief auch Ihre Milde ansprechen will; allein damals
war er hier im Hornischen Irrenhaus, wohin er auf Veranlassung der
Frau, zwar mit ganz gebrochenen Kräften, aber doch noch mit Besin-
nung gekommen war; seine gänzlich niedergeschlagene geistige Fähig-
keit in der Kunst, Mutlosigkeit, ja Unvermögen, das Geringste zu tun,
sollte durch strenge Behandlung gehoben werden. Zwangsjacken, Spa-
nische Fliegen, Hohe Tuschen auf die Wunden, Hunger, harte Arbeiten unter züchtigender Aufsicht, häufige Brechmittel, dies alles ist

während 4 Monaten mit Vernachläffigung aller reinlichen Pflege an
diefem fanften, weichherzigen Kranken verübt worden; die Folge
war, daß er nach diefer Zeit, als ganz unheilbar blödfinnig von dem
Arzt Horn entlaffen, zur Frau zurückkehrte, die ihn nun fchon wieder
feit 6 Monaten aus Unverftand und Ungeduld, aus heftigem Tempe=
rament auf die unverftändigfte Weife behandelt. Ein guter Schutz=
engel hat mich zu diefem armen Schutzverlaffenen geführt, ich habe gleich
feine Lage durchfchaut, ich habe Ärzte zu ihm geführt und von diefen
erfahren, es fei noch ein Strahl von Hoffnung, allein es müffe fchnelle
Hilfe fein, und er dürfe durchaus nicht mehr in der Lage bleiben, in
welcher fein Geift fo gedrückt fei, daß er fich fchämen würde, fich aus
feinem Wahnfinn loszuwickeln; damit er nur nicht bekennen dürfe, daß
er fich der Schmach bewußt fei, die er im Irrenhaufe ertragen, und die
er noch täglich von der Frau ertragen muß. Wenn ich Ihnen den Na=
men Blechen nenne, fo werden Sie fein Verdienft zu fchätzen wiffen
und auch einen Teil feines Verhältniffes erraten, das ihn in diefen
jammervollen Zuftand brachte. Die Bilder, die er feiner letzten Zeit ge=
malt, und worauf eine große Abfpannung folgte, waren mit fo ge=
waltiger Phantafie, die, im Zügel gehalten und der Natur treu fich
anfchmiegend, das Unmögliche auf die Leinewand zauberte. In jedem
kleinen Gegenftand fpiegelte fich die Aufregung des Gemütes, in dem
die Natur wühlt, um ihm begreiflich zu werden; dabei ift alles aufs
innigfte mit Fleiß und Demut vollendet und in der Harmonie wie in
einem Netz gefangen; unmöglich ift es, höheres Genie in irgendeinem
Kunftwerk jetzt lebender Künftler zu entdecken. Allein, wie dem Frucht=
baum, je edler er ift, auch das Klima um fo günftiger fein muß, um
ihn vor Verderben zu fchützen, fo fcheint es auch bei dem Menfchen
der Fall zu fein, deffen Intellektion fo vom Genius aufgereizt ift, daß
er mehr fchafft, als er felber begreift. Ich irre nicht, wenn ich Blechens
geftörte Organifation dem Mangel an Teilnahme und Begriff feiner
Mitwelt zufchreibe. Noch erhitzt von den Steigerungen feines Inneren
bei fo kühnen Vifionen, prallte er von allen Seiten an das mauerfefte
Gefängnis der Philifterwelt, die ihn umgab; kaltes Mißverftehen,
blödfinniges Urteil, neidifches Verzerren feiner gigantifchen Verfuche
machten ihn rafend, und kein Tröpfchen Tau follte ihn erquicken, -
Entzweiung mit fich felber, Verwirrung feines Inftinktes war die Folge!

- War es optischer Betrug, daß er die Welt so schaute, war er's allein,
dem die kühnen Massen, die er auf die Berge und Felsen pflanzte, so
edel und groß erschienen? - Und das Licht, das aus seinem Pinsel
strömte, sollte das bloß Fiktion sein und keine Wahrheit? - Diese
Streitfragen haben ihn gewaltiger angegriffen wie wohl keinen anderen, denn sein alles stand auf dem Spiel, denn er war durchdrungen
vom Geist seiner Zeit, es hatte kein anderer Nebenzweck Platz in seiner
Seele. Kein Willkomm in der Außenwelt, keine Ruhe im Häuslichen,
das schwer auf ihm lastete, und das ganze Leben durch die Eifersucht,
Geldgier, Zorn usw. der viel älteren Frau zum Marterpflock gemacht
und durch sie von jeder Annäherung, die ihm Trost und Stütze werden
konnte, gehindert: dies ist eine flüchtige Skizze von dem, was diesem
Unglücksmenschen den Untergang bereitete. Jetzt ist er in aller Abgeschlossenheit mit dieser Frau, die ihm gespenstisch früher jede Hoffnung
verleidete und jetzt ihn wie ein Kind züchtigt, wenn er nicht folgen will,
ihm jeden Genuß raubend, denn sie reißt ihm den Apfel aus der Hand.
- Muß es da nicht seiner wahnsinnigen Verzweiflung vormalen, es
sei nichts mit ihm, das ganze Leben sei nur diese Frau, die ihn an der
Kette führt? - Wo soll er Hoffnung schöpfen, wenn auf einen Augenblick Licht in seine Seele fällt und er sieht nichts wie die starre Wirklichkeit, die Frau, die ihn, jede innere und äußere Bewegung mißver-
stehend, durchs Leben schlappt! - Ich habe ihn mehrere Tage beobachtet, habe Ärzte zu ihm geführt, die zwar einen Strahl von Hoffnung
geben, wenn er, aus seiner Lage herausgerissen, mit Freundeshand
gelenkt, in fremde Gegenden Reisen machte, wo er früher die Skizzen
zu Bildern gemacht hat, die leider jetzt schon alle verkauft sind.

Der Wert seiner Bilder ist zwar aufs höchste gestiegen, allein die
Kunsthändler, die sie in Händen haben, sind zu sehr durch den Handel
abgehärtet, um zu begreifen, daß, wenn ein Bild, was sie mit 20 Louisdor kaufen, ihnen jetzt mit 80 und 100 bezahlt wird, sie doch wenigstens etwas dem armen Geisteszerrütteten könnten davon zukommen
lassen. - Als ich bei ihm gewesen war und mit den Ärzten gesprochen
hatte, habe ich auf bloßen inneren Antrieb, ohne zu wissen, wie mir's
möglich sein werde, das ganze Geschick des Malers auf mich genommen. Obschon ich kein Geld habe, über das ich frei disponieren könnte,
so versprach ich, Hilfe zu schaffen, und habe seitdem einen glücklichen

Anfang gemacht. Ich kaufte eine Landschaft von ihm an mich, die zwar klein, aber von der schönsten Farbenvollendung ist, eine Ansicht aus dem Park in Terni. Ein kleiner See, umgeben von hohem Laubholz, hinter welchem sich eine felsige Gebirgskette hinzieht, die den kristall= blauen Reflex des Himmels in ihre spiegelglatten dunkelen Basaltflächen aufnimmt, die Kühle entströmt dem Waldgrund und steigt aus dem blauen See, in dem sich zwei Mädchen baden, während im Vorder= grund die heiße Atmosphäre die harzschwitzenden Bäume umdämpft. Von dieser kleinen, aber bewundernswürdigen Landschaft habe ich eine Lotterie gemacht, das Los zu einem Louisdor, unter der Protektion der Frau Kronprinzessin, deren Mildtätigkeit zu groß ist, als daß sie über irgend etwas verfügen könnte; sie hat mir aber durch ihre tätige Teilnahme 30 Louisdor erworben; ich selbst habe 36 Lose bis jetzt abgesetzt, mehrere sind noch im Kurs und werden von den Teilnehmen= den unterzubringen gesucht. Nun frage ich Sie, lieber Holweg, ob Sie mich auch in dem schwierigen Unternehmen unterstützen wollen, für diesen verdienstvollen Geisteskranken eine Summe zu sammeln, für welche er eine Kur gebrauchen könnte, welche die Ärzte als einzigen möglichen Rettungsversuch vorschlagen, nämlich, unter Aufsicht eines verständigen Freundes ihn eine Reise machen zu lassen, zuerst in ein Bad, wahrscheinlich Gastein, und dann weiter nach Italien?

(Kern, „Carl Blechen".)

Die Mode.
Kleidung und Luxus.

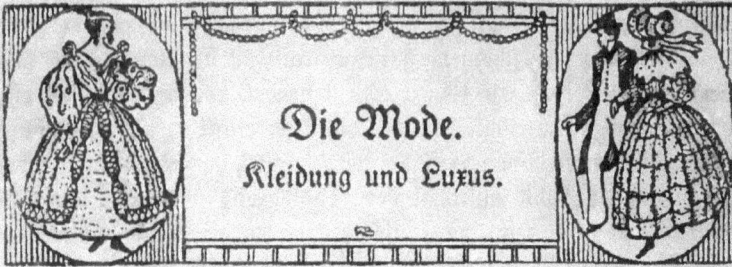

Adolph von Schaden, auch einer jener längst vergessenen Berliner Chronisten, beschwert sich schon 1822, kurz nach dem Kriege, über den unerhörten Kleiderluxus, der selbst von den mittleren und armen Kreisen Berlins geübt wird; eine Beschwerde, die uns, wenn wir das Heute betrachten, recht unangebracht scheint.

Otto Bähr, dem wir viele nette Mitteilungen verdanken, gibt ein ziemlich genaues Bild der Entwicklung der Mode und der Dinge, die man brauchte, um gesellschaftlich möglich zu sein.

Die Baronin Caroline de la Motte-Fouqué äußert sich in ihren „Briefen über Berlin" über all den bunten Tand, der zur Eleganz gehörte, und dessen Geschmack, genau wie noch heute, von Paris diktiert wurde. Und wirklich waren ja auch in Paris in dieser Zeit und später keine schlechten Künstler am Werk, um eine geschmackvolle Mode zu schaffen. Ist doch Gavarni mit seiner köstlichen Grazie einer der Hauptzeichner von Modeblättern in der Biedermeierzeit.

Ein anderer Berliner Chronist zeigt endlich die Fäden auf, die von den Vorlieben der Zeit – von ihren historischen Interessen, ihren Theaterinteressen, ihrer orientalischen Romantik – zu Kleidung und Mode hinüberführten.

Kleider- und Möbelluxus.

Die Sprichworte: „Man sieht mir auf den Kragen, aber nicht in den Magen", und: „Das Kleid macht den Mann, das Fräulein, die Frau", hat sicher ein Berliner erfunden.

Der Luxus in jenen Gegenständen übersteigt allen Glauben. Ein großer Teil der Einwohner stammt ursprünglich aus Holland, von wo, als eine Überschwemmung die Niederlande verwüstete, die Ahnen zur Zeit Albrechts des Bären sich nach Berlin wendeten, um sich dort anzusiedeln.

Die Ängstlichkeit, mit welcher die Berliner ihre sogenannten Putzstuben wahrnehmen, deutet auf jene ursprüngliche Abstammung.

Eine solche Putzstube hält jedermann, wer es nur einigermaßen ausführbar machen kann, Schuster und Schneider nicht ausgeschlossen, und wer nicht Geld genug hat, das Prunkgemach würdig auszustatten, borgt das Ameublement und macht monatliche Abschlagszahlungen.

Nur wenn Besuch sich einstellt, wird solche Putzstube eröffnet, außerdem behilft sich die ganze Familie nicht selten in einem einzigen engen Hintergemache, und der Hauswirt getraut sich kaum, in dem Prunkgemache auf dem eigenen Sofa Platz zu nehmen.

Gleichen Schritt mit diesem hält der Kleiderluxus; von der Putzsucht der Damen wird in diesem Werkchen anderwärts schon erwähnt, doch auch die Herren bleiben hierin nicht hinter dem schönen Geschlechte zurück. Wer sich jedes Jahr ein Paar neue Röcke, zwei Paar neue Beinkleider, ein halb Dutzend Westen und einen Hut anschafft - mit welcher Garderobe ein Herr füglich beinahe drei Jahre ausreichen kann - ist noch lange kein Zierbengel, sondern er folgt nur der einmal herkömmlichen Norm, ohne deren Beobachtung man nicht mit unter die anständigen Leute gezählt wird.

Das Schlimmste bei der Sache bleibt, daß diesem Möbel- und Kleiderluxus selbst Leute frönen, deren Einkünfte keineswegs geeignet sind, solchen Aufwand zu decken. Unter diesen Leuten stehen die subalternen Staatsbeamten obenan. Mancher sogenannte Geheimsekretär oder dergleichen, der verheiratet ist und vielleicht ein Gehalt von 600 - 800 Taler bezieht, bezahlt 150 Taler Miete, 100 Taler kostet der Unterhalt eines Domestiken, und der Rest der Einnahme ist beinahe nötig, den Möbel- und Kleiderbedarf zu decken, es fragt sich aber: wovon nun leben? - Ih nun, es ist schon einmal in der Welt in allen Dingen nicht anders: Neben dem Zuviel steht immer das Zuwenig! Dieselben Leute, welche so herrlich wohnen und so kostbar sich kleiden, trinken in der Früh ungemein dünnen Zichoriensaft, essen mittags einen wie den andern Tag bloß Kartoffeln und begnügen sich abends mit einem dünnen Butterschnittchen. Nichtsdestoweniger vermag diese übertriebene Frugalität die anderweitige Verschwendung keineswegs gutzumachen und die Schuldbücher der berühmten Kleiderverfertiger - wie sich hier die Schneider nennen - sind über und über, und zwar größtenteils, mit Namen angefüllt, welche man hier zu finden nicht erwarten sollte.

(Adolph von Schaden, „Berlins Licht- und Schattenseiten".)

Als Kleid für den Oberkörper war der Frack noch weit mehr herr=
schend als jetzt. Manche ältere Herren erschienen stets in solchem.
So auch der Altmeister Spohr bis zu seinem im Jahre 1859 erfolg=
ten Tode. Dabei wurde die Uhr in einer besonderen, rechts am oberen
Rande des Beinkleides befindlichen Tasche getragen, so daß die Uhr=
kette, womöglich mit zahlreichen Berloques, etwa handbreit unter der
Weste herabhing, was sich, zumal bei wohlbeleibten Herren, sehr statt=
lich ausnahm. Die Beinkleider wurden bereits durchweg lang getragen.
Die Tracht des vorigen Jahrhunderts – kurze Beinkleider mit Schuh
und Strümpfen – war nur noch für einzelne Hofanzüge vorgeschrieben.
Eine Mannigfaltigkeit an Überziehkleidern, wie wir sie jetzt besitzen,
gab es nicht. Man hatte nur ein Kleidungsstück dieser Art, den Mantel.
Derselbe war lang und weit und hatte in der Regel noch einen großen,
vielleicht sogar mehrere bis zur Hälfte über ihn herabhängende Kragen.
Wer einen Mantel besaß, besaß ihn fürs Leben. Er wurde umgetan,
sobald es kalt wurde, und wiederabgelegt, wenn es warm wurde. Klei=
der für die Zwischenstadien waren nicht vorhanden. Das Wort „Pa=
letot" war noch völlig unbekannt. Als Halsbekleidung waren Hals=
tücher und (ziemliche steife) Halsbinden üblich. Der „Schlips" mit
allen seinen Surrogaten ist neuern Ursprungs. Der Hemdkragen wurde
meist in die Höhe gerichtet getragen, so daß die steif gestärkten Spitzen
hervorragten. Für dieselben wurde nach einer albernen Anekdote der
Name „Vatermörder" üblich[1]). Als Kopfbedeckung kannte man nur
hohe (Zylinder=) Hüte und Mützen. Die mannigfaltigen niedrigen Hüte,
welche jetzt von Männern aller Stände im gewöhnlichen Verkehr ge=
tragen werden, kamen erst etwa seit 1850 auf. Mit dieser Verände=
rung der Huttracht scheint es auch zusammenzuhängen, daß das früher
übliche Trauerzeichen für Herren, eine schwarze Florbinde um den Hut
(für Knaben eine solche um den Arm), fast ganz außer Übung gekom=
men ist. Die Fußbekleidung war der jetzigen gleich. Manche ältere
Herren trugen jedoch noch hohe Stiefel, hie und da sogar mit gelben
Stulpen. Doppelsohlen, wie wir sie heute zum Schutz gegen Nässe
tragen, kannte man noch nicht. Ebenso waren Überschuhe für Herren

---

[1]) Man erzählte nämlich, daß jemand, der beim Wiedersehen seinen Vater
geküßt, diesen mit den Spitzen seines Hemdkragens tödlich verwundet habe.

unbekannt. Jedoch trugen ältere Herren im Winter mitunter Filzschuhe. Handschuhe trugen Herren auf Bällen und bei ähnlichen festlichen Ge= legenheiten; außerdem im Winter gegen die Kälte. Im gewöhnlichen Leben konnte man, ohne als unfein zu gelten, auch ohne Handschuhe einhergehen. Unter den Taschentüchern galten die buntseidenen für die feinsten. Weiße leinene Taschentücher waren bei Herren nicht üblich.

Frauen hatten auch damals schon seidene Kleider, aber meist in sehr bescheidener Anzahl. Sie konnten, ohne aufzufallen, mit dem nämlichen Kleide in vielen Gesellschaften erscheinen. Vorherrschend war jedoch Wolle und vor allem Baumwolle. Auch für die Töchter höherer Stände war es nicht unanständig, im einfachen Kattunkleide zu gehen. Sammet und Atlas galten als eine besondere Zierde der Kleider. Vielfach ward aber auch Baumwollen=Sammet („Manchester") verwendet. Die Farben und Muster der Kleider waren bei weitem nicht so schön wie die heu= tigen. Die prachtvollen Anilinfarben (sic!) sind erst neue Erfindung. Für das Machen der Kleider fehlte vor allem die Nähmaschine. Man konnte deshalb in der Anfertigung von Besätzen und ähnlichen Zieraten noch nicht mit einer so ungeheuren Verschwendung zu Werke gehen wie jetzt. Stickwerke als Zierden des Anzuges waren auch schon da= mals üblich. Aber sie beschränkten sich auf wenige Arten. Eine Menge Stickereien, welche das vorige Jahrhundert kannte, und welche die Neuzeit wiederaufgegriffen hat, waren damals außer Übung gekommen.

Daß wir hier auf die einzelnen Arten von Moden, die auch schon damals vielfach wechselten, eingehen sollten, wird gewiß niemand er= warten. Nur das läßt sich sagen, daß damals die Frauenkleider durch= weg kürzer getragen wurden, so daß eine Schleppe niemals vorkam. Das Kleid war in der Regel mit einem Gürtel versehen; oder es wurde auch ein besonderer Gürtel dazu getragen, der sich beim Ballanzuge zu einer Schärpe mit langer Schleife vergrößerte. Im Hause trug man noch vielfach zur Schonung des Kleides eine Schürze, aber keine ele= gante von Seidenzeug. Jüngere Frauen und Mädchen trugen auch im gewöhnlichen Anzug oft kurze Ärmel. Dazu wurden dann oft lange Handschuhe getragen, welche zugleich den Arm bedeckten. Sonst aber waren die Handschuhe der Frauen kurz. Handschuhe mit Knöpfen kannte man noch nicht. Glacéhandschuhe waren weit seltener als jetzt. Für fein galten auch Handschuhe von Wildleder. Als Fußbekleidung trugen die

Frauen regelmäßig Schuhe, Stiefel nur zum Schutze bei Schnee- und Regenwetter. Die letzteren wurden mit Schnüren zugemacht und waren derb und unschön. Von den eleganten Stiefeletten der Gegenwart war keine Rede. Die feinere Fußbekleidung war allein der Schuh von Leder oder auch von Zeug. Er wurde mit Kreuzbändern über dem Rist befestigt. Hohe Absätze trug nur, wer klein war und groß erscheinen wollte. Überschuhe von der jetzigen Art kannte man auch für Frauen nicht; wohl aber „Galoschen", welche dadurch schützten, daß die Sohle auf hohen Klötzchen ruhte. Die Hüte der Frauen waren so mannigfaltig gestaltet wie heute; oft sehr groß. Hauben pflegten Frauen schon weit früher anzulegen, als dies jetzt geschieht; wie dies schon aus der alten Redensart sich ergibt: „unter die Haube kommen"[1]). Heute paßt diese Redensart nicht mehr, da unsre jüngeren Frauen Hauben nicht mehr tragen. Die Hauben der damaligen Zeit waren meist geschlossen, unter dem Kinn mit einer Schleife gebunden; die der älteren Damen oft von erstaunlicher Größe. Es gab Putzläden, worin man Putzsachen aller Art kaufen oder bestellen konnte.

Auch die Haartracht der Frauen wechselte mit der Mode. Fast durchweg aber trugen sie den Zopf, mit einem großen Kamm am Hinterkopf zusammengesteckt. Der Kamm war in der Regel von Horn. Feiner, aber auch weit teurer, war der Kamm von Schildpatt, den man sehr schonte, damit keine Zinken ausbrachen. Falsches Haar trugen wohl solche, die ihr Haar verloren hatten. Aber der kostspielige Handel mit falschen Zöpfen, wie er in der Neuzeit geblüht hat, war ganz unbekannt. Lange Zeit waren damals sogenannte Seidenlocken in Mode. Es waren das Locken von gefärbter roher Seide, die in zwei dicken Wulsten zusammengebauscht vor der Stirn hingen und mittels eines um den Kopf gebundenen Bandes befestigt wurden. Jede Dame suchte sich die zu ihrer Haarfarbe passende im Laden aus. Es war dies eine recht häßliche Tracht; aber sie war bequem, da man damit schnell dem Haarwerk ein Ansehen geben konnte. Dafür bestand um so mehr ein Bedürfnis, als nur sehr wenige Frauen sich der ständigen Beihilfe eines Friseurs bedienten. Junge Mädchen trugen meist schlichtes Haar, oft mit „Schmachtlocken" hinter den Ohren.

---

[1]) Daß die Frau eine Haube trägt, ist ursprünglich eine jüdische Sitte. Die verheiratete Jüdin durfte ihr Haar nicht sehen lassen.

Was die kosmetischen Mittel betrifft, so wurde natürlich Seife ge=
braucht, aber meist die natürliche Waschseife, wie sie der Seifensieder
lieferte. Es gab auch schon wohlriechende Seifen, aber sie waren sehr
teuer. Die große Menge Toilettenseifen, die man heute führt, war un=
bekannt. Zum Teil sind diese Seifen erst ein Produkt aus der Be=
arbeitung des Steinkohlenteers, der bei der Gasbereitung gewonnen
wird. Als Mittel des Wohlgeruchs kannte man das Kölnische Wasser.
Auch streute man wohl unter die Wäsche, um sie zu durchduften, Rosen=
blätter, Lavendel oder Reseda. Alle die Duftessenzen aber, die man
heute bereitet und nach dem Namen aller möglichen Blumen benennt,
waren noch unbekannt; nur etwa das bereits in den Apotheken vor=
handene Rosenöl und Rosenwasser ausgenommen.

Die Schminke, die im vorigen Jahrhundert eine bedeutende Rolle
gespielt hatte, war für anständige Frauen aus der Mode gekommen.
Nur auf dem Theater hielt man sie für berechtigt. Das Wiederauf=
leben derselben in der höheren Gesellschaft ist erst eine Errungenschaft
der neueren Zeit. Ähnlich verhielt es sich mit dem Fächer. Ererbte, oft
recht schöne Fächer lagen als alte Scharteken in den Kisten. Niemand
brauchte sie mehr. Erst die Neuzeit hat wieder den Fächer zu einem
Hauptgegenstand des Damenluxus erhoben.

Pelzsachen wurden auch schon damals von beiden Geschlechtern ge=
tragen, jedoch bei weitem nicht so häufig als jetzt. Auch verwertete man
damals noch geringere Pelze. Die Muffe der Damen waren selten, aber
wohl zwei= bis dreimal so groß als die heutigen. Etwas später kam
auch die „Boa" auf, ein langer Pelzstreifen, den man um den Hals
trug; inzwischen ist sie schon wieder verschwunden.

Als Schmuck waren Goldsachen sehr beliebt. Tuchnadeln, Ketten
und Halsbänder, Ringe und Ohrringe wurden, wenn auch minder
prachtvoll als heute, getragen; letztgenannte vielleicht noch häufiger
als jetzt, da die Neigung der Frauen, sich die Ohren durchbohren zu
lassen, abgenommen hat. Ganz unbekannt war damals noch die
„Brosche". Sie ist erst später aufgekommen.

Uhren waren der ausschließliche Besitz der besseren Stände. Man
dachte nicht daran, daß ein jeder bis zum Kutscher und Tagelöhner
herab eine Uhr haben müsse. Die Uhren waren, zumal wenn sie Re=
petieruhren waren, meist groß und dick; gingen aber nicht sehr genau.

Anker= und Zylinderuhren kannte man noch nicht. Wohlhabende Frauen führten kleinere Damenuhren, aber nur als Schmuck, wenn sie in Gesellschaft gingen; selten zu Hause. Sie trugen dieselben an einer um den Hals gehenden Kette im Gürtel.

Natürlich trug man auch damals schon Brillen, wenn auch nicht so häufig wie jetzt, da die Zahl der Kurzsichtigen zugenommen zu haben scheint. Die Brillen hatten meist große runde Gläser und ein plumpes Gestell von Horn oder Stahl. Bemittelte trugen wohl silberne, seltener goldene Brillen. Die zierlichen goldenen Brillen, die man jetzt trägt, waren unbekannt.

Das Geld, welches man bei sich führte, bewahrte man in einem Geldbeutel, d. h. in einem wirklichen kleinen Beutel, der oben offen war und mit zwei Schnüren zugezogen wurde. An die Stelle der Schnüre trat öfters auch ein durch eine Feder geschlossener Bügel. Etwas später kamen die sogenannten Ziehbeutel auf; lange, auf beiden Seiten geschlossene Beutel. Durch einen in der Mitte befindlichen Schlitz wurde das Geld hineingesteckt, nach den Enden geschoben und dort durch einen vorgeschobenen Metallring festgehalten. Alle diese Geld=beutel konnten sehr reich ausgestattet und namentlich mit Stickereien (z. B. von Perlen) versehen werden, waren deshalb eine beliebte Damenarbeit zum Geschenk für Herren. Man erzählt von einem Fürsten, daß er eine ganze Schieblade voll solcher ihm geschenkten Geld=beutel besessen, und daß er mitunter stundenlang vor derselben geweilt habe, um den schönsten darunter sich zum Gebrauch auszusuchen. Erst um die Mitte dieses Jahrhunderts wurden die Geldtäschchen üblich. Sie wurden zur Notwendigkeit, weil das kursierende Papiergeld in den Beuteln keine gute Stelle fand. Heute ist das Geldtäschchen allein herrschend, und der „Geldbeutel" lebt nur noch im figürlichen Sinne des Wortes fort.

Endlich noch die Regenschirme. Bei ihnen konkurrierte mit dem seidnen auch noch der baumwollne als gleichberechtigt. Sie waren in der Regel so groß, daß zwei Personen darunter Platz fanden. Die Ge=stelle waren plump, die Rippen von Fischbein; unten prangte eine große messingne Spitze. Ein solcher Regenschirm war ein recht ungeschlachtes Möbel. Erst im Laufe der späteren Jahrzehnte kamen die zierlichen seidenen Schirme mit eisernem Gestelle auf, wie sie jetzt allgemein üb=

lich sind. Auch den Sonnenschirmen fehlte ganz und gar die Eleganz der
jetzigen. Zu Anfang der 1850er Jahre erschien zuerst der Entoutcas.
Die Knickschirme, welche vor einiger Zeit üblich waren, sind schon wie=
der vorübergegangen.

(Otto Bähr, „Eine deutsche Stadt vor 60 Jahren".)

Du weißt aus Kupferstichen und diesen beigefügten Schilderungen,
was die Mode in ihrem kleinen Reiche mühselig hin und her
wirft, um das Wechselspiel der Erneuerung in stetem Umtriebe zu er=
halten. Sie bewegt sich in einem engen Kreise und gebietet über ge=
ringe Mittel, gleichwohl wird sie nicht müde, sich mit beiden unaufhör=
lich zu versuchen. Paris bleibt ihr Lieblingsschauplatz, und unüber=
windlicher als Buonaparte streckt sie ihren Zepter von dort heute wie
ehemals über Europas fernste Gebiete aus. Überall sieht man Pariser
Roben, Blumen, Bänder, Hüte und Schuhe; es scheint, diese Requisite
der Gesellschaftssäle werden in dem Maße unentbehrlicher, als die An=
sprüche auf Eleganz zunehmen . . . . .

In diesem Sinne wage ich es denn, auch Dich an unsere Putztische,
in unsre Läden zu führen. Du siehst die niedlichsten Kleinigkeiten hier
mit Einfachheit geordnet und geschickt verteilt. Nichts Auffallendes,
kein neckender Spott der listigen Gauklerin übte in diesem Jahre sein
übermütiges Recht; Blumen und jene duftige Feder, die wie verdichtete
Nebelluft Stirn und Haar umfließen, machten den Hauptschmuck der
Jugend. Es ist sonderbar, wie so alles in einen einmal angegebenen
Charakter des Momentes eingreift; der gegenwärtige trug durchaus
das Gepräge leichter, gefälliger Harmonie. Selbst die anwesenden
Ausländer wurden auf gleiche Weise überwunden, und überraschend
genug sah man mehrere englische Frauen vieles von ihrer Eigentüm=
lichkeit aufgeben und sich dem herrschenden Geiste fügen.

(Caroline Baronin de la Motte=Fouqué, „Briefe über Berlin".)

Es wird jedem erinnerlich sein, daß die Deutschen mehr als jedes
andere Volk zur Nachahmungssucht geneigt sind; trifft aber
dieser Vorwurf den Deutschen im allgemeinen, so ist er dem reichen und
wohlhabenden Berliner ganz besonders und vorzugsweise zur Last zu
legen, und noch dazu in Dingen, die wir zwar nicht für direkte Sünde

ausgeben wollen, die aber ebensowenig des Lobes würdig sind. Zeigt sich die Nachahmungssucht des vornehmen und gebildeten Berliners darin, daß er sich in Kunst und Wissenschaft oder in dem, was das Leben bequem macht und demselben nützlich ist, die benachbarten Völker zum Vorbilde nimmt: so sucht die Nachahmungssucht des Reichen und weniger Gebildeten nur die Spielereien und Lächerlichkeiten derselben Nationen auf. Auf diese Weise finden wir in Berlin die Trachten der meisten europäischen Völker nachgeahmt, und eine junge Dame des reicheren Standes trägt oft die Moden vier verschiedener Nationen an sich, ohne auch nur eine Idee von der eigentlichen Nationalität derselben zu haben. Diese Berlinerinnen sind aber gerade diejenigen, welche auf den Ruf des ganzen weiblichen Geschlechts dieser Stadt nachteilig wirken, und die auf die geringeren Klassen einen Einfluß ausüben, der, wenn auch nicht ein allgemeines Verderben, doch den gänzlichen Verfall einer gewissen bürgerlichen Einfachheit zur Folge haben kann. Dem Beispiele des weiblichen Geschlechts folgt das männliche, und es gibt tausend und abermal tausend junge Männer in Berlin, deren einziges Streben dahin gerichtet ist, nach der Mode gekleidet zu gehen, ohne nur im entferntesten daran zu denken, auch geistig mit der Zeit fortzuschreiten und sich das zu eigen zu machen, was diese im Gebiete des Wissens Neues erzeugt hat. Dabei aber will man namentlich in diesem Stande richtiges Gefühl und wahren Geschmack besitzen, und während diese Mädchen und Frauen mit unersättlicher Begierde alle Taschenbücher, und was die belletristische Literatur sonst erzeugt, gleichsam verschlingen, studieren die jungen Männer das Konversationslexikon, andere enzyklopädische Kompendien, den Schiller, Goethe und Walter Scott und zuletzt, um sich die Krone der Bildung aufzusetzen, Auszüge aus den Schriften Jean Pauls. Hat es der junge Berliner soweit gebracht und vielleicht zum Vergnügen eine Reise unternommen, so möchte es wohl schwerlich irgendeine Gesellschaft geben, in der er nicht für gebildet und interessant, für geistreich und scharfsinnig, für witzig und humoristisch, mit einem Worte, in der er nicht für ein Genie gehalten würde. Er weiß alle Neuigkeiten des In- und Auslandes, er fällt über diese oder jene welthistorische Begebenheit ein tiefes und gründliches Urteil, er tadelt dieses oder jenes Trauer-, Schau- und Lustspiel, findet diesen Schauspieler einseitig, jene Schauspielerin talentlos,

diesen Sänger ohne Geschmack, jene Sängerin ohne Gefühl; er gibt genau an, wie alle diese zur wahren Ausbildung in der Kunst gelangen
können; jetzt spricht er über Kunst, über Poesie, Musik und Malerei;
in der letzteren hat er viel Schönes gesehen, er ist in Dresden gewesen, hat drei Tage und jeden Tag ebensoviel Stunden vor der
Madonna Raffaels gestanden, er ergießt sich über die himmlische und
unvergleichliche Auffassung dieses Meisterwerkes, und der Schluß
seiner geistreichen Vorlesung ist endlich der, daß es in den schönen
Künsten nur drei Sterne gebe, nämlich Schiller für die Dichtkunst,
Mozart für die Musik, Raffael für die Malerei. Die Zuhörer und Zu-
hörerinnen sind über diese Unterhaltung entzückt, schlürfen mit Wohl-
behagen den Tee, sehen zum Fenster hinaus nach dem besternten Himmel und fangen ein neues Gespräch mit den Worten an: „In der Tat,
dieser Herbstabend ist unvergleichlich schön, nur etwas kühl, und es tut
mir nicht leid, daß ich eine Enveloppe mitgenommen habe." – Auf
solche Weise eröffnet irgendeine der jungen Damen eine neue Konversation, die Nachbarin erkundigt sich teilnehmend nach dem Stoffe der
Enveloppe, äußert ihren Beifall oder das Gegenteil, nennt irgendein
andres Zeug, spricht von den verschiedenen Modefarben, über Schnitt
und Form der Kleidungen, und nun wird das Gespräch mehrere Stunden in der Art fortgeführt; man trennt sich endlich, verspricht, sich auf
diesem oder jenem Balle wiederzusehen, und gesteht offen, man habe
sich außerordentlich amüsiert.

                                                    („Berlin, wie es ist.")

Literarische Kleinkunst.
Gedichte, Orakelpuppen, Stammbücher.

Die hier vereinten altmodischen, vielgesungenen Lieder sind keineswegs nach dem Maßstab des literarischen Wertes ausgewählt; aber sie sind trotz oder gerade wegen ihrer Vulgarität außerordentlich bezeichnend für den Stil der Zeit und vermitteln uns durch Worte und Noten den Begriff ihres Wesens weit stärker, als das die reine Kunstdichtung vermocht hätte. Wie beliebt sie seinerzeit waren, sieht man daran, daß viele von ihnen sich noch bis heute erhalten haben und vom einfachen Volk geschätzt werden.

Als der Großvater die Großmutter nahm.

Als der Großvater die Großmutter nahm,
Da wußte man nichts von Mamsell und Madam.
Die züchtige Jungfrau, das häusliche Weib,
Sie waren echt deutsch noch an Seele und Leib.

Als der Großvater die Großmutter nahm,
Da herrschte noch sittig verschleierte Scham,
Man trug sich fein, ehrbar und fand es nicht schön,
In griechischer Nacktheit auf Straßen zu gehn.

Als der Großvater die Großmutter nahm,
Da war ihr die Wirtschaft kein widriger Kram,
Sie las nicht Romane, sie ging vor den Herd,
Und mehr war ein Kind als ein Schoßhund ihr wert.

Als der Großvater die Großmutter nahm,
Da war es ein Biedermann, den sie bekam.
Ein Handschlag zu jener hochrühmlichen Zeit
Galt mehr als im heutigen Leben ein Eid.

Als der Großvater die Großmutter nahm,
Da ruhte die Selbstsucht gefesselt und zahm:

Die Mode im Jahre 1833
Nach einer Lithographie von Lanté

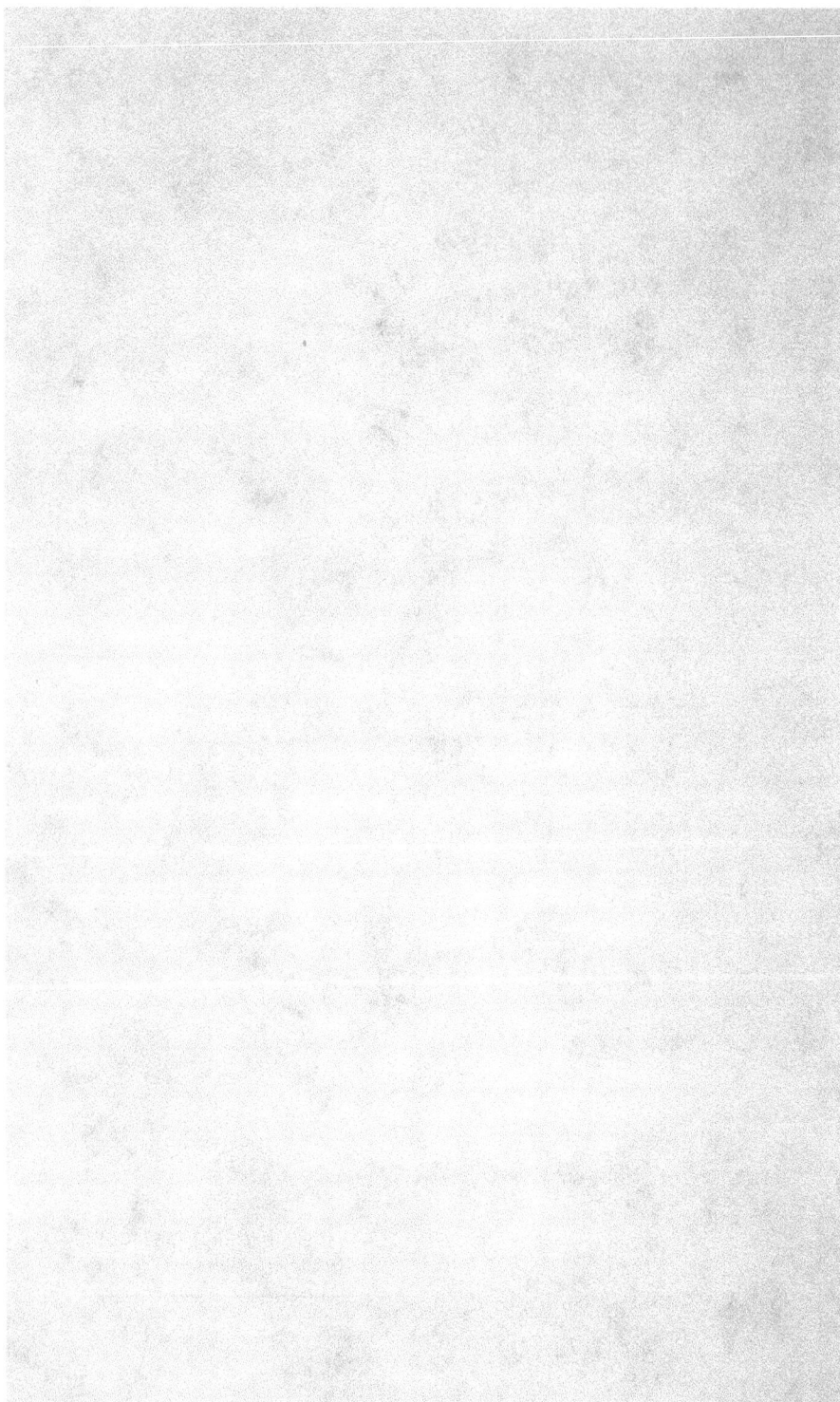

Sie war nicht entbrochen den Ränken der Scheu
Wie jetzo ein alles verschlingender Leu.

Als der Großvater die Großmutter nahm,
Da war noch die Tatkraft der Männer nicht lahm.
Der weibische Zierling, der feige Phantast
Ward selbst von den Frauen verhöhnt und gehaßt.

Als der Großvater die Großmutter nahm,
Da rief auch der Vaterlandsfreund nicht voll Gram:
„O, gäbe den Deutschen ein holdes Geschick
Die glücklichen Großvaterzeiten zurück!"

August Langbein. (1812.)

Aus dem Vaudeville:

Das Fest der Handwerker.

Lenchen:

Ei, was braucht man, um glücklich zu sein?
Das wird ja den Hals noch nicht kosten;
Wir mieten uns in en Stübeken ein,
Da setzen wir en paar Stühleken rein,
En Stübken, en Stuhl;
Mehr braucht man nich, um glücklich zu sein,
Und das wird den Hals ja nicht kosten.

En Tischken wird denn noch nötig wohl sein,
In'n Spindken hängen die Kleider wir 'rein.
En Tischken, en Spindken, en Stübken, en Stuhl;
Mehr braucht man nicht, usw.

Zum Schlafen tut uns en Bettken auch not,
En Spiegel brauchen wir wie's liebe Brot.
En Spiegel, en Bettken, en Tischken, en Spindken, en Stübken,
  en Stuhl;
Mehr braucht man nich, usw.

Zum Kaffee muß auch en Känneken sein,
In'n Töppken koch' ich das Mittagsbrot drein.
En Töppken, en Känneken, en Spiegel, en Bettken, en Tischken,
    en Spindken, en Stübken, en Stuhl;
Mehr braucht man nich, usw.

An vier Kleederkens hab' ich genug,
Drei Häubken, zwee Hütken, en Umschlagetuch,
Vier Kleedken, drei Häubken, zwee Hütken, en Tüchken, en Töppken,
    en Känneken, en Spiegel, en Bettken, en Tischken, en Spindken,
    en Stübken, en Stuhl;
Mehr braucht man nich, usw.

Schöne Ohrbommeln, das ist mein Juh
Und zum Tanzen jrohnagele Schuh.
Zwee Schühken, zwee Bommeln, vier Kleedken, drei Häubken,
    zwee Hütken, en Tüchken, en Töppken, en Känneken, en Spiegel,
    en Bettken, en Tischken, en Spindken, en Stübken, en Stuhl;
Mehr braucht man nich, um glücklich zu sein,
Und das wird den Hals ja nich kosten.

Louis Angely.

Elisens Abschied.

Noch einmal, Robert, eh' wir scheiden,
Komm an Elisens klopfend Herz!
Süß fühlt' es einst der Liebe Freuden
Und jetzt so bitter ihren Schmerz.
Schon hat die Glocke dumpf geschlagen,
Schon mahnt dich grausam deine Pflicht
Und gönnt mir kaum, dir noch zu sagen:
„Du Einziger, vergiß mein nicht!"

Vergiß nicht unter fernem Himmel,
Die alles gern um dich vergaß
Und lieber als im Weltgetümmel
Bei dir in stiller Liebe saß.

Da hing ihr Auge voll Entzücken
An deinem freundlichen Gesicht:
Nun starret es mit finstern Blicken
Und weint dir nach: „Vergiß mein nicht!"

Nimm, Robert, diesen Kuß zum Pfande,
Daß dich Elise nicht vergißt
Und, kehrst du einst zum Vaterlande,
Sie treu und schuldlos dich umschließt.
Nimm, was ich oft von dir empfangen,
Dies Blümchen, das bedeutsam spricht
Und welkend mit Elisens Wangen
Noch bitten wird: „Vergiß mein nicht!"

Oft, wenn mit schauerlichem Beben
Durchs Laub die Abendwinde wehn,
Wird mich dein trautes Bild umschweben,
Und weinend werd' umher ich gehn.
O, trügen dann von jener Linde,
Wo sich mein Nam in deinen flicht,
Zu dir hin meinen Hauch die Winde,
Mein heißes Flehn: „Vergiß mein nicht!"

Verlassen werden jene Hügel,
Verödet dieser Blumenhain,
Ach, trübe wird der Wasserspiegel,
Umwölkt der blaue Himmel sein!
Kein Morgen wird sich lieblich röten!
Die Nachtigall im Dämmerlicht
Begleitet nur mit Trauerflöten
Den Sehnsuchtsruf: „Vergiß mein nicht!"

Wenn Zauberbande dich umstricken,
Denk' an Elisens Tränenblick!
Wenn Schönere dir Blumen pflücken,
Denk' an die Dulderin zurück!
Nicht teilen sollst du ihre Leiden,

Nicht fühlen, wie das Herz ihr bricht:
Sei du umringt von tausend Freuden,
Nur, Glücklicher, vergiß mein nicht!

Friedrich Voigt. (1799.)
Bis 1848 sehr beliebtes Volkslied.

Die Alte.

Zu meiner Zeit
Bestand noch Recht und Billigkeit.
Da wurden auch aus Kindern Leute,
Da wurden auch aus Jungfern Bräute;
Doch alles in Bescheidenheit.
Es ward kein Liebling zum Verräter,
Und unsre Jungfern freiten später;
Sie reizten nicht der Mutter Neid.
    O gute Zeit!

Zu meiner Zeit
Befliß man sich der Heimlichkeit;
Genoß der Jüngling ein Vergnügen,
So war er dankbar und verschwiegen,
Und jetzt entdeckt er's ungescheut.
Die Regung mütterlicher Triebe,
Der Fürwitz und der Geist der Liebe
Fährt oftmals schon ins Flügelkleid.
    O schlimme Zeit!

Zu meiner Zeit
Ward Pflicht und Ordnung nicht entweiht.
Der Mann ward, wie es sich gebührt,
Von einer lieben Frau regiert,
Trotz seiner stolzen Männlichkeit.
Die Fromme herrschte nur gelinder,
Uns blieb der Hut und ihr die Kinder.
Das war die Mode weit und breit:
    O gute Zeit!

Zu meiner Zeit
War noch in Ehen Einigkeit.
Jetzt darf der Mann uns fast gebieten,
Uns widersprechen und uns hüten,
Wo man mit Freunden sich erfreut.
Mit dieser Neuerung im Bande,
Mit diesem Fluch im Ehestande
Hat ein Komet uns längst bedräut.
O schlimme Zeit!

(Anonym.)

Agathe.

Wenn die Schwalben heimwärts ziehn,
Wenn die Rosen nicht mehr blühn,
Wenn der Nachtigall Gesang
Mit der Nachtigall verklang,
Fragt das Herz im bangen Schmerz:
Ob ich dich wohl wiederseh'?
Scheiden, ach Scheiden tut weh!

Wenn die Schwäne südlich ziehn,
Dorthin, wo Orangen blühn,
Wenn das Abendrot versinkt,
Durch die grünen Wälder blinkt,
Fragt das Herz im bangen Schmerz:
Ob ich dich wohl wiederseh'?
Scheiden, ach Scheiden tut weh!

Armes Herz, was klagest du?
O du gehst auch einst zur Ruh!
Was auf Erden, muß vergehn!
„Gibt es wohl ein Wiedersehn?"
Fragt das Herz im bangen Schmerz.
Glaub', daß ich dich wiederseh',
Tut auch heut das Scheiden weh!

Karl Herloßsohn. (1830.)

Das Kanapeelied.

Das Kanapee ist mein Vergnügen,
Drauf ich mir was zugute tu;
Da kann ich recht vergnüget liegen
In einer ausgestreckten Ruh.
Tut mir's in allen Gliedern weh,
So leg' ich mich aufs Kanapee.

Wenn mir vor Sorgen und Gedanken
Der Kopf wie eine Drehe geht,
Gesetzt, das Herz fing an zu wanken
Als wie ein Schiff, wenn Sturm entsteht,
Bei Wind und Wellen auf der See,
So leg' ich mich aufs Kanapee.

Ich mag so gerne Koffee trinken,
Gewiß, man kann mir mit dem Trank
Auf eine halbe Meile winken,
Denn ohne Koffee bin ich krank;
Doch schmecken mir Koffee und Tee
Am besten auf dem Kanapee.

Ein Pfeifchen Tobak ist mein Leben,
Denn dieser blaue Himmels=Saft
Kann meinem Leibe Nahrung geben,
Doch meinem Herzen noch mehr Kraft;
Den rauch' ich, wo ich geh' und steh',
Auch liegend auf dem Kanapee.

Soll ich auf diesem Lager sterben,
So lieg' ich ganz gelassen still;
Gewiß, mein Geist wird nicht verderben,
Gedenk': „O Herr, gescheh' dein Will'!"
Die Seele schwingt sich in die Höh',
Der Leib bleibt auf dem Kanapee.

Um 1740. Oft parodiert. Noch nach 1870!

Die Gemäldebestellung.

Mein Herr Maler, will Er wohl
Uns abkonterfeien,
Mich, den reichen Bauer Troll,
Und mein Weib Mareien?
Jochen, meinen ältsten Sohn,
Meine Töchter kennt Er schon:
Greten, Urseln, Trinen;
Haben gute Mienen.

Mal' Er mir das ganze Dorf
Und die Kirche drinnen;
Michel fährt ein Fuder Torf,
Viele Weiber spinnen;
Hart am Kirchhof liegt das Haus,
Wo wir gehen ein und aus,
Drauf steht: Renovatum
Nebst dem Jahr und Datum.

In der Kirch' muß Sonntag sein,
Wir kommunizieren.
Draußen pflügt mein Sohn am Rain
Mit vier starken Stieren.
Wie am Werktag mal' Er da
Uns in voller Arbeit ja;
Meine Töchter alle
Bei den Kühn im Stalle.

(Mal' Er mir, wie Hans das Heu
Auf den Kuhstall bringet,
Und „Wach auf, mein Herz!" dabei
Brummend vor sich singet.
Auf dem Feld, versteht Er wohl?
Muß mein Sohn studieren,
Wieviel ich am Scheffel voll
Könnte profitieren.

Mal' Er mich, wie ich vorm Schlaf
Nehme eine Prise,
Und mach' Er, daß ich auch brav
Hinterdrein noch niese.
In dem Stalle, hört Er es?
Wiehert mein Kroater;
Meiner Frau fällt unterdes
Von dem Schoß der Kater.]

Bunte Farben lieb' ich traun,
Sonderlich das Rote,
Mal' Er mich ein wenig braun,
Wie das Braun am Brote.
Meiner Frau (vergeß' Er's nicht!)
Mal' Er ein schneeweiß Gesicht,
Meinen beiden Rangen
Kirschenrote Wangen.

Spar' Er ja die Farben nicht,
Handhoch aufgetragen!
Denn da Er zween Taler kriegt,
Hat Er nicht zu klagen.
Das Gemälde muß ganz klein,
Ungefähr zwölf Ellen sein.
Bald hätt' ich's vergessen:
Er kann bei uns essen.

1782 von Maler Balthasar Anton Dunker in Bern.
Die 4. und 5 Strophe sind spätere Zusätze. Nach 1810
viel gesungen.

Sagt er.

In Berlin, sagt er,
Mußt du sein, sagt er,
Und gescheit, sagt er,
Immer sein, sagt er:

Denn da haben s', sagt er,
Viel Verstand, sagt er,
Ich bin dort, sagt er,
Schon bekannt, sagt er.

Und hernach
Leg' dich an,
Grad so schön,
Wie man kann,
Gute Kleider,
Wie zur Tauf',
Und die Hauber
Oben drauf.

Ganz besonders
Noch vor allem
Such' durchs Sprechen
Zu gefallen;
Recht Berlinisch
Immer sprich,
Und statt mir
Sagst du mich.

Merke auf,
Daß die Herrn
Dich nicht foppen:
Sie tun's gern;
Du bist halt
Noch am Schuß,
Und a Busserl
Heißt dort Kuß.

Gar zu leicht,
Wenn man küßt,
Kommt man dort
Zu 'nem Zwist;
Denn sie plauschen
Wunderschön,
Du wirst halt
Nit verstehn.

Wenn i wüßt',
Daß i käm',
Wenn i küßt',
Zu 'nem Zwist,
Lieber küßt' ich
Nimmermehr,
Fiel' mir's wirklich
Noch so schwer.

Nun so reis',
B'hüt' di Gott!
Komm nit ham
Eppe tot;
Denn Berlin
Ist nit nah:
B'hüt' di Gott!
Bin schon da.

Text und Melodie aus „Wiener in Berlin", Posse mit Ge-
sang von Karl v. Holtei. (1824.)
Nach jeder kurzen Zeile wird das „sagt er" eingefügt. Viele
Parodien zu dem Liede.

Die Verlassenen.

Marie saß traurig im Garten,
Im Grase lag schlummernd ihr Kind,
Mit ihren schwarzbraunen Locken
Spielt leise der Abendwind.

Sie saß so still, so träumend,
So einsam und so bleich,
Und dunkle Wolken zogen,
In Wellen schlug der Teich.

Der Geier steigt über die Berge,
Die Möwe zieht stolz einher.
Es weht ein Wind von ferne,
Schon fallen die Tropfen schwer.
Schwer von Mariens Wangen
Eine heiße Träne rinnt:
Sie hält in ihren Armen
Ein kleines, schlummerndes Kind.

„Hier liegst du so ruhig von Sinnen,
Du armer, verlassener Wurm!
Du träumest von künftigen Sorgen,
Die Bäume bewegt der Sturm.
Dein Vater hat dich verlassen,
Dich und die Mutter dein;
Drum sind wir arme Waisen
Auf dieser Welt allein.

Dein Vater lebt herrlich, in Freuden;
Gott lass' es ihm wohlergehn!
Er gedenkt nicht an uns beide,
Will mich und Dich nicht sehn.
Drum wollen wir uns beide
Hier stürzen in die See;
Dann bleiben wir verborgen
Vor Kummer, Ach und Weh!"

Da öffnet das Kind die Augen,
Blickt freundlich sie an und lacht;
Die Mutter, vor Freuden sie weinet,
Drückt's an ihr Herz mit Macht,

„Nein, nein, wir wollen leben,
Wir beide, du und ich!
Dem Vater sei's vergeben:
Wie glücklich machst du mich!"

Verfasser und Zeit unbekannt.

Die Träne.

Zerdrück' die Träne nicht in deinem Auge,
Du hast die Träne ja um mich geweint!
Vergönn' mir, daß ich diese Perle sauge,
Daß sie mit meinen Lippen sich vereint!
Wie macht die Träne dich so wunderschön —
Ich möcht' dich ewig, ewig weinen sehn!

Allein die Träne ist ein Kind der Schmerzen,
Sie kommt dir aus der tiefbewegten Brust;
Wie konnt' ich auch mit deinen Tränen scherzen,
Und wie sie sehn mit grauenvoller Lust?
O nimm mein Herzblut für die Träne hin
Und glaub', daß ich auf ewig dankbar bin!

Ich weiß, sie haben oftmals dich gescholten
Und dir getrübt den engelreinen Sinn;
Doch hat ihr finstrer Haß nur mir gegolten,
Weil ich dir wert, weil ich dir teuer bin.
Wär' ich so schlimm, wie sie es oft gemeint,
So hätt' kein Engel ja um mich geweint.

Gedulde dich, ich will die Tränen stillen,
Und ruh' indes an meiner treuen Brust;
Die heil'gen Schwüre all werd' ich erfüllen,
Und aus dem Schmerz erblüht dir neue Lust.
O weine nicht, an Gottes Traualtar
Flecht' ich dir bald die Myrte in das Haar.

Karl Herloßsohn (um 1840).

Die Biedermeierzeit mit ihrem Freundschaftskult, der auch in literarischen und Künstlerkreisen recht eigentümliche Blüten trieb, liebte das Stammbuch außerordentlich. Die hier entnommenen Verse entstammen ein paar Stammbüchern aus den 30er, 40er Jahren und sind wortgetreu in Orthographie und auch in Grammatik.

Unter den zahlreichen Spielen, die die Biedermeierzeit noch kannte, ist eines der reizvollsten jenes Liebesorakel, zu dem man einer sog. „Orakelpuppe" bedurfte. Das war eine kleine Puppe mit Porzellanarmen und Porzellankopf, mit einer Bluse aus Seidenstoff und einem weiten, bauschigen Rock. Unter diesem Rock aber saßen gefaltet verschiedenfarbige Papiere, die man mit einem Griff hervorziehen, entfalten und ebenso mit einem Griff wiederzurückschieben konnte; die Blätter wurden dann mit allen möglichen Versen beschrieben. Je nach der Farbe des Papiers waren die Blätter für Männer oder für Frauen bestimmt. Der Verfasser besitzt zwei Exemplare davon, ein handbeschriebenes und ein späteres gedrucktes, das neben deutschen auch englische und französische Sprüche enthält. Die Verse hier sind dem geschriebenen Exemplar, das aus Süddeutschland oder der Schweiz stammt, entnommen.

Stammbuchverse.

Spinnet langsam, o Parzen, denn sie ist meine Freundin.

✶

Hast du Freunde, O so Liebe sie wie dein Gantzen Leben,
Hast du Feinde, O so seume nicht ihnen Probe deines Edelmuts
zu geben, so erhälts du deine Freunde, so verlierst du deine Feinde,
Deiner Dich Liebende
Freundin J. M.
Berlin, den 21ten
Juli 1853.
Simbol.
O möge eine Blumenkette die Tage deines Lebens sein.

✶

Das Leben gleicht einem guten Buche. Toren durchblättern es hastig, aber der Weise liest es langsam, denn er weiß, daß er es nur einmal lesen kann.

✶

Wen's um dich stürmt um dich Blitzt,
Drückt dich das Unglück Zentner schwer,

Wenn dich der Hoffnung Anker stützt,
Dann stehst du wie ein Fels im Meer.

Erinern Sie sich ihren,
aufrichtigen Freund

W. K.

Berlin, den 23. Febr. 1838.

*

Von des Frühlings Blümchen allen,
Soll Ihn jenes nur gefallen,
Das in Unschuld zu Ihn spricht,
    Vergißmeinnicht.

Bei durch Lesen dieser Zeilen
23. Febr. 1838   Erinnern Sie sich an Ihren Freund H. K.

*

Alles wankt und alles sinket
Was der Mond beglänzt, vergeht,
Und die Sonne, die am Morgen winket,
ist oft, eh der Morgen thaut, verweht,
Nur des Herzens stillen Freuden
Stört nicht des Schicksals Sturm und Wut,
Und dieß beßre Glück ist Sie beschieden
Denn Ihr Herz ist rein und gut.

Zur freudigen Erinnerung
Berlin, den 13. 10. 36.   an Ihren Freund F. A. K.

*

Der Morgenröte gleich,
Sind unsere Lebensstunden.
Kaum gehen sie uns auf:
So sind sie schon entschwunden.
Ein Freudenstern allein,
Glänzt ewig rein und mild!
Es ist des glaubens Ziel,
Und unsrer Liebe Bild.

Zurerinnerung an Deine Dichliebende Freundin
Berlin, den 19ten Febr. 1838   H. K.

Simbol.

Sanft erquickend ist wie Morgenschimmer Freundschaft Dein Ver-
gißmeinnicht.

*

Nicht fliehen sollst due die Freude, deine Seele
nicht verschließen dem Reize der Gegenwart! Aber
nichts Bleibendes erwarte von ihr, denn sie kann dir
nichts Bleibendes geben, als die Erinnerung. -
     Liebe Caroline erinnere dich bei Durchlesung
     dieser Zeilen Deiner Dich liebenden Cousine
d. 31. Mai. 1839.   A. H.

Simbol.

Bet' und vertrau'! - Je größer die Not, je näher die Rettung;
Schwer ist aller Beginn: wer getrost fortgehet, der kommt an.

*

Wohl der Jungfrau, die in ihrem Herzen
Noch der Unschuld reine Farbe trägt;
Ja sie kann mit jeder Kette scherzen
Die Verfolgung Ihr um ihren Nacken schlägt,
Keusche Liebe heilige Gefühle
Und der Freundschaft sanftes Seelenband
Bleibt als Trost ihr dann in dem Gefühle
Auf der Wallfahrt in ihr Vaterland.
     Zur Erinnerung von Deiner Cousine
Berlin, den 26. Sept. 1842.   W. A.

*

So wie die Sonne zur Ruhe sich neigt
So neige sich spät einst deine Leben
Die Wallfahrt hienieden sei lächelnd und leicht
Die Bahn mit Rosen umgeben.
     Bei Durchlesung dieser Zeilen
     erinre dich an deinen Cosen
Berlin, den 3ten Sept. 1843   F. W. A.

Simbolum.

Murre nicht, wenn du die Menschen nicht für dich gewinnen kannst
sondern lerne sie ertragen.

∗

Reinheit des Herzens ist die schönste Zierde eines weiblichen Wesens;
sie ist die treue Begleiterin der Tugend und Frömmigkeit. Bewahre,
liebe Caroline, diese stets, dann gehe ruhig und getrost durchs Leben.
Wenn auch mancher Sturmwind brauset, – er ist Dir nur ein sanftes
Säuseln der Vatergüte Gottes.

Zum freundlichen Andenken geschrieben
von Deinem
Dich liebenden Freund und Lehrer

Berlin, den 20. Jan. 1842.   F. W. K.

∗

Wo Du hinblickst, o da winke
Dir die Freude zu,
Und wie Thau aus Wolken sinke
In Dein Herz die Ruh.
Stets soll Dich das Glück liebkosen,
Daß Dir nichts gebricht,
Wandle wo Du bist auf Rosen
Und Vergiß mein nicht.

Dies der Wunsch Deiner Dich liebenden

Berl., den 7. Mai 1852.   Cousine A. W.

∗

Stets wandle auf blumigen Pfaden dahin,
Wo Rosen und Veilchen und Mörthen Dir blühn.
Und darf ich etwa ein Blümchen nach streun,
So soll es ein schönes Vergiß mein nicht sein.

Zur Erinnerung an Deine Dichliebende Freundin

Berl., d. 7. April 1842.   M. M.

∗

Vergiß es nie, geliebte Lina, wohin Dein Fuß auch flieht,
Daß Dich das Auge Deines Gottes sieht.

> Diese Erinnerung hat Deine Dichliebende
> Lehrerin und Freundin F. T. in Dein
> Stammbuch aufbewahrt.

Berlin, den 14. März 1842

*

Du batest mich aus Freundschafts=Liebe,
Daß ich mich in Dein Stammbuch schriebe,
Drum will ich Dich zum Angedenken,
Vier Silben in dein Stammbuch schenken,
Des Morgens denk' an Deinen Gott!
Des Mittags eß' vergnügt Dein Brod!
Des Abends denk an Deinen Tod,
Des Nachts verschlafe Deine Noth.

> Zur
> Erinnerung an Deine Freundin
> L. S.

Berlin, den 15. April 1842

Sprüche aus einer Orakelpuppe.

Ein Mädchen nach der Mode
Dies ist mein Zeitvertreib
Die lieb ich bis zum Tode
Und nehm gewiß kein Weib

*

Wer kommen will zu hohen Jahren
Laß zeitig Wein und Weiber fahren

*

Mädchen, die nach ihren Trieben
Spielen, küssen, tändeln, lieben,
Diese zieh ich allen für;
Gelt, Freund, die gefallen dir.

*

Mancher geht nach Wolle aus
Und kommt geschoren selbst nach Haus.

*

Wer nicht auf Wein und Liebe hält
Der ist ein Holzbock in der Welt.

*

Ich könnte mich eher der Hölle verschreiben,
Als immer getreu nur dem Einz'gen zu bleiben.

*

Wohl wird's den Männern an Mädchen nicht fehlen,
Doch fordert's viel, nicht die Schlimmste zu wählen,

*

Trink am Abend Schokolade und am Morgen den Kaffee,
Küß und laß dich wieder küssen, ist der Jungfern ABC.

*

Das erste Weib war durch den Teufel
Durch's Weib der erste Mann verführt,
Seitdem hat stets die Frau der Teufel,
Die Frau den Mann regiert.

*

Musik, Gesang und Bier und Wein
Und dann die schönen Kinder
Wer das nicht liebt, der ist von Blei
Tröst Gott den armen Sünder.

*

Ein Mädchen sehn und nichts empfinden
Ist eine von den großen Sünden.

*

Großen Herrn und schönen Frauen
Soll man dienen aber nicht trauen.

*

Begehre nie ein Glück zu groß
Und nie ein Weib zu schön
Der Himmel könnte dir dies Los
Im Zorne zugestehn.

*

Gott im Herzen
Ein Mädchen im Arm
Das eine macht selig,
Das andre macht warm.

*

O drückte jeder Kuß
Ein schwarzes Fleckchen ein
Wie würd die Welt
So voller Mohren sein.

*

Wer seine Magd zur Hausfrau macht
Der wird von ihr recht ausgelacht.

*

Du magst lachen oder brummen
Kinder wirst du in Menge bekummen.

*

Des Mädchens Laune ist blau und grau
Doch alle Farben hat so eine Frau.

*

Tu nicht so spröd mit deinen Schätzen
Einer muß sich dran ergötzen.

*

Frauengunst und Lautenklang,
Klinget wohl, aber währt nicht lang.

*

Jungfern sollen wie die Schnecken
Immerfort im Hause stecken.

*

Dem Himmel schenke dein Gemüte
Und deinen Leib der Welt
Des Tages denk an seine Güte
Des Nachts an den, der dir gefällt.

*

Des Tags ein Bär
Des Nachts ein Schaf
Ein solcher Mann ist eine Straf.

*

Die Mädchen und die Frauen sind
Veränderlich wie Märzenwind.

*

Zuerst das deutsch Geschriebene zu lesen, dann das lateinisch Geschriebene,
und dann erst ganz durch!

Hab du nur deine Lust
An eines Mädchens Brust
Der hat sich wohl gestellt
Wer sich zum Mädchen hält
Es ist vortrefflich schön
Den Mädchen nachzugehn
Drum wünsch ich dir allein
Bei Mädchen stets zu sein.

Mein Freund, an hohen Gaben
Wird man sich selten laben
Wer Kunst und Weisheit liebt
Der ist nun stets betrübt.
Bei seiner Arbeit sitzen,
Kann wahrlich nicht viel nützen
Mit Fleiß die Kunst zu treiben
Das rat ich dir, laß bleiben.

*

Wer Gott und eine Jungfer liebt
Und beide, wie er soll
Der ist an Seel und Leib vergnügt,
Es geht ihm immer wohl.

*

Mein Herz ist klein
Sieht niemand hinein
Als ein einziger Bub
Der hat den Schlüssel dazu.

*

Ach, wie ist die Liebe so herrlich,
Wäre sie nur nicht so gefährlich.

*

Seht nur, er ist ein Pietist,
Der Jungfern liebt und Weiber küßt.

*

Die Brillenmacherei
Ist sehr in Abgang gekommen
Denn durch die Finger sehn
Hat überhand genommen.

Wie die Taschenbücher weniger der Literatur dienten, sondern eine Mode=
sache waren - zierliche Dinger, die man sammelte, an deren Umschlag und

17*

Ausstattung man sich freute, – davon erhalten wir ein anschauliches Bild in Hermann Marggraffs für die Geschichte des Jungen Deutschlands wichtiger Darstellung der Kultur und Literatur um 1840.

Damit der Leser es weiß: wir befinden uns jetzt auf dem Tanzboden der Zeit, wo die Taschenbuchmacher und der selige Clauren – von dem ich recht wohl weiß, daß er noch halbewege von dem pekuniären Erfolge seines jetzt verstorbenen Ruhmes existiert – den Reigen der Literatur anführten. Die bare, nackte und frevelhafteste Mittelmäßigkeit hatte mit ihrem Fett- und Wasserbauche auf dem Lotterbett der schönen Literatur und den Dielen der Bühne Platz genommen. Da dehnte sie sich und blinzelte mit den Augen und fertigte aus dem allerweichsten Wachs der Sprache kleine zärtliche Figuren mit küßlichen Lippen und sammetnen Wangen, zierlichen Wädchen und angenehmen Beinchen, die bis zum Strumpfband zu sehen waren, denn das Mimili-Röckchen war doch gar zu kurz, und vom Busen wegen des ausgeschnittenen Mieders manches Menschliche zu sehen, und was so nett wächsern gedreht war, bestrich dann dieselbe Mittelmäßigkeit mit dem Speichel einer krankhaften Phantasie und bunten, mit schädlichen Stoffen versetzten Schminkfarben. Da kam denn so ein Spielwarenhändler, kaufte sich die zierlichen Dinger, bezog damit den Markt der Literatur und schlug seine Bude auf, Taschenbuch oder Almanach oder Taschenkalender oder Tulpen, Rosen, Nelken, Amaranthen, Vergißnichtmein genannt. Die Mittelmäßigkeit aber übt auf die mittelmäßige Menge eine große Gewalt aus, wenn nicht eine schwere Not der Zeit, oder eine Zeit der schweren Not vorhanden ist und die Weltgeschichte durch laute Mahnungen nicht zum Ernst und zur männlichen Würde auffordert.

Alles nahm eine Taschenbuchnatur an, und die Form der Novelle wurde übermächtig. Tieck erweiterte ihren Wirkungskreis und gab ihr die Anwartschaft auf das Amt, Kunst- und Literaturfragen abzuhandeln. Seine Novellen sind kleine Meisterstücke in ihrer Art, aber so wenig wie Miniatur-Statuen dazu geeignet, zu imponieren und im Pantheon unserer Literatur eine maßgebende, überragende Rolle zu spielen. Sie verhalten sich zum Romane wie das Lied zum Epos und Drama, nur mit dem Unterschiede, daß das Lied viel selbständiger da-

steht, als die Novelle, die mehr eine erweiterte Anekdote, die Erzäh=
lung einer einzelnen Begebenheit ist, oder ein auf seine einfachsten Ein=
und Ausgänge reduzierter Roman. Dies fühlte Cervantes wohl, der
seine Novellen, ihres geringen Umfanges wegen, als Episoden in seinen
Don Quijote eingeflochten hat, obgleich man freilich zugeben muß, daß
die Tiecksche Novelle an geistigem Inhalt zu hoch angewachsen, ja
fast eine ganz andere Gattung ist, als daß sie nicht eine Vergleichung
mit den in ihrer Art wieder viel liebenswürdigeren und poetischeren
Novellen des Cervantes übelnehmen sollte. Jedenfalls spiegelt sich in
dieser Gattung der Novelle die Schwächlichkeit einer Literaturperiode
ab, welche darüber ganz außer sich geriet, daß sie es, ohne ein Epos,
ein Drama, ja nur einen Roman von mustergültigem Wert und eine
Lücke in der Nationalliteratur ausfüllendem Inhalte erzeugt zu haben,
bis zu dieser kleinen Hügelformation von meisterlich geschriebenen
Dichter= und Künstlernovellen gebracht hatte.

Die schöne Literatur zerschlug sich damals auf eine fast furchtbare,
ihre nationale Bedeutung ernstlich bedrohende Weise in bloße Unter=
haltungsschriften, große und kleine Romane, Novellen und Novelletten.
Selbst Tieck und Hoffmann flüchteten sich in die Taschenbücher. Die
Journale waren von diesem Genre des bloß Romanhaften und Unter=
haltenden überfüllt. Einer ahmte immer dem andern nach. Nur Hoff=
mann trat als eine markierte Erscheinung aus dieser allgemeinen Fa=
milienähnlichkeit heraus. Er blieb, wie er von Hause aus war, fix und
fertig in seiner phantastischen, musikalisch enthusiasmierten, fratzenhaft
bizarren Natur, und nur in den wenigsten seiner kleinen Erzählungen
brachte er es zu einer Art Kunstform. Diese Erzählungen haben aber
auch dann eine Fülle von lebenshaltigem Stoffe. In seinen Mären,
Nacht= und Phantasiegemälden wimmelt es von Sandmännern, dämo=
nischen Gestalten, zerrissenen Zerrbildern von Charakteren und den
cartesianischen Teufelchen eines ergrimmten, höhnenden Humors. Hoff=
mann, diese in ihrer Wunderlichkeit echt deutsche Erscheinung, bildete
sich in dieser Absonderlichkeit auf dem Wege des Mißbehagens aus,
das er an der spießbürgerlichen Organisation der modernen Mensch=
heit empfand. Mit seinem reinen Enthusiasmus sah er sich vereinzelt
stehen, und aus Trotz schleuderte er die Hohnbilder seiner wüsten Ele=
mentar= und Nachtgeister ballenweise an die eiserne Stirn der entherzten

gemeinen Wirklichkeit. Diesen oppositionären Charakter aus Hoffmanns
Schriften herauszulesen, war den wenigsten möglich; alles las ihn des
Vergnügens und der Verdauung wegen; niemand bedauerte ihn, nie=
mand ahnte die tränenwerte Kluft, die zwischen dem enthusiasmierten
Schriftsteller und dem ausgetrockneten Leser oder der gemütlichen
Leserin lag, die sich doch auch einmal „grauen" wollten.

(Hermann Marggraff, „Deutschlands jüngste Literatur= und Kulturepoche".)

Von der seltsamen, ja hypertrophischen Überschwenglichkeit des Gefühls,
die sich in den literarischen Freundschaftsbeziehungen der Zeit äußerten,
geben wir Beispiele von Kerner, der Rahel Levin und Heine. Daß
eine Zeit, die soviel geistreiche Frauen sah und in der letzten Generation
gesehen hatte, viel über das Spiel der Liebe und die Beziehungen der Ge=
schlechter zueinander nachgrübelte, dafür mag hier nur ein charakteristischer
Brief Emma Försters, einer Tochter Jean Pauls, angeführt werden.
Dieser Überschwang des Gefühls aber in einer Zeit, die an allen Grund=
festen ihrer Empfindungen rüttelte, in vielem nach Neuem strebte und ihre
Halbheit empfand, mußte oft zur Selbstvernichtung führen. Und in Wahr=
heit herrschte zu Ausgang der 30er Jahre eine für die geistige Volkskraft
höchst gefährliche Selbstmord=Epidemie, die aber geradeso wie im Ruß=
land der Revolution zu Beginn unseres Jahrhunderts auch politische
Hintergründe haben mochte. Marggraff verdanken wir ein anschauliches Bild
dieser unheilvollen Verwirrung.

An Justinus Kerner.

Dresden, den 22. Juni 1816.

Teurer, inniger Mensch! Ich kann nach dem Empfang Deines
Briefes, der in diesem Augenblick mir gebracht wird – ich kann
nicht anders in diesem Augenblick, als Du zu Dir sagen, so hat er mir
die innerste Seele schmerzlich süß durchdrungen. Nimm dies Zeichen
meiner Liebe mit Deiner Liebe auf. Es gibt noch göttliche Pulsschläge
im Leben, wo wir einander wunderbar einfach klar werden, und das
kann nirgends anders herkommen, als weil uns in solchen Gott be=
sonders zu sich zieht, denn in seiner Liebe wird ja das dunkle Leben
selbst ein lichter Punkt – solche Blicke müssen wir freudig festhalten, und
sollten und könnten wir selbst wieder kälter über dies Aufwallen nach=
denken, es sind doch die schönsten des Lebens gewesen, und sooft sie
wiederkehren, kehren wir aus weiter, starrer, bleicher, neblichter Fremde
in uns selbst heim. Fühlst Du hierüber wie ich, – und wie sollte dies

denn anders möglich sein? - so sei mit mir freudig, daß jenes kleine
Mißgeschick mit Deiner Dichtung Deinen Brief veranlaßte, der mich
über allen Schmerz wegen Deines mir nicht deutlichen Betragens hin=
weghob an Dein mir in dieser Deiner Schmerzensbeleuchtung sonnen=
klares Herz! Dieser Brief ist eine höhere Verschreibung unserer Freund=
schaft, die, mir sagt es, was gut und rein ist an meiner Seele, über=
reicht in jenes in Gott selige Geisterreich. O Kerner! was kann solche
überwallende Liebe auf Erden, wie wir sie im Busen tragen, was kann
sie anders, als das ganze Leben in einen stillen Schmerz verwandeln?
Aber den Kalten ist dies Leben Stein; wohl uns, daß es uns zur
Träne wird, worin sich sehnsüchtig der Himmel spiegelt. Dieser stille
Schmerz ist ja der Flügel, der uns ihm entführt und uns verläßt, ehe
das Heimweh zur selbstzerstörenden Flamme geworden. O Sehnsucht,
Sehnsucht, du Befreier! Das Manuskript der Hesperiden wird erst in
diesen Tagen nach Leipzig abverlangt werden. Da die ganze Dichtung
von Dir im Morgenblatt abgedruckt ist, so trage ich Bedenken, sie so=
gleich wieder im 1. Band abdrucken zu lassen. Es hat mir innig leid ge=
tan. Ich habe sie sehr lieb. Vielleicht kann sie doch noch später darin vor=
kommen, besonders wenn durch irgendeine Anmerkung in dem Morgen=
blatt darauf aufmerksam gemacht werden könnte, daß diese Dichtung
als Probe meiner Hesperiden abgedruckt wäre. Könnte dies geschehen
und Du mir sogleich davon Nachricht geben - so wäre vielleicht noch alles
ins Gleis zu bringen. Ich wünschte, daß Rückert mit mir in einige Ver=
bindung träte. Ich als der Ältere kann nicht den Anfang machen. Von
Assur habe ich fünf herrliche Gedichte in diesen Band gewonnen. Dank
für die Deinen! Ich kann heute nicht mehr. Fouqués Sängerliebe ist
eines der höchsten Bücher, die je gedichtet wurden, das bin ich überzeugt.
    Nachschrift.

                                        Sonntag früh, 23. Juni.
Ich wehre es meinem Herzen nicht, Ihnen, mein teurer Kerner, dies
Blatt der Innigkeit, das ich gestern schrieb, oder vielmehr, worauf ich
Herz und Träne der Rührung abdruckte (die Tränenspur ist ihm auch
geblieben), zufliegen zu lassen. Ich fühle es, es ist ein anderes, das
heilige Gefühl einer schönen Stunde meilenweit reisen zu lassen, als
wenn es wie der Sonne Strahl von Herz zu Herzen dringt, als könnt'
es sich nicht unterscheiden lassen, von welchem Herzen, in welches es

floß, – aber auch das meilenweit reisende trifft je ein Gemüt, das mit Freuden um einen Blick der Ewigkeit das hingibt, was die Menschen Zeit und Raum, lange Vergangenes und weit Entferntes nennen, und so nimm das stille Herzblatt, herziger Freund! ...

Gott sei mit Dir –

Isidorus.
(Graf Loeben.)

(Theobald Kerner, „Justinus Kerners Briefwechsel mit seinen Freunden".)

Heine an Rahel.
Berlin, den 12. April 1823.

Ich reise nun bald ab, und ich bitte Sie, werfen Sie mein Bild nicht ganz und gar in die Polterkammer der Vergessenheit. Ich könnte wahrhaftig keine Repressalien anwenden, und wenn ich mir auch hundertmal des Tages vorsagte: „Du willst Frau von Varnhagen vergessen!", es ginge doch nicht. Vergessen Sie mich nicht! Sie dürfen sich nicht mit einem schlechten Gedächtnisse entschuldigen, Ihr Geist hat einen Kontrakt geschlossen mit der Zeit; und wenn ich vielleicht nach einigen Jahrhunderten das Vergnügen habe, Sie als die schönste und herrlichste aller Blumen im schönsten und herrlichsten aller Himmelstäler wiederzusehen, so haben Sie wieder die Güte, mich arme Stechpalme (oder werde ich noch was Schlimmeres sein?) mit Ihrem freundlichen Glanze und lieblichen Hauche, wie einen alten Bekannten zu begrüßen. Sie tun es gewiß; haben Sie ja schon Anno 1822 und 1823 Ähnliches getan, als Sie mich kranken, bittern, mürrischen, poetischen und unausstehlichen Menschen mit einer Artigkeit und Güte behandelt, die ich gewiß in diesem Leben nicht verdient und nur wohlwollenden Erinnerungen einer früheren Konnaißanz verdanken muß. Ich bin, gnädige Frau, mit Achtung und Ergebenheit

H. Heine.

Rahel an Gentz.
Sonntag morgen 8 Uhr, den 3. Oktober 1830.
Das schönste Sonn- und Mondwetter.

Der Himmel hat Sie gesegnet, sah ich völlig ein, als Fluten von Segen aus meinem Herzen für Sie strömten, nachdem ich Ihren paradiesischen Brief eben gelesen noch in Händen hielt. Ich fühle eine

ewige Fortdauer, köstlicher, r e i n e r Freund, in dieser Übereinstimmung:
die ist tiefer gegründet, bezieht sich auf Höheres, Unerschütterlicheres,
als auf diesen Weltwirrwarr - im höheren Sinne dieses Worts! - keine
unserer Strebungen sind hier rein; das heißt, können unmittelbar sein;
als die freie, von uns selbst nicht zu bändigende Liebe, zu Gegenstän=
den, die sie ins Leben zu reizen vermögen. Dieses Leben des Herzens
ist allein wahr, reell, das wußt' ich, als ich ein Kind war, ein wirk=
liches Kind dem Alter nach: und Triumph! ich weiß es noch. Höchster
Triumph! - Triumph ist nicht Sieg; Triumph ist Glück - mein bester
Freund weiß das nun auch; bestätigt's sich und mir, durch glückliches Er=
leben.

Gutbestellte Herzen können immer verliebt sein, wollen es immer
sein. Nur richtige Gegenstände dazu finden sie selten: daher das Liebes=
unglück all. Auch ist das Herz aus einem andern Dasein, und für ein
anderes: und schafft sich auch in seinem Dunkel immer ein anderes;
wie ursprünglich ein jeder Mensch ein komplettes Original sein könnte
und, unverdorben, dies auch in Gestalt und Wesen zu zeigen ver=
möchte; und also gediehen, ein vollkommener Gegenstand der indivi=
duellsten Liebe zu sein fähig wäre. Aber alles ist unter dicker Rinde
der höchsten Verwirrung, in einen Aufruhr von Gemengsel und Ver=
fehlung: sonst müßten alle Menschen lieben können, nur lieben wollen;
und auch in unserm Alter lieben. Glückauf! köstlicher Freund! und
auch dazu dieser Zuruf; weil dieser Lebenszustand Ihre Tage erfüllt,
erhellt; reich macht, ihnen Bedeutung, Grund gibt; alle Augenblicke
darin Beziehung und Zweck erhalten: nicht allein also des kostbaren
Ungrunds dieses Zustandes wegen; der das reinste höchste Geschenk
des Himmels ist; ja, ein Stück von ihm selbst, auf der Irr= und Probe=
bahn mitgegangen. - -

Nochmal Glückauf, zu unserer Frische! Unsre Jugend war kein
Blendwerk. Wir lieferten ihr Grüne und Leben: sie bestand nicht nur
aus Unkunde, und ungekränkter Haut, sondern aus Fülle, Tiefe, Leben
und Keimdrang; zum ewigen Weiterleben sind wir aufgelegt; vermögen
zu lieben; und begründeter nur wird unsre alte Freundschaft, die nicht
altern kann. Einen Tempel möchte ich in ewiggrünem Hain stiften, um
für Ihre erneute Gesundheit zu danken; ja, mit Ruhe und Ungestörtheit
(Grundlage aller Pflege) kann man sie wiedererlangen; sogar die verlorne.

Auch ich habe noch ein Liebeherz. Ich liebe mit neuer, niegekannter Zärtlichkeit einen reinen Tautropfen des Himmels, ein sechsjähriges Nichtenkind. Aber auch in dieser Liebe erfahre ich Störung, Kontradiktion. Und muß meinen Gegenstand oft leiden sehen!! – Das Mädchen gehört mir nicht. – Aber das Kind gehört, höheren Ortes her, mir. Mein Blut, meine Nerven: meine Schnelligkeit: herzweich und herzstark. Vernunftkind nenne ich es; fromme Tochter. Aber sie ist hübsch, graziös: reizend, leichtsinnig: und ganz anders als ich. Vor Gott und Menschen angenehm. Sechs Jahre segne und pflege ich sie mit allen meinen Kräften. Ich denke in meiner tiefen Überzeugung und Religion: daß das Kind und ich immer wieder zusammenkommen werden. – – Von mir könnte ich Ihnen nur mündlich Rechenschaft geben: wie ich bin, hab' ich Ihnen gesagt: wie es mir geht, könnte ich Ihnen nur erzählen. Wissen Sie so viel: noch find' ich mich immer wieder; und bin ich nur einigermaßen ungestört, find' ich auch einen stillen See in der Seele: Natur, Luft und Wetter fühl' ich wie zu fünfzehn Jahren; und Menschenseelen auch; wenn ich sie finde. – Ich eile, daß Sie diesen Brief erhalten, und umarme Sie aufs zärtlichste. Welche große schöne Ursache muß der Himmel haben, uns getrennt zu halten! Ich beuge mich! Nochmals Dank, daß Sie mir schrieben! Ewigen Dank, wie ewige Liebe.

Fr. B.

An Fanny von Welden.

München, 17. November 1826.

Du hast schon recht: die Männer lieben nicht wie wir. Sie haben die dreifache Bewegung des Mondes; die erste um sich, die zweite um die Erde, d. h. ihre Geliebte, und die dritte um die Sonne der Welt; indes wir dummen Dinger nur eine kennen, höchstens zwei. Mit Vergnügen sehe ich hier, daß ich nicht so dumm geworden bin, wie ich an Luise klagte. Jener Einfall ist ganz hübsch, aber was ich aus ihm beweisen wollte, ist noch nicht da. Der Mann will nämlich nicht bloß lieben, sondern auch, und zwar aus Eitelkeit, die fremde Liebe mehr sehen, als glauben, und darum verlangt er von uns das Hinwegsetzen über die Formen. Das ist sein Teil. Unserer aber, daß wir etwas opfern, nicht der Forderung, sondern der Liebe willen. Und wir tun's auch, wenn sie in rechter Art ist. Grüble aber nicht zu sehr! Dein Gefühl steht unter der Herrschaft Deiner Reflexionen, und das ist ein gar gefährliches Ding. Die Phantasie lügt uns dann Empfindungen vor, die wir glauben, aber nicht haben. Ich weiß es von mir. Ich hatte eine Zeit, wo jedes Gefühl sich vom Verstand einen Paß ins Herz erbitten mußte. Das war eine garstige Zeit; die ist gottlob lange vorbei. Jetzt spaziert alles ins Herz, und das fühlt sich wohl. Gib Dich einmal unbefangen dem augenblicklichen Eindruck hin. Du überschreitest gewiß nicht die Schranke.

Odilie schrieb aus zu großer Wehmut noch nicht an mich. Es ist ein reiches Gemüt; man beurteilt es am besten, wenn man daran glaubt. Menschen und Gegenden gewinnen durch die Ferne; man sieht dann das Ganze, es drängt sich zu einem Bilde zusammen, indes die Nähe nur Teile zeigt. Es ist keine Falschheit oder Eigensinn, wenn die Kinder am liebsten das haben, was sie nicht erlangen können, oder wenn wir den Gestorbenen mehr lieben als den Lebendigen – wir sehen ihn ganz.

Daß ihr die „Unsichtbare Loge" lest, freut mich sehr, weil wir eben auch dabei sind. Alles wird euch aber nicht gefallen, und ich zittere vor Euerm Urteil. Es ist noch zuviel Jugend darin; die vielen Abschweifungen sind nicht ästhetisch schön; man verliert immer wieder die Geschichte. Auch der Vater gab mir recht und sagte, bloß die Naturschilderungen wären gut. Eigentlich ist das Ganze nur eine Skizze des Titans. Der Siebenkäs wird euch mehr erfreuen, obwohl er nur komisch ist.

Ich habe die jungen Maler dazu gebracht, bei uns zuweilen vom Vater zu lesen, da sie, außer einem, wenig von ihm kennen. Das gibt uns recht frohe Abende.

(B. Förster, „Das Leben Emma Försters, der Tochter Jean Pauls, in ihren Briefen".)

*   *   *

Wir haben erlebt, daß Knaben von neun Jahren ihr Taschengeld aufsparten, um sich Pulver und eine Pistole zu kaufen und den Akt einer lärmenden Selbstentleibung zu vollziehen. . . . Selbstmorde wie derjenige der trefflichen Charlotte Stieglitz, welcher sich, soviel wir ahnen können, aus Motiven der Aufopferung herschreibt, ragen mit einer Art Heiligenschein über die Heerschar der gewöhnlichen Selbstvernichtungen hinweg, soweit man einem Selbstmorde die Glorie der Heiligkeit zugestehen darf; denn auch dem Heiligsten, und wieviel mehr hier, hängt sich immer noch irdischer und trüber Stoff genug an. Was man liebt, muß man auch töten können, sagt irgendwo Johannes Falk. Mithin wäre die Überhandnahme der Selbsttötung gerade in den Zeiten der Selbstliebe und Selbstsucht sehr wohl erklärlich. – Je gesunder eine Zeit, desto seltener die Selbstmorde, desto edler die Motive, ja, desto einfacher die Todesart selbst; je krankhafter, zerfallener, verwickelter und verfeinerter eine Zeit, desto häufiger der Selbstmord, desto unedler die Motive, desto raffinierter und mannigfaltiger die Todesart. . . . Bei uns war die Pistole eine Zeitlang an der Tagesordnung; jetzt ist man bereits raffinierter, man ist nicht zufrieden mit dem Erschießen, Erhängen, Ersäufen, Vergiften, man weiß exquisitere Todesarten in Anwendung zu bringen. Es ist gar keine Norm mehr, es herrscht, wie in der Literatur selbst, die vollste Willkür. Einige Mystiker schlugen sich selbst ans Kreuz, unglücklich Liebende oder junge Dichter, die mit ihren Melodramen nicht reüssierten, ersticken sich in unserer Zeit der Dampfanwendung mit Kohlendampf, Napoleonisten stürzen sich von der Vendomesäule, ein Mädchen verschluckt Nähnadeln in Honigkuchen, bis ihre Eingeweide in unheilbare Geschwüre übergehen, ein Mann in Birmingham kriecht in einen glühenden Ofen und verkohlt sich darin, andere kauen und verschlingen Glas, ein genialer Selbstmörder stürzt sich unter die zermalmenden Räder eines schwer belasteten Wagens, eine ganz neue Erfindung, die ihre Nachahmer fand; ein Engländer erhängt sich, indem er sich mit Lichtern bespickt und der eingeladenen Gesellschaft als Kronleuchter dient – man sieht, daß es uns nicht an Erfindungsgabe fehlte, und daß der Humor selbst bei dieser schrecklichen Angelegenheit keine untergeordnete Rolle spielt. Wenn sich Sappho, die glühende Liebende, vom leukadischen Felsen herab in die Wogen des Meeres stürzt, so ist darin eine Art Poesie, man sieht ihr begeistertes, gerötetes Antlitz, ihre brennenden Augen, ihre hehre Gestalt auf dem Felsen, die Lyra im Arm, wie eine Gottesseherin, jetzt schwingt sie sich herab, die weiten wallenden Gewänder fliegen, die Wellen des losgebundenen Haares wogen im Winde, das Meer, verlangend, streckt seine feuchten Arme ihr entgegen, sie berührt es mit der Sandale, die Wogen brausen hoch auf, dumpf mur-

melnd, sie verhüllen die Gestalt, sie bergen das glühende Herz in der
kühlen Tiefe. Wenn aber Luise Brachmann, die keine so liebeflammen=
den Lieder gesungen hat wie Sappho, bei Nacht und Nebel an das
niedrige Ufer des unberühmten Flusses hinausgeht, im modernen Nacht=
gewande, einen Stein mit berechnender Kunst um den Hals geschlun=
gen, so überfällt uns etwas wie ein ganz gemeiner moderner Schauder,
etwas Unheimliches, was sich nicht gut bezeichnen, aus dem sich aber
kein Fünkchen Poesie entwickeln läßt.

(Hermann Marggraff, „Deutschlands jüngste Literatur= und Kulturepoche".)

Post und Reisen.

Während in England zu gleicher Zeit die Personenbeförderung durch die Post schon vorzüglich ausgebildet war, die Postwagen selbst über ein gutes Pferde= material verfügten und ein Sÿstem von verschlossenen Kontrolluhren einge= führt war, war in Deutschland die Post wirklich recht kümmerlich, und das Klagen darüber nahm kein Ende. Erst unter dem Oberpostmeister Nagler besserte sich das Postwesen. Ein Chronist aus dem Jahre 1831 ist schon höchst entzückt über die Verbesserung in Brief= und Personenbeförderung. Sind doch bei 61 Kaufleuten in Berlin sog. Briefsammlungen errichtet worden, die täglich sechsmal unfrankierte Briefe entgegennehmen; die für Berlin selbst bestimmten Briefe werden innerhalb weniger Stunden zur Beförderung gebracht. Daß sie aber vorher durch den Kolonialwarenhändler meist mit Ol= und Petroleumflecken versehen wurden, verschweigt der Chronist. Die an= genehme Seite dieser Briefbeförderung war aber, daß die Kinder sich dar= um rissen, Briefe zum Kaufmann zu bringen, weil sie von ihm, der wohl einen kleinen Nutzen daran hatte, durch Zugaben von Bonbons dazu auf= gemuntert wurden.

Ein neuer Stamm junger und gewissenhafter Postbeamter wuchs lang= sam heran, die Alten wurden pensioniert oder starben aus, und so wird mit dem Beginn der Eisenbahn am Ende der Biedermeierzeit das Postwesen in die heutigen Formen überführt.

Daß man in der Zeit politischer Überwachung vor der Verletzung des Briefgeheimnisses nicht zurückschreckte, und daß alle Briefe an irgendwie verdächtige Personen, vorzüglich aber an Literaten, geöffnet und nach Fixierung des Inhalts sorgfältig wieder geschlossen wurden - war eine all= bekannte Tatsache. Deswegen ließ man wichtige Briefe gern durch Privat= personen besorgen, während man andererseits sich ein Vergnügen daraus machte, durch fingierte Mitteilungen die Behörden zu düpieren.

Postwesen.

Die Literatur der Reisen in Deutschland klagt unaufhörlich über die schlechten Wege und die mangelhafte Einrichtung des säch= sischen Postwesens, obwohl diese Dinge im Preußischen eben nicht besser beschaffen sind.

Wer nicht eine Bruſt von Erz, Kaldaunen von Kupfer und einen Allerwerteſten von Platina beſitzt, dem raten wir wohlmeinend, dort keine Reiſe mit der ſogenannten ordinären Poſtkutſche zu unternehmen, denn dieſe iſt in der Tat gar zu ordinär.

Der alte Kaſten ruht unmittelbar auf der Achſe, und die Sitze er= innern an die Härte des engliſchen Stahles; Kunſtſtraßen findet man nur in der Umgegend der Hauptſtadt, und befährt man mit der ordi= nären Poſtkutſche die übrigen erbärmlichen Wege des Landes, ſo riskiert man geradezu, etliche Rippen zu brechen.

Wer keinen eigenen Reiſewagen hat, kommt mit Extrapoſt nicht viel beſſer fort; denn die Fahrzeuge, auf welche man zuweilen geladen wird, gleichen auf ein Haar einem Armenſünderkarren.

Die ordinäre Poſtkutſche bewegt ſich mit unbeſchreiblicher Langſam= keit vorwärts, ſtundenlang muß man auf jeder Station harren, und mir ſelbſt iſt es begegnet, daß ich mit ſolcher Gelegenheit in vierund= zwanzig Stunden kaum acht Meilen zurücklegte. Nichtsdeſtoweniger ſoll das Poſtweſen unter ſeinem jetzigen Chef, dem alten ehrwürdigen Seegebart, ungemein gewonnen haben; wie mag es früher beſchaffen geweſen ſein?

Die preußiſche Regierung ſoll zwar beſchloſſen haben, durch ihr ganzes Land Kunſtſtraßen anlegen zu laſſen, doch die ganze Aus= führung des Unternehmens werden jetztlebende Generationen ſicher nicht ſehen. An einigen Orten des Königreichs, wo man Kies und Steine viele Meilen weit zuführen müßte, wird die Anlegung und Unter= haltung der Kunſtſtraßen auch in der Tat ſehr ſchwierig, wenn nicht unmöglich werden.

(Adolph von Schaden, „Berlins Licht= und Schattenſeiten".)

Die Poſtſchnecken.

Alle Verkehrsmittel des alten Deutſchlands ſtanden im Zeichen der Langſamkeit; Poſtkutſche und Flußboot gleicherweiſe. Deſſen ſprichwörtliches „Kriechen" war allerdings zu verſtehen und zu ent= ſchuldigen - mit dem Strome ſchwimmen und mühſames Treideln kann nichts Raſches ſein; aber die Poſtchaiſe ging auch nur im Schnecken= tempo, trotz des Vier= oder Sechsgeſpanns! Die Begriffsbeſtimmung in „Zedler": „Post, Cursus publicus, heißet auch ein Wagen, welcher mit gleicher Geschwindigkeit durch Wechsel-Pferde Tag und Nacht fortgeht, und da Personen, Pferde und Güter mit fortkommen können" – ist durchaus keine richtige; denn von gleichmäßiger Geschwindigkeit war in den deutschen Postbetrieben des Einst gar wenig zu merken. Immer und überall verspäteten sich die Postkutschen. Im Jahre 1720 hatte ein preußisches Postedikt bedauernd eingestehen müssen, daß die „Versäumnisse auf den einzelnen Stationen drei bis vier Stunden betragen", und noch ein volles Jahrhundert danach war diesem Unwesen nicht gesteuert! 1821 machte Börne eine Reise von Frankfurt nach Paris; in seiner kuriosen Satire: „Monographie der deutschen Postschnecke, ein Beitrag zur Geschichte der Mollusken und Testazeen" findet sich eine Statistik („Stillstandslehre") mit einer „Berechnung der Zeit, die ich mich zwischen Frankfurt am Main und Stuttgart aufgehalten habe": mehr als ein Drittel der Fahrzeit entfiel auf die Aufenthalte! Jene betrug vierzig Stunden, diese beliefen sich auf vierzehn Stunden vierzehn Minuten! In Heidelberg rastete man drei Stunden, in Heilbronn gar drei Stunden zehn Minuten lang! . . .

Wir brummen, wenn unser Expreßzug auch nur um ein paar Augenblicke länger hält, als fahrplanmäßig festgesetzt; in Börnes Tagen aber nahm man dies, wenn auch verdrießlich, so doch als etwas Selbstverständliches hin. Es ging eben nicht anders – Schwagers Gäule waren eben keine Rennpferde! Und er und seine Genossen keine Fahrkünstler. Das Gegenteil wohl.

Diese Schwager! . . . Eigentlich verstanden sie gar nichts, als zu „blasen". Mußten das auch tun, ex officio: Seit 1616 waren sie in Preußen beim Einfahren ins Städtle verpflichtet, vom Tor bis zur Post zu musizieren; eine Postordnung noch von 1812 gebot ausdrücklich: Schwager habe „fleißig und wohl zu blasen". Und unter den Klängen der ärarischen Musik quälten sie ihre Fahrgäste.

Weit über des Reiches Grenzen hinaus kannte und fürchtete man die „Schwagers", machte sich auch über sie und die durch ihre Person repräsentierte „Post" lustig, über diese „deutsche Plage" – . . . Etwa wie Byron, der im „Don Juan" Gelegenheit nahm, Thurn-Taxis eins zu versetzen:

„Hurrah! how swiftly speeds the post so merry,
    Not like slow Germany, wherein they muddle
Along the road, as if they went to bury
    Their fars; and also pause besides, to fuddle
With ‚Schnapps‘ — sad dogs! whom ‚Hundsfot‘ or ‚Verflucter‘
    Affect no more than lightning a conductor.

Now, there is nothing gives a man such spirits,
    Leavening his blood as cayenne doth a curry,
As, going at full speed — no matter where its
    Direction be, so't is but in a hurry . . .“ [1])

Deutsche spöttelten über ihre Post natürlich noch mehr. Lichtenberg zog einen hübschen Vergleich zwischen der besten Kutschpost seiner Jahre, der englischen, und ihrer heimischen Gegenfüßlerin: „Ein rechtes Hindernis von Intrigen – meinte er in seiner drolligen Weise – ist der feine und lobenswürdige Einfall der Postdirektion in Deutschland, durch den eine unzählige Menge von Tugenden des Jahres erhalten werden, daß sie statt der englischen Postkutschen und Maschinen, in denen sich eine schwangere Prinzessin weder fürchten noch schämen dürfte, zu reisen, die so beliebten offenen Rumpelwagen eingeführt hat. Denn, was die bequemen Kutschen in England und die dortigen vortrefflichen Wege für Schaden tun, ist mit Worten nicht auszudrücken.

„Fürs erste, wenn ein Mädchen mit ihrem Liebhaber aus London des Abends durchgeht, so kann sie in Frankreich sein, ehe der Vater aufwacht, oder in Schottland, ehe er mit einem Verwandten zum Schluß

[1]) „Hurra, wie sauft die Post von Ort zu Ort!
Nicht wie in Deutschland, wo sie faul sich stützen,
Als führ' man eine Leich' in Grabesport,
Wo jede Pause sie zu schnapsen nützen,
Ein „Hundsfott" und „Verfluchter" und so weiter
Rührt kaum dies Volk, wie Blitz den Blitzableiter.

Nichts aber macht den Menschen wohl so heiter
Und jagt sein Blut wohltätiger von der Stelle,
Als geht's dahin, gleichviel wohin, nur weiter,
In voller Hast und flüchtiger Blitzesschnelle;
– – – – – ～ . . ."

kommt; daher ein Schriftsteller weder Feen noch Zauberer, noch Ta-
lismen nötig hat, um die Verliebten in Sicherheit zu bringen: denn,
wenn er sie nur bis Charingcroß oder Hyde-park-corner bringen kann,
so sind sie so sicher, als wenn sie in des Weber Melek Kasten wären.
Hingegen in Deutschland, wenn der Vater den Verlust seiner Tochter
erst den dritten Tag gewahr würde, wenn er nur weiß, daß sie mit
der Post gegangen ist, so kann er sie zu Pferde immer noch auf der
dritten Station wiedereinholen!"...

Und ein sonst durchaus Ernsthafter, Adelbert v. Chamisso, schrieb
im Juli 1812 an Hitzig: Es scheint der „deutsche Postwagen recht
eigentlich für den Botaniker eingerichtet zu sein, indem man nur außerhalb desselben ausdauern kann, und dessen Gang darauf berechnet ist,
gut Muße zu lassen, vor und zurück zu gehen. In der Nacht wird auch
nichts versäumt, da man sich am Morgen ungefähr auf demselben
Punkte wiederbefindet, wo man am Abend vorher war"...

(Paul Eserna, „Reiseleid-Reisescheu anno dazumal".)

Was nun die Bequemlichkeiten anbetrifft, welche dem Berliner
Publikum durch die Post geboten werden, so verdienen hier die
Journaliere nach Potsdam, welche täglich hin und zurück sechsmal abgeht, und die nach Frankfurt an der Oder, deren Abgang täglich auf einmal beschränkt ist, zuerst genannt zu werden. Eine Hauptbequemlichkeit
ist aber den Berlinern durch die Einrichtung der Stadtpost, die bereits
seit mehreren Jahren besteht, verschafft, und wie sehr von seiten des
Publikums diese Bequemlichkeit benutzt wird, dafür spricht eben das
Fortbestehen dieser Einrichtung. Um diese Stadtpost für Berlin und
seine nächste Umgebung jedem zugänglich zu machen, sind bei 61 Kaufleuten sogenannte Briefsammlungen errichtet worden, wo frankierte und
unfrankierte Briefe täglich sechsmal angenommen und in Berlin selbst
innerhalb weniger Stunden besorgt werden. Briefe für die näheren und
entfernteren Dörfer oder Privatwohnungen werden nach Maßgabe der
Entfernung und des Verkehrs entweder täglich einmal oder wöchentlich
mehreremal für denselben Portoansatz wie die Stadtbriefe, nämlich für
den Brief 1 Silbergroschen, besorgt. Wie auf die Einwohner Berlins,
so hat man auch auf die Bequemlichkeit der mit der Post ankommenden
Reisenden Rücksicht genommen, und zu dem Ende sind zwei Passagier-

stuben eingerichtet, von denen die eine für die Reisenden der Fahrposten, die andere für die der Schnellposten bestimmt ist. Kaum eingetreten in diese Stuben, darf man sich nur an den Passagierwagen=Meister wen= den, und augenblicklich stehen jedem Fremden Fuhrwerke zu Gebote, die ihn für einen billigen Preis (eine Person nämlich zahlt nur 10 Silber= groschen) nach den entfernteren Stadtteilen schaffen; und ebenso be= sorgen diese Fuhrwerke die Abholung abgehender Passagiere. In allen diesen Geschäften wird von seiten der Postbehörde auf die strengste Pünktlichkeit gesehen, welche Strenge sich auch auf sämtliche Postämter der Monarchie, wie gleich unten erwähnt werden wird, ausdehnt. . . . Es bleibt jetzt noch für unseren Zweck einiges über die Postbeamten selbst zu berichten übrig, und mit rühmlicher Anerkennung des Eifers, die von seiten des jetzigen Chefs auf das Szientifische und Moralische der Postbeamten verwandt ist, spricht sich die allgemeine Stimme nur dahin aus, daß namentlich das frühere, unbescheidene Benehmen der= selben gegen das Publikum gänzlich aufgehört hat. Der Grund dieser erfreulichen Veränderung liegt teils in dem Aussterben der früheren Beamten, teils wohl auch darin, daß viele der älteren, die namentlich in kleineren Städten von dem Steuer= und Salzwesen zu Postmeister= ämtern versetzt wurden und aus ihrem früheren Wirkungskreise in ihre neue Stellung ein barsches Benehmen gegen das Publikum mitbrachten, durch Pensionierung entfernt und durch wirkliche Postbeamten, denen der jetzige Chef in den ersten Jahren seiner Verwaltung ein anständiges Benehmen zur Pflicht machte, ersetzt worden sind. Damit indes der Chef die Überzeugung habe, daß dem Publikum nicht mehr Ursach' gegeben werde, sich in vorgedachter Beziehung zu beschweren, sind so= genannte Passagierbeschwerdebücher eingeführt worden, in welche jeder Reisende seine Klagen über Beamte, Beförderung, Wagen, Bewirtung usw. einzuschreiben berechtigt ist. In jeder Passagierstube und folglich bei jeder Postanstalt der preußischen Monarchie befindet sich ein solches Buch, und die hierin eingetragenen Beschwerden werden sogleich zur Kenntnis der Oberbehörde gebracht und mit strenger Gerechtigkeit unter= sucht. Wie höchst zweckmäßig diese Einrichtung ist, und wie vorteilhaft sie für den Ruf des preußischen Postinstituts bereits gewirkt, bedarf hier keiner näheren Entwicklung.

(„Berlin, wie es ist.")

18*

An Katharina Fröhlich.

Paris, 10. April 1836.

Je viens d'arriver, ma chère. - Ich bin schon ein so ganzer Fran=
zose geworden, daß ich selbst meine bekannten Gespräche mit mir
selbst französisch halte und eben im Begriff bin, die vor allem erforder=
lichen Sei's! und Nu, nu, nu, nu! in dieselbe Sprache zu übersetzen.
Gegenwärtiger Brief ist nicht mein erster, sondern ich hatte schon in
Karlsruhe einen geschrieben, den ich aber vergaß auf die Post zu geben,
und als ich es in Straßburg tun wollte, sah, daß ich ihn verloren hatte.

Ich bin also nach elftägiger äußerst beschwerlicher Reise gestern mor=
gens 9 Uhr hier angekommen. In diesen elf Tagen schlief ich nur eine
Nacht in München und eine in Straßburg, oder an einem dieser Orte
zwei, die übrigen wurden anfangs schlaflos, dann als die Natur immer
schwächer und schwächer wurde, mehr träumend als schlummernd im
Wagen zugebracht. Dazu von Wien bis hier schlechtes Wetter, Regen,
Schnee; auf den sogenannten schwäbischen Alpen sogar Eis, daß die
Pferde gleiteten. Wer nun meinen Widerwillen gegen das Fahren, ja
gegen alles Sitzen kennt, mag sich vorstellen, welche eigentlichen Qualen
ich in diesen verfluchten Marterkästen, genannt Eilwagen, ausstand. In
der Nähe von Paris wurde die Luft milder, und wir haben gestern
einen manchmal drohenden, aber recht hübschen Sonntag gehabt.

Bis Linz fuhr ich mit einem Kaufmann, der aber mehr ein Teil des
Wagens als eine Person zu sein schien. Von nun an aber fing es an,
gefährlich zu werden, und nur mein bekannter Haß gegen das sogenannte
schöne Geschlecht konnte mich sicher durchbringen. Wie ich in Linz in
den Wagen steige, sitzen bereits zwei der hübschesten Personen, die ich
in meinem Leben gesehen, mir gegenüber, die eine (hübschere, ja schöne)
war aber so wortkarg und, wie sich bald zeigte, so ordinär, daß man
kaum mit ihr reden mochte. Die andere pfiff besser, aber nur ein Stück=
chen, obgleich dies aus allen möglichen Tonarten. Stoßende Wege,
Wind und Schnee verleideten uns bald die Konversation, und ich war
froh, die ganze Reisegesellschaft in München los geworden zu sein. In
München durchlief ich die Stadt, war aber mit den gerühmten neuen
Bauten bei weitem nicht so zufrieden, als ich erwartet hatte. Ich komme
zur Abfahrt im Packhofe zu München an; wer sitzt da? Die leibhafte

Hermine Elßler aus Wien, die zu ihren Cousinen nach Paris reist. Wir haben den Weg bis hierher zusammen gemacht. Das Mädchen ist gutmütig im höchsten Grade, aber nur lügenhafte Feinde können sie beschuldigen, das dem menschlichen Geschlechte so schädliche Schieß= pulver erfunden zu haben. Übrigens hatte auch die Nähe dieses wirk= lich hübschen und herzlich guten Mädchens (den Weiberhaß abgerechnet) schon darum keine Gefahr, weil von allen 300000 Wienern ihr wahr= scheinlich 299999 zur Gesellschaft lieber gewesen wären, als ich. Wir sind nicht so glücklich gewesen, auf ein Gespräch zu kommen, das uns beide interessiert hätte, weshalb ich glaube, daß es überhaupt keines gibt. Demungeachtet reisten wir als die besten Freunde, und es hat mich angenehm zerstreut, ihr auf der Reise behilflich zu sein und eigent= lich für sie zu sorgen. In Nancy überließ ich ihr sogar den bequemen Platz im Coupé und setzte mich ins schwüle Intérieur des Wagens, wo - eine wunderhübsche Französin mit ihrem Manne sich eingepackt fand. Hier fingen nun die französischen Sprachübungen an. Ich sagte Politessen, über die ich selbst erstaunte, und trotz manchen Stotterns schien ich mich doch so gut aus der affaire gezogen zu haben, daß bei der Ankunft in Paris der Mann sich meinen Namen ausbat und wir beschlossen, uns manchmal hier zu sehen. Ich wohne vorderhand im hôtel de l'Europe, rue Richelieu, habe aber ein so schlechtes Zimmer, daß ich wahrscheinlich ausziehen werde. In demselben Hause wohnt Thalberg und Meyerbeer. Ersterer gibt Samstag öffentliches Konzert.

Grillparzer.

(„Grillparzers Briefe und Tagebücher.")

An solchen Orten, namentlich wo mißliebige Schriftsteller oder Ver= eine zusammen sind, wird man in Berlin regelmäßig auch einige Polizeispione finden. Diese Leute mögen das, was sie gehört, oft auch was sie nicht gehört, ihren Vorgesetzten hinterbringen, denn ihre Stel= lung erheischt, wie schon bemerkt, deutliche Beweise ihrer Ergebenheit; die Polizeibehörde mag über die Meldungen und die mißliebigen Per= sonen Buch führen, um bei besonderen Gelegenheiten gegen diejenigen einzuschreiten, von welchen sie glaubt, daß sie den willkürlichen Prä= ventivmaßregeln verfallen können. Gewiß ist, daß die Polizeibehörden immer wissen, was der oder jener Mißliebige bei dieser oder jener Ge-

legenheit gesprochen und getan hat; und da es bei ihrer Willkürgewalt
nicht nötig ist, daß unmittelbare Veranlassungen zu ihren „Maßregeln"
zugrunde liegen, so wird ihre Strafe immer die „Schuldigen", die der
Herrschaft Mißliebigen zu treffen wissen. Die Ausweisungen, die polizeiliche Aufsicht usw. sind hierbei die beliebtesten und gangbarsten
Methoden der willkürlichen Polizeistrafen. Das Spionwesen über die
Gesinnung solcher Leute, wie Schriftsteller, Korrespondenten, freier
Gebildeten usw. erstreckt sich aber nicht bloß auf das Vigilieren ihrer
Reden an öffentlichen Orten, sondern hat sich auch deutlicher, tatsäch-
licher Nachforschung zu bedienen gewußt. Die Haussuchungen werden
zwar nicht so allgemein ausgedehnt, und jedenfalls wird die Polizei des
öffentlichen Skandals halber diesen Fall nur dann eintreten lassen,
wenn sie gewisse Wahrscheinlichkeit auf den Erfolg hat. Das ist natürlich nur in seltenen Fällen zu bestimmen, und so hat sich die Polizei
eines geheimen und wirksameren Mittels bemächtigt, sowohl beim geringsten Verdacht, als auch ohne besondere Veranlassung den Gedanken
der Untertanen nachzuspüren. Das Mittel hierzu ist das schwarze Postkabinett in Berlin. Unter den Postbeamten befinden sich Leute, welche
von der Polizei besoldet und verpflichtet sind, sowohl diejenigen Briefe,
welche den Adressen nach reglementmäßig hierzu gehören, als auch
diejenigen, welche ihnen selbst von Interesse scheinen, aus den Arbeits-
schränken der Postexpedition an sich zu nehmen. Die Vorsteher des
schwarzen Kabinetts erhalten dieselben zur „Perlustration". Sie werden
mit besonderen Werkzeugen geöffnet, dann kopiert oder exzerpiert und
von neuem vorsichtig geschlossen zur Weiterbeförderung auf die Expedition gegeben. Ob, wie das Gerücht sagt, ein Wappenstecher dabei
in Sold genommen ist, wissen wir nicht, glauben es auch nach der einfachen Methode des Öffnens und Schließens der Briefe entschieden
verneinen zu dürfen. Wenn vielleicht durch Unvorsichtigkeit oder Nach-
lässigkeit das Siegel des perlustrierten Briefes verletzt ist, so pflegt das
schwarze Postkabinett denselben einfach mit dem Postamtssiegel zu
schließen und auf die Rückseite die Bemerkung zu schreiben: aufge-
sprungen angekommen. Auf diese Weise entgeht man der groben Be-
schuldigung, daß die Verletzung durch die Post geschehen sei, von welcher doch in solchem Falle Vorsicht zu erwarten wäre. Das Hauptexpe-
ditionslokal befindet sich in Berlin; Zweiginstitute desselben in mehre-

ren Grenzstädten nach Polen, England und Frankreich zu. Die Ent=
stehung des schwarzen Kabinetts ist natürlich auf keine bestimmte Zeit
zurückzuführen; daß es aber in den unruhigen Zeiten der dreißiger
Jahre ganz effektiv in Wirksamkeit war, geht aus der Geschichte jener
Zeit bereits zur Genüge hervor. Der Demagogenriecher Geheimrat
Tschoppe benützte das schwarze Kabinett ganz offen zu seinen von der
Geschichte ewig gebrandmarkten Verfügungen; Privatbriefe der Schrift=
steller, Studenten und der als freisinnig bekannten Beamten und Pri=
vatleute gaben in den harmlosesten Äußerungen den Grund zu jahre=
langer rachsüchtiger Inquisitionshaft. Unter dem jetzt verstorbenen
Minister von Nagler, damaligem Gesandten des Bundestags, spielte
das Institut ungestört in weiter Ausdehnung. . . . Man wird vielleicht
glauben, daß in den damaligen unruhigen Zeiten dies Institut ganz
besonders den erschrockenen Regierungen zum Handlanger ihrer Gewalt=
herrschaft gedient habe; allein das schwarze Postkabinett besteht noch in
diesem Augenblick, wo man doch nicht besonders offene Verschwörun=
gen im Lande zu befürchten den Anschein nimmt, in voller Wirksamkeit.
Die schöne Organisation der gesellschaftlichen Ordnung in Herrschende
und Bedrückte, Besitzende und ausgesaugte Besitzlose macht nichts=
destoweniger die Wachsamkeit gegen jede etwaige entgegengesetzte Ten=
denz notwendig. Gewisse Leute, bei denen es, wie man im Leben sagt,
nicht ganz in der Ordnung bestellt ist, sehen sich in diesem Bewußtsein
scheu nach allen Seiten um; dies Bewußtsein läßt sie überall Verdacht
schöpfen und Verrat ahnen. Gegenwärtig wird das schwarze Postka=
binett zur Perlustrierung gewisser nach dem Ausland bestimmter Briefe
und zu kleinen und kleinlichen Nachforschungen benutzt. Die Briefe an
die Redaktionen inländischer wie ausländischer Zeitungen werden in
Berlin zuerst eröffnet, wenn Handschrift und Adresse der Meinung des
Vorstehers nach sich zum erstenmal hier vorfinden; man vermutet, und
gewöhnlich mit Recht, daß in dem ersten Brief der Name des Kor=
respondenten genannt ist, während die folgenden bloß die bestimmten
Mitteilungen enthalten. Hat man Namen und Inhalt aus der ersten
Korrespondenz erforscht, so bedarf es nur einer kleinen Aufmerksamkeit,
das Zeichen des neuen Korrespondenten in der Zeitung sich zu merken,
um nachher ein für allemal den Verfasser aller so gezeichneten Mit=
teilungen zu wissen. Außer diesen Briefen nach dem Ausland und an

Zeitungsredaktionen öffnet man im schwarzen Postkabinett auch diejenigen Briefe, welche dem mißliebigen Namen des Adressaten nach von besonderem Interesse scheinen. Im allgemeinen ist es ganz dem Ermessen der Postbeamten überlassen, die zu perlustrierenden Briefe sich auszusuchen. An dem Tage nach dem Attentat Tschechs wurden in Berlin sämtliche Briefe perlustriert und um einen Tag später zur Expedition übergeben.

(Ernst Dronke, „Berlin".)

Die Cholera und der Aberglaube.

Die Biedermeierzeit mit ihrer kaum entwickelten Gesundheitspflege sah noch das Wandern großer Epidemien durch ganz Europa. Die preußische Regierung versuchte, durch einen Militärkordon die Cholera von ihren Gebieten fernzuhalten, aber vergeblich. Auch unter den besseren Ständen forderte die Seuche viele Opfer. So starben Hegel, Gneisenau, Stieglitz und viele andere. Auch der Schriftsteller Robert, der Schwager der Rahel, der vor der Cholera aus Berlin geflohen war, erlag der Krankheit, noch bevor der hier aufgenommene Brief seiner Schwägerin mit allen Mitteln und Maßnahmen, die vor der Cholera schützen sollten, in seine Hände gelangte. Rahel selbst aber blieb von der Krankheit verschont. Sie war, wie sie selbst schrieb, Persönlichkeit genug, um ein Einzelschicksal fordern zu dürfen.

Daß bei der niedrigen Stufe der Medizin und dem geringen Vertrauen, das man den Ärzten entgegenbrachte, die Quacksalberei in noch höherer Blüte stand als heute, dafür gibt uns Gutzkow in einer hübschen Miniatur den Beweis.

Dem Gesetze über die Sperre und Quarantäne zum Trotz kam die Cholera immer näher nach Berlin. Die Kontagionisten hätten vernünftigerweise einsehen sollen, daß alle ihre Sperrungsmaßregeln nur den gewerblichen Verkehr hemmten, ohne den Fortschritt der Krankheit aufhalten zu können. Zu solcher Erkenntnis aber kamen sie noch nicht, sie glaubten im Gegenteil, die bisherige Sperrung des Landes sei nicht streng genug gewesen; trotz derselben hätten einige Übertretungen stattgefunden, also sei eine noch größere Strenge geboten. Vor allem sei es nötig, das Volk von Berlin in die höchste Furcht vor der Cholera zu jagen, dann werde es willig sich allen den gehässigen Sperrungs-, Kontumaz- und Desinfizierungs-Maßregeln unterwerfen.

In Berlin wurde auf königlichen Befehl aus hohen Militär-, Staats- und städtischen Beamten ein Gesundheits-Komitee gebildet, welches unter Leitung des Stadtkommandanten Generalleutnants

von Tippelskirch über die zu ergreifenden Maßregeln beraten sollte;
zu den Mitgliedern dieses Komitees gehörten außerdem noch mehrere
Ärzte.

Über alle in die Stadt einpassierenden Fremden wurde die strengste
Kontrolle geübt; an den Toren standen Wachen und Polizeibeamte,
welche zu prüfen hatten, ob etwa die Fremden aus verdächtigen Gegenden kamen. Auch die Gasthöfe wurden zu diesem Zweck noch extra-
scharf überwacht. Der Unglückliche, dessen Heimat der Cholera verdächtig war, oder der auf seiner Reise einen verdächtigen Landstrich passiert
hatte, wurde ohne weiteres in die Kontumaz gebracht, um dort 10 Tage
Quarantäne zu halten. Darauf, ob ihm aus dieser Maßregel die
schwersten Verluste erwuchste, nahm man nicht die geringste Rücksicht.
Zur Kontumazanstalt war das sogenannte Schlößchen vor dem Frankfurter Tore eingerichtet.

Wichtiger wäre es wohl gewesen, Fürsorge anderer Art zu treffen,
z. B. Choleralazarette in genügender Zahl einzurichten, um für den
Empfang des schauerlichen Gastes gerüstet zu sein. Dies aber geschah
nur in höchst unzureichendem Maße, weil Stadt und Staat im Streite
lagen, von welcher Seite die Kosten solcher Einrichtungen zu tragen
seien. So wurde denn vorläufig nur das Pockenhaus in der Kirsch-
allee vor dem Oranienburger Tor mit 13 Betten - sage 13 Betten!!
- eingerichtet, und erst als die Krankheit wirklich ausgebrochen war, kam
man dahin, weitere Fürsorge für die Aufnahme der Kranken zu treffen.

Wenn man saumselig mit wirklich praktischen Maßregeln beim Ausbruch der Krankheit war, so zeigte man sich um so fleißiger mit dem
Erlaß von Verordnungen, mit Warnungen an die Einwohner, mit
Verbreitung von Schriften über die Cholera und das bei der Krankheit anzuwendende Heilverfahren, durch die man nichts erzielte als eine
Vergrößerung der allgemein herrschenden Unklarheit und Furcht.... Ein
Reisender, der unmittelbar vor dem Ausbruch der Cholera das leicht-
fertige Berlin besuchte, erzählt, daß er die preußische Residenz gar
nicht wieder erkannt habe. Es sei nicht möglich gewesen, von einem Berliner ein vernünftiges Wort herauszubringen. „Spricht man von Politik, so ist die Antwort: man soll schon in Charlottenburg einen Cholera-
fall beobachtet haben; fragt man nach dem Theater, so wird erwidert:
einen Dampfapparat müsse doch jeder vorsichtige Mann im Hause

haben! Cholera! Cholera und nichts als Cholera! Wo man geht und steht, hört man von Cholera. Im Gasthofe an der Mittagstafel, im Theater während der Zwischenakte, im Familienkreise des Handwerkers wie auf den Hofbällen gibt es nur ein Gespräch: die Cholera! ja selbst in der Kirche hört man während der Predigt hier und da das leise geflüsterte Wort: Cholera!"

Die Cholerafurcht nahm so überhand, daß sie zum Wahnsinn ausartete. Eine alte Frau erhängte sich, um nicht die Cholera zu bekommen. In allen Familien wurden Vorbereitungen getroffen, um für den Ausbruch der Krankheit gerüstet zu sein. Man verproviantierte sich, um so wenig als möglich mit anderen Menschen in Berührung zu kommen. Cholera=Apotheken wurden angeschafft, Dampfapparate konstruiert, und alle Präservativmittel, welche die Staatszeitung in reicher Fülle anpries, hatten einen hohen Preis.

Am 29. August 1831 wurde der erste Fall gemeldet: Auf einem Torfkahn bei Charlottenburg starb ein Schiffer, und schon am folgenden Tage brach die Krankheit auf einem Kahn, der am Schiffbauerdamm lag, in Berlin selbst aus.... Die Krankheit nahm nach dem Ausbruch in Berlin langsam zu. Es erkrankten in den ersten 3 Tagen 17 Personen, am 5. Tage 20, am 8. 26, am 13. 43 usw.

Die Berliner hatten sich die Seuche viel schlimmer vorgestellt, trotzdem zeigten sie in den ersten Wochen der Epidemie noch immer jene wahnsinnige Furcht, welche von dem Geheimen Rat Rust und seinen Gesinnungsgenossen erzeugt und genährt worden war.

Ich war beim Ausbruch der Cholera in Berlin ein Knabe von 8 Jahren. Mein Gedächtnis ist nicht besonders stark, und viele wichtigere Ereignisse meiner Kindheit sind mir entschwunden; aber die Eindrücke, welche die erste Cholerazeit in Berlin machte, sind unverlöschlich geblieben. Ich sehe noch den traurigen Zug [1] eines Kranken, der

---

[1] Der Anblick des ersten Cholera=Krankentransports hatte zwar auf mich und meine, einige Jahre älteren Brüder einen tiefen, schauerlichen Eindruck gemacht; dies hinderte uns aber nicht, uns, als wir nach Hause zurückgekehrt waren, mit vollem Appetit an die unreifen Pflaumen im Garten zu wagen, ohne daß wir davon einen anderen Nachteil gehabt hätten, als den einer recht empfindlichen körperlichen Strafe. Der Vater überraschte uns bei unserer angenehmen Beschäftigung und machte uns die Schädlichkeit unreifen Obstes bei Cholerazeiten auf schlagende Weise klar.

im Korbe nach dem Lazarett getragen wurde. Vor der warnenden Klingel flüchteten voll Grauen alle Begegnenden in die nächsten Häuser, aber die Neugierde trieb sie doch, aus den halb geöffneten Türen dem Zuge nachzuschauen, dessen Äußeres, das abenteuerliche Kostüm der in schwarzen Glanztaffet gekleideten Träger, schon Entsetzen erregte.

Unvergeßlich wird mir ein kecker, übermütiger Schusterjunge sein, der neben dem Zuge her, bald auf den Füßen, bald auf den Händen, den Bürgersteig entlang lief und dabei unaufhörlich schrie: „Man nich jraulich machen, ick krigge keene Cholera", bis ihn endlich der vorangehende Polizist durch ein paar tüchtige Jagdhiebe verscheuchte.

Die Berliner Straßenbuben zeigten sich in jener Zeit mit ihrer naturwüchsigen Unverschämtheit am tapfersten, und sie haben wesentlich dazu beigetragen, die alberne Cholerafurcht zu verscheuchen. Die unglücklichen Ärzte, welche in den ersten Tagen mit Wachstuchmantel und Maske in den Straßen erschienen, um ihre Cholerakrankenbesuche zu machen, wurden so unbarmherzig von den Gassenbuben verspottet, daß sie bald genug sich gezwungen sahen, die auffallende Tracht zu Haus zu lassen. Mehr und mehr brach die gesunde Vernunft sich Bahn, als die Bürger von Berlin beobachteten, daß einerseits die Krankheit so fürchterlich, als sie geschildert worden, gar nicht sei[1]), und daß andererseits alle die unsinnigen Absperrungsmaßregeln, Räucherungen, Desinfizierungen des Geldes und der Waren sich als völlig nutzlos erwiesen.

Der gute Mut kam bald den Berlinern wieder, der alte Berliner Witz machte sich geltend und wendete seine Schärfe gegen die Kontagionisten, am meisten gegen den Herrn Geheimen Rat Rust, den Urheber aller unsinnigen Verordnungen. Es erschien eine viel verbreitete Karikatur. Sie zeigte einen Sperling mit dem Gesicht des Geh. Rates, der in das berühmte Cholerakostüm gekleidet war und die einfache Unterschrift passer rusticus trug, Herr Rust erhielt seitdem den Spottnamen des „Cholera-Sperlings".

---

[1]) Es erkrankten während der ganzen bis zum Schluß des Jahres dauernden Epidemie in Berlin im ganzen 2271 Personen, von denen 1426 starben, also auf 1000 Seelen (Berlin zählte damals etwa 249000 Einwohner) etwa $5^1/_2$ Tote, während die Epidemie von 1866 bei 670000 Einwohnern 6174 Todesfälle, also auf 1000 Seelen mehr als 9 Tote ergab.

Während beim Anfang der Epidemie die Furchtlosen eine seltene Ausnahme in Berlin gewesen waren, wurden bald die Furchtsamen verlacht und verspottet. In den ersten Wochen hatten alle über die Cholera handelnden Druckschriften, die Präservative, die Dampfapparate und Medikamente einen so starken Absatz gehabt, daß die Handeltreibenden mit diesen Artikeln die glänzendsten Geschäfte machten. Bald aber hörte der Verkehr darin fast ganz auf, man hatte sich von der Nutzlosigkeit derselben überzeugt. Ja, man konnte es sogar riechen, daß der Glaube im Publikum an die Zweckmäßigkeit der Desinfizierungen usw. gewichen sei; denn in den ersten Tagen drang aus allen Häusern dem Spazierengehenden der Dampf von Chlor und anderen Räucherungsgegenständen in die Nase. Wohin man kam, wurde man mit Desinfektionsprozeduren ennüiert, weil jeder in dem Verdachte stand, er könne die Ansteckung bringen. Davon war schon im Oktober wenig, im November fast gar nichts mehr zu spüren.

Die Theater und anderen Vergnügungsorte, welche anfangs leer gewesen waren, füllten sich wieder, die große Zahl des Publikums ging wie früher den Geschäften und den Lustbarkeiten nach.

(Adolph Streckfuß, „500 Jahre Berliner Geschichte".)

Eines ist gewiß gut: daß nämlich jetzt von seiten der Stadt, des Gouvernements, der Kommissionen richtig und streng auf die Reinlichkeit, die Lüftung und Bekleidung der armen Klasse gesehen wird: es kommen täglich Leute und sehen nach. Die Wirte sind auch dazu verpflichtet. Bliebe dies auch in gesunden Tagen so! Es ist nicht wahr, daß die Wohlhabendern dazu nicht Zeit haben, tausend und tausend Frauen und Männer haben nichts anderes zu tun: und nicht nur seit jetzt denk' ich so. Aber sie sterben lieber vor Langerweile und Unart aller Art, der Verschwendung, des Klatsches und der Prahlerei. Überhaupt sollten Frauen das Armendirektorium sein; tausend Witwen und brave Frauen gibt's dazu: männliche Sergeanten dazu, zu Zwang und Hilfe. Könnte man nicht, teurer Louis, dazu beitragen, daß es so würde: wenn man z. B. in der „Allgemeinen Zeitung" einen Artikel aus Berlin schriebe, daß es beschlossen ist; daß es so werden soll? Nicht das mit den Frauen vorerst: nur daß für die Ärmeren Reinlichkeit, Beschäftigung und Kleidung auch in gesunden Tagen fortgesorgt wer den würde und dies der Ertrag, menschlicherweise gesehen, von der schweren Prüfung sein soll! Mit Lob für die Berliner: einzige Weise, sie und andre anzufeuern; Du siehst, Gott ist uns gnädig, die Krankheit nimmt nicht sehr zu; mehrere, als bis jetzt, genesen. Gestern stand ein schöner Artikel in der „Staatszeitung", aus Baden bei Wien, über das Übel. – Da das Miasma in der Luft umherschleicht, so muß man sich welche präparieren; Fenster öffnen, wo man nicht ist: ist heiße Sonne, mit Essig sprengen von hoch her mit einem Gießkännchen; ist feuchte Luft, mit Bernstein räuchern, force! die Fenster zu; und das so fort. Oft – – – –

Nehmen Sie sich auch recht in acht? Abendtau ist die Cholera – da steht das Wort: es muß hier stehn – wenn die Sonne noch ganz da ist, müssen die Fenster zu: und mit Bernstein alles geräuchert; nachts die Binden umbehalten: keine Sorte Transpiration unterbrochen: nie, nicht Tag, nicht Nacht. Nie zu kalt getrunken: nur bei wirklichem Durst; mehr Kaffee als sonst; kein kaltes Fleisch; nie; etwa beim Tee. Hat man leises Abweichen, ordinären Tee; schon vormittag. Kein Fenster geöffnet, bis die Sonne hell scheint und aller Morgentau weg ist; ist flaue Luft, mit Bernstein geräuchert, force! ist es sonnenheiß – sie ist jetzt trügerisch, immerfort – mit Essig gesprengt. Nie ganz satt gegessen. Vormittag einen Schluck Bischof; nie bloßes Wasser; dies abgekocht. Privation! Ja, ja, ja: dies ist die Abwehr. Knoblauch auf den Magen, oder Kampfer; absolut. Und Gottes Segen von mir angerufen immerdar! Meine Furcht, mein Schrecken wären grenzenlos, sich infiziert zu wissen usw. usw. Ich litt das wiedervergessene Grenzenlose, war auch krank, lag fünf Tage an Nerven, Fieber, Erbrechen – wie immer – zu Bette, als Ihr Brief kam.

(Rahel, „Ein Buch des Angedenkens für ihre Freunde".)

Die Eltern gehörten wie alle Menschen aus dem Volke weniger der lateinischen Heilkunde als der traditionellen Hausmittellehre an. Sie hörten am liebsten von alten Frauen, die Drüsen heilten und Kindern den Zapfen hoben, von alten Schäfern, die die Rose besprachen und, wie jener Schäfer in der Kaserne, schlimme Entzündungen mit Salben sanft auflösen konnten. Die liebsten Formen des Heilmittels sind dem Volke der Kräutertrank und die Salbe. In Sal-

ben besonders liegt ihm ein Auszug aller seinen Kräfte der Natur.
Einfache Kräutermischungen und gewisse Fetteile des Tieres, Biber=
geil, zerriebene Gallensteine oder ähnliche Mischungen scheinen ihm
allein bestimmt, den Heilsegen Gottes zu tragen. Und das Allerheil=
samste bleibt dem Volk das Wunder. Die Sympathie entfernt die
Rose, die Warzen, die Ausschläge und greift in den Organismus der
Schöpfung selbst ein. Die medizinische Polizei ist beständig auf der
Jagd gegen die Volksärzte, aber sie entstehen doch immer wieder in den
Winkeln und Hinterhöfen und einsamen Vorwerken vor den Toren.
Man tritt bei solchen unzünftigen Ärzten ein. Sie sitzen bei ihrer sonst
üblichen Gewerbesarbeit und fahren uns rauh und hart an, wenn wir
von ihnen Bewährung ihrer Heilkraft erbitten. Teils ist dies die Furcht
vor Verrat, teils aber auch der alte schon in Delphi bekannt gewesene
Drang der sträubenden Ablehnung jeder übernatürlichen Zumutung
von seiten solcher Übernatürlichbegabten. Allmählich beschwichtigt man
die Polternden, und sie rücken mit ihren Künsten hervor. So lernte der
Knabe einst eine Art von Hexe kennen und sogar eine, die dicht im
Schatten des Domes und des Königlichen Schlosses wohnte.

Die altersgraue, von Bäumen beschattete Hofapotheke liegt in dem
mittelalterlichen Flügelreste des Schlosses. Neben dieser Werkstatt As=
kulaps, wo mit scheuer Ehrerbietung die ausgestopften Vögel des Vor=
gemachs bewundert wurden, bis die Arzeneien durch das Fenster des
Provisors abgeliefert waren, lag die bescheidene Hütte einer Heilkun=
digen, die sich geradezu als eine Zauberin dem Kinde darbot. An
derselben Stelle, wo jetzt die Grundmauern des Kamposanto sich er=
heben und die kleine „Laufbrücke" nach der Burgstraße noch nicht ge=
schlagen war, stand im Schutze des neugebauten Domes ein Durch=
einander kleiner Hütten und Baracken, und dicht hier am Schlosse,
dicht an einer zünftigen Werkstatt Askulaps, dicht an der Hof= und
Domkirche vertrieb eine alte, lange, hagere Frau, der man sich nur nach
vielem Betteln und Bitten um Hilfe nähern durfte, den Kindern die
Drüsen, drehte ihnen die steifen Hälse um, „hob die Zapfen", wahr=
sagte aus Karten oder Kaffeesatz, lehrte Sympathie mit rohem Fleisch,
das in die Erde unter eine tröpfelnde Dachrinne begraben wer=
den mußte, und trieb ähnliche wunderbare Abrakadabras der Volks=
heilkunde. An derselben Stelle, wo Cornelius die Heilwunder Christi

malen wird, nahm dieſe finſtere unfreundliche Alte vier Groſchen für einen „eingerenkten" ſteifen Kinderhals. Auf dem lichthellen Luſt= garten, jenſeits der ſo morſch und mürbe gewordenen, jetzt entfernten Pappeln, über den alten, nun auch dislozierten Deſſauer Zopf hinweg lag dieſer ſtille, myſtiſche Winkel ohnehin wie ein ſchauerliches Geheim= nis, welches ſich dem damals vielleicht ſechsjährigen Knaben ſo einge= prägt hat, daß er nicht nur den Beſuch im kleinen düſtren Zimmer der Hexe ſelbſt bis ins kleinſte Detail der wachstuchumhüllten Vogelbauer, des Bettes im Zimmer, der Schränke, des Stuhls, auf den er ſich ſetzen mußte, beſchreiben könnte, ſondern auch noch deutlich jene braun= glänzenden ausgeplatzten Kaſtanien vor ſich ſieht, die er auf dem Heim= wege an der Univerſität in die Taſchen ſteckte, da ſein ſteifer Hals, gedreht, beſtrichen, gedrückt von der ſchnarrenden griesgrämlichen Wundertäterin ſich in der Tat wieder bücken konnte.

(Karl Gutzkow, „Aus der Knabenzeit".)

Das erwachende soziale Gewissen.

Mit dem ausgehenden Biedermeier tritt auch für Deutschland, wenn vorerst auch noch nicht als politische Macht, der vierte Stand als ein Teil des Volkes, mit dem man zu rechnen und sich zu beschäftigen beginnt, in die Erscheinung.

Die politischen Umwälzungen werden zwar von dem gebildeten Mittelstand vorbereitet, aber hinter ihm stehen schon die großen, dräuenden Massen der Hungernden, Armen und Entrechteten, denen durch die Umwandlung der Handbetriebe in Maschinenbetriebe, durch billigere und rationellere Produktion an anderen Punkten des Weltmarktes immer neue Scharen zugeführt werden. Jeglicher Schutz, jegliche Armenpflege – alles, was wir unter sozialen Maßnahmen heute verstehen, ist noch nicht einmal in den Anfängen vorhanden, und die letzte Staatsräson bleibt der Säbel, die Kugeln der Infanterieregimenter und das Gefängnis. Mit unter den ersten, die diese Probleme als Menschen und als Schriftsteller ernst nahmen, stand Bettine von Arnim, die in ihrem Königsbuch – dessen starke Vorrede wir bringen – kommende Verwickelungen voraussahnte.

Die Probleme des vierten Standes, die für Frankreich und England schon lange von Bedeutung waren und schon geraume Zeit untersucht wurden, kommen für Deutschland und Preußen jedenfalls erst spät zur Debatte. Ihre großen Führer aber, Bauer, Marx und Lassalle, gehen alle aus der Hegelschen Schule hervor, wenn sie sich auch in den Schlußfolgerungen diametral auf die Gegenseite stellen.

Denn das Handwerk in der Stadt hat gegen die Ungunst der Zeit zu kämpfen. Einst waren die Tuchmacher und Strumpfwirker wohlhabende Innungen gewesen, sie webten und wirkten die blauen und weißen Röcke und die bunten Strümpfe für das Landvolk bis weit nach Polen hinein; aber der erschwerte Verkehr mit der Fremde und noch mehr der Beginn der Maschinenarbeit macht ihnen mit jedem Jahre den Verdienst geringer. Noch fehlt das Geld und die Kraft zum größeren Betriebe; die alte Zeit geht zu Ende, der Segen der neuen wird noch nicht sichtbar, es ist eine Periode des Rückganges und der ersten Versuche auf neuen Bahnen, in welche meine Kindheit fällt.

(Gustav Freitag, „Gesammelte Werke", Bd. I.)

11. März 1845.

Während ich das Dunkel der Religion und Theologie aufhelle, hellst Du die Dunkelheiten der Politik auf! während ich die menschliche, urgierst du die staatliche Autonomie! Gegenwärtig hast Du, wie Johanna geschrieben, die russische Politik auf dem Korn. Dieses Thema ist das Gegenstück zum germanischen Jesuitismus. Der Kaiser von Rußland scheint mir nichts anderes zu sein, als ein politischer Jesuitengeneral. Hat der Kaiser von Rußland ein anderes Prinzip oder ein anderes Regiment, als der Jesuitengeneral und Orden? Der Unterschied ist nur, daß, was hier an zwei Personen verteilt ist, dort in einer zusammenfällt. Die Ideenassoziation führt mich eben auf die Mißgeburt der deutsch-katholischen Kirche. Die armselige Zeit, die nur zu Halbheiten, zu Schwachheiten Tatkraft hat! Und diese Schwachheit macht Sensation und sicherlich Glück bei Fürst und Volk. Es ist zum Totschießen! Diese Persiflage auf Luther! Doch was kann auch unter den Auspizien unserer Regierungen gedeihen! Weg mit diesem Zeug! Ich lobe mir den Schneidergesellen Weitling, dieses Schneiderlein ist mehr wert, als eine Krone. Doch still mit diesen politischen Blasphemien! Ich kehre zur Freundschaft zurück. Dein erträgliches Befinden freut mich, aber ich bedaure doch, daß Du die Stube hüten mußt. Die zeitherige Kälte war im Hause lästig, aber im Freien höchst erquicklich und belebend. Aber die armen Menschen und Tiere, denen die Armen bei uns so nahe stehen, haben viel leiden müssen. Die Hasen und Rehe verhungern, die einheimischen Vögel verschwinden, und die Bewohner des Nordens, die Schneegänse, sonst nur flüchtige Passagiere, lassen sich bei uns nieder. Selbst bis von Ansbach her, also drei Poststunden weit, kommt das arme Volk in unsere Wälder, um sich dürre Zweige, mitunter auch grüne, die aber verboten sind, - doch Not bricht Eisen, also auch wohl Hölzer - herunterzuschlagen. Was für Brennstoff für künftige Revolutionen liegt nicht allein schon in den Prügeln, die das arme Volk stundenweit nach Hause schleppen muß, um nicht zu erfrieren, und nicht einmal in hinlänglicher Menge findet. So hat schon die Armut unsere Wälder ausgebeutet. – Die Notiz über Kriege hat mir Elise mitgeteilt. Sie hat mich nicht befrem=det, aber meinen Entschluß, einen großen Teil meiner Briefe, selbst unverfängliche, zu verbrennen, rasch zur Tat gebracht. Will die große Schimäre, der Staat genannt, meine Briefe lesen, so erbreche er sie auf der Post; in meinem Hause soll er keine mehr zur Durchschnüffelung bekommen. – Deine liebe Frau, der ich auch einige Zeilen beilegen wollte (aber es geht jetzt nicht mehr), hat die transzendente und über=schwengliche Güte gehabt, uns alle drei einzuladen. Aber drei auf ein=mal, das geht doch nicht an. Ich bin selbst noch nicht einmal mit mir im reinen. Ich warte noch auf Briefe von Otto Wigand und auf den Fortgang meiner Arbeit. Ich wollte mit Wigand Ende Februar zu=sammenkommen, aber die Kälte hielt ihn ab. So bin ich auch in dieser Sache noch beim alten. Wie langsam geht doch so vieles im mensch=lichen Leben vorwärts, gerade als dauerte es eine Ewigkeit!

Dein Bild von Correns erfreut mich oft, aber es hat doch einen Fehler, der mir erst auf Krieges Veranlassung zum Bewußtsein kam: es ist zu freundlich, zu mild. Ich erwarte keine Antwort.

Dir und den Deinigen ein Lebehoch!

L. F.

(August Kapp, „Briefwechsel zwischen Ludwig Feuerbach und Christian Kapp".)

Dort wie hier.

Ich wollt', es wäre Schlafenszeit
Und alles schon vorbei.
Wir werden von der Fronarbeit
Doch nun und nimmer frei.
Zur Arbeit sind wir hier allein,
Dort wird es auch nicht anders sein.

Der Pfarrer hört's und tröstet sie:
„Ihr lieben Kinder mein,
So etwas gibt's im Himmel nie,
Da wird nur Freude sein.
In unsers Herren Himmelreich
Ist einer nur dem andern gleich."

19*

Herr Pfarr, was Ihr vom Himmel sprecht.
Wenn Ihr's gewiß auch wißt,
Ganz gleich, das glaub' ich doch nicht recht,
Ich weiß schon, wie es ist:
Die andern trinken Wein und Bier,
Und unterdessen donnern wir.

                    Hoffmann von Fallersleben.

Die Wanderratten.

Es gibt zwei Sorten Ratten,
Die hungrigen und satten.
Die satten bleiben vergnügt zu Haus,
Die hungrigen aber wandern aus.

Sie wandern viel tausend Meilen,
Ganz ohne Rasten und Weilen,
Gradaus in ihrem grimmigen Lauf,
Nicht Wind noch Wetter hält sie auf.

Sie klimmen wohl über die Höhen,
Sie schwimmen wohl durch die Seen;
Gar manche ersäuft oder bricht das Genick,
Die lebenden lassen die toten zurück.

Es haben die Käuze
Gar fürchterliche Schnäuze;
Sie tragen die Köpfe geschoren egal,
Ganz radikal, ganz rattenkahl.

Die radikale Rotte
Weiß nichts von einem Gotte.
Sie lassen nicht taufen ihre Brut.
Die Weiber sind Gemeindegut.

Der sinnliche Rattenhaufen,
Er will nur fressen und saufen,
Er denkt nicht, während er säuft und frißt,
Daß unsre Seele unsterblich ist.

So eine wilde Katze,
Die fürchtet nicht Hölle, nicht Katze;
Sie hat kein Gut, sie hat kein Geld
Und wünscht aufs neue zu teilen die Welt.

Die Wanderratten, o wehe!
Sie sind schon in der Nähe,
Sie rücken heran, ich höre schon
Ihr Pfeifen, die Zahl ist Legion.

O wehe! wir sind verloren,
Sie sind schon vor den Toren!
Der Bürgermeister und Senat,
Sie schütteln die Köpfe, und keiner weiß Rat.

Die Bürgerschaft greift zu den Waffen,
Die Glocken läuten die Pfaffen.
Gefährdet ist das Palladium
Des sittlichen Staats, das Eigentum.

Nicht Glockengeläute, nicht Pfaffengebete,
Nicht hochwohlweise Staatsdekrete,
Auch nicht Kanonen, viel Hundertpfünder,
Sie helfen euch heute, liebe Kinder!

Heut helfen euch nicht die Wortgespinste
Der abgelebten Redekünste.
Man fängt nicht Ratten mit Syllogismen,
Sie springen über die feinsten Sophismen.

Im hungrigen Magen Eingang finden
Nur Suppenlogik mit Knödelgründen,
Nur Argumente von Rinderbraten,
Begleitet mit Göttinger-Wurst-Zitaten.

Ein schweigender Stockfisch, in Butter gesotten,
Behaget den radikalen Rotten
Viel besser, als ein Mirabeau
Und alle Redner seit Cicero.

Heinrich Heine.

Des Volkes Tochter.

Des Volkes Tochter, arme Bettlerin,
Du bist nicht arm, was auch dein Elend spricht,
Der Unschuld Krone schmückt dein schönes Haupt,
Und wenn ein Reicher ihr Geschmeide raubt,
Bist du nicht arm. – Was tut's? Sei klug!
              Nur weine nicht!

Des Volkes Tochter, arme Bettlerin,
Du bist nicht arm, was auch dein Elend spricht.
Ein Pfaffe ladet dich zum Beichtstuhl ein,
Geh hin! Er küßt dich, im Marienschrein
Bist du nicht arm. – Sei klug und fromm!
              Nur weine nicht!

Des Volkes Tochter, arme Bettlerin,
Du bist nicht arm, was auch dein Elend spricht.
Die Nachbarin läßt ihre Truhe auf,
Greif zu! – Zum Bagno geht dein Lebenslauf,
Und wenn zum Tod – was tut's? Nur stolz!
              Nur weine nicht!

                        Karl Gutzkow.

Das Hauptproletariat solcher Familien findet man in entlegenen Gassen und Stadtteilen, sogenannten „schlechten Vierteln". Das Hauptlager derselben ist im Voigtland, einer großen Anzahl erbärmlicher Hütten, die sich draußen vor dem Hamburger Tor links und rechts weit hinziehen. In diesem Viertel findet man die sogenannten Familienhäuser, eine Einrichtung, deren Betrachtung besonders belehrend ist. Mitten unter den elenden Hütten dieses Viertels stehen einzelne große Häuser, im ganzen sieben, in welchen sich zusammen 2500 Menschen in 400 Gemächern befinden. Die Einrichtung ist entstanden durch Privatspekulation; weder der Staat noch die „Gemeinde" ist darauf gefallen, der Masse von Armen solche größere Asöle statt ihren schlechten stinkenden Höhlen zu geben. In jedem dieser Häuser ist ein Inspektor, welcher auf das Hausreglement zu sehen und den Mietzins einzutreiben hat. Die Stuben sind, wie schon die Zahl derselben beweist, im allgemeinen klein und regelmäßig; dennoch aber wohnen in vielen solcher Stuben zwei Familien beisammen. Ein Seil, welches quer durch die Stube gezogen ist, trennt die beiden Inwohner. Die Bewohner selbst bestehen, wie sich aus diesen Anstalten von selbst ergibt, aus der letzten Hefe der besitzlosen Volksklasse. Große Familien werden dem ausdrücklichen Reglement gemäß nicht geduldet; es sind meist einzelne hilflose Arme, teils Familien von 3 bis 4 Personen. Die Miete beträgt gewöhnlich zwei Taler für den Monat. Diese und der Lebensunterhalt muß also von den Leuten „verdient" werden; die Inwohner gehören dem eigentlichen Proletariat an, sie müssen, wenn sie nicht auf die Gasse geworfen sein wollen, diese Existenz durch was immer für Mittel „verdienen"; der Inspektor hat gewöhnlich Nachsicht mit ihnen, muß aber doch darauf sehen, daß sie überhaupt zu bezahlen imstande sind. Die meisten wenden sich um Unterstützung an die Armendirektion. Da die Lage aller ohne Ausnahme gewiß die hilfsbedürftigste ist, so sollte man glauben, daß die Armendirektion hier tätig eingreife; dies ist jedoch im ganzen nicht der Fall. Wendet sich ein Hilfsbedürftiger an die Direktion, so werden erst die sorgfältigsten Untersuchungen angestellt, ob man nicht einen Einwand der Arbeitsfähigkeit geltend machen könne; es ist öfters bei jungen Familienmüttern vorgekommen, daß die Armendirektion vor der Unterstützung untersuchte, ob die Unglückliche nicht etwa noch Muttermilch habe! Andere werden ohne weiteres zurückgewiesen; die meisten mit einem Almosen „ein- für allemal" abgespeist. Der junge Schweizer Arzt, welcher die Erfahrung dieser Häuser niedergeschrieben, wie sie Frau von Arnim in ihrem Königsbuch abdruckte, erzählte, wie ein Armer in den fürchterlichsten Verhältnissen ein- für allemal zwei Taler bekommen und nach kurzer Zeit natürlich wieder in dasselbe Elend gesunken; da borgte ein blinder Leierkastenmann dem Unglücklichen eine Hose und ein Hemd, damit er es versetze, und schenkte demselben später beim Tode seines Kindes einen Taler zur Bestreitung der Begräbniskosten. „In welchem Lichte", sagt der Arzt, „erscheint die Armendirektion neben diesem Leierkastenmann!" Wir meinen aber, in keinem andern Lichte als die ganze liberale Geldaristokratie neben dem um das Leben bestohlenen Proletariat. -

Leute unter 60 Jahren erhalten von der Armendirektion fast nie
Unterstützung. Der Deputierte besucht die Armen nur, wenn ganz außerordentliche Hilfe verlangt wird; bis dies aber erfolgt, verstreichen oft
sechs bis acht Wochen. Ein Exekutor, der wegen einer Schuld von
3 Talern 15 Sgr. den Mann in Arrest bringen sollte, ging selbst zum
Armendirektor, um die kleine Summe für die Leute zu erbitten. Aber
er stellte umsonst vor, daß durch die Verhaftung des Mannes die Frau
mit sechs Kindern der Kommune zur Last fallen würde; die Armendirektion bekümmerte sich nicht darum, und erst als der Mann einge-
steckt war, erhielt die Frau ein monatliches Almosen von 4 Talern.
Die Armendirektion geht also von dem noblen Grundsatz aus, daß die
Armen erst vollständig demoralisiert sein müssen, bevor sie der Aufhilfe
wert sind. Ein anderer schwacher Armer wünschte ins Spital, wurde
aber zurückgewiesen, bis man ihn hilflos auf der Straße liegend fand.
Die Armendirektoren selbst sind daher bei diesen Leuten keineswegs
als die „Wohltäter der leidenden Menschheit" angesehen; die Armen
vergessen auch nicht, wie sich einer der Armendirektoren erhängt, sein
Nachfolger aber wegen Veruntreuung der Gelder abgesetzt und selbst
zum Bettler geworden sei. –

Im Winter vom 15. Dezember bis 15. April werden die Armen-
suppen gekocht, von denen jede Familie alle zwei Tage eine Portion
erhält: davon ist jedoch ausgeschlossen, wem eine monatliche Unterstützung zugewiesen ist. Die höchste Unterstützung beläuft sich auf
2 Taler monatlich, reicht also im günstigsten Fall zur Deckung der Miete.
Alle diese Leute, welche doch der Unterstützung „bedürftig" sind, sind
demnach gezwungen, ihren Lebensunterhalt auf irgendeine Weise zu
erwerben, ungerechnet diejenigen, welche gar nichts erhalten und alles
verdienen müssen. Die Unsicherheit des Verdienstes bei diesen Leuten
liegt auf der Hand; aber das erste, was sie erwerben, verwenden sie
auf ihren Mietzins. Sie hungern lieber bis aufs äußerste, als daß sie
sich der Exmission aussetzen, denn sie wissen, daß sie alsdann der Polizei
in die Hände fallen, ins Arbeitshaus kommen und ihr Leben, gehetzt
von den unmenschlichsten Polizeigesetzen, aushauchen. Manche Weiber
suchen sich ihren Unterhalt zu verdienen, indem sie Knochen sammeln,
der Zentner davon wird mit 10 Sgr. bezahlt, und es mag oftmals
mancher Tag vergehen, bis sie diese Quantität, vom Glück begünstigt,

erworben haben. Manche Eltern schicken dann ihre Kinder noch in die
Fabriken, wo sie die Woche über ihren spärlichen Verdienst finden. Oft
geben die Kinder ihren Eltern nichts, und die Eltern verzichten gern
darauf in der Hoffnung, daß sich die Kinder aus der Armut reißen.
Viele sind Arbeiter und Handwerker, welche durch die Unsicherheit des
Verdienstes hierher verschlagen werden. So erzählt der erwähnte junge
Arzt von einem sehr geschickten Weber, der an einem Stück (66 Ellen)
1 $^7/_8$ breiter Leinwand 14 Tage arbeitet und 3 Taler 5 Sgr. hieran
verdient; Frau und Kinder desselben leben abwechselnd von Kartoffeln
oder Hafergrütze, was sie 2$^1/_2$ Sgr. kostet, und der schlecht gekleideten
Kinder wegen werden 1$^1/_2$ Sgr. täglich für Holz ausgegeben. Seine
Monatausgaben mit Miete usw. belaufen sich auf 7$^1/_2$ Taler, seine
Einnahme im günstigen Fall auf 6$^1/_3$ Taler. Ein anderer ist Schuh=
macher, der nicht unterstützt wird; er macht Flickarbeit für die Leute im
Familienhaus, die selten gleich bezahlen, und muß im Hause mit zwölf
anderen Schustern konkurrieren. Sein Verdienst beläuft sich oft nur auf
2 Sgr. den Tag, und davon soll er mit Frau und 2 Kindern vege=
tieren. Viele in den Familienhäusern essen morgens trockenes Brot,
mittags gar nichts, abends eine Mehl= oder andere Suppe. Von einem
halben Lot Kaffee trinken 5 Personen zweimal. Eine Frau hat mit
einem fremden Weber ein Zimmer zusammen gemietet, und hilft ihm
bei der Arbeit, um wenigstens einen Anhaltpunkt zu haben. Manch=
mal aber verdienen beide nichts. Ihre gewöhnliche Nahrung besteht in
Brot und bitterem Kaffee. Als der Arzt ihr Zimmer besuchte, zeigte
sie ihm einen Teller voll Kaffeesatz, den sich eine arme Nachbarin er=
bettelt und mit ihr geteilt hatte.

Ein anderer Weber, der untauglich zur Arbeit geworden, suchte sich
bei benachbarten Webern unbrauchbares Garn zusammen, um Schürzen=
schnüre daraus zu verfertigen; da aber ein Hausierpatent 12 Taler
kostet, ist er gezwungen, dieselben heimlich zu verkaufen. Neben solchen
Arbeitern, die im Dienst der Handelsgesellschaft ihr Blut geopfert,
findet man in den Familienhäusern auch solche, die der Staat preisge=
geben hat. Ein Mann von 82 Jahren, dessen zwei Söhne im soge=
nannten Freiheitskrieg gefallen, liegt gelähmt und ohne Möglichkeit,
etwas zu verdienen, im Bett. Die Armendirektion bezahlt ihm seine
Miete und weiter nichts; nur die Hilfe seiner armen Nachbarn rettet

ihn vor dem Hungertode. Eine arme alte Witwe gibt die fünf Deko=
rationen ihres Mannes ab, welche derselbe in verschiedenen Schlachten
erhalten, und bekommt ein= für allemal 5 Taler Almosen. Ein Schirr=
meister, welcher ebenfalls die Feldzüge mitgemacht, ist mit einer Frau
und 6 Kindern im Familienhaus, wo er von 8 Talern Pension vege=
tieren muß. Seine Absetzung war erfolgt wegen angeblichen Wahn=
sinnes, in der Tat aber, weil er einem hohen Beamten ein Übergewicht
verweigert hatte. - Überall herrscht in den Familienhäusern das tiefste
Elend. Das Leben oder vielmehr das Vegetieren ist hier eine Art
Hazardspiel; es wird présence d'esprit verlangt, um dies Vegetieren
von einem Tag zum andern hinzuleiern. Nur die Armen selbst stehen
sich untereinander noch bei.

Die Demoralisation wird in den Familienhäusern naturgemäß in
jeglicher Weise befördert. Die Leute sind durch das Zusammenwohnen
aller äußren Schranken voneinander enthoben, und die Kinder wachsen
in dieser Wirtschaft wild und ohne Erziehung auf. Die meisten Eltern
selbst tragen die größte Sehnsucht nach Schulunterricht für ihre Kinder,
aber teils sind sie gezwungen, dieselben in die Fabriken zu schicken, teils
sind die Schulen in diesen Vierteln so schlecht, wie die ganze Behand=
lung dieser Parias der christlichen Gesellschaft. Gleich den Familien=
häusern sind auch die Schulen Privatunternehmen; der Staat beküm=
mert sich nur insofern um dieselben, als er die Lehrer examiniert. Im
ganzen besuchen ungefähr 350 Kinder diese Schulen. Sie bestehen aus
einer Kleinkinderschule und drei Primärschulen, von denen zwei für
Knaben und eine für Mädchen errichtet sind. In der Kleinkinderschule
befinden sich ungefähr 140 Knaben und Mädchen, welche ein altes
Ehepaar täglich 6 bis 8 Stunden unterrichtet. In den Primärschulen
werden die Kinder der erbärmlichsten Quälerei durch mechanische Lern=
übungen ausgesetzt. Der Stand der Bildung aber ist in der ganzen
Hauptstadt unter der arbeitenden Klasse der kläglichste. Berlin hat
66000 schulpflichtige Kinder, und von diesen besuchen etwa 37000
die Schule, während 29000 der größten Unwissenheit und Demorali=
sation preisgegeben bleiben. -

(Ernst Dronke, „Berlin".)

Königliche Majestät!

(Juli oder August 1843.)

Als in Ew. Majestät erstem Regierungsjahr ein Trauerspiel aufge=
führt ward, worin die Hauptrolle, ähnlich dem Geschick der Eule,
die auf einem dürren Aste dem Schwarm der Vögel ausgesetzt ist, die
sie hassen, einem Mann aufgedrungen wurde durch verleumderische
Zungen, gegen die er sich nicht zu verteidigen vermochte, da erkannte
ich deutlich, wie eine falsche Politik den Boden des Vertrauens zwischen
Volk und Fürsten unterwühle. Damals bat ich um Erlaubnis, dem
König ein Buch zueignen zu dürfen. Mir schwebte eine Fabel vor, wie
sich der Volksgeist deutlich bezeichnen lasse, gegenüber jener Schein=
macht der Staatskunst, die zwar die Zügel lenkt, aber einen hölzernen
Gaul reitet, der nicht vorwärts geht, während die Volksbegeisterung
ein Flügelpferd ist, das mit seinem Feuerhuf die Wolken zerstampft,
um sich Licht zu verschaffen. Die Gestirne lassen sich nicht aus dem
Brunnen schöpfen, in dem sie sich nächtlich spiegeln, ebensowenig kön=
nen die reineren Begriffe, die gewaltigen Zukunftsgedanken, die am
erhellten Firmament des Volksgeistes heraufziehn, im Widerschein des
Zeitenstromes eingefangen werden. Wie groß ist es, Fürst zu sein einem
Volk, das in Anlage, im Willen und im Zweck der Geschichte einen
großen Fortschritt zu tun berufen ist, und das nicht mehr durch den ge=
trübten Widerschein seiner Begriffe kann an sich irre werden. Der Be=
ruf eines so kritischen Momentes flößt Ehrfurcht ein vor dem König,
der ihn zu lösen hat, und Liebe.

Und darum sage ich hier ohne andre Beziehung Geliebter König,
weil alle Hoffnung eines mit unendlichen Opfern ersehnten Zieles auf
ihm ruht.

Aber auch dann, wenn die heiligen Ansprüche, die unumstößlichen
– die Blüten der Zeit, ohne Früchte zu tragen, unter seinem Zepter ge=
brochen dahinwelken, wenn die erwartungsvolle Gegenwart in die
offenen Gräber hinabstürzt und sie mit Schutt ausfüllt, statt daß diese
zu Fundamenten einer großen Zukunft sollten dienen, dann ist auch mir
der König geliebt, wenn ich nicht voll jubelnder Zuversicht zu ihm hin=
auf kann schauen.

Wenn der Adler seine Jungen der Atzung entwöhnt und sie zagend
über dem Raub schweben, dann umfängt er sie mit dem weichen Flaum

seiner Bruſt, aber mit ſeiner Stärke drückt er ſie nieder auf die Beute und hilft ihnen, ſie durch die Lüfte entführen.

Dem Volk Genius ſein, es umfaſſend ſtärken und erleuchten zur kühnen Tat, das iſt des Königs Beruf; aber er achte der falſchen Po= litik nicht, die Steine in den Brunnen wirft, um den Widerſchein zu trüben einer höheren Erleuchtung. Die echte Politik muß Erfinderin ſein, ſie muß die Bedürfniſſe wecken durch neue höhere Begabung, und jedem Reiz muß ſie zuvorkommen mit Fülle und dem Volke lehren, alle Geiſteselemente furchtlos durchdringen und ſeine Kräfte grenzen= los ausbreiten.

Der Genius nur kann Fürſt ſein! Und unſer König - wollte der unumſchränkte Genius ſein! Stieg' das Ideal der Zeiten in ſeinem Geiſt uns auf!

All dies iſt mir durch den Kopf gegangen, als ich mein Buch ſchrieb. Wollte es Euer Majeſtät huldvoll aufnehmen, wie könnte ich es dank= bar genug anerkennen!

In untertänigſter Ehrfurcht
Bettine Arnim.

(Ludwig Geiger, „Bettine von Arnim und Friedrich Wilhelm IV.“)

Kirche und Schule.
Religion, Myſtik, Erziehung.

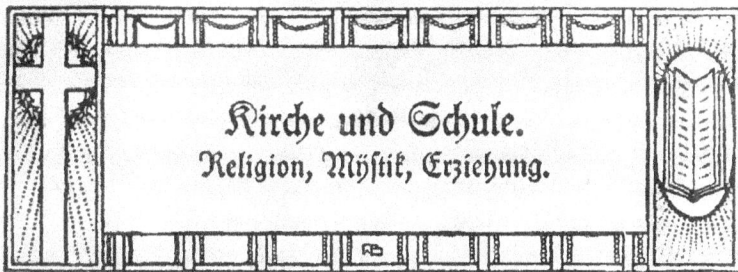

Das Bild der Biedermeierzeit wäre unvollſtändig, wenn man nicht der reli= giöſen Strömungen gedächte, die, nachdem in der Periode vorher die Religion faſt ganz verweltlicht worden war, ſowohl im Proteſtantismus wie im Katholizismus mit erneuter Kraft einſetzten und auf der einen Seite zum berüchtigten Muckertum und auf der anderen Seite zu ſchwärmeriſchen Ekſtaſen führten, die gerade viele Künſtlernaturen, Maler und Schriftſteller mit unbezwinglicher Macht in die Arme des Katholizismus trieben. Hat doch ein Brentano über ein Jahrzehnt ſeines Lebens damit zugebracht, über die Viſionen und Verzückungen der Katharina von Emmerich Buch zu führen. Auch ſonſt im Privatleben und in der Freundſchaft herrſchte eine romantiſche Schwärmerei mit myſtiſchen Untergründen, für deren Überſchweng= lichkeit uns heute das Verſtändnis fehlt. Die Schulverhältniſſe der Bieder= meierzeit, die noch keine allgemeine Volksſchule kannte, waren in mancher Beziehung noch ſehr rückſtändig, und ſelbſt an den höheren Schulen, die reichlichen Wiſſensſtoff vermittelten, und aus denen mehr Männer mit guter Allgemeinbildung hervorgingen als heute, war man mit den Erziehungs= mitteln keineswegs wähleriſch und ſchreckte vor einer brutalen Behandlung der Zöglinge nicht zurück.

Friedrich Wilhelm war durch den oft gehäſſig geführten Agende= ſtreit in ſeiner religiöſen Überzeugung nur noch mehr beſtärkt wor= den. Schon früher hatte er ſich einer ſtrengen Auffaſſung zugeneigt, in ſeinem Alter war dies noch mehr der Fall. Er erklärte oft mit ſcharfen Worten ſeine Abneigung gegen den religiöſen Rationalismus, der unter der gebildeten Welt beſonders in Berlin zahlreiche Anhänger fand.

Es entwickelte ſich in jenen Jahren in Berlin ein merkwürdiger reli= giöſer Kampf, vorzugsweiſe in der höheren Geſellſchaft. Die Extreme berührten ſich. Während auf der einen Seite die religiöſe Freiheit, die rationelle Anſchauung immer weiter um ſich griff, fand der Myſtizis= mus und Pietismus auf der andern Seite eine Reihe von hochange= ſehenen Anhängern.

Man wußte, daß der alternde König sich für Bibel- und Missions-Gesellschaften, für Traktatenvereine u. dgl. mehr interessierte, daß sein beliebter Generaladjutant v. Witzleben die frommen Konventikeln besuchte. Natürlich beeilten sich deshalb die Karrieremacher, um auch ihrerseits sich als fromme Männer zu zeigen, um so mehr, als sie hoffen durften, sich dadurch auch bei dem Kronprinzen einzuschmeicheln, dessen streng religiöse Richtung allen bekannt war.

Ein Minister, der sonst keineswegs im Geruch der Frömmigkeit stand, wurde Chefpräsident der Bibelgesellschaft, andere hohe Staatsbeamte zeigten sich als eifrige Mitglieder der Traktätchenvereine. Bet- und Erbauungsstunden wurden in vielen vornehmen Häusern gehalten. Eine Engländerin, Mistreß Frÿ, war die Löwin der Berliner hohen Aristokratie. Sie schwärmte für einen exzessiven Pietismus, sie hielt in den einflußreichsten Zirkeln der Residenz Vorträge für die bessere Behandlung der Strafgefangenen, die sie durch mystische Gebete würzte, und der berühmte Prediger Tholuck verdolmetschte der erlesenen Zuhörerschaft die überschwenglichen Predigten jener Dame. Eine Prinzessin des Königlichen Hauses erklärte sich zur Beschützerin der Mistreß Frÿ, es wurde unter den Hoffräulein und Edeldamen Mode, nach Spandau zu pilgern und Bibeln und Gesangbücher an die Zuchthäusler zu verschenken.

Das höchste Streben der Pietisten war, den König ganz für ihre Richtung zu gewinnen. Gelang dies, dann hatte die Reaktion den glänzendsten Sieg gefeiert, dann durfte sie hoffen, auch die freie Entwickelung der Schule, die bisher unter Altensteins Schutz so kräftig vor sich gegangen war, sich zu unterwerfen. Zum Glück für das preußische Volk aber gelang dies nicht. -

Der Mystizismus hatte gerade in den letzten Jahren sich von einer so verächtlichen Seite gezeigt, daß seine Ausschweifungen den wahrhaft frommen König ebensosehr zurückstießen, als er sich verletzt fühlte durch das Rütteln an den Grundsätzen der Religion, welches er den Rationalisten schuld gab. In Königsberg hatte sich das Unwesen des Pietismus in seiner ganzen Nacktheit entschleiert.

Schon seit langer Zeit erzählte man sich in Berlin seltsame Geschichten von den sogenannten Muckern, einer pietistischen Gesellschaft, welche in der zweiten preußischen Hauptstadt unter dem höchsten Adel sehr verbreitet war, und die auch ihre Bekenner in Berlin haben sollte. Man wußte im Publikum nichts Bestimmtes über die Mucker, aber plötzlich lichtete sich das Dunkel, und was man nun erfuhr, ging weit über die vorher verbreiteten Gerüchte.

Die Mucker versammelten sich, wie amtlich ermittelt wurde, nächtlich zu ihren Religionsübungen. Auf ein gegebenes Zeichen entkleideten sich Männer und Frauen, sie wurden von dem Geistlichen ermahnt, sich des sinnlichen Genusses zu enthalten, obgleich die Lichter ausgelöscht waren.

Lange Jahre hatten dergleichen Zusammenkünfte stattgefunden; als nun aber der Wahnsinn der Mucker sich zum höchsten Grade steigerte, als man beschloß, die junge Gattin eines Grafen F. solle auserwählt werden, um den Messias neu zu gebären, da fand der Gemahl der jungen Dame die Sache nicht nach seinem Geschmacke. Er denunzierte die Sekte den Behörden, und das Unglaubliche wurde nach eingehen= den amtlichen Untersuchungen als wahr befunden. Ein D. Sachs aus Königsberg, der früher selbst der Sekte angehört hatte, übergab eine Darstellung derselben der Öffentlichkeit.

Zwei Prediger in Königsberg, die als Päpste der Sekte fungiert hatten, wurden ihres Amtes entsetzt und in Untersuchung gezogen. Der Skandal war furchtbar.

Solcher Unfug mußte den König zurückschrecken von dem Pietisten= unwesen, und wenn er auch in seinen letzten Regierungsjahren die strenge religiöse Richtung mehr als früher begünstigte, vermochten ihn doch die Mystiker niemals ganz zu gewinnen. Der Freiherr v. Alten= stein, der den Frömmlern ein Stein des Anstoßes war, blieb trotz ihrer fortwährenden Bemühungen bis zu seinem Tode im Ministerium der geistlichen Angelegenheiten, und auch der ihnen nicht weniger verhaßte Bischof Neander behielt seinen Einfluß beim Könige bei.

(Adolph Streckfuß, „500 Jahre Berliner Geschichte".)

Kerner an Lenau.
Weinsberg, den 13. Jänner 1832.
Niembsch!
Schrecklich geliebter!

Sie kennen mich noch nicht, sonst wäre Ihnen mein Klaggeschrei nicht aufgefallen. Ich liebe innigst und komme sogleich in Ver= zweiflung, wenn ich mich verstoßen fühle. Derlei Briefe können Schwab und Uhland und Mayer in Menge von mir aufweisen; denn von diesen glaubte ich mich auch schon oft verlassen. Seit diese Weiber genommen, sind sie so ganz erkaltet; so wird es auch mit dem brennenden Alexander gehen; mit Ihnen aber möge es nicht so gehen! Bleiben Sie ledig wie - Suso!! Ich habe auch ein Weib genommen, aber ich blieb dennoch gleich warm und getreu; um desto mehr schmerzte es mich an den andern. Oder wären Sie auch wie ich? – Zu Schubert (dem in München) faßte ich durch seine Schriften eine brennende Liebe, ich lebte in der Phantasie immer mit ihm; er aber wußte freilich nichts von mir; denn ich sah ihn nie, schrieb ihm damals auch noch nicht.

Vor sechs Jahren nun reiste dieser hier am Häuschen vorüber, ich erfuhr es, als er schon zu Straßburg war; da befiel mich eine so schreckliche Liebessehnsucht, daß ich ihm mit Gewalt nachreisen wollte und von Frau und Kind und den Kranken kaum zu halten war; und weil man mich nicht ließ, verfiel ich mehrere Wochen in die tiefste Trauer. Jetzt schreiben wir uns schon längst und sind innige Freunde, sehen uns aber nie. Mehrere Monate jedoch blieb in diesem Winter ein Brief von Schubert aus, und schon war ich wochenlang sehr verzweifelnd und wollte mich gerade niedersetzen und an ihn schreiben, so wie ich an Sie schrieb – da kamen im Momente, als ich dazu die Feder ergriff, zwei Briefe von ihm auf einmal! – O Niembsch, ich bin innen nicht so dick wie außen! Dabei habe ich nicht die Kraft wie Sie! Sie sind ein glühendes edles Metall, an dem die andern doch nur die Finger verbrennen; Sie werden doch nur immer gestählter und edler durch das Feuer; ich aber bin bald zur erbärmlichsten Schlacke verbrannt.

Als der Brief an Sie fort war, den ich im Moment schrieb, als ich gehört hatte, daß Sie in Heilbronn gewesen, hätte ich ihn gern wieder zurückgenommen: denn es sagte mir bald mein Herz, daß Sie mich nicht vergessen.

Verbergen kann ich auch nicht, daß ein Mißtrauen in mir ist, seit ich von Menschen, die sich jahrelang meine Freunde nannten, und denen ich mit unsäglicher Offenheit und Wärme entgegenkam, in der Tat verraten und mißhandelt wurde. Das tat aber keiner von denen Menschen, die Sie in Württemberg kennen lernten.

Mein Rickele grüßt Sie auch tausendmal und ist nun auch wieder

versöhnt; denn Sie sind nun auch in ihrem Herzen. O kommen Sie!
Friede und Freude!

Ewig Ihr

J. Kerner.

Sind Sie denn immer dazu bestimmt, Spielern Geld zu geben?
Diese Menschen sollen nicht spielen; sie sollen den Pater Suso (!)
lesen! –

(Theobald Kerner, „Justinus Kerners Briefwechsel mit seinen Freunden".)

Mörike an Kerner.

Cleversulzbach, den 18. Oktober 1841.

Ich stelle Ihnen hier mit großem Dank die Nonne von Dülmen zurück. Es ist unstreitig ein höchst merkwürdiges, lebendiges Buch,
wenn ich auch gestehe, daß mir die Lebensbeschreibung bei weitem das
Wichtigste und Liebste darin bleibt. Auch mein Freund Hartlaub, der
wieder einige Tage bei uns war, vorzüglich aber Klärchen wurden sehr
davon eingenommen.

Sollte die Exaltation der Nonne nicht in nächster Verwandtschaft
zu dem Somnambulismus stehen? Selbst das Hervorbrechen heiliger
Zeichen am Leibe, die Kreuze, die Blutungen, haben nichts Unglaubliches, wenn sie auch nur aus dem Zustande eines höchst gesteigerten
Gemeinlebens von Seele und Körper erklärt werden wollen, wobei der
letztere durch die Übermacht des Geistigen und eine penetrante Sehnsucht dahin vermocht wurde, jene immerfort so dringend vorgehaltenen
Bilder als leiblichen Aus- und Abdruck erscheinen zu lassen.

Ganz einzig schön und lieblich ist die Jugendzeit Anna Katharinas,
ihr kindliches, doch geheimnisvolles Verhältnis zur Natur. Dr. Brentano kann nichts Dankenswerteres tun, als die verheißene ausführliche
Biographie beizeiten zu liefern. Die gegenwärtige indessen ist zugleich
ein Muster edler Darstellung. Bei aller gläubigen Teilnahme, welche
sich nicht verbergen kann, ist doch eine gewisse feine Mäßigung beobachtet, die den unbefangenen Genuß und jedes Urteil möglich macht.
In den Berichten aus dem Leben Jesu könnte es auffallen und zu
einem niederen Begriff vom produktiven Geiste der Erzählerin veran-
lassen, daß fast nur Äußerlichkeiten, keine bedeutenden Reden und Aus-
sprüche der Personen mitgeteilt werden. Die Freunde Annas können

aber wohl antworten, es habe keineswegs das Evangelium von seiten seines höchsten Gehalts erweitert werden sollen, noch auch können. Natürlich, was die Seherin von Reden höherer Art etwa zu hören glaubte, war nicht ausdrücklich und nachsagbar, vielmehr vernahm sie es nur dem allgemeinen Eindruck nach durch die Empfindung in ahnender Halbheit, wie es im Traum zu geschehen pflegt. Übrigens habe ich diese Berichte nicht ganz lesen können. Bemerkenswert und auf magnetische Weise wohl erklärbar sind die bestimmten Angaben über Kostüme, Bauart, Sitten usw., wovon sie schwerlich die geringste antiquarische Kenntnis haben konnte. Es müßte in doppelter Hinsicht interessant sein, nachzuweisen, inwieweit sie mit dem, was darüber bekannt ist, übereinstimmt oder in Widerspruch kommt.

Endlich fiel mir bei ihren Schilderungen ein, daß sicherlich der bildende Künstler (von welchem in der Vorrede in anderer Beziehung vergleichungsweise auch einmal die Rede ist) vielfache Anregung und selbst noch mehr durch sie erhalten mußte. Viele einzelne kleine Züge von dieser Art sind außerordentlich schön, und alles, soviel wir gelesen, zeugt von einem ungemein plastischen Sinne, daß Katharina uns beinahe zur Künstlerin geboren schien. So staht, um nur das Nächste, was ich aufschlage, zu wählen, S. 21:

„Auch die heilige Jungfrau am Tische der Frauen war heiter. Es war so rührend, wenn die anderen Frauen zu ihr traten und sie am Schleier zogen, mit ihr zu sprechen, wie sie sich dann so einfach wendete."

Hartlaub schickt Ihnen hier die Abschrift einer Stelle über Gespenster aus Luther, entweder für das Magikon oder nur zum Privatvergnügen. Es ist sehr trefflich und gescheit.

Leben Sie alle recht wohl!

Ganz der Ihrige

E. Mörike.

Schelling an Dorfmüller.

Berlin, den 28. September 1843.

Karlsbad hat wieder seine gewohnte Wirkung bei mir getan, und fast noch mehr als sonst fühle ich mich nach dessen Gebrauch wie neugeboren und neugestärkt zu der Arbeit, die mir für diesen Winter bevorsteht. Viel Angenehmes und Gutes ist mir auch diesmal wieder im Umgange mit Menschen begegnet, die ich auf andere Weise wohl nie kennen gelernt hätte, und die mich erquickt haben. Gott sei Dank, es gibt allerorten noch Menschen, auf deren innere Zustimmung man zählen darf, und die nur des ausgesprochenen Wortes warten, um auch äußerlich sich anzuschließen. - Die für mich merkwürdigste Bekanntschaft war die des Fürsten Metternich, der, spät abends angekommen, mich am andern Morgen durch seinen Leibarzt vom Brunnen weg einladen ließ, und der noch im Gespräch mit mir verweilte, während unten die Postpferde längst angespannt waren und eine Menge Einheimischer und Fremder umherstanden, den berühmten Staatsmann beim Abfahren zu sehen. Wäre das hier geschehen, so wäre das Geklatsche davon bereits in allen Zeitungen und mein Zusammenhang mit den Häuptern der regressiven Bestrebungen für alle Maulaffen aufs unzweifelhafteste begründet. Mich, von allem Nebeninteresse und Eigennutz entfernt, erfreut es immer, irgendeinen Mann zu finden, den ich aufrichtig verehren kann, der von seinem Gegenstand erfüllt, dem es mit seiner Überzeugung Ernst und dem es nur um die Sache zu tun ist, die er für die rechte hält. Ich konnte erwarten, daß der mächtige Mann mir einige Artigkeiten sagen, mich nach dem Erfolg meiner Kur fragen würde, oder warum ich noch nie nach Wien gekommen usw. Nichts von all dem, sondern gleich medias in res, und zwar in das, was er als uns Gemeinschaftliches voraussetzte, und mit dem Vertrauen, als kennten wir uns seit 40 Jahren. Dieses Großartige hat meine Bewunderung erregt, weil wir es sonst nicht gewohnt und meist Staatsmänner, je höher gestellt, desto zugeknüpfter sich darstellen. - - -

Dank nun auch für die kirchlichen Nachrichten. Ach, es ist ein Jammer. Was will man gegen Döllingers boshafte, aber leider in den meisten Punkten wahre Schrift aufbringen? Wie kann man den Protestantismus retten, wenn man ihn für etwas Abgeschlossenes nimmt und seine Bedeutung nicht in der Zukunft sucht? Es bedarf für mich dieser Szenen in Bayern nicht; wenn ich sehe, wie ganz willkürlich, je nach seiner individuellen Stimmung oder Neigung der eine dies, der andere jenes aufgibt, da denke ich oft, daß früher oder später, wenn von jenen Herren nicht mehr die Rede sein wird, man einen

neuen und höher gestellten Lehrbegriff, wie ich ihn durch die Philo=
sophie der Offenbarung vorzubereiten suchte, als alleinige Auskunft
wird erkennen müssen. Ist es darum, weil sie diese Absicht darin sehen,
oder ist es aus gemeinem Grund, daß jetzt auf einmal wie verabredet oder
auf den Wink höherer Oberer auch die katholischen Theologen über
mich und die Philosophie der Offenbarung herfallen? Ich bitte Sie,
mir dies Phänomen zu erklären, wenn Sie können. Daß die Pro=
testanten es tun, zumal die Rationalisten, wundert mich nicht, und
habe ich es wohl verdient. Wenn einer davon, der seit 40 Jahren mit
dem wütendsten, bis zum Wahnsinn gesteigerten Haß mich verfolgt und,
wohl wissend, daß ich zu solchem Schmutz nicht herabsteigen kann,
Lügen und Verleumdungen gegen mich häuft, wobei die frühere immer
als Beweis für die Wahrheit der späteren dienen muß, der noch außer=
dem die Niedrigkeit hat, dabei immer anderer Werkzeuge, verlorner
Menschen sich zu bedienen, – wenn es diesem gelingen könnte, mich
wirklich zu verletzen, so wüßte ich, wofür ich die Wunden zu nehmen
hätte: es wären – – –

Sie wissen indes, daß ich diesem Bösewicht den Nachdruck eines
Heftes meiner Vorlesungen nicht habe hingehen lassen, nicht sowohl
aus dem Grund, den kürzlich Hirsch in dem übrigens so geistvollen
Artikel der „Allgemeinen Zeitung" angenommen hat, als weil ich
weiß, daß gegen die vollkommene Ehr= und Schamlosigkeit des ver=
härteten 82jährigen Sünders durch kein Mittel etwas zu gewinnen ist
als pekuniären Verlust, daß Geldstrafe und Geldentschädigung, die
ich zu erlangen hoffe, das einzige ist, was ihn affiziert.

Ich bitte Sie noch, als mein einziger zuverlässiger Korrespondent in
Bayern, mir über den Ausgang des letzten Landtags zu schreiben.
Was ist gewonnen – oder ist überhaupt etwas gewonnen? Ist die
große Frage der Erübrigungen auf sichere Weise erledigt, oder hat
man vielleicht anderes darangeben müssen? Was denkt man von Fürst
Wallerstein?

Ich weiß nicht, ob Sie wissen, daß ich die Zeit des letzten Aufent=
haltes in München benutzt habe, um dem Kronprinzen noch einmal
ab ovo, und freilich tiefer, als ich es früher gekonnt (denn es ist un=
glaublich, welche Fortschritte dieser Herr, und zwar bloß durch eigne
Bemühung, während meiner Abwesenheit gemacht hatte), die Prin=

zipien der negativen und positiven Philosophie zu seiner großen Ge=
nugtuung vorzutragen. Ich habe bei dieser Gelegenheit, und damit er
sonst jemand habe, bei dem er sich Rats erholen könne, Sie ihm ge=
nannt und dringend empfohlen. Der Kronprinz hat mir zum Dank und
Andenken sein Bildnis (auch als Kunstwerk von hohem Wert)
geschenkt und hierher geschickt. Gott erhalte den trefflich gesinnten
Fürsten. Was hört man von seiner Stellung? Mit Bamberg, wo er
mir doch um ein gut Teil näher gewesen, scheint es nichts zu werden. - -

(„Aus Schellings Leben. In Briefen.")

Die Prügel, deren ich oft gedacht, waren ein zwar häufiges Zucht=
mittel (und einigen Lehrern, z. B. Herrn H-dorf, schien das
Prügeln förmlich Vergnügen zu machen), doch gab es noch andere
Strafarten, welche eigentlich die Regel bildeten. In der ersten Zeit
fanden sich einige Täfelchen vor (man führte ihren Ursprung auf jenen
Herrn L. zurück), welche sehr saubere Bilder eines Schweines und
eines Esels zeigten, zur Auszeichnung für unreinliche und faule Knaben
um den Hals zu tragen; doch erinnere ich mich kaum, daß dieselben zur
Anwendung gekommen wären. Desto häufiger war die Strafe des
Ringumhängens. Anfangs gab es eine Anzahl von solchen Holzringen,
wie man sie beim Reifenspielen benutzt; diese wurden dem Verbrecher
als ein Zeichen der Ausgeschlossenheit aus der menschlichen Gesell=
schaft umgehängt, oft nur während einiger Stunden, oft auch mehrere
Tage lang.

Wer einen solchen Ring um hatte, durfte mit keinem Mitschüler
reden; tat er es dennoch, so wurde er, und auch der Angeredete, der sich
mit ihm in ein Gespräch eingelassen, noch besonders bestraft. Der Lehrer,
der den Ring umgehängt hatte (und das geschah wegen der geringsten
Kleinigkeit), hatte allein das Recht, ihn wiederabzunehmen. Als
schwerstes Verbrechen galt die Lüge. Wer absichtlich frech gelogen
hatte, bekam auf fünf Tage einen schwarzen Ring um und mußte an
abgesondertem Platz bei Tische sitzen. Das alles war nicht dazu ange=
tan, ein feines Ehrgefühl bei den Knaben zu entwickeln, und hier liegt
einer von den großen Fehlern, die in der Anstalt begangen wurden.
Kam eines von den Eltern der Kinder, oder auch ein Fremder zu Be=
such, während wir im Garten waren, so mußte ihm sogleich der Hals=

schmuck auffallen, den allezeit einer oder der andere trug: das veranlaßte Nachfragen, Beschämung und zuletzt Abstumpfung gegen die
Schande. Mußten diese Ringe doch sogar bei Spaziergängen umbehalten werden! Allein zum Glück waren die ursprünglichen festen
Reifen bald abgenutzt oder verloren, und wurde seitdem ein zusammen-
geknüpfter Bindfaden symbolisch getragen, der sich unter den Rock-
knöpfen und vor fremden Augen verbergen ließ. . . .

(Felix Eberty, „Jugenderinnerungen eines alten Berliners".)

Diese große Schullust mußte die größeren Schulleiden, wenigstens
den Schulwiderwillen, überwinden helfen, wodurch ich, ich muß
es bekennen, von erster Jugend an bis selbst in die mittleren Klassen
des Gymnasiums hinauf, schwer bedrückt wurde! Aber sehr zu den
Schulleiden gehörten die Stunden bei einem andern Lehrer dieser
Klasse, der es sehr gewissenhaft mit seinem Amt nahm und auch nicht
eben durch seine Persönlichkeit zurückschreckte. Allein der Gegenstand
war der Jugend freilich unwillkommener, da wir bei ihm die ersten
Studien des Lateinischen machten, Deklinationen und Konjugationen
memorierten. Ich verwundere mich, wenn ich jetzt dem Unterricht meiner Kinder folge, selbst darüber, daß wir damals schon in den untersten
Schulklassen zu so harter Schularbeit gezwungen wurden; allein es
war der Fall und war recht gut, denn die mechanische Sicherheit erwirbt sich am besten in der Zeit, wo der Gedanke noch am wenigsten
entwickelt ist. Dennoch wurde uns sowohl mensa und rana als das
traurige sum und amo unendlich schwer, und der wackre, eifrige Lehrer,
Herr Schüler, der seine Pflicht so getreu übte, wurde der unschuldige
Träger des Widerwillens, den uns die Sache einflößte. Ich sehe ihn
noch lebendig vor mir, wenn er mit seinem breitgekrämpten niedrigen
Hut und dem etwas kantorartig frisierten und gestalteten Kopf in die
Klasse eintrat; es durchfuhr mich jedesmal ein Schreck und Schauder,
und mein einziger Gedanke war, „wenn er nur Dich nicht fragt!"
Auch habe ich sehr gut ein Gefühl bewahrt, wie unverständlich, ge-
heimnisvoll sogar, mir mehrere der Formen des Verbums und der
grammatischen Begriffe vorkamen, z. B. die Phrase: „werden geliebt
werden" und die Begriffe Gerundium, Supinum, wobei ich mir durchaus nichts denken konnte, während mir doch ein Präsens, Perfektum,

Imperativ usw. faßliche Dinge waren. Die seltsamsten Ansichten aber hatte ich über das Verhältnis der Tempora, die die vergangenen Zeiten ausdrücken, und quälte mich oft mit Grübeln, wieviel länger denn eigentlich ein Ereignis her sein müsse, welches im Plusquamperfektum ausgedrückt würde, gegen eines, das bloß im Imperfektum stand! –

Immer aber blieb der brave Herr Schüler in unsern (nicht bloß in meinen) Augen als Vertreter und Verschulder aller dieser Mühselig= keiten und Leiden, und es dünkte mich, er sei dergestalt nur zum Pei= niger der Menschheit geschaffen, daß ich eines Tages, wo ich ihm auf der Straße begegnete, indem ich mit einigen anderen Knaben, die nicht zur Schule gehörten, ging, ganz erstaunt darüber war, daß ein so bös= artiges Wesen meinen furchtsamen Gruß und den meiner Freunde nicht nur freundlich erwiderte, sondern sogar ganz heiter fragte: „Ob wir spazierengehen wollten?" Von der Zeit an verschwand aber auch ein großer Teil des Schreckens, den er mir einflößte; ein Beweis, wie wenig es oft seitens eines Lehrers bedarf, um Kindern aus großer Ferne plötzlich viel näher zu treten.

Aus einer nächst höheren Klasse, in die ich nach einiger Zeit zu meinem Schrecken versetzt wurde (denn ich glaubte bei jeder Versetzung, auch noch viel später, die Arbeiten und Aufgaben der höheren Klassen würden ganz unbesiegbar sein), erinnere ich mich ebenfalls vorzugs= weise zweier Lehrer, aber nicht im besten Sinn. Ich will sie daher nicht nennen. Der eine, ein mürrischer, wirklich sehr strenger Mann, mit altmodischer gepuderter Frisur, Herr Th..., hielt uns, und zumal mich mit meiner lebhaften Phantasie, beständig in Angst und Zittern. Er drohete gar zu furchtbar, z. B.: „Wer noch einmal plaudert, oder wer dies und jenes tut oder läßt, bleibt bis heut abend um acht Uhr nach!" – Ein Nachbleiben aber bis zu so später Stunde, da schon eine einzige Stunde des Mittags wegen des Empfanges zu Haus mir die äußerste Angst einflößte, erschien mir als das entsetzlichste Los, von dem ein Sterblicher nur getroffen werden könne. Ebenso schreckenvoll war die Androhung der Karzerstrafe (ein Loch unter der Treppe, das mir entsetzlicher schien, als die Schlangenhöhle Högnes) oder die der Schläge, wobei es mit dem hoch emporgeschwungenen Rohrstock hieß: „Ich haue euch, bis Blut fließt!" Indes muß ich sagen, daß es meist bei Drohungen blieb und die Strafen, wenn auch streng, doch nicht

so furchtbar ausfielen. Jedenfalls aber hielt es Herr Th ... für angemessen, durch ein Schreckensfystem zu regieren. – Dennoch war diese
Weise, wenn auch eine eigentümliche, nicht so verwerflich als die eines
anderen Lehrers, Herrn E ... Ich kann nicht leugnen, daß er mir
einigermaßen imponierte in seiner stattlichen Haltung, eleganten Kleidung, dem blonden Haar und einem gewissen Adel des Benehmens.
Oft wußte er auch unser Interesse zu fesseln durch lebhaften Vortrag,
durch die immer sehr zusagende Weise, wie er ein Gedicht vor-
deklamierte, und Ähnliches. In der geographischen Stunde hatte er
eine ansprechende Form gewählt, deren ich mich noch heut lebhaft erinnere. Er machte die Klasse zum Schiff, uns zu Matrosen und Reisenden. Jetzt liefen wir aus dem Hafen zu einer großen Fahrt, auf der
wir alle möglichen Küsten und Städte ansegelten und sie näher besich-
tigten, wobei uns mittelst Fragen und Antworten die Merkwürdigkeiten derselben eingeprägt wurden. Allein trotz aller dieser fesselnden
Gaben, fürchteten wir diesen Lehrer ganz ungemein. Denn er war
wirklich grausam gegen uns arme Knäblein und führte, mit einer entschiedenen Lust an unserer Angst und Pein, das aus, was uns Herr
Th ... doch nur androhte. So z. B. hatte er die Grausamkeit, wenn
einer von uns, vorgerufen, dicht an seinem Stuhl stand, um seine Aufgabe herzusagen, daß er, wenn der Schüler stockte, die feinen Härchen
in der Nähe des Ohrs faßte und seine Erinnerung: „Weiter" oder
die Frage: „Und nun?" mit einem immer stärkeren Ziehen daran begleitete: „Nun besinne dich doch", hieß es, und der Schmerz wurde
immer heftiger, wir zuckten, zitterten, die Tränen liefen uns herab; er
hatte seine Freude daran, uns die Antworten mittels dieser Tortur aus-
zupressen, die natürlich ganz die entgegengesetzte Wirkung hatte, indem
wir vor Schmerz und Angst alle Fassung verloren. Ferner erfreute er
sich daran, uns über die Beine zu legen und mit dem dünnen spanischen
Rohr, so recht in langsamen Absätzen, wohl nicht übermäßig, aber äußerst
empfindlich zu schlagen und zwischen jedem Streich eine lange Ermahnung zu erteilen. Noch erbitternder und noch schlimmer aber war
es, daß er diese Züchtigung eines Knaben, der etwas versäumt hatte,
einem andern Knaben übertrug, der denn in dem natürlichen Übermut,
oder geradehin Schadenfreude möglichst derb zuschlug. Trotz alledem
war Herr E ... eigentlich nicht bösartig; er konnte nur der Lust nicht

widerstehen, sich zuweilen und der zuschauenden Klasse dazu ein Späß=
chen der Art zu machen! Er hatte schwerlich erwogen, wie tief das,
was ihm ein Scherz dünkte, als Ernst in die kindliche Seele eingriff,
und wie gemütsverderbend namentlich die Züchtigung des Knaben durch
seinen Mitschüler war, was dann, nach beendigter Schulzeit, oft genug
durch die erbittertsten Ausbrüche und Tätlichkeiten zutage kam. Glück=
lich, daß Kinderseelen, die eigentlich nur in der Gegenwart leben, so
schnell vergessen und also tiefere Spuren dieser Vergiftung nicht zurück=
blieben; selbst nicht gegen den Lehrer, der uns durch seine anderen
Vorzüge bald wieder gewann.

(E. Rellstab, „Aus meinem Leben".)

An Victorine Boissonnet.

Berlin, 4. November 1835.

Das Unangenehme der ersten Tage hier wurde sehr vermindert durch
das Wiedersehen vieler Freunde, die unter den wechselnden Ver=
hältnissen die alte Liebe bewahrt hatten. Es gestaltet sich ein schöner,
reicher Bund, der gerade hier, wo aller äußere Schein wegfällt, um so
innerlicher und segensreicher sein wird. In dieser Hoffnung bin ich sehr
glücklich und setze mich hinweg über vieles, das mich sonst sehr unan=
genehm berührt. Es fühlt hier jeder, wieviel man einander sein kann.
Die äußere Dürre führt zu den inneren Quellen des Glücks und der
Freude, und so blüht, glaube ich, die Blume der Freundschaft nirgends
schöner als in den Sandsteppen Berlins.

Ich hege die schönsten Hoffnungen; möge die Erfahrung sie bestä=
tigen!

Meine studentischen Verhältnisse sind jetzt geordnet, mein Zimmer
in löblicher und erfreulicher Ordnung, und manche neue Bekanntschaf=
ten sind eröffnet, welche Freude und Gewinn versprechen. Ganz beson=
ders habe ich mich gefreut, den Professor Trendelenburg kennen zu
lernen, der durch sein gediegenes ernstes Wesen mir das Bild eines
wahren Gelehrten, wie ich ihn mir wünsche, vor Augen stellt. Jugend=
liches Feuer ist mit männlicher Reife in ihm gepaart, man merkt's ihm
an, wie heiliger Ernst es ihm um seine Sache ist, und wie er für wahre
Wissenschaft lebt und webt. Es kommt mir vor, als müßte und würde
ich mich ihm recht eng anschließen, und die Herzlichkeit, mit der er mich

aufgenommen, hat die schönsten Hoffnungen in mir erweckt. Ein solches Verhältnis tut mir gerade recht not. Beim Universitätsgebäude werden täglich neue Wiedersehen gefeiert; was lange getrennt war, sieht sich hier plötzlich vereint, und tausend alte Erinnerungen werden neu. Alles nimmt sich freilich hier anders aus, alles Burschikose fehlt. Statt der früheren bärtigen Gestalten mit transparenten Flausröcken, mit Mützen und langen Pfeifen, sieht man hier seine Herren mit hohen Hüten, zierlichen Stutzbärtchen und kleinen Spazierstöckchen, voll Ernst und Ehrbarkeit einherschreitend. Kaum noch bilden sich nach geschlossenen Kollegien muntere Gruppen. Jeder eilt rasch vom Auditorium wieder an den Arbeitstisch und kümmert sich wenig um seinen Nächsten. Oder stellen sich auch wohl alte Bekannte zusammen, so geht's so sittsam und ruhig her, daß man nicht junge Studenten, sondern bejahrte Geschäftsmänner zu sehen glaubt. Für uns ist Sang und Klang vorbei - scheint jeder zu fühlen und mit mehr oder weniger Resignation dem frischen Jugendleben zu entsagen. Wer aber recht sang- und klangliebend ist, der empfindet's schwer, und dem erscheint dies sittsame, artige Wesen, das der gute König von seinen Fenstern aus mit stillem Wohlgefallen betrachten mag, als ein erzwungenes, unnatürliches und ungesundes Wesen. Doch fehlt's gottlob nicht an Geist und Leben, wenn es auch nicht in natürlicher, blühender Farbe hervortritt.

Die vortreffliche Göttinger Kost und Aufwartung muß man hier ganz vergessen. Die Leute sprechen es hier mit Trotz aus, daß ihnen wenig an uns Studenten gelegen sei und sie sich nicht viel Mühe darum gäben. Doch das verschmerzt sich leicht und hat sogar sein Gutes. Aber unerträglich ist der gänzliche Mangel an Vertrauen unter den Bewohnern Berlins und der ewige Zwang, der daraus entspringt, immer auf der Hut zu sein, sich immer von Dieben und Spitzbuben umlagert zu glauben. In der ersten Stunde meines hiesigen Etablissements erfuhr ich das. Ich dachte natürlich nicht daran, mich in der eigenen Stube abzuschließen, sondern ließ den Schlüssel draußen stecken. Als ich wieder ausgehe, ist der Schlüssel fort, und meine erste Ausgabe in Berlin ist, neues Schloß und Schlüssel machen zu lassen, um die Pläne des Schlüsseldiebes zu vereiteln. Den andern Tag wurde ich von einem Arbeitsmann schmählich betrogen, der mir bei meiner Kiste eine fein und detailliert aufgesetzte Rechnung brachte, die ganz und gar

erlogen war. Ich mußte den Kerl gleich verklagen, und gestern war er
in der reuigsten Stimmung hier und bat um Verzeihung, daß er aus
Versehen zuviel gefordert hätte. Du kannst Dir denken, liebe Victorine,
wie entsetzlich unangenehm solche Erfahrungen als Begrüßungen in
einer Stadt, in der man Jahre zubringen will, mir sein müssen. Doch
will ich auch diese Erfahrungen von der besten Seite nehmen und hof=
fen, daß sie eben durch die Vorsicht und Lebensklugheit, zu der sie
auffordern, mich im Künftigen schützen.

(„Ernst Curtius. Ein Lebensbild in Briefen.")

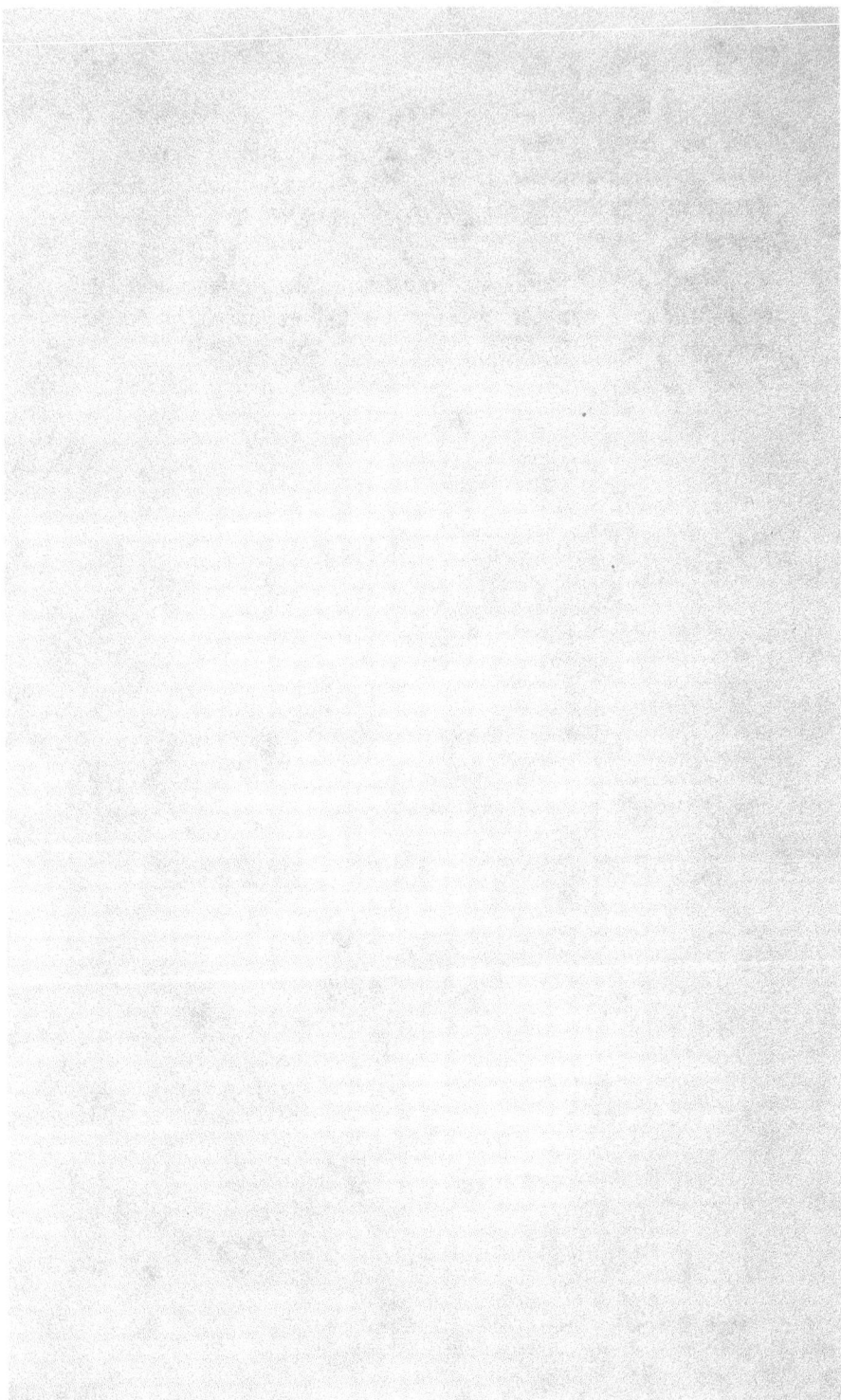

Zweites Buch.

Das politische Leben.

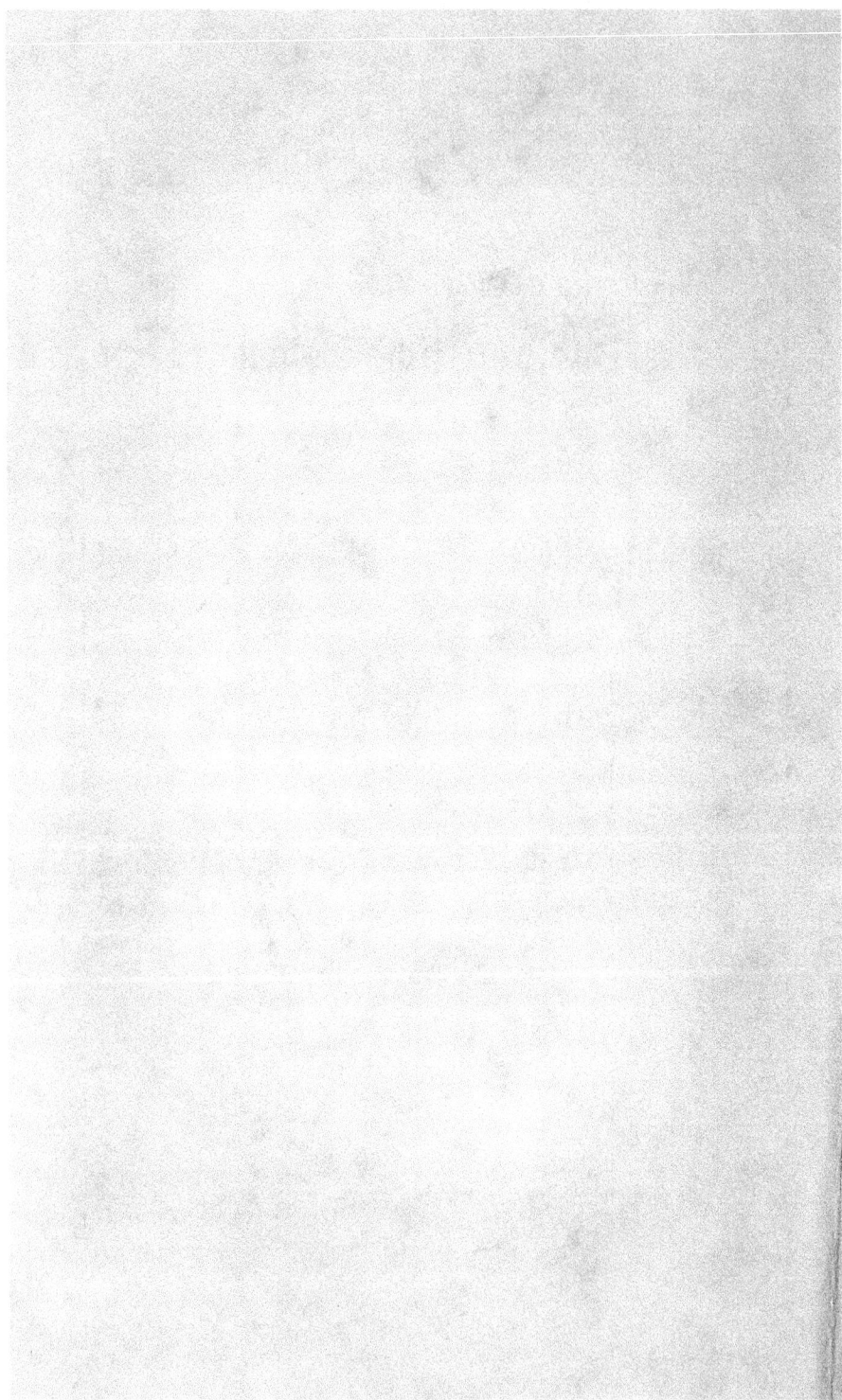

Turner und Burschenschafter.
Zustände nach 1815, Jahn und Sand.

Nach dem Schluß der Napoleonischen Kriege war bei der jüngeren Gene=
ration ein starker Haß gegen alles Französische, ebenso wie man die Gestalt
Napoleons I. naturgemäß sehr parteiisch beurteilte. Die ältere Generation
aber, die noch die Zustände vor den Napoleonischen Kriegen erlebt und
einst Napoleon als Kulturbringer zugejubelt hatte, hing, vor allem in West=
deutschland und Süddeutschland, mit einer großen Verehrung an ihm, deren
Spuren bis 1870 kaum gelöscht waren. Bald genug sollte aber auch die
Jugend fühlen, daß mit dem Sturze Napoleons keineswegs eine bessere
Zeit herangebrochen war. Es kam zur Unterdrückung der Turnbewegung,
die, im Kern gut und gesund, sich doch von manchen recht komischen Aus=
wüchsen nicht ferngehalten hatte, – es kam zur weit schärferen Unter=
drückung der Burschenschaftlerbewegung, die vielleicht mit zu den wichtigsten
politischen Ereignissen der Biedermeierzeit gehört und ihre Wirkungen fast
bis in die Gegenwart erstreckt.

Das hier zusammengestellte Material beleuchtet die Probleme genugsam und
macht jegliche Kommentare überflüssig.

Die Hoffnungen und Erwartungen Deutschlands, die im ersten
Pariser Frieden nur allzusehr zu kurz gekommen, waren geduldig
mit zu diesem Kongreß gezogen und, freilich wohl zu hoch anschlagend
einige Jahre von vorübergehender Erhebung gegen Jahrhunderte von
Erbärmlichkeit und Entartung, klagbar in Mitte der Versammlung
aufgetreten. Große Dinge hatte die Meinung von diesem Verein er=
wartet, der nach dem Sturze jener Universalmonarchie sich hier ver=
sammelte, um die zerstörte europäische Republik wieder zu restaurieren
und aufzubauen. Sie hatte richtig erkannt, daß, ohne wenn die Feste
der Mitte in diesem gemeinen Wesen, Deutschland, sich wieder wohl
und stark begründet finde, nicht für alle Zukunft an Ruhe, Ordnung,
Friede und Gleichgewicht zu denken sei. Sie hatte einen Blick in die
Geschichte zurückgeworfen und erkannt, daß dies Reich nur damals,
ein wahrer Schutz und Hort der Christenheit und eine Brustwehr gegen

innere und äußere Feinde, in fester Sicherheit auf sich geruht, als seine rege, lebendige Vielheit unter der Einheit eines Kaisers vereinigt war.

Darum war in richtigem Naturinstinkte die Meinung der meisten dahin ausgefallen, daß man den Baustein, den der Feind verworfen, eben zum Eckstein mache: daß man die alte Idee wieder in der neuen Zeit erwecke und, sie kräftigend durch das junge Leben, das der Fort= schritt der Entwicklung hervorgerufen, selbst sie wiedergebäre und ver= jünge. Man dachte sich ungefähr, ein Kaiser werde aufs neue an die Spitze des Reiches treten, die Würde erblich, solange das Geschlecht bestehe; ihm zur Seite zum Schutz der Freiheit bei dieser Erblichkeit und zur Erhaltung des Gegensatzes, der einmal sich erhoben, ein deutscher König, dann die Herzöge des Reichs, seine Fürsten und Grafen, Prälaten und übrigen Standesherren um sie versammelt in einer Pairskammer; die Gemeinen aber in einer zweiten Kammer des Reichsparlamentes und also jedes Glied des Ganzen bedingend und bedingt, alle Stämme sich beigeordnet und keiner herrschend über den andern, alle mit Frei= heit dienend demselben Oberhaupte: die einzige Verfassung, die für lange Zeiten auf die Deutschen Charakter und Sinnesweise paßt. Dies also geordnet trat dies Reich in die Gesamtheit der europäischen Staaten mit dem ganzen Gewicht seiner Macht und Würde, getragen von dem wiederbelebten Geiste seines Volkes, ein, und die übrigen An= gelegenheiten der europäischen Republiken ordneten sich nun nach Billig= keit und dem gemeinsamen Interesse der Teilnehmenden gemäß.

Aber als die Dunkel, in die jene Versammlung sich zuerst gehüllt, einigermaßen sich verzogen, bemerkte man mit Bestürzung, daß hier keine Spur eines großen architektonischen Planes den Verhandlungen zum Grunde liege; der Uranus der alten Zeit, den der Saturn der Revolution entmannt, hörte, gänzlich unfruchtbar, zu zeugen auf, und der allwaltende Zeus, der diesen vom Thron getrieben, hatte den großen Kampf noch nicht ausgestritten. Die Vorsehung hatte ein anderes be= schlossen, nicht aus dem Verdorrten sollte von oben herab ein mattes Scheinleben sich gestalten, auf anderem Wege sollte die Idee von unten aus dem frischen Leben grünend in die Höhe treiben. Darum hatten die Höfe, während die Völker für Freiheit und Unabhängigkeit ge= schwärmt, keineswegs diesen Rausch geteilt, sondern klüglich in man= cherlei Traktaten ihres Vorteils wahrgenommen, und als es nun zum

Werke ging und die beiden Mächte, die das Schicksal Deutschlands in Händen trugen, vor allem in Eintracht sich gesellen sollten und nun in mildem Ernst und würdiger Festigkeit, selbst Opfer leistend und darum Opfer gebietend, mit Recht und Fug ordnen mit den minder Mächtigen des Reiches Angelegenheiten: da mußten sie, um jene Ansprüche durchzusetzen, fremde Hilfe suchen, und Österreich und Preußen teilten sich in den englischen und russischen Einfluß.

Darum konnte fürder von Deutschland nicht die Rede sein, es hatte sich selbst verloren in Europa; wie Österreich an Italien tat, so Rußland an Polen und England an den deutschen Küsten von der Elbe bis zu den Dünen von Dünkirchen; Preußen, das ebenso an Sachsen zu tun versucht, aber wurde an den Rhein geschoben. Alles andere ergab sich nun von selbst; nach dem Vorgange der Größeren fingen auch bald die Schwächern an, sich der Torheit zu entschlagen, ein einiges und ganzes Reich zu bauen, und nachdem nur erst kleine Anwandlungen eines beklemmenden Gefühls im Angesicht der harrenden und schauenden Zeit überwunden waren, begannen alle Leidenschaften wieder ungescheut ihr altes vielgespieltes Spiel aufzulegen. Hatte vorher der Eroberer den goldenen Reifen der deutschen Kaiserkrone zerbrochen und die Stücke als Dekorationen unter die Vasallen ausgeteilt; so waren die dominierenden Mächte jetzt in die Interessen des Vertriebenen eingetreten, und der Kongreß fand sich keineswegs berufen, aus den zerstreuten Fragmenten eine neue auszuschmieden, und die Höfe ächteten zwar insgesamt den großen Räuber der europäischen Gesellschaft, erklärten aber den Raub als gute Prise und den Stand, den die Handlung herbeigeführt, und den faktischen Besitz zur Grundlage der künftigen Ordnung im Reiche, das also geteilt blieb und vernichtet.

(J. Görres, „Teutschland und die Revolution".)

Im ganzen war, gleich nach dem Befreiungskriege und trotz dem Wiener Kongresse, der das Territorialsystem der modernen Politik hauptsächlich im Auge behielt, ein munteres Leben in Deutschland. Die gebliebenen Helden prangten auf den Erinnerungstafeln in den Kirchen, die verstümmelten trugen Eiserne Kreuze und wurden auch sonst wohl durch Anstellungen möglichst bedacht; die gesunden kehrten munter zurück, voll Lebenslust und Beimischungen französischer Heiterkeit; man hatte gegenseitig viel zu erzählen, und viele Heiraten zwischen den deutschen Heldenmädchen und Heldenjünglingen gingen vor sich; die Männer drängten sich unter den Tschako und die Mädchen unter die Haube; die Schuljugend war kriegslustig, die Studenten bildeten unter ihrem Generalquartiermeister Jahn eine altdeutsche Genossenschaft, trugen Barette, kurze Röckchen und ihre Haare so lang, als Gott der Herr sie wachsen ließ, sogar die Jungfrauen gingen hier und da in altdeutscher Tracht; das wunderliche deutsche Volk glaubte, durch all dergleichen Apparate die schöne Zeit der Altdeutschen - man wußte nur nicht recht, aus welchem Jahrhundert - zurückgeführt zu haben, und fühlte sich in dieser phantastischen Träumerei innigst befriedigt. Es war damals eine so poetische Zeit, wie wir lange nicht gehabt haben. Die Jugend, die recht wohl wußte, wie auf ihre Herzen und Arme die Hoffnung des Vaterlandes gesetzt werde, fühlte sich altkräftig, und die grauen ehrwürdigen Häupter fühlten sich jung. Dazu hatten Gymnasien und Universitäten ihre Turnstätten, und wenn bei diesen Übungen auch kein griechisches Schönheitsgesetz obwaltete, so machte doch dies Laufen und Springen, Klettern und Ringen, dies Verdrehen der Glieder auf Barren und Recken vielen Spaß; was man früher nur in den Freistunden heimlich betrieben hatte, wurde jetzt vor Lehrern und Predigern und zuschauendem Volke ausgeübt, war privilegiert und stand im Lektionsplane der Unterrichtsgegenstände obenan; der gute Cicero war fortan ein Bagatell und der langweilige Horaz eine Zugabe zu den gymnastischen Übungen. Dazu loderten an jedem achtzehnten Oktober die Erinnerungsfeuer der Leipziger Schlacht von den Hügeln, wo es deren gab, sonst begnügte man sich, wie es eben ging, mit der Ebene. In der Perspektive ruhte die Aussicht auf eine Volksvertretung; aber mit dieser Aussicht, die überhaupt sehr problematisch war, begnügte man sich nicht; die jungen Köpfe waren einmal in Feuer, man wollte aus Deutschland was Rechtes machen, man wußte nur nicht, was? Man wußte nur so viel, daß diese Vielherrschaft untauglich sei; die einen wollten einen mittelalterlichen Kaiser mit Bart, Pickelhaube und Schlitzkrause, die andern eine Republik, so daß aus Bückeburg etwa ein Staat wie Neuyork, aus Sigmaringen ein Staat wie Ohio und aus Frankfurt der Sitz des deutschen Generalkongresses gemacht werden sollte.

(Hermann Marggraff, „Deutschlands jüngste Literatur- und Kulturepoche".)

Churfürchterlich-Häßliches Zopfregiment
1815.

Ach Gott vom Himmel, sieh darein,
Und laß dich des erbarmen:
Wir müssen wieder zopfig sein,
Wir Hessen, ja wir armen!
    Er hängt uns in der Anke fest,
    Dazu ein Schlucker und Drosselnest,
Mit Puder über den Rücken.

Wir jagten die Franzosen fort,
Sollt' besser sein geschwinder;
Man gab uns viele schöne Wort'
Und hieß uns: liebe Kinder!
    Jetzt sind wir wiederum zurück,
    Da wend't sich's um im Augenblick,
Jetzt heißt man uns bald Hunde.

Wer vor schon war bald General,
Wird jetzt nur angenommen,
Was er gewest – ein Korporal –,
Eh die Franzosen kommen.
    Gar mancher auch der find't besetzt,
    Da er vom Kriege kommt, sein Nest
Kann sehen, wo er bleibe.

Gott woll' ausrotten alle Zöpf',
Die uns so übel stehen;
Dazu bekehren alle Köpf',
Die alles rückwärts drehen!
    Er woll' uns geben, was uns not,
    Nicht Hunger für französisch Brot,
Daß uns der Tausch nicht reue!

(Anonym.)

*   *   *

Als ich mit meinem Vater in Prenzlau eingefahren war, hatten wir auf dem vor dem Steintore befindlichen Turnplatze eine An= zahl Arbeiter beschäftigt gesehen, die verschiedenen auf demselben be= findlichen Gerätschaften an Kletterstangen, Barren, Recken usw. abzu= brechen und auf bereitstehende Wagen zu verladen.

Nur zu bald erfuhren wir den Grund dieser Zerstörung. Sie war auf Befehl der Regierung geschehen, die sich bewogen gefunden hatte, das Turnen in ganz Preußen zu verbieten und alle Turnplätze der Gymnasien und sonstigen Unterrichtsanstalten aufzuheben.

Das war für mich eine betrübende Nachricht. Mehr als einmal hatte ich bei meinen Besuchen in Prenzlau den Übungen der rüstigen Jugend zugeschaut, und mehr als einmal war ich den Scharen der Turner auf ihren meilenweiten Turnfahrten durch das Land begegnet, wie sie in ihren grauleinenen Turnanzügen, oder in den kleidsamen, schwarzen „deutschen Röcken", die Mützen oder Barette mit grünen Zweigen geschmückt, unter fröhlichen Gesängen daherzogen, und hatte mich auf die Zeit gefreut, wo ich auch einer dieser frischen und fröh= lichen Turner sein sollte. Damit war es nun vorbei! Die unselige Tat Sands, der im Jahre zuvor am 23. März den elenden Kotzebue er= stochen hatte, war für die deutschen Regierungen und für die von der herrschenden Reaktion gegen die in den Gemütern der deutschen Jugend nachzitternde Bewegung der großen Befreiungskriege in Todesangst hineingehetzten Fürsten der erwünschte Anlaß gewesen, mit schonungs= losem Hasse alles dasjenige niederzutreten, was dafür galt, jenen Geist des deutschen Volksaufschwungs zu nähren und wach zu erhalten. Da= zu gehörte denn auch das von Jahn in der Zeit der tiefsten Erniedri= gung des Vaterlandes gestiftete Turnwesen, das nach 1813 förmlich als Staatssache in den öffentlichen Unterricht aufgenommen war.

Ich fand bei meinem Eintritt in das Gymnasium die gesamte Schülerschaft in voller Empörung über die obenerwähnte Maßregel. Alle waren „Turner" gewesen und hatten in dieser turnerischen Ge= meinschaft den Geist derselben mehr oder weniger eingesogen, der in der Begeisterung für Deutschtum und deutsche Nationalität, für das große Gesamtvaterland gipfelte, wie es die Jahn und Arndt, die Schenkendorf und Körner gepredigt und gesungen hatten. Selbst in der Klasse, in welche ich gesetzt worden war, und wo die Mehrzahl aus Fünfzehn- und Sechzehnjährigen bestand, war der Zorn über die Aufhebung des Turnplatzes und der Turnerschaft äußerst lebhaft und gab sich in Äußerungen kund, die mir teils völlig unverständlich, teils äußerst befremdlich, ja erschreckend waren. Ich hörte reden und singen von „schuftigen Schmalzgesellen", den Verrätern und Unterdrückern des deutschen Vaterlandes und der deutschen Freiheit, die den allver- ehrten Turnvater Jahn, den „deutschesten Mann", in den Kerker ge- bracht hätten, und erfuhr auf mein Befragen, daß dieser Schmalz ein Berliner Professor, der ärgste „Demagogenriecher" und Verfolger der turnerischen deutschen Jugend sei, und daß seine Schriften am großen Wartburgfeste vor drei Jahren von der versammelten Burschen- und Turnerschaft feierlich verbrannt worden seien. Ich lernte das Lied kennen, das man dabei gesungen, und dessen letzte Strophe mir noch heute im Gedächtnis geblieben ist. Sie lautete:

> „Zuletzt nun rufet Pereat
> Den schuft'gen Schmalzgesellen,
> Und dreimal, dreimal: Pereat!
> So fahren sie zur Höllen!
> Auf, auf, mein deutsches Vaterland!
> Ihr Brüder reichet euch die Hand
> Und schwört: so woll'n wir's halten!"

Daneben vernahm ich hier zunächst Näheres über Sand und seine Tat. In meinem Vaterhause war darüber nur als über eine beklagens- werte Verirrung gesprochen worden. Hier dagegen lautete die Mei- nung anders. Sand galt der turnerischen Jugend als ein Held, ein Freiheitsmärtyrer wie Harmodios und Aristogeiton, der sein Leben für das Heil des Vaterlandes, für die Bestrafung eines Verräters am Vaterlande eingesetzt habe. Ich sah sein Bildnis in deutscher Tracht mit Federbarett und langem Haar – die Turner und Gymnasiasten trugen damals gleichfalls noch fast alle langes Haar – neben dem Bildnisse Jahns über den Schlafstätten mancher Bekannten aufgehängt und mit Eichenlaub bekränzt, und selber unter den Erwachsenen fand ich in den Familien, in welche ich durch meinen Vater eingeführt worden war, die Stimmung und das Urteil dem Mörder Kotzebues meistens nicht ungünstig. Was den Turnvater Jahn betraf, so war die Rede da-

von, daß zwei unserer Primaner, welche als die Hauptführer deutsch-tur-
nerischen Geistes bei uns in hohem Ansehen standen, entschlossen seien,
ihn während der Sommerferien in seiner Festungshaft in Kolberg zu
besuchen, um ihm den Ausdruck der Verehrung der aufgehobenen
Prenzlauer Turnerschaft zu überbringen – ein Vorsatz, welchen sie später auch, wenn ich nicht irre, wirklich ausführten.

(Adolph Stahr, „Aus der Jugendzeit".)

(„Der Strahlower Fischzug.")

Funfzehnter Auftritt.

Wirrmann (kommt in altdeutschem Kleide von der anderen Seite).

Vorige.

Wirrmann: Guten Tag.

Sattl.: Ergebenster Diener, Herr Wirrmann!

Wirrmann: Üben Sie auch immer noch den sklaventümlichen
Gruß? Ihn haßten Teutschlands Freie im sinnigen Mittelalter.

Sattl.: Setzen Sie sich. Wir mußten lange auf Sie warten.

Wirrmann: Ich empfing noch die neueste Zeitung aus Bremen
und das Oppositionsblatt, ein tiefes Blättlein, nur tadelnswert, daß es
einen unrein teutschen Namen trägt... Die neuesten Stücke waren
sehr gehaltreich, machten über die finstern Meinungen der Berliner
sich lustig.

Sattl.: Aber, da Sie doch ein Berliner sind, müßte Sie das ja ärgern.

Wirrmann: Ich bin kein Berliner, ein Teutscher.

Sattl.: Hm – das Hemd ist mir doch näher als der Rock.

Wirrmann: Das verstehen Sie nicht, guter Mann! Und wie ich
denn gelesen hatte, fiel mir noch ein, zwei Beiträge für jene Zeitschriften aufzusetzen, worin ich ihre Äußerungen bestätigte. Und hierauf
dachte ich: nun will ich mich auf ein Schifflein setzen und das Strahlowtum ein wenig erschaun.

Sattl.: So trinken Sie, essen Sie nach Belieben.

Wirrmann: Werde zulangen. Indes sah ich auf dem Schifflein,
und sehe nun um so mehr: das Strahlowtum sei flach, platt, so flach
und platt die Gegend ist. Wie die Berge hier fehlen, gebricht's an
Volkshöhen.

Sattl.: Nu, man sieht ja den Müggelsberg von weiten.

Wirrmann: Das Volk begreift sich nicht.

Sattl.: Ha ha ha! Sehn Sie wohl, da kitzeln sie sich miteinander im Grase.

Wirrmann: Das Volk geht nicht vorwärts zur Freiheit.

Sattl.: O allerhand Freiheiten nimmt sich's hier wohl.

Wirrmann: Das Volk ist zu weise, hat zu viel Tugend.

Sattl.: Hm, das wär' ja recht gut.

Wirrmann: Aber gewissermaßen, nach Schillers Karlos. Es schminkt mit feiger Weisheit seine Ketten aus, und Tugend nennt es, sie mit Anstand tragen.

Sattl.: Ich sehe eben keine Ketten, und mit dem Anstand geht's auch noch hin.

Wirrmann: Das Volk sollte mündig sein und ist es nicht. Der Zeitgeist meint es gut zum Volk, und es verstopft ihm noch für und für die langen Ohren.

Sattl.: Pfui, Herr Wirrmann, Sie sollten auf Ihre Landsleute doch nicht schimpfen.

Wirrmann: Ich nehme nur ihrer mich väterlich an, sie sollen mir Sinn empfangen, klar sein über das Verhältnis. Aber das liest keine Bremer Zeitung, kein Oppositionsblatt.

Sattl.: Ach warum nicht gar! Wär' uns ja wohl eine Schande, wenn uns ein paar fremde Zeitungsschreiber regierten. Haben wir denn nicht selbst gescheute Männer im Lande?

Wirrmann: Leider nein! Die Mark gebiert eitel Finsterlinge. Und hätten sie mindestens noch einiges von ihrem kindlichen Wenden= tum gerettet, glaubten an Kobolde, ging es noch hin. Auch ein Dichter Goethe sagte es.

Sattl.: An Kobolde glaubt ja mein Gesell nicht einmal.

Samuel: Ne!

Wirrmann: Eben schlimm mit der so unpolitischen Aufklärung, ein Werk unserer Väter, das wir mit dem ganzen Andenken ihrer ruchlosen Zeit austilgen sollten.

Sattl.: Hm - man wird doch nicht seine Vorfahren verachten, Sapperment!

Wirrmann: Hatte man verächtliche, kann man nur sich geachtet machen, indem man sie verachtet.

Sattl.: Das sollte Ihr Großvater hören, der noch den Sieben=
jährigen Krieg mitgemacht hat. Der sagt: Die alten Preußen waren
Kerls.

Wirrmann: Hört' ich nur nicht mehr das Wort Preußen. Nun
ich hoffe, es soll eine Zeit kommen, wo es verschwunden sein wird.

Sattl.: Donnerwetter, sind wir denn nicht alle Preußen?

Wirrmann: Das Land hier ist der teutsche Nord, und besser noch,
die teutsche Mitternacht.

Sattl.: Solche Reden könnten mich so ärgern und erzürnen, daß ich
- daß ich -

Friederike (leise zu ihm): Ja, lieber Vater, werden Sie recht böse
auf ihn.

Sattl.: Halt's Maul! Sie sind von einem vornehmen Mann re=
kommandiert, dem ich Arbeit geliefert habe. Der sagte auch: Sie wären
mit zu Felde gewesen, und sehr tapfer. Ich wär' auch mitgegangen,
hätt' ich nicht den dicken Bauch gehabt. So aber stellte ich sechs Frei=
willige. Nu, das mußt' ich schon als ein wohlhabender Berliner Bür=
ger, bin auch sonst nicht beutelfaul gewesen. Aber ich begreife nicht,
wie man das Land verachten kann, wo man geboren und erzogen ist,
und doch Leib und Leben dafür wagen.

Wirrmann: Ich zog, ein teutscher Jüngling, ins eiserne Feld, ein
Hermannsenkel wider ein übermütiges Rom.

Samuel: Ja, wenn's erlaubt ist, mitzusprechen, darauf besinn' ich
mich. Ich stand mit Herrn Wirrmann bei denselben Freiwilligen.

Wirrmann (blickt stolz zu ihm hin): So? Waren wir Kriegsge=
fährten?

Samuel: Und wenn wir andern sagten: heute wollen wir einmal
recht wie Preußen drauflosgehn, wollt's Herr Wirrmann nicht leiden,
sagte, wir wären Deutsche.

Wirrmann: Also tat ich. Hm, es ist mir noch, als sollt' ich Sie
kennen, und besinn' mich doch nur halb -

Samuel: Wir hatten einmal einen kleinen Streit zusammen.

Wirrmann: Wo?

Samuel: Sie nahmen einer armen Bauerfrau am Rhein sechs
Gänse, und das wollt' ich nicht leiden. Da sagten Sie aber: bei
Teutschlands großer Sache ist nichts an sechs Gänsen gelegen.

Wirrmann: Also verhielt sich's auch.

Sattl.: Bei welchen Affären sind Sie denn alles gewesen, Herr Wirrmann?

Wirrmann: Affären. Teutsch, teutsch!

Samuel: Nun, mit Erlaubnis, wenn wir mit dem Feind uns in den Haaren lagen, hab' ich Herrn Wirrmann nicht gesehen.

Wirrmann: Ich wurde häufig versandt, das Volk mit gutem Geist zu beseelen; oft nahm ich auch wahr, daß es um Hilfe von oben not tat, dann begab ich mich an einen entlegenen Ort, um durch Gebet mehr zu frommen, als durch zwei einzelne Hände.

Samuel: Und nicht lange, so blieben Sie im Lazarett.

Wirrmann: Vom Typhus ergriffen. Und genesen, bedurften die übrigen Kranken geistlichen Trost, den ihnen zu spenden Christenpflicht war.

Sattl.: Ach so!

(Julius von Voß, „Der Strahlower Fischzug".)

In seiner Vorlesung am 7. März sagte Jahn: „Wer seinen Kindern die französische Sprache lehren läßt, ist ein Irrender; wer darin beharrt, sündigt gegen den Heiligen Geist; wenn er aber seinen Töchtern Französisch lehren läßt, so ist das ebensogut, als wenn er ihnen die H . . . . . . lehren läßt."

Waren schon solche Äußerungen des Franzosenhasses seltsam genug, so übergipfelten sie sich doch zum wahrhaft lächerlichen Unsinn durch den Vorschlag, das Reisen in das Ausland solle verboten werden, damit das Nationalgefühl der Deutschen erstarke. Zwischen Deutschland und Frankreich dürfe nicht die geringste Verbindung stattfinden, deshalb müsse eine Wüste zwischen beiden Völkern angelegt werden, um diese für immer voneinander zu trennen. Schon in Altdeutschland sei ein Stamm und Ort um so berühmter gewesen, je größer und undurchdringlicher der Wald sein Gebiet ummarkt habe, und die alten Deutschen hätten sich gegen ihre Feinde durch eine solche Hamme gehalten. Es sei gar nicht schwer, eine Wildnis anzulegen und dadurch ein Land von dem andern abzusperren und es zu schützen. Freilich müsse der Natur durch Kunst nachgeholfen werden. Ebenso gut wie Menschenhand die Natur verschönern könne, vermöge sie auch eine undurchdringliche Wüste hervorzubringen, und dies müsse zum Wohl des Vaterlandes geschehen. So schlägt denn Jahn vor, behufs Hervorbringung einer Wüste solle man Marschen vermorasten, Auen einsumpfen, Höhen versurten, Niederungen verbruchen, gewässerte Täler durch Wall und Mauern zu Seen stauen. In diese Wüste sollen dann Rot= und Schwarzwild, Elentiere, Auerochsen und zuletzt Raubtiere aller Art hineingesetzt werden. „Aus alten Klöstern entstehen dann Eulenschläge, Adlerhorste aus ausgebrannten Turmzinnen, durch Feuersbrünste ist zu Hyänenbauten vorgearbeitet, unterirdisch aufgebaute Irrgebäude dienen gleich Schneckenbergen zu Werken für Giftschlangen. Die mit einer Doppelreihe von Verwallungen und Dornhecken eingezäunte Wüste ist wenigstens einen Grad breit, kein Leichtfuß kann sie ohne Rast durchhüpfen. Hungrige Wölfe, Bären und dergl. passen Einschleichern, Kundschaftern und Landstreichern auf den Dienst; beginnen die reißenden Tiere sich einander selbst zu verspeisen, so werden sie mit Drehern und Seglern von Schafen, Franzosenkühen, unbrauchbaren Pferden usw. gefüttert, und der beständige Kampf, den die in der Wüste wohnenden Leute mit ihnen zu führen genötigt, ist die beste Vorschule zur Landwehr."

(Adolph Streckfuß, „500 Jahre Berliner Geschichte".)

Der Turner Wanderlied.

Turner ziehn froh dahin,
Wenn die Bäume schwellen grün;
Wanderfahrt, streng und hart,
Das ist Turnerart!
Turnersinn ist wohlbestellt,
Turnern Wandern wohlgefällt;
Darum frei Turnerei
Stets gepriesen sei.

Graut der Tag ins Gemach,
Dann ist auch der Turner wach;
Wird's dann hell, rasch und schnell
Ist er auf der Stell',

Wandert hin zum Sammelort,
Und dann ziehn die Turner fort;
Darum frei usw.

Arm in Arm, sonder Harm
Wandert fort der Turnerschwarm;
Weit und breit ziehn wir heut
Bis zur Abendzeit;
Und der Turner klaget nie,
Scheuet keine Wandermüh';
Darum frei usw.

Sturmessaus, Wettergraus
Hält den Turner nicht zu Haus.
Frischer Mut rollt im Blut,
Deucht ihm alles gut,
Singt den lust'gen Turnersang,
Bleibet froh sein Lebelang;
Darum frei usw.

Stubenwacht, Ofenpacht
Hat die Herzen feig gemacht:
Turnersang, Wandergang
Macht sie frei und frank,
Und dem Turner wohlbekannt
Wird das deutsche Vaterland;
Darum frei usw.

Lebensdrang, Todesgang
Findet einst uns nimmer bang;
Frisches Blut, Männermut
Ist dann Wehr und Hut.
Braust der Sturm uns auch zugrund,
Falln wir doch zu guter Stund';
Darum frei usw.

H. F. Maßmann (1813).

(Berliner Parodie: Turner ziehn
Mit Pantin
Durch die janze Stadt Berlin.)

Turnerlied.

Wir sind gar eine lust'ge Schar
Allhier auf grüner Heide,
So fröhlich schweift kein Felsenaar
Auf hoher Sonnenweide.
Das ist des Turners Gottesmut,
Der in ihm solche Wunder tut:
Gottesmut, Wunder tut. Heisa, heisa juchhei!

Wir üben uns in schwerem Streit,
Als wär'n wir bittre Feinde;
Doch siehst du nirgends, weit und breit,
So treue Freundsgemeinde.
Solch waglich Spiel mit Herz und Hand
Ist all zulieb dem Vaterland;
Herz und Hand, Vaterland! Heisa, heisa juchhei!

Wir tragen in der Felsenbrust
Gar unverzagte Herzen.
Was willst du, Welt, mit deiner Lust,
Was gar mit deinen Schmerzen?
Und stünd' im Weg die Höllenburg,
Ein stolzer Mut geht mitten durch!
Höllenburg, mitten durch! Heisa, heisa juchhei!

Karl Heinrich Hoffmann.

Nicht mit Unrecht mag man Jahn als den Typus der Zeit von 1815-1819 bezeichnen, die halb ein Fastnachtsspiel, halb heiliger Ernst war, aber nie zu Resultaten gelangen konnte, weil sie die neueste Zeit in die Form der alten kleidete und bald über der Form das Ziel vergaß, weil sie durch kleinliche Nebendinge die Würde der deutschen Nationalität wiederherzustellen glaubte. Nichtsdestoweniger bleibt Jahn ein interessanter Charakter. Respektieren könnte man ihn, hätte er nichts weiter geschrieben, als sein „Deutsches Volkstum", das großartiger ist als alle seine Kreuz- und Querzüge durch die französischen

Feldlager und über sichere Straßen, als alle seine kleinen Heldentaten, Listen und Schliche, mit denen er Napoleon bedrohete, als alle seine Wichtigtuerei mit dem Einflusse, den er auf Deutschlands Geschick ausgeübt haben will. Jahns „Deutsches Volkstum" hat, nebst Fichtes „Reden an die deutsche Nation", das Volk aufstehen machen. Jahn war eine breitschulterige, brustbehaarte, gedrungene, kräftige Gestalt, mit langen, herabhängenden Haaren und einem Bart, der jetzt silber= weiß geworden sein soll; er ist noch in diesem Augenblicke der glück= lichste Mensch, wenn er selbst von sich sprechen oder andere von sich sprechen machen kann; seine Eitelkeit hat seinem Patriotismus nie nachgestanden. Als er die preußische Armee in Lübeck traf, die Ver= wundeten und Sterbenden auf der Straße erblickte, unter umgestürzten Geschützen, zerschlagenen Gewehren, entkleideten Leichen Tiedges Ge= dichte fand, als er die Klage über die Schlacht bei Kunersdorf aufge= schlagen sah und Blutflecke die „Buchzeichen" der Stellen machten, da bedurfte es einer Nacht, „um sein dunkles Haar in graues umzuwan= deln". Fürwahr! Jahn hätte in der Tat ein tragischer Charakter werden können, hätte er es nicht vorgezogen, in Freiberg, unweit Halle, von seiner Pension zu leben, Tabak zu schnupfen – was sein Unglück war, wie die Liebe der Jeanne d'Arc zu Lionel das Unglück der Jungfrau von Orleans wurde – und den hallischen Studenten bei einem Glase Merseburger Bier die glänzendsten Ereignisse seines Lebens zu er= zählen, den „Geleiter", den „Abend in Mattiach", die „Fahrt durch das Gerau zum Jettenbühel".

Jahn ruht von seinen Strapazen des Patriotismus in dem Wirts= hause zu Freiberg aus; er hat in der letzten Zeit nichts von sich hören lassen, außer daß er einmal gegen H. Laube in dem Weißenseer Wochenblatt zu Felde zog und durch seine Erzählungen an hallische Studenten, die ich eben angeführt habe, die „Denknisse eines Deut= schen oder Fahrten des Alten im Bart" veranlaßte, die von Karl Schöppach herausgegeben wurden. Sie sind für Jahns Charakteristik höchst interessant und entwerfen uns auf der anderen Seite ein genaues Porträt von dem Manne, welchen Gutzkow in seinem Literaturblatt zum „Phönix" höchst treffend „den alten Gymnasten und ewigen Gymnasiasten" nennt, den man aber mit demselben Recht den nord= deutschen Eremiten von Gauting heißen könnte.

Jahn, dem man einigen Teil an dem Geist der Zeit einräumte, hat sich indes nie einer reformierenden Idee schuldig gemacht; er war höchstens der Korporal des Deutschtums, der in seinem Turnanzug und mit dem „Ger" bewaffnet auf nationale Disziplin hielt, von schulmeisterlichem Pedantismus und germanischem Formwesen überfloß und in Wut geriet, wenn man von Visitenkarten statt „Meldekarten", von Bulletin statt „Heerzettel", von Terrainlehre statt „Feldlehre", von Paſſagier ſtatt „Fahrtner", von Spion ſtatt „Nahderer" ſprach. Das war sein Verdienst um Deutschland. Er würde die Jugend in Felle gekleidet und mit Keulen bewaffnet haben, wenn er freies Spiel gehabt hätte; er würde statt Federbetten Heu und Stroh zum Lager eingeführt, statt maſſiver Häuſer Erdhütten zu Wohnungen eingerichtet haben; er würde den Kaffee verbannt, den Rauch- und Schnupftabak mit einem Fluche belegt haben, wäre Deutschland ihm gefolgt; dieſe Resultate hätte man von ihm erwarten können, aber im Leben nicht eine Idee. Da man ihm wehrte, so hat er sich nach Freiberg zurückgezogen und schnupft in Verzweiflung Schnupftabak, wie andere Leute sich in ihrer Trostlosigkeit auf den Trunk legen. Das ist sein tragisches Schicksal, das ist das Ende dieses letzten Germanen. Wir sehen ihn in der Herberge von Freiberg, er fühlt seine Erniedrigung, er ruft der jungen hallischen Burschenschaft, die ihn besucht, im Bewußtsein seiner Schuld entgegen: „Stoße dich, Jüngling, nicht an meiner verfluchten Naſe! die ist das einzige Glied meines Körpers, das sich dem Dienste meines Vaterlandes entzogen hat. Dieſe Naſe ist für die deutſche Freiheit verloren; denn höre, du Wackrer, ich schnupfe. Warum? Warum? O ich Jämmerlicher; aber vergib mir, sonst bin ich noch immer der Alte."

(Beurmann, „Vertraute Briefe über Preußens Hauptſtadt".)

Ich war nicht wenig begierig, den berühmten Jahn kennen zu lernen, den ich zuerst im Gasthof meiner Vaterstadt begrüßte. Er hatte etwas Rüstiges und Derbes, was mir wohlgefiel, aber auch etwas Borniertes, was nicht bloß mir auffiel. Besonders unpädagogisch war sein Jähzorn. Er fuhr oft seine Turner an, als wenn er sie fressen wollte. Wenn er sein Beil erhob und fürchterliche Augen machte, glich er einem Wilden, und wer ihn nicht schon kannte, konnte einen Augen-

blick zweifeln, ob er nicht wirklich den Schädel des unglücklichen Kna=
ben zerspalten würde, mit dem er eben zankte. Dergleichen Szenen
wiederholten sich fast täglich. Doch war viel Humor bei seinen Turner=
fahrten. Besonders ergötzlich war die Sitte des Entsatzmachens. Wenn
nämlich ein Turner etwas ungewöhnlich Dummes sagte, oder sich etwa
gar gegen die andern arrogant benahm, so hockten alle andern im Kreis
um ihn her, streckten die Finger nach ihm aus und verhöhnten ihn mit
einem äh, äh! Das nannte man einen Entsatz, d. h. den Ausdruck des
Entsetzens machen. (Damals hatte die Berliner Turnerschaft den letzten,
feierlichen Entsatz in Kochelfall im Riesengebirge gemacht vor einer
Marmorplatte, auf der in goldenen Buchstaben zu lesen war: „Allhier
geruhten Seine Majestät der König Friedrich Wilhelm III. und ihre
Majestät die Königin Luise die Wunder Gottes in allerhöchsten
Augenschein zu nehmen.")

(Konrad Menzel, „Wolfgang Menzels Denkwürdigkeiten".)

Von Dr. Ulrich ward ich am Nachmittage zum alten Turn=Jahn
gebracht, den ich mich schon in den turnerischen Kreisen Rudol=
stadts und Jenas als Vater Jahn zu betrachten gewöhnt hatte. Er
nahm mich freundlich auf, und war es mir in seiner Nähe gleich da=
durch heimisch, daß er, ehe mich Ulrich noch genannt hatte, sagte: „Das
ist ein kleiner Leo!" Er hatte mit meinem jüngsten Oheim, dem Vogel=
steller, in Jena studiert und meinte, ich hätte ganz dasselbe Gestell.
. . . Ohngeachtet einfache turnerische Anzüge in Berlin schon gar nichts
Auffallendes hatten, war doch mein phantastischer jenaischer Burschen=
aufzug eines mit schwarzem Sammet besetzten deutschen Rockes, eines
großen, in der Weise eines Weiberkragens gestickten Musselinhemd=
umschlages und eines geschlitzten Barettes den Leuten etwas so
Wunderliches, daß sie, und zumal die Straßenjugend, schon auf dem
Wege zu Jahn, der weit oben in der Friedrichstraße wohnte, Ulrich
durch ihr Lachen in große Verlegenheit gebracht hatten. Mir, der von
Jugend auf sich das dickste Fell gegen Pöbelhohn erworben hatte, war
es kaum aufgefallen. Nun aber im Tiergarten ward es Schlottmann
zu toll, und er fing an, Jahn Bemerkungen zu machen, daß doch der=
gleichen närrische Bekleidung nicht vom rechten sei, und daß er mir zu=
reden solle, das phantastische Zeug abzutun. Jahn nahm die Partei

meines Rockes: man solle mich lassen, so phantastische Kleidung sei
für junges Volk ganz gut, und um das Straßenvolk brauche ich mich
nicht zu kümmern... Der Spaziergang machte einen unauslöschlichen
Eindruck auf mich; ich lauschte jedem Worte Jahns, als sei es ein
Evangelium – und diese Worte alle gaben meinen Gedanken eine
neue Richtung. Da war die Rede davon, daß überall für die Bequem=
lichkeit der fahrenden Klassen der Gesellschaft so viel, für die der zu
Fuß gehenden fast nichts getan werde, – mein Herz spann an dem
demagogischen Faden innerlich eifrigst weiter. Wir sahen auf dem
großen Platze, der gleich rechts vor dem Brandenburger Tore war, eine
Zeitlang einer Seiltänzerbande zu, die da in einem Zirkus ihre Künste
zeigte: der unterste Teil des Zirkus war nur durch ein gespanntes
Seil umschlossen, der zuschauende Pöbel drängte auf das Seil, – Jahn
meinte, das Volk sei viel zu zahm, in England oder Frankreich würde
es längst das Seil niedergetreten haben. Endlich geschah dies auf einer
Seite, ein paar Gendarmen reichten hin, das Volk dennoch so lange
in Ordnung zu halten, bis es wieder gespannt war. Neuer Ärger für
Jahn, und alles das neue demagogische Fäden für meine Gedanken.
Schlottmann und Jahn sprachen mancherlei von künftiger Verfassung,
die man damals als doch nicht lange ausbleibend betrachtete: ich ver=
stand davon im Grunde gar nichts, behielt aber alle Äußerungen
Jahns, die ich vielleicht sogar noch mißverständlich aufnahm, wie
Katechismusworte im Gedächtnis. Vom Turnwesen war die Rede und
namentlich, wie dasselbe noch einer großen praktischen Ausbildung
fähig sei. Wie wichtig es sei, zwischen eng zusammenstehenden Mauern,
wie z. B. in einem Schornstein, ohne andere Hilfe als die der Hände
und Füße in die Höhe klimmen zu lernen. Wie wichtig es sei, auf
schrägen Flächen, z. B. mäßig geneigten Dächern, mit Sicherheit laufen
zu lernen. Wie wichtig es sein könne zuweilen, nicht bloß mit dem
langen, sondern auch mit dem kurzen Schwerte umgehen zu können,
und daß die Hauptsache bei letzterem (dem Dolche) sei, zuerst scheinbar
einen Streich gegen die Augen zu führen; denn instinktmäßig fahre
der Angegriffene mit den Händen in die Höhe, um die Augen zu
decken, entblöße dadurch die Brust, in die man sofort ungehindert
stoßen könne. Wieder bei einer anderen Wendung des Gesprächs er=
läuterte Jahn, wie er in jedem Orte, wo er gelebt, sofort alle Durch=

gänge von einer Straße zur anderen durch Häuser erkundet habe, und
wie wichtig dergleichen werden könne, wenn man sich retten wolle,
wenn man sich flüchten müsse, – nur dürfe man nicht vergessen, auch
genau zu erkunden, ob solche Durchgänge immer offen oder zuweilen
geschlossen seien, sonst könne man sich in ihnen wie in einem Sacke
selbst fangen; daran schloß sich überhaupt eine Empfehlung genauester
Lokalkenntnis als eine Aufgabe bei allen Reisen. Als uns Schlott=
mann in der Stadt verließ, drehte sich das Gespräch um diesen als
um einen gescheiten Mann, dem nicht gerade alles, dagegen recht zweck=
mäßig manches zu sagen sei, wovon man wolle, daß es am bestimmten
Orte wiedererfahren werde... Dann setzte er mir eine Tasse Schokolade
vor in einem Kaffeehause am Gendarmenmarkt und brachte mich nach
der Universität, wo ich in den bereits begonnenen Vorlesungen nach
seiner Anweisung ein paar Stunden zu hospitieren hatte. Einen eigen=
tümlichen Eindruck machte es auf mich, als wir auf dem Wege dahin
zufällig Schmalz in einiger Entfernung begegneten. Jahn riß mich
plötzlich am Arm und sagte: „Siehst du dort den Schuft? Das ist der
Schmalz, der schon dreimal den Galgen verdient hat!" Da ich noch
nie ein Wort von Schmalz gehört hatte, wurde mir ganz schauerlich
dabei, und ich dachte mir, der sei in Berlin das, was in meines Vaters
Kirchspiel der exkommunierte Totschläger gewesen. Jahn fügte einige
Erläuterungen bei, die natürlich Wasser auf das in mir nun einmal in
Gang gesetzte demagogische Mühlrad waren.

(Heinrich Leo, „Aus meiner Jugendzeit".)

Da nunmehro über die Burschenschaft und die sie bisher leitenden
und mit ihr zusammenhängenden Vereine und Bünde aus den
mehrfach über sie geführten Untersuchungsakten hinlängliche Tatsachen
sich ergeben haben, welche aufs deutlichste beweisen, daß diese Verbin=
dung, wie entfernt sie auch bei ihrer ersten Bildung von staatsgefähr=
lichen Zwecken zu sein geschienen haben mag, doch sehr bald einen hoch=
verräterischen Charakter und Zweck angenommen hat; so ist es gewiß
höchst angemessen, daß die akademische Jugend aktenmäßige Kenntnis
und Übersicht der verwerflichen Zwecke erhalte, zu welchen die Burschen=
schaft errichtet, geleitet und bestimmt worden, damit sie die Gefahren,
welchen sie bei der Teilnahme an derselben ausgesetzt war, klar, sowie

Biedermeier   22

die wohltätigen Abfichten der Regierung, welche einer folchen Verfüh=
rung mit Nachdruck vorbeugt, dankbar erkenne, und einen defto tiefern
Abfcheu gegen jeden Verfuch, fie zur Teilnahme an diefer oder ähn=
lichen Gefellfchaften zu verleiten, faffe.

Schon bei ihrem Urfprunge (1817) war, wie jetzt vollftändig er=
mittelt worden ift, die Burfchenfchaft bloß Mittel zu verborgenen,
revolutionären Zwecken, welche bereits damals von einer nicht unbe=
deutenden Anzahl fpäterhin völlig entlarvter, verbrecherifcher Indi=
viduen verfolgt und unter dem Namen der wiffenfchaftlich=bür=
gerlichen Umwälzung begriffen wurden. Die auf der Wartburg
gehaltenen Reden, die dort entworfenen Punkte und befonders die
kurz nachher abgefaßte, zur öffentlichen Bekanntmachung beftimmte,
aber davon durch die inzwifchen von den Regierungen zur Sicherung
der akademifchen Jugend vor der fie bedrohenden Gefahr genommenen
Maßregeln zurückgehaltene, jedoch fpäterhin, obwohl mit Auslaffung
der befonders aufwiegelnden Stellen, von einem Mitgenoffen zum
Druck beförderte, öffentliche, ausführliche Erklärung des eigentlichen
Zwecks des Wartburgfrevels enthalten darüber die vollftändigften
Belege, deren Widerhall in den Verhandlungen der beiden Burfchen=
verfammlungen von 1818 unverkennbar zu finden ift. Die fortdau=
ernde Aufmerkfamkeit der Regierungen auf diefe, dem unbefangenen
Auge in ihrem ganzen Umfange vorliegenden, frevelhaften Zwecke
hemmte zwar die Frechheit, womit letztere offen verfolgt werden follten,
vermochte aber nicht, die Frevler felbft zur Vernunft, Ehre und Gefetz=
lichkeit zurückzuführen. Was öffentlich zu erreichen fie nicht vermochten,
fuchten fie lichtfcheu im Verborgenen zu erzielen. Dem ebenfo ftrafbar
als wahnfinnig projektierten „großen, offenen Bunde" mußten fie freilich
entfagen, teilten fich dagegen aber in eine Menge von, faft durch ganz
Deutfchland verteilten, kleinern Vereinen, welche wiffenfchaftliche Zwecke
zum Deckmantel ihrer hochverräterifchen Arbeiten vorfchützten und, als
1819 die Unterfuchung wider fie ausbrach, im Begriff waren, mit
revolutionären Klubs außerhalb Deutfchlands in nähere Verbindung
zu treten, welche letztere indeffen fpäterhin erfolgte. Zu den gemein=
fchaftlichen Zwecken und Vereinigungspunkten aller diefer geheimen
Bünde gehörte auch die Verführung und der Mißbrauch der deutfchen
akademifchen Jugend zu jenen verabfcheuungswürdigen, in jeder Be=

ziehung empörenden Zwecken, wozu es kein einfacheres Mittel gab, als
sie in eine Verbindung zu vereinigen und diese unter die Leitung und
Abhängigkeit jener geheimen Bünde zu bringen. Die Untersuchungsakten enthalten hierüber die vollständigsten und unwiderlegbarsten, zahlreichen Belege.

Schon aus den Untersuchungen von 1819 hat sich aktenmäßig klar
ergeben, wie sehr die schon damals im Hintergrunde stehenden geheimen
Vereine die ganze Burschenschaft lediglich als geeignetes Mittel zu ihren
revolutionären Zwecken und zur Verstrickung der akademischen Jugend
in dieselben angesehen, und wie sehr sie sich daher bemühet, die
Burschenschaft und ihre Mitglieder für diese Zwecke zu begeistern und
zu verführen. Wie tief angelegt und fortdauernd durchgeführt dieser
Plan gewesen, geht auch aus den spätern Untersuchungen vollständig hervor, und es ergibt sich insonderheit, daß die Burschenschaft von ihrem Ur-
sprunge an bis vor ganz kurzem unter der oberen Leitung ebenderjenigen
Verbrecher stand, welche zugleich Vorsteher und Hauptleiter mehrerer
frühern, einzelnen, geheimen Gesellschaften und insbesondere des nunmehr vollständig ermittelten, zur Bewirkung einer gewaltsamen Revolution in unserm deutschen Vaterlande im Jahr 1821 gestifteten und
nachher weiterverbreiteten, geheimen, hochverräterischen Bundes waren,
von welchen hier nur Robert Wesselhöfft und Karl Follenius
genannt werden.

Während diese Verbrecher und ihre Genossen so an jeder bürgerlichen Ordnung und der damit unzertrennbar verbundenen bürgerlichen
Tugend und Sittlichkeit frevelten, frevelten sie nicht minder an der
akademischen Jugend, indem sie dieselbe durch alle Künste verbreche-
rischer Verführung zur Teilnahme an der Burschenschaft verleiteten und
ihnen letzte als Ideal anpriesen, während sie selbst über dies Ideal
gegenseitig ganz anders urteilten. Die Akten enthalten wiederholentlich
solche gegenseitige Mitteilungen dieser Hauptradikalen, aus welchen
genügend hervorgeht, wie verächtlich sie selbst über die in ihren Stricken
liegende Burschenschaft urteilen. Wiederholentlich teilen sie sich die
Ansicht mit:

„es sei nichts Lächerlicheres, Abgeschmackteres und, wie einer der
Koryphäen sich ausdrückt, Ekelhafteres für den gesunden Men-
schenverstand, als die elenden Burschenschaften; sie wären aber

22*

zur Erreichung der Verbindungszwecke notwendig, man müsse daher die Toren, die sich verblenden ließen, festhalten, weil man auf diese Art am besten die akademische Jugend leiten und ihr Meister sein könne."

Eben dieses war der Gesichtspunkt bei der 1820 und 1821 erfolgten Wiederherstellung der Burschenschaft; denn aktenmäßig ist der Plan zu derselben hauptsächlich von nichtswürdigen, politischen Verbrechern, deutscher und benachbarter Länder, die zum Teil wegen Hochverrats zum Tode verurteilt gewesen oder wegen hochverräterischer Umtriebe dem richterlichen Erkenntnisse nunmehr im Kerker entgegensehen, oder aus ihrem Vaterlande schimpflich entflohen, ausgegangen und insonderheit der ganze Burschentag in Dresden (1820) von diesen Verbrechern angezettelt und geleitet worden. Daher bestand dieser sogenannte Burschenkonvent teils aus nunmehr vor den Schranken der Kriminaljustiz stehenden Mitgliedern eines hochverräterischen, geheimen Bundes, teils aus schwachen, eiteln und exaltierten, von jenen verleiteten Menschen, welche der Verführung, der ihre Eitelkeit damals unterlag, jetzt mit Recht reuevoll sich schämen und dieselbe, hätte die landesväterliche Gnade sie nicht gerettet, lebenslänglich durch Schimpf und Elend gebüßt haben würden.

Dieses alles ist für die bürgerliche Ruhe und Ordnung und für die akademische Jugend um so gefährlicher, für die Burschenschaft aber um so entehrender, als zugleich aktenmäßig ermittelt worden ist, daß jener geheime Bund, unter dessen aufwiegelnder Leitung die Burschenschaft als dessen blindes und willenloses Werkzeug stand, seinerseits wiederum von der Leitung eines im Auslande befindlichen, aus den berüchtigtsten Subjekten mehrerer Nationen bestehenden Bundes abhing, eines Bundes, der seit Jahren die Wiederkehr und größere Ausbreitung der Revolution beabsichtigte und alle Mittel, sie herbeizuführen, anwendete, der an den Rebellionen in Piemont, Neapel und Spanien, sowie an mehreren einzelnen Empörungen entschiedenen Teil genommen hat und, sie noch weiter zu verbreiten, sich rastlos bemühet, insonderheit seit einigen Jahren auch Deutschland und besonders die deutschen Universitäten zum Gegenstande seiner höchst verwerflichen und strafbaren Tätigkeit ausersehen und letzte aktenmäßig mit Blut und Terrorismus hat beginnen wollen. Von diesem Bunde, dem nämlichen, der an auswärtigen Rebellionen so entschiedenen Anteil hatte, ist nicht allein in Deutschland der hochverräterische, geheime Bund nach gleichen Grundsätzen und nach so übereinstimmender Organisation, daß selbst die Erkennungszeichen die nämlichen sind, bewirkt und die Wiederherstellung der Burschenschaft befördert, sondern auch eine noch tiefere, geheime Verbindung ausgegangen, deren finstere und verbrecherische Spuren durch die Wachsamkeit der Regierung nunmehr ebenfalls entdeckt worden sind.

Es geht aus allen diesen Untersuchungen ganz klar hervor, daß der Plan war, in der akademischen Jugend alle Anhänglichkeit an Fürst, Vaterland und Verfassung auszurotten, ihnen bittren Haß gegen alles Bestehende einzupflanzen, ihnen den Umsturz der vorhandenen Regierungen und Verfassungen als höchst wünschenswert und selbst notwendig anzupreisen und den törichten Irrwahn bis zum Fanatismus zu erhöhen, daß sie dazu berufen sei, die Staaten zu verbessern, kurz, die Gesinnungen und Grundsätze dieser Jünglinge dergestalt zu bearbeiten, daß sie unter dem unmittelbaren Einflusse eines, den vollen Tatbestand des Hochverrats in sich vereinigenden und die gewaltsamsten Mittel zulassenden, geheimen, revolutionären Bundes die tätigen Werkzeuge zur Ausführung ihrer hochverräterischen Zwecke werden und sein sollten.

("Amtliche Belehrung über den Geist und das Wesen der Burschenschaft.")

Als ich 1825 die Universität Halle bezog, war im Jahre zuvor die Allgemeine deutsche Burschenschaft ein Gegenstand der härtesten Verfolgung gewesen. Die berüchtigte Mainzer Zentral-Untersuchungs-Kommission hatte eine große Anzahl von Mitgliedern derselben prozessiert. Verurteilungen zu den härtesten Kerkerstrafen, oft bis zu fünfzehn Jahren, hatten viele der unglücklichen Opfer getroffen und Trauer und Kummer über zahlreiche Familien verbreitet. Relegationen und Wegweisungen von der Universität waren massenhaft verhängt worden, ja, es war sogar eine preußische Verordnung ergangen, daß auf keiner preußischen Universität ein von einer anderen deutschen Hochschule kommender Student aufgenommen werden sollte, wenn er sich nicht vollständig darüber ausweisen könne, daß er zu keiner Art von burschenschaftlicher Verbindung gehört habe! Und doch war diese Verbindung, welche man in Preußen mit so fanatischem Hasse verfolgte,

dieselbe, welcher ein Menschenalter später ein Gervinus das Ehren-
zeugnis ausstellte: „Wohin sich die Burschenschaft ausbreitete, von
Freiburg bis Königsberg, haben die besonnensten Männer ihren Mitgliedern das Zeugnis des ehrenhaften Geistes, des wissenschaftlichen
Ernstes, der sittlichen Reinheit und Tüchtigkeit des Charakters geben
müssen. Der französischen Sittenlosigkeit gram, waren diese Jünglinge
wie ihre Lehrer Fichte, Luden, Fries usw. der Voltaireschen Aufklärung
und dem herzlosen Rationalismus wie dem lichtscheuen Pfaffenwesen,
das die Religion zur Parteisache machte, gleich abgeneigt. Fand diese
feurige Kraft und Begeisterung Beschäftigung, Anleitung und selbst
nur eine sichere Aussicht, so war sie zu jeder verständigen Richtung
und rühmlichen Anstrengung zu gewinnen."

Aber trotzdem, daß sie von dem allen das Gegenteil fand, war die
Idee, welche den Lebenskern bildete, doch nicht zu unterdrücken. Verfolgt, verstümmelt, verleumdet und von den härtesten Strafen bedroht,
lebte die Burschenschaft auf den meisten deutschen Universitäten, und
so auch in Halle, fort, und wenn auch nicht im Lichte vollster Offentlichkeit, so doch auch nicht im eigentlichen Sinne im geheimen. Denn
– und dies darf als eine eigentümliche Signatur der damaligen Zeit gelten – der Reaktion und ihren tyrannischen Befehlen mangelten die zur
pünktlichen Vollziehung bereitwilligen Schergen unter den Professoren
und Universitätsbehörden. Zwar eine offen organisierte Burschenschaft bestand damals in Halle nicht, während die Gegner derselben,
die Landsmannschaften – obschon in dem offiziellen Verbote aller Verbindungen miteinbegriffen – ihre festgegliederten Verfassungen offen
zur Schau trugen und tragen durften. Aber Prorektor und Senat wußten, daß eine Art von Burschenschaft fortbestand; sie kannten, genauer
oft als viele derjenigen Studenten, welche, wie der Ausdruck lautete,
„sich zur Burschenschaft hielten", die Persönlichkeiten, welche, an Zahl
gering, aber an Charakter und Tüchtigkeit ausgezeichnet, den Kern und
Halt des großen exoterischen Kreises der burschenschaftlichen Gemeinde
bildeten, die nach vielen Hunderten zählte. Sie verhandelten sogar zuweilen bei wichtigen Gelegenheiten, wie bei Vorbereitung allerhöchster
Geburtstagsfestzüge und anderen Anlässen, mit denselben, um eine Ge-
meinsamkeit herzustellen oder Zerwürfnisse auszugleichen. Die schwarz-
rot-goldenen Bänder und Abzeichen waren ausdrücklich als Embleme

der Burschenschaft von der Regierung geächtet und verpönt; aber trotz=
dem wurden sie offen getragen, und der Prorektor des Jahres 1825,
der alte Staatsrat von Jakob, der mich rezipierte und mir dabei, wie
ich oben erzählte, den Handschlag an Eidesstatt abnahm: daß ich keiner
verbotenen Verbindung angehöre oder angehören wolle, konnte, da er
nicht blind war, auf meiner Brust und an meiner Mütze die schwarz=
rot=goldenen Burschenschaftsfarben sehr wohl wahrnehmen, welche be=
wiesen, daß ich meinerseits ebenso die Unwahrheit sagte, wie er dieselbe
wider besseres Wissen als Wahrheit in Empfang nahm.

Daß ein solcher Zustand die Sittlichkeit nicht förderte, und daß solche
Heuchelei die Achtung vor den Behörden keineswegs stärken konnte,
liegt auf der Hand. Denn es war zugleich eine bekannte Tatsache, daß
ebendieselben Behörden, deren übersehende Nachsicht das Fortbestehen
der von der Regierung gehaßten und für staatsfeindlich erklärten Verbin=
dung begünstigte, ja eigentlich allein ermöglichte, keinerlei Bedenken tru=
gen, wider die Mitglieder derselben eifrigst mit einer Razzia einzuschreiten,
sobald bei irgendwelchem Anlasse ein erneuter Hetzruf aus Berlin er=
ging, dem dann natürlich zahlreiche Opfer fielen, die für jene falsche
Nachsicht mit Relegation und nicht selten mit viel schwereren Strafen
den Zoll nachzuzahlen hatten.

Ein solches Opfer einer plötzlich von oben herab verfügten Razzia
wurde unter zahlreichen anderen auch mein jüngerer Bruder Karl Stahr.
Sein Fall, obgleich noch weitaus nicht einer von den härtesten, ist wohl
geeignet, von der damaligen Verfahrungsweise der preußischen Regie=
rung wider die studierende Jugend ein sprechendes Bild zu geben. Ich
hatte bereits meine Universitätsstudien beendet, hatte promoviert und
nach bestandenem Gymnasial=Oberlehrer=Examen eine Anstellung am
Königlichen Pädagogium zu Halle erhalten, als er, sieben Jahre jünger
als ich, die dortige Universität bezog, um gleich mir Philologie und Ge=
schichte zu studieren. Weil er indessen doch auch das eigentliche Stu=
dentenleben kennen lernen wollte, so hatte er sich, nach meinem Vor=
gange und Rate, „zur Burschenschaft gehalten", da die wilde Roheit
des landsmannschaftlichen Verbindungswesens in ungeminderter Wüst=
heit fortbestand. Er gehörte indessen nicht zu der kleinen Zahl der eigent=
lichen Burschenschaft, sondern nach dem herrschenden Sprachgebrauche
nur zu den „Renoncen"; doch war er Mitglied eines Lesekränzchens

innerhalb der Verbindung geworden, in welchem man neben allerhand
historischen Schriften auch gelegentlich Bücher wie Haupts „Burschenschaft und Landsmannschaft", Herbsts „Ideale und Irrtümer des akademischen Lebens" und dergleichen mehr gemeinsam zu lesen pflegte.
Auch einige verbotene politische Broschüren mochten gelegentlich dabei
mit unterlaufen. Indessen schon mit dem Ablaufe seines ersten Studien-
jahres hatte er die Teilnahme an diesem Lesevereine, sowie überhaupt
seinen Zusammenhang mit der Burschenschaft, der eigentlich nur in dem
Besuche der gemeinsamen sogenannten „Kneipe" bestand, gänzlich aufgegeben, da der Ernst, mit dem er seine Studien verfolgte, ihm dazu keine
Zeit verstattete. Eine von der philosophischen Fakultät zu Ehren des königlichen Geburtsfestes gestellte Preisaufgabe aus dem Gebiete der klassischen Philologie: die Sammlung aller vorhandenen Fragmente des großen
Aristotelischen Werkes der Politien, das heißt der sämtlichen Staats- und
Stadtverfassungen des hellenischen Altertums, hatte ihn gereizt, die
Lösung derselben zu unternehmen, und es war ihm gelungen, seine Arbeit
gekrönt zu sehen. Er hatte sich darauf zum Oberlehrer-Examen gemeldet
und bereits die ihm aufgegebenen schriftlichen Arbeiten vollendet, als er
plötzlich, drittehalb Jahre nach seinem Austritte aus der Burschenschaft,
eines Morgens früh verhaftet und zum Universitätsrichter geführt wurde.

Es war wieder einmal von obenher durch den berüchtigten Kamptz
eine Demagogenhetze verordnet worden. Bei einer solchen gab es für
die eifrigen Jäger Orden und Beförderung zu verdienen, und der
untersuchende Universitätsrichter war nicht der Mann, sich eine solche
Gelegenheit entgehen zu lassen.

Das erste Verhör, welches er mit dem Inkulpaten anstellte, währte
über acht Stunden. Zwei Dinge waren es, welche der Untersuchungsrichter als ganz besonders gravierend hervorhob, und das erste derselben war – die Lösung jener zuvor erwähnten Preisaufgabe! Der Angeklagte hatte sich zum Beweise, daß er für die Teilnahme an der
burschenschaftlichen Verbindung keine Zeit mehr gehabt, auf seine an-
gestrengte Arbeit an der Lösung jener von der Universität gestellten
Aufgabe berufen. Und was ward ihm geantwortet? Gerade darin, daß
er diese Arbeit unternommen, müsse man den Beweis dafür sehen, daß
er sein Hauptinteresse politischen Dingen zuwende! Unglaublich und
doch wörtlich wahr! Die freimütige Entgegnung des Angeklagten: daß

unter solchen Umständen ja eigentlich die Universitäts-Fakultät, welche den Studierenden jene Aufgabe gestellt habe, als der schuldige Teil, als eine Art Agent provocateur anzusehen sein dürfte, wurde durch eine scharfe Rüge solcher „ungehörigen und respektwidrigen Bemerkung" beantwortet. – Der zweite als gravierend bezeichnete Umstand war – ein seidenes Damenhutband, welches man unter den in Beschlag genommenen Papieren um ein Konvolut von Gedichten meiner eigenen Handschrift und Verfasserschaft gefunden hatte. Der Untersuchungsrichter behauptete, daß es „die Farben einer entdeckten Verbindung zur Mitteilung verbotener Druckschriften" zeige, und inquirierte eifrig nach dem Namen desjenigen, von welchem der Angeklagte es erhalten habe. Zum Glück für mich verschwieg mein Bruder klüglich meinen Namen, weil ich sonst unfehlbar mit in die Untersuchung verwickelt worden wäre, was für mich mindestens zeitweilige Suspension von meinem Amte zur Folge gehabt haben würde, und nannte dafür den eines kürzlich verstorbenen Freundes.

Das Resultat dieser kindischen Verfolgung eines absolut unschuldigen Menschen war: eine Verurteilung zu – fünf Jahren Gefängnishaft und Verlust der Anstellungsfähigkeit im preußischen Staate!

In der Tat saß mein Bruder ein volles Jahr lang in Kerkerhaft auf der Festung Stettin, bis es der persönlichen Verwendung einer vornehmen, einflußreichen Dame gelang, bei Herrn von Kamptz seine „Begnadigung" zu bewirken. Auch die Erlaubnis zur Beendigung seiner Examina und zur Bewerbung um eine Anstellung ward später erteilt. Was aber nicht wiederherzustellen war, das war – die Gesundheit meines Vaters, den die Verurteilung dieses seines jüngsten Sohnes und Lieblings auf das tiefste erschüttert hatte, und der sich von diesem Schlage, welcher ihn getroffen, nicht wieder erholte.

So verfuhr man in Preußen vor vierzig Jahren gegen diejenigen, deren „Verbrechen" darin bestand, an seine Bestimmung und an die Herstellung eines in Kaiser und Reich geeinten Deutschlands geglaubt und den Gedanken und die Begeisterung dafür in ihren jungen Herzen gepflegt zu haben. Und doch sind es die Früchte dieser Begeisterung der deutschen Burschenschaftsjugend, welche in unseren Tagen der Sohn und Erbe jenes feindseligen Verfolgers derselben zu Deutschlands Heil und zu seinem Ruhme zu ernten das Glück gehabt hat.

(Adolph Stahr, „Aus der Jugendzeit".)

Der 18. Oktober des Jahres 1817 war nahe. Wieder rüstete sich das Volk in ganz Deutschland, den Tag der Schlacht bei Leipzig festlich zu begehen. Verband sich doch in jenem Jahre mit dieser Festesfeier eine zweite, die des 300jährigen Jubiläums der Reformation.

In Preußen hatte König Friedrich Wilhelm III. getreu dem religiösen Zuge seines Stammes den Entschluß gefaßt, das Reformationsjubiläum durch eine großartige Schöpfung, durch die Vereinigung der bisher getrennten lutherischen und reformierten Kirche in der evangelischen Union zu verherrlichen.

Der König begab sich mit seinem Hofe nach Wittenberg, um in der historisch wichtigen Stadt den Grundstein zu einem Denkmal für Luther zu legen. In Berlin selbst sollte die Reformationsfeier später begangen werden.

Der Schlachttag von Leipzig wurde in der preußischen Hauptstadt wie gewöhnlich durch eine Turnerfeier und durch viele andere Festlichkeiten verherrlicht. Tausende von Zuschauern waren nach den Rollbergen gezogen, um dort den großartigen Anblick der Oktoberfeuer zu genießen. Alles ging mit höchster Ruhe vor, aber hier und da wurde doch von den Turnern ein kräftiges Wort gesprochen, welches die Berliner Behörden stutzig machte. Am 19. gab es lange Gesichter in den Beamtenkreisen, man hörte harten Tadel über die dreisten Jünglinge, die es wagten, die Institutionen des Staats besprechen zu wollen, vor allem aber gegen Jahn, der mit seinen ungezügelten Reden als ein Jugendverführer geschildert wurde.

Wichtiger als das Turnfest in Berlin und verhängnisvoll für die Freiheitsbewegung in ganz Deutschland war die großartige Feier, welche von der Jenenser Burschenschaft auf der Wartburg bei Eisenach vorbereitet worden war.

An alle deutschen Universitäten waren von Jena aus die Einladungen gegangen, sich bei dem Feste zu beteiligen; eine dreifache Bedeutung sollte diesem gegeben werden: die Feier des Reformationsjubiläums, der Schlacht bei Leipzig und der ersten Zusammenkunft deutscher Burschenschaften aus allen Universitätsstädten.

Von nah und fern zogen die Studenten nach Eisenach, dem Zufluchtsorte Luthers in der Zeit der Gefahr. Die Zahl der Musensöhne, die sich auf der Wartburg vereinigen wollten, betrug wohl gegen 500. Es gab ein lustiges Fest; unter dem mächtigen schwarz-rot-goldenen Banner, dem Zeichen der deutschen Einheit, zogen am Morgen des 18ten die Studenten im feierlichen Zuge nach der Wartburg.

Ein Jenenser Student, Riemann, hielt nach dem Gesange von Luthers Kernlied „Ein' feste Burg ist unser Gott" eine feurige Anrede an die Versammelten; er, der auf dem Felde bei Belle-Alliance sich das Eiserne Kreuz erworben hatte, der jetzt aber zum Studium der Theologie zurückgekehrt war, erinnerte an die geistige Befreiung Deutschlands durch Luther, an die Befreiungskriege, an die Schlacht von Leipzig. Dann fuhr er fort: „Vier lange Jahre sind seit jener Schlacht verflossen. Das deutsche Volk hat schöne Hoffnungen gefaßt, sie sind alle vereitelt, alles ist anders gekommen, als wir erwartet haben. Viel Großes und Herrliches, was geschehen konnte und mußte, ist unterblieben, mit manchem heiligen und edlen Gefühle ist Spott und Hohn getrieben worden. Von allen deutschen Fürsten hat nur einer sein gegebenes Wort gelöst, der, in dessen freiem Lande wir das Schlachtfest begehen!"

Das war eine schwere Anklage gegen die Fürsten Deutschlands, eine um so schwerere, als ihre Wahrheit nicht abgeleugnet werden konnte. Sie wirkte mächtig auf die versammelten Jünglinge.

Der Schluß der Rede Riemanns war würdig des bedeutungsvollen Anfangs, er rief einen wahren Sturm der Begeisterung hervor. Nachdem der Redner die Burschen bei den Geistern eines Luther, eines Schill und Scharnhorst, eines Körner und Friesen und aller derer, die ihr Herzblut für Deutschlands Herrlichkeit und Freiheit vergossen hätten, aufgefordert hatte, zu geloben, daß sie fortan eine eherne Mauer gegen alle äußeren und inneren Feinde des Vaterlandes bilden wollten, fügte er die Worte hinzu: „Verderben und Haß der Guten allen denen, die in niedriger und schmutziger Selbstsucht das Gemeinwohl vergessen, die ein knechtisches Leben einem Grabe in freier Erde vorziehen, die lieber im Staube kriechen, als frei und kühn ihre Stimme erheben gegen jegliche Unbill, die, um ihre Erbärmlichkeit und Halbheit zu verbergen, unserer heiligsten Gefühle spotten, Begeisterung und vaterländischen Sinn und Sitten für leere Hirngespinste, für überspannte Gedanken eines krankhaften Gemüts ausschreien! Ihrer sind noch viel; möchte bald die Zeit kommen, wo wir sie nicht mehr nennen dürfen!"

Die Rede des jungen Mannes machte einen unauslöschlichen Eindruck auf alle Anwesende, auch die Professoren wurden tief ergriffen. Fries gab in wenigen herzlichen Worten diesem Gefühl einen Ausdruck.

Die Rede Riemanns allein würde sicherlich genügt haben, um gegen das Fest auf der Wartburg den Unwillen der gesamten reaktionären Partei in Deutschland, aller Fürsten und Fürstendiener heraufzubeschwören; wieviel mehr mußte dies geschehen, als sich am Abende nach Beendigung des eigentlichen Festes, nachdem schon ein Teil der Gäste mit den Professoren sich entfernt hatte, plötzlich ein nie dagewesenes Schauspiel entwickelte.

Eine Anzahl Studenten zog mit einem Korbe gedruckten Papiers lachend zu demjenigen der angezündeten Scheiterhaufen, der mit der höchsten Flamme emporloderte. Schnell sammelte sich hier der Kreis der Studenten, jeder wollte Zeuge des seltsamen, sich entwickelnden Schauspiels sein. Maßmann von Berlin, ein begeisterter tüchtiger Turner, trat vor, er hielt eine Rede an die Versammlung, er erinnerte daran, daß dereinst Luther die päpstliche Bulle verbrannt habe, und nach dem Beispiele des großen Reformators forderte er auf, ein gleiches Gericht über die Schandschriften der letzten Zeit zu üben.

„So tretet denn heran zu dem zehrenden Fegefeuer", rief er, „und schaut, wie Gericht gehalten wird über die Schandschriften des Vaterlandes. Möge das höllische Feuer sie alle verzehren und vernichten, wie arge Tücke oder die Jämmerlichkeit und Erbärmlichkeit sie eingab!"

Und nun wurde der Korb ausgepackt, sein reicher Inhalt ward den Flammen übergeben. Ancillons Schrift über „Souveränität und Staatswissenschaft" begann die Reihe, dann folgten viele andere, unter ihnen der Kodex der Gendarmerie des Preußischen Geh. Rats von Kamptz, die schlechten Bücher von Jarke und Schmalz, eine Reihe reaktionärer Schriften usw.

Jede Schrift wurde einzeln in die Flammen geworfen, ihre Verbrennung wurde begleitet durch einen auf den Inhalt bezüglichen Kernspruch. Ancillon erhielt den Rat: „Fröne du fortan dem Zwingherrn der Hölle!" - „Pfui über dich, du Zwingherrnprediger!" wurde Jarke zugerufen.

Den Schriften folgten die Attribute der Reaktion und der Verweichlichung; ein Zopf, ein Korporalstock und eine Schnürbrust wurden auf dem Scheiterhaufen mitverbrannt.

Die Feier des Wartburgfestes machte in ganz Deutschland einen außerordentlichen Eindruck; günstig wirkte sie auf den Universitäten, indem sie die Burschenschaft überall befestigte, und im Volke, welches laut über die Verbrennung der reaktionären Bücher jubelte; desto ingrimmiger aber waren die Anhänger der Hofpartei und die geschmähten Schriftsteller, deren Geistesprodukte dem Feuer überantwortet worden waren. Sie führten laute Klagen, sie schilderten das Fest als den Anfangspunkt einer werdender Revolution, sie forderten Genugtuung und strenge Strafen.

Besonders wütend zeigte sich der Preuße von Kamptz, der nicht nur eine geharnischte Schrift gegen die verwilderten Professoren und verführten Studenten schrieb und eine Beschwerde an den Großherzog richtete, sondern auch zu bewirken wußte, daß König Friedrich Wilhelm III. den Fürsten Hardenberg eigens nach Weimar entsandte, um den Tatbestand getreu zu prüfen. Auch von österreichischer Seite kam ein Botschafter zu gleichem Zwecke in das Großherzogtum.

Es zeigte sich zwar bald genug, daß eigentlich nichts geschehen sei, trotzdem aber wußten die Bevollmächtigten der beiden Großstaaten zu bewirken, daß auch in Weimar Maßregeln gegen die freie Presse ergriffen wurden.

(Adolph Streckfuß, „500 Jahre Berliner Geschichte".)

Da sandte der Kaiser Alexander den Kotzebue, und wenn jeder Anflug von Begeisterung schon die feige Zeit in Angst und Zittern setzt, so war dieser, der schon bei seinem ersten Auftreten in der Jugend mit einem Kapitale von Verruchtheit angefangen, womit andere Bemittelte wohl zu enden pflegen, und der seither zum Kaiser alles Pöbels, aber zum Abscheu aller Wohlgesinnten sich erhoben, dieser war der Mann, wie ihn sich die Zeit gewünscht, und während Zensuren und Gerichte jedes Wort bewachten, das dem Frommen Teutschlands gegen das heillose Unwesen der Zeit geredet wurde, durfte er sich in der Mitte des Landes niedersetzen und ungestraft höhnen alles, was dem Volke wert und ehrwürdig geworden. Ihn hatte der Kaiser aller Wahrscheinlichkeit nach in unschuldiger Absicht ausgesendet, daß er ihm ein Beobachter und Deuter dessen sei, was sich in diesem Lande voll schwer verständlicher Richtungen und Bestre=

bungen bewege. Aber indem er die unglücklichſte aller Wahlen zu die=
ſem Vorhaben getroffen, mußte ein böſer Argwohn von dem Manne
dieſer Wahl auf den Zweck der Sendung ſich verbreiten.

Nur allzuſehr wurde dieſer Verdacht beſtärkt, als jener mißbrauchend
ſeinen Auftrag rechtliche Männer verleumdete, und als die Bosheit
ſich entdeckt, die Ahndung des Geſetzes nicht gegen den Verleumder
ſich richtete, ſondern, was kaum zu glauben, gegen die Verleumdeten,
weil ſie das Werk der Finſternis ans Tageslicht gezogen. Noch ſchär=
ſer wurde die erzürnte Spannung, als die an ſich nicht übelgemeinte,
ſpäter mit ſchamloſer Frechheit als offiziell erklärte Schrift Stourdias in
einer Weiſe von den Teutſchen und ihren Inſtitutionen ſprach, die kein
Volk von einem Franzoſen ſich bieten laſſen darf. Der allgemeine Un=
willen über dieſe Schrift und mehr noch der ſichtbare Eindruck, den ſie
in den höheren Regionen gemacht; die Entrüſtung, dasſelbe Ausland,
dem die Meinung die Vernichtung ſo mancher Erwartungen längſt zu=
zuſchreiben ſich gewöhnt, nun auch auf eine ſo empörende Weiſe die
Schwäche mißbrauchend ins Innere eingreifen zu ſehen, mußten be=
ſonders bei der Jugend, deren Freiheiten, den letzten ärmlichen Reſt
eines früheren beſſeren Zuſtandes, man ſo freventlich anzutaſten ge=
wagt, tiefen Eindruck machen. Und ſo viel raſchen jungen Leuten,
deren ganzes Herz und alles Sinnen und Trachten dem öffentlichen
Leben zugewendet, mußte beinahe unausbleiblich ein Funken dieſer ſo
unvorſichtig angeſchürten Feuersbrunſt zündend in das Reich dunkler
Gewalten, die des Menſchen Bruſt umſchließen, herniederfahren und
die Schlafenden aus ihrer Ruhe wecken, daß der höher und höher ſich
hebende, täglich gereizte Grimm endlich übertrat. In Sand mußte der
Durchbruch des Damms zuerſt geſchehen, und das Verderben mußte
natürlich den am erſten treffen, der ſeither am geſchäftigſten ihn zu
unterwühlen bemüht geweſen. Der Jüngling nahm es über ſich, ſich
ſelbſt den Vollmachtbrief zur Tat zu ſchreiben und ſie mit eigner Hand
auszuführen; und weil ſein Maß gefüllt war bis zum Rande, und
bereit, es über ſein Haupt auszugießen, wurde der, den er geſucht,
in ſeine Hand gegeben; er ſelbſt aber gab der erzürnten Nemeſis das
eigene Leben zur Sühne hin, nach alter Lehre, die Blut um Blut gebietet.

Wie ein Blitz ſchlug die Tat ins Volk; ſeit den Jahren der Er=
hebung war nichts mehr geſchehen was es ergriffen hätte; was lange

unverständig nach Verständigung gerungen, hatte jetzt das Wort ge=
funden; eine blutige Tat war wieder der Punkt geworden, an dem
aller Gedanken sich versammelten, und die Meinung war schnell über
das Ereignis einverstanden: Mißbilligung der Handlung bei Billigung
der Motive, erneutes Gefühl der Nähe der ewigen Gerechtigkeit in
allen menschlichen Dingen, ein helles Schlaglicht über den Zustand
des Vaterlandes hergeworfen und erneute lebendige Teilnahme an
den öffentlichen Angelegenheiten waren die Resultate der allgemeinen
Bewegung, die erfolgte. Die Meinung hatte ein großes Stufenjahr zu=
rückgelegt, ein tiefer Ernst war über die Zeit gekommen, die seither
mehr spielend mit den Ereignissen sich abgegeben.

(J. Görres, „Teutschland und die Revolution.)

Des Lustspielfabrikanten Kotzebue Mutter war eine sehr würdige
Frau von stoischem Charakter, immer sehr unzufrieden mit dem
Leben und Treiben ihres Sohnes; sie prophezeite ihm immer, daß es
ein sehr schlechtes Ende mit ihm nehmen werde. – Sie hat den Sohn
überlebt. – Nachdem Kotzebue ermordet war, erinnerte sie daran, wie
sie immer ein schlechtes Ende vorausgesagt habe. Sie kam nach Eise=
nach zu Frau von Schwendler und verlangte, auf die Wartburg ge=
führt zu werden – auch das Fremdenbuch zu sehen, was damals ver=
boten war, der vielen Bemerkungen wegen, die vom Wartburgfeste
her darin standen. Die Erlaubnis wurde bewirkt. Die alte Frau Kotze=
bue betrachtete lange die Zeilen, die Sand hineingeschrieben hatte, und
schloß dann das Buch mit den Worten: „Das ist nicht die Handschrift
eines Bösewichts." –

(Bernhardi, „Lebenserinnerungen".)

Sands Abschied vom Leben.

(23. März 1819.)

Zum letztenmal geht mir die Sonne nieder,
Zum letztenmal, es ist vollbracht!
Lebet wohl auf ewig, meine Brüder,
Lebet wohl und eine gute Nacht!

Dieses Leben, eine Handvoll Erde,
Himmel, nimm es nun zum Danke hin!
Zürne nicht, daß ich mein Mörder werde,
Du gabst mir ja diesen Freiheitssinn.

Zürne nicht, daß, schon im Jugendkeime,
Diese Hand ihr junges Leben bricht!
Zürne nicht, daß ich jetzt schon erscheine,
Ehe du mich rufst, o zürne nicht!

Jenseits liegt das Weltbuch aufgeschlagen,
Dort reicht kein sterbliches Auge hin.
Nur der Einzige kann es mir sagen,
Ob ich Engel oder Teufel bin.

Ohne Priester trägt man meine Bahre
Einsam hin zum stillen, finstren Grab;
Kein Gebet tönt dort am Hochaltare,
Ohne Mitleid senkt man mich hinab.

Eine Träne schenket nur mir Armen,
Der vielleicht vor Gottes Thron jetzt steht.
Gott im Himmel hat vielleicht Erbarmen,
Wenn ein Freund für mich um Gnade fleht.

(Anonym.)

Bei Auflösung der Burschenschaft in Jena.

(26. November 1819.)

Wir hatten gebauet
Ein stattliches Haus,
Und drin auf Gott vertrauet
Trotz Wetter, Sturm und Graus.

Wir lebten so traulich,
So einig, so frei,
Den Schlechten ward es graulich,
Wir hielten gar zu treu.

Sie lugten, sie suchten
Nach Trug und Verrat,
Verleumdeten, verfluchten
Die junge, grüne Saat.

Was Gott in uns legte,
Die Welt hat's veracht't,
Die Einigkeit erregte
Bei Guten selbst Verdacht.

Man schalt es Verbrechen,
Man täuschte sich sehr;
Die Form, die kann zerbrechen,
Die Liebe nimmermehr.

Die Form ist zerbrochen
Von außen herein,
Doch, was man drin gerochen,
Ist eitel Dunst und Schein.

Das Band ist zerschnitten,
Was schwarz, rot und gold,
Und Gott hat es gelitten,
Wer weiß, was er gewollt.

Das Haus mag zerfallen,
Was hat's denn für Not?
Der Geist lebt in uns allen,
Und unsre Burg ist Gott.

August von Binzer.

Demagogenverfolgung.

Eines der trübsten Kapitel der Biedermeierzeit ist das des Strafvollzugs, der Untersuchungshaft, des Gefängniswesens. Und mit ihnen sind ja fast alle Intelligenzen der Zeit in Berührung gekommen – sind mehr oder minder durch sie geschädigt worden. Durch Reuters „Ut mine Festungstid" und durch Reuters Briefe sind diese Dinge bis heute bei dem deutschen Volk unvergessen geblieben.

Die Gefängnisse, deren der Staat für Ausübung der Strafen und zur Aufrechterhaltung dieser seiner „Ordnung" sich bedient, sind ebenso charakteristisch wie der Inhalt seines ganzen Strafsystems. Die Stadtvogtei, der Aufenthaltsort für die Polizeigefangenen und solcher Verbrecher, welche nicht zum eximierten Gerichtsstand gehören, ist seiner Natur nach unendlich erbärmlicher als das Kriminalgefängnis, welches die Hefe des Volkes selten und nur vorübergehend in seinen Mauern umschließt. Die engen, finsteren Löcher der Stadtvogtei dienen den sämtlichen Gefangenen, soviel auch noch jede Nacht in einer Stadt wie Berlin eingebracht werden mögen, gleichmäßig zum Aufenthalt. In der Stadtvogtei herrscht die einzige Art Gleichheit im Gesetz. Gleichviel ob die Armut und das Verbrechen der Besitzlosigkeit die Ursache der Verhaftung ist, gleichviel ob oder welche Exzesse jemanden in das Quartier geführt, gleichviel ob er der Willkür eines hochmütigen Beamten zum Opfer gefallen und schon nach einigen Tagen wieder entlassen werden muß: hier herrscht völlige Gleichheit in einer scheußlichen, ekelhaften Unsauberkeit. In einem Gemach liegen oft mehr als zehn Personen beisammen auf dem Fußboden, und der neu Eintretende wird wohl tun, vorsichtig nach einem Platz zu suchen, damit er nicht auf menschliche Leiber trete, welche sich dann voll Zorn gegen ihn erheben. Höchstens wird ein Holzklotz oder eine Pritsche zur Unterlage gegeben, was übrigens bei weitem nicht allen zuteil wird. Die Höhlen selbst sind voller Ungeziefer, so daß die Rückkehrenden ihre Wäsche gewöhnlich gar nicht zu reinigen vermögen; auf den Gängen und in den Gemächern herrscht ein pestilenzialischer Geruch, vor welchem selbst die Gefängnis= wärter bei der Morgeninspektion den tiefsten Ekel empfinden. Für die Bedürfnisse der sämtlichen Gefangenen ist ein einziger großer Nacht= eimer bestimmt, welchen der zuletzt Angekommene hinauszutragen hat.

Auf der Hausvogtei sind die Gefängnisse nur für diejenigen etwas bequemer eingerichtet, welche vorübergehend eine kürzere Strafzeit hier auszuhalten haben; die Untersuchungsgefangenen dagegen und nament= lich die Kriminalgefangenen der untern Klassen sind nicht minder der abscheulichsten Behandlung preisgegeben. Der Inspektor hat das Recht, allerlei Schikanen unter der Rubrik Strafe für angebliche Kontraven= tionen und Unehrerbietung auszuüben. Die Strafgefangenen erhalten gewöhnlich zwei und zwei ein Zimmer, - vorausgesetzt jedoch, daß sie es bezahlen können. Jeder Brief, den ein Gefangener, und wäre er auch des geringsten Vergehens wegen bestraft, an seine Angehörigen absendet, geht erst durch die Hände des Inspektors, der ihn erbrechen und nach Willkür damit verfahren kann; die Freistunden und kleinen Freiheiten, sogar das Öffnen der Fenster in den Gefängnissen, um frische Luft einzuatmen, kann der Inspektor der Hausordnung nach den Gefangenen entziehen. Leute aus den ärmeren Klassen, welche ihre Wohnung nicht besonders bezahlen können, werden zusammen fünf bis sechs Mann hoch in ein Gemach gesperrt. Sie bekommen nur mittags Gemüse und zweimal in der Woche Fleisch, und müssen da= für die härtesten Arbeiten im Hause verrichten. Am abscheulichsten sind die Untersuchungsgefangenen bedacht. Der verstorbene Kriminaldirektor Dambach hat bekanntlich zur Zeit der Demagogenriecherei unter an= deren Torturen des heimlichen Inquisitionsverfahrens auch jene Ein= richtung erfunden, welche unter dem Namen der Blechblenden eine Be= rühmtheit erlangt hat, die ein ewiges Brandmal für den Erfinder, für den Staat und das „gebildete" Jahrhundert sein wird. Das Elend und die Verzweiflung, welche hinter diesen scheußlichen Käfigen vor der Welt verborgen liegen, der Fluch, welcher bei der bloßen Erinnerung an diese vereinzelten, dem Wahnsinn preisgegebenen Menschen jedem entsteigen muß, mögen das Denkmal jenes Mannes sein, welcher an diesen Rache= taten Ergötzen fand, - mögen es aber auch für den Staat und das

Jahrhundert sein, in denen diese heimliche, langsame Todesqual noch immer verübt werden kann. Wir vermögen wohl nicht zu empfinden, was ein Mann, der so in der Einsamkeit, dem Menschenverkehr entrissen, in ewigem Dunkel sitzt, in seiner Trostlosigkeit denkt und fühlt, aber die Schilderung dieser Torturanstalten mag auch den in der Freiheit Lebenden einen schwachen Begriff dieser Empfindungen geben. Diese Blechblenden gehen von der unteren Fensterwand schräg hinauf bis über die Fensterhöhe; durch den oben entstandenen offenen Raum fällt das Tageslicht auf eine Stelle des Gemachs von der Größe eines Quadratfußes, und der Gefangene, welcher weder die Dächer der benachbarten Gebäude noch ein Menschenantlitz sehen kann, sitzt in diesem grauenhaften Halbdunkel vereinsamt, ohne Beschäftigung, seinen Gedanken überlassen! Will er lesen (vorausgesetzt, daß man es ihm gestattet hat), so kann er das Buch nur an jene schmale erhellte Stelle bringen; das Zwielicht jedoch macht gewöhnlich einen längeren Versuch dieser Art unmöglich, und der Gefangene ist immer seinen eigenen tödlichen Gedanken überlassen. Welcher Art diese Gedanken und Empfindungen des aus dem Menschenverkehr ausgestoßenen Unglücklichen sein können, wie sie die langsam hinrollende Zeit hier ausfüllen, das mögen nur diejenigen selbst wissen, welche den Aufenthalt, wenn auch noch so kurze Zeit, hier genossen. Das qualvolle Leben ertragen die meisten nicht lange. Sehr häufig kommt es vor, daß sie selbst ihrer Verzweiflung ein Ende machen; und die Leiber der Unglücklichen, welche sich nur durch Selbstmord vor dem langsamen Staatsmord zu retten wußten, werden dann gewöhnlich in der Stille der Nacht begraben. Diejenigen, welche so „glücklich" sind, daraus entlassen zu werden, kommen mit Krankheit und in dem elendesten Zustand, mit Schwindsucht, Lungenhusten daraus hervor. Dieser Art ist die Rache des Staates, welche er an Personen nimmt, welche durch seine eigene Unordnung diesem Verfahren anheimfallen!

(Ernst Dronke, „Berlin".)

Arnold Ruge, der Historiker, der ausgiebiger als sonst ein Schriftsteller die Bekanntschaft mit deutschen Gefängnissen gemacht hat und doch ungebrochen aus dem Kampf mit den Behörden hervorging, gibt ein anschauliches Bild der politischen Lage in den letzten Jahren vor der Revolution und von den führenden, politischen Dichtern dieser Epoche.

Am andern Morgen packte man mich und meinen Koffer wieder auf einen Wagen und fuhr mich nach Berlin in das große Stadt=gefängnis zurück, wo ich in ein schauerliches Loch geworfen wurde. In der Wand waren große dicke Eisenringe, um die Einwohner dieser Zelle gelegentlich daran festzuschließen; das Fenster war so hoch, daß man es nicht erreichen konnte und stand offen, schiefe Bretter, durch die man nur den Himmel sah, und Eisenstäbe verwehrten es; ein Stuhl, ein Tisch und ein Bett waren die Ausstattung dieser neuen Behausung. Als es still wurde, kam eine Ratte aus einem Loch am Fenster vor und fraß an dem Talglicht, das im Fenster stand, das Glasfenster war herausgenommen, auf den Boden gesetzt und an die Wand ge=lehnt. Ich hob es auf und besah es. Da fand ich den Namen meines Freundes „Heinrich Geßner" auf die Scheibe geritzt.

Also Heinrich, den freien Schweizer, haben sie auch holen lassen und in dies abscheuliche Loch geworfen? Hm! so teilte ich denn doch nur ein allgemeines Menschenlos, und es war mit dieser schnöden Wohnung nicht einmal auf eine Strafe abgesehen; es mochte reiner Zufall sein, daß ich hineingeraten war.

Wie dem auch sei. Die Sache wurde schlimmer, als ich mir's hätte vorstellen können. Kaum war ich zu Bett gegangen und warm gewor=den, so fielen Wanzen in solcher Menge und mit solchem Heißhunger über mich her, daß ich erwachte und sehr bald in Verzweiflung aus dem Bett sprang. Da stand ich im Hemde, im Dunkel der kalten Zelle! Was konnte ich tun? Ich rückte mir den Wachstuchtisch in die Mitte des Zimmers, setzte mich darauf und hüllte mich in meine Klei=der ein, um mich dort vor den scheußlichen Tieren zu sichern. Ich schlief auch ein. Aber die Wanzen krochen in dickem Geschwader an den Wänden hinauf, an der Decke entlang, ließen sich von der Decke auf mich herabfallen und bissen mich bald wieder wach. Da saß ich nun und verteidigte mich, so gut ich konnte, gegen meine zahlreichen unermüd=lichen Feinde, diese widerwärtigen Bundesgenossen der beleidigten Staatsgewalt, und hörte alle Viertelstunden das verwünschte Glocken=spiel, das auf einem der benachbarten Kirchtürme im Gange war und mir diese grauenvolle Nacht mit unerbittlicher Pünktlichkeit in kleine, mir aber unendlich lange Viertelstunden teilte.

Wenn ich einnicken konnte, war es gut; wenn ich aber wach sein mußte – und dies war immer die längste Zeit – um das Glockenspiel und das Niederklecksen der Wanzen zu hören, die bei mir vorbei= schossen, dachte ich teils an den armen Heinrich Geßner, der vor mir in diesem Höllennest ebenso gequält worden war, teils auf Mittel, wie ich mich der bösen Feinde erwehren könne. Ich hatte gehört, sie könnten den Geruch vom Kampfer nicht vertragen. Als daher der Wärter mit dem Frühstück kam, ließ ich mir einigen Kampfer kaufen und streute das Bett damit aus, um es den Tag über recht davon durchziehen zu lassen.

Es half aber nichts. Kein Kampfergeruch schützte mein hochverräte= risches Blut gegen diese königlich gesinnten Wanzen. Ich mußte mich noch einmal auf den Tisch flüchten, und diesmal war ich so müde und erschöpft, daß die Leute mich des Morgens fest eingeschlafen auf dem Tische sitzen fanden.

(Arnold Ruge, „Aus früherer Zeit".)

Forstpolizei.

Im Wiener Walde ging ich jüngst spazieren,
Nachsinnend einem deutschen Leichenkarmen;
Da sah ich mir vorübertransportieren
Einen Gefangenen von zwei Gendarmen.

Was hat der Mann, so fragt' ich sie, verbrochen? –
Baumfrevel, Herr! Seht dort die junge Eiche;
Dem Stamm hat er die Wurzeln abgestochen,
Die Krone umgehauen, Bubenstreiche! –

Und seine Strafe? – Fünfzehn Jahre Eisen,
Prügel zum Willkomm und zum Abschied Prügel.
Vergnügten Abend, Herr! – Und weiter reißen
Sie ihn am Strick und ihren Gaul am Zügel.

Gemächlich schritt ich nach und stillen Geistes,
Ein Verslein aus der Bibel in den Ohren:
„Wenn das am grünen Holz geschieht", so heißt es, . .
Und weiter weiß ich's nicht, ich hab's verloren.

Baumfrevel gibt es. Ob auch – Menschenfrevel? –
Für diesen welche Strafe? Wo der Rächer? –
Mich fror. Im Westen floß wie Feur und Schwefel
Das Abendrot auf Neu-Gomorrhas Dächer.

Franz Dingelstedt.

In dit Gefängnis kemen wi in dese bitterkolle Nacht herin. Allens
noch as süs, äwer kolt, kolt, bitterkolt! Allens was noch so as süs;
äwer up dat Beddgestell hadd en Strohsack legen, de fehlte ditmal. –
„Na, Kapteihn, denn helpt dat nich!" – Wi läden uns up de Delen,
en Stück Dings unner den Kopp, mit den Mantel taugedeckt, un stats
tau slapen, früren wi de Nacht hendörch, denn dat Lock was lang nich
dörchwarmt. Den annern Morgen slot de Entspekter de Dör up un
frog recht fründlich, woans wi slapen hadden; wi deden, as wenn wi
sine spöttsche Reden nich markten, un verlangten för den Fall, dat wi
noch 'ne Nacht hirbliwen süllen, en Bedd, tau'm wenigsten doch en
Strohsack. Doräwer, meinte hei, künn hei nich bestimmen, hei wull 't
äwer den Herrn Kriminaldirekter Dambach seggen; im äwrigen hadden wi däglich sstw Sülwergröschen tau vertehren. – Ik antwurt'te em,
wi wiren doch up de Reis', un unner so'ne Umstän'n wir dat doch Satz,
dat wi twintig Sülwergröschen kregen. – Dat hadd de Herr Kriminaldirekter so bestimmt, säd hei un gung dormit ut de Dör.

As hei weg was, kamm denn de Slüter un frog, wat wi geneiten
wullen. Wi wiren dörchfroren bet up de Knaken un lepen in unsen
Kasten 'rümmer, as de willen Dier, blot üm warm tau warden; wat
was denn nu natürlicher, as dat uns nah 'ne warme Taß Koffe verlangen ded? Also twei Potschonen Koffe! – Wi kregen den Koffe,
äwer de Potschon kost'te vier Sülwergröschen, uns blew noch ein Sülwergröschen för den ganzen äwrigen Dag. Wat süllen wi dorför köpen?
Natürlich Brod. Also en Brod tau'm Sülwergröschen för jeden, un
wi wiren mit uns' siw Sülwergröschen dörch.

As wi gegen Abend ok mit uns' dróg' Brod dörch wiren un in'n
Düstern herümme hukten, kamm de Herr Entspekter wedder, üm uns
gaude Nacht tau wünschen. – Dat was denn nu nicks wider, as de
nichtswürdigste Spott, ik let mi dat äwer nich marken, wo ingrimmig
dat in mi towte, un frog em, ob wi denn ok dese Nacht noch ahn Bedd

oder Strohſack ſlapen ſüllen; wenn uns von wegen de Husvagtei=Ver=
waltung kein Lager gewen warden künn, ſo hadd ik noch 26 Daler un
de Kapteihn noch 21 Daler Provatgeld, wat de beiden Schandoren
ut M . . . mitbröcht un hir afliwert hadden, un dorvon künnen jo de
Koſten för en Bedd betahlt warden. – De Entſpekter makte mi en
höflichen Diener un ſäd, dat wir allens recht gaud, äwer de Herr Kri=
minaldirekter hadd beſtimmt, wi ſüllen uns irſt von unſ' ſiw Sülwer=
gröſchen ſo vel tauſamenſporen, dad wi uns en Bedd meiden künnen. –
Dat was denn nu doch apenbore Niederträchtigkeit, wenn wi däglich
von unſ' erbärmlich Traktement einen Sülwergröſchen afſtödden, denn
müßten wi dörtig Dag' up de blanken Delen liggen von des Abends
Klock ſiwen bet des Morgens Klock achten in'n Düſtern, ihre wi den
Daler tauſam hadden, den dat Bedd för't Monat koſten ded, müßten
Hunger un Kummer liden, un weswegen? Hadden wi up't friſch denn
wedder wat verbraken, dat ſei ſo mit uns in't Gericht gahn kunnen? –
Ik verlangte denn alſo den Herrn Kriminaldirekter perſönlich tau
ſpreken. – De Antwurt was, de Herr Kriminaldirekter let ſik üm deſe
Tid nich ſpreken, un dormit würd de Dör wedder tauſlaten, un wi
legen de Nacht wedder up den Fautbodden un früren.

Den annern Morgen datſülwige: wedder warmen Koffe un en
Sülwergröſchenbrod. – Ik wull nu den Herrn Kriminaldirekter ſpreken,
as Husvagt was dat ſine amtliche Schülligkeit, Klagen von de Ge=
fangen antaunemen, un wi hadden tau klagen. De Antwurt was: de
Herr Kriminaldirekter wull uns äwerall gor nich ſpreken. Ik ſet'te mi
alſo dal un ſchrew an em, ik verlangte einen Protokollführer, wil dat
ik mi äwer em bi't Kammergericht beſweren wull. – Ik kreg kein Ant=
wurt. – Den Abend wedder den fründlichen Gaude=Nacht=Wunſch von
den Entſpekter un dat harte Lager up de Delen.

De drüdde Morgen kamm un bröchte datſülwige, äwer hei bröchte
einen Dag, an den ward ik tidlewens denken, denn uter dat anner
Ungemack, wat uns all ſo mör makt hadd, bröchte hei 'ne nige Angſt
un en niges Elend. Min oll Kapteihn würd krank. 'ne grote Unrauh,
'ne jagige Haſt kamm äwer em, hei grep hirhen un dorhen. 'ne Bi=
bel lagg in unſ' Gefängnis, hei namm ſei, hei leſ', hei ſmet ſei weg,
hei leſ' wedder, hei ſmet ſei wedder weg un lep in't Gefängnis
'rümmer, rod, blaudrod in't Geſicht, un ſmet ſik denn wedder up de

harten kollen Delen dal. - Ik weit 't, hir hett hei den Grund tau en
por swere Lungenkrankheiten leggt, de em nahsten in ein' Johr up
de nige Festung beföllen. -

'ne Bibel in en Gesängnis is 'ne schöne, minschenfründliche Sak,
un de Mann, de tauirst dorför sorgt hett, hürt tau jenne uterwählten
Minschen, de nich allein dat swacke Minschenhart, ne, ok unsen Herr=
gott sine allbarmherzigen Affichten richtig verstahn hewwen. Männig
steinern Hart mag weik worden sin vör Gottswurt; männig Verbreker
mag dordörch tau de richtige Insicht un tau Gott kamen sin; äwer wi
wiren keine Verbreker, wi wiren Sünner alltaumal, eben so'ne Lum=
penhun'n as de, de up ehre twei Beinen fri herümmerlepen, äwer in
unsen Fall hadden wi nicks verbraken, un dorin stunnen wi rein vör
Gott, un nich uns' Herrgott drop uns hir mit Jammer un Elend, ne!
de Niederträchtigkeit von Minschen, de ehr grausam Gelüst an uns
utlaten wullen, de nicks mit unsen Herrgott, desto mihr äwer mit den
Düwel tau dauhn hadden.

„Lat dat Bauk liggen, Kapteihn, uns' Herrgott drop di nich, sin
lichtes Afbild hir up de Ird' hett di blot en por Stein' in den Weg
smeten! Lat dat Bauk liggen, Kapteihn, mak di nich tau'm Mit=
schuldigen von de Gottsläfterer, de maudwillig Elend äwer de Lüd'
bringen un denn Gottswurt tau'm Troft dorför henleggen!"

Ik kloppte an de Dör un würd up de Gang herutelaten; dor drop
ik en ollen Kammergerichtsbaden, de mi ut frühere Tiden bekannt was,
Heubold heit de Kirl, hei sall nahsten wegen Unnerfleif up de Festung
kamen sin, wat ik äwer nich verbürgen kann. Wenn hei dorhen kamen
is, denn hett 't de Hallunk allein all för den Hohn verdeint, den hei
mi mit sin grinsiges Gesicht entgegensmet, as ik em frog: „Heubold,
wissen Sie nicht, wie lange wir hier noch bleiben müssen?" - Dor
stunn hei vör mi mit dat olle weike, witte, upgedunsene Gesicht, mit
dat olle slappe Lachen üm dat breide Mul, mit de olle vossige Prük, un
langsam kamm de Antwurt herute: „Sie bleiben immer hier. Glauben
Sie, daß der König alle diese großen Gebäude hier leer stehen lassen
will? Nein, Sie bleiben hier, und Ihre Kameraden kommen alle nach."

De Schuft wüßt dat beter: hei wüßt recht gaud, dat wi wider
reif'ten, hei wüßt recht gaud, wo elendiglich wi hir hollen würden, hei
wüßt recht gaud, wo vull Sorgen uns tau Maud was; äwer 't kettelte

den Hallunken doch, uns ok noch en Fauttritt mit up den Weg tau gewen; einer kunn em de entsamtige Lust von't Gesicht herunner lesen, mit de hei sprok: „Nein, Sie bleiben hier."

Ik kann 't un will 't nich striden, dat ik mi von de gründliche Gemeinheit von desen Kirl in't Buckshürn jagen let – so'n Gefangen is gor tau zag, un drei Dag' Water un Brod, dat Liggen up den Fautbodden un de bittere Küll maken grad' ok nich vel Kurasch' – ik glöwte, hei red'te de Wohrheit, un ik versirte mi dägern doräwer, vel mihr as dunnmals, as sei mi min Dodsurtel spraken hadden. Dat was en Ogenblicksak, un dit was 'ne lange, lange, allmähliche Dodquäleri. 't giwwt man wenig Minschen in de Welt, de en Begriff dorvon hewwen, wat dat heit, wenn einer up Staatskosten langsam tau Dod' quält ward. Mäglich was 't, de Anfang was jo all makt, un worüm süllen sei de Sak nich wider bedriwen. – Ach! mi was slicht tau Sinn; äwer dat vulle Unglück süll irst losgahn: min olle leiwe Kapteihn hadd de ganze Geschicht mit anhürt, un wat för mi 'ne jammervulle Qual was, kunn för em tau en dödlich Gift warden.

As wi wedder inslaten wiren, selen wi uns einanner in de Arm', un lang' mägen wi woll so stahn un Schutz un Trost aneinanner söcht hewwen, – wo lang weit ik nich mihr – äwer dat weit ik noch as hüt, dat min oll brav' Kapteihn strack un stramm in dat Lock herümmergung un sine Krankheit äwerwunnen hadd, un dat in mi en allmächtigen Trotz upbegehrte: de Düwel müßt mit den Düwel verdrewen warden.

Ik kloppte an de Dör; ik wull en Protokollführer hewwen! Ik wull mi bi't Kammergericht besweren! – Richtig! nah en por Stun'n kamm en Kirl herinner, so'n oll binnen un buten smeriges Worm von Referendorius, von de Ort, de ehr Richterexamen nich farig krigen känen un ehr Lewenlang as Schauhputzer bi de höhern Gerichte vernutzt warden.

„Sie wollen sich beim Kammergericht beschweren?" – „Ja!" – „Am besten wäre es denn wohl, wenn Sie selbst Ihre Beschwerde aufsetzten." – Ne, säd ik, dat wull ik nich, hei wir dortau set't, un hei müßt dat, hei müßt mi dat ok betügen, dat wi all drei Nacht up de blanken Delen legen un den Dag äwer von Water un Brod lewt hadden. Mit Hängen un Wörgen kamm hei dortau; äwer de Redensorten, de ik äwer den Herrn Kriminaldirekter makte – fin wiren fei juft nich – de wull hei nich in fin Protokoll upnemen.

Natürlich müßt wi defe Nacht noch wedder up den Fautbodden flapen; wi legen taufam, min oll brav' Kapteihn lagg in minen, ik in finen Arm; dat Unglück fmäd't de Minfchen hellfchen dicht taufam.

Den annern, den vierten Morgen ümmer datfülwige! Min oll Kapteihn blew ftill up fin hart Lager liggen, ik gung up un dal un ftellte mi endlich vör den Bleckkaften hen, wo de grage Wintermorgen twei Hän'n breid von baben herinne fach. – Leiwer Gott! un hir noch fiwuntwintig Johr

Min oll Kapteihn was upftahn, hei grep wedder nah dat Bibel-bauk. „Lat dat Bauk liggen, Kapteihn! Unf' Herrgott helpt blot den, de fik fülwen helpt. – Wi will'n uns wehren, Kapteihn!"

Ach, du leiwer Gott! wi ftunnen taufamen in en halwdüfter Lock, inflaten, nicks up un nicks in den Liw, un wullen uns gegen de Welt wehren!

Mäglich, dat mi einer von de fogenannten Framen deswegen ver-achten deiht, dat ick dat Bibelbauk taurüggfmeten heww, ik kann ehr äwer de Verficherung gewen, dat en helles, frifches Gottvertruen ahn Bibellefen un Beden äwer mi kamen was, un tau'm Pris un Ruhm von unfen Herrgott will ik 't hir feggen: „Dat hett mi nich bedragen!"

De Dör würd upflaten, un in de Dör ftünn de Schandor Ref', de mi för fiw Johren fo oft tau'm Verhür bi den Herrn Kriminalrat bröcht hadd. Hei was en ollen, langen, drögen Mann, fin Geficht was von Pockennoren tereten un von Sommerfprutten bemalt, en kümmer-lich grif' Hor hung em von baben dal, un ut jeden Naf'lock hung em „Friedrich Wilhelm der Dritte" as en grifes Talglicht herute – hübfch was hei nich, äwer dennoch! – wenn mi einmal unf' Herrgott in mine Dodsftun'n en Erlöfungsengel fchicken will, denn fall hei mi den ollen Schandoren Ref' fchicken.

Dor ftunn hei in de Dör in fine königlich preußfche Engelsuneform un rep herinne in unf' Jammerlock: „Meine Herren, machen Sie fich bereit; in einer halben Stunde reifen wir."

Ach, Kapteihn! Charles douze! Wat was 't för 'ne Freud'! – Weg! – Weg! – Wohen? – Wi wüßten 't nich; äwer man weg! – Weg! von den Kirl, de uns up Lewenftid unglücklich makt hadd! Weg! von

den Kirl, de sine Freud' doran hatt hadd, uns ahn Ursak bet up't Blaud
tau quälen!

Awer, ward männigein' seggen, dat hewwen doch anner un vel beter
Lüd' noch düller uthollen müßt. – Denkt doch an de Landwehren von
achtteihnhunnertdrütteihn! – Ja, 't is wohr, äwer de Lüd' hewwen
nich blot leden, sei hewwen ok wat dahn. Un dat is de Sak! – Wi
jungen Lüd', in de jede Atentog von Dauhn un Wirken red'te, wi süllen blot von Liden un von Dulden reden; wi süllen uns von so'n
Graf H . . . un en Kriminaldirekter Dambach nah Gefallen tau
Water riden laten? –

Ja, Schandor Kes' un uns' Herrgott erlösten uns dunnmals ut
unse Qual, un ik will den Herrn Kriminaldirekter Dambach dat nich
anreken, ebenso as ik äwer sine annern Quälerien, de hei in den Un-
nersäukungsarrest gegen mi utäuwt hett, ok en dicken Strich maken
will; äwer in eine Hinsicht sall hei mi Red' stahn – hei is all dod,
up dese Ird kann hei 't nich mihr –, äwer up Jensid sall hei sik ver-
antwurten, worüm hei minen ollen Vader, de grad' in desen Dagen
in sine hartliche Leiw' för sinen einzigsten Sähn nah Berlin kamen
was, üm wat för sin Frikamen tau dauhn – worüm hei minen ollen
Vader de twintig Schritt tau min Gefängnis nich wis't hett, dat de
Sähn doch an Vaders Bost sik mal utweinen künn. – Dorför sallst
du mi Red' stahn! –

(Fritz Reuter, „Ut mine Festungstid".)

Die Preſſe.
Zenſur, Das Junge Deutſchland.

Die hier zuſammengeſtellten Dokumente über Zenſur, Preſſe und Junges Deutſchland ſprechen für ſich ſelbſt und bedürfen keiner weiteren Erläuterungen. Viele Dinge, wie z. B. das Gedicht Hoffmanns von Fallersleben haben bis heute für Zeitungen nichts an Berechtigung verloren. Die Beiſpiele für Schikanen der Zenſur und für den Haß, den man dem Zenſor entgegenbrachte, der ja in Oſterreich noch viel härter ſeines Amtes waltete als in Preußen, ließen ſich ins Endloſe vermehren. Wie weit das Spionageſyſtem nach verbotenen Schriftwerken ſich in Oſterreich erſtreckte, darüber belehrt uns eine Epiſode aus den Meißnerſchen Memoiren.

Wie iſt doch die Zeitung intereſſant!
(28. Mai 1841.)

Wie iſt doch die Zeitung intereſſant
Für unſer liebes Vaterland!
Was haben wir heute nicht alles vernommen!
Die Fürſtin iſt geſtern niedergekommen,
Und morgen wird der Herzog kommen,
Hier iſt der König heimgekommen,
Dort iſt der Kaiſer durchgekommen –
Bald werden ſie alle zuſammenkommen –
Wie intereſſant! wie intereſſant!
Gott ſegne das liebe Vaterland!

Wie iſt doch die Zeitung intereſſant
Für unſer liebes Vaterland!
Was iſt uns nicht alles berichtet worden!
Ein Portepeefähnrich iſt Leutnant geworden,
Ein Oberhofprediger erhielt einen Orden,
Die Lakaien erhielten ſilberne Borden,

Die höchsten Herrschaften gehen nach Norden,
Und zeitig ist es Frühling geworden -
Wie interessant! wie interessant!
Gott segne das liebe Vaterland!

Hoffmann von Fallersleben.

Zeitschriften.

Die zwei alten und vielgelesenen politischen Blätter - die Spenersche und Vossische Zeitung - vermögen auf einen ausgezeichneten Wert wahrlich nicht Anspruch zu machen. Man hat ihre Novi-
täten nicht tage=, nein oft wochenlang vorher im Hamburger oder im
Nürnberger Korrespondenten von und für Deutschland und in andern
guten Blättern des großen Vaterlandes bereits gelesen.

Es ist nicht wahrscheinlich, daß die Herren Spener und Voß
(eigentlich: Lessing) sich auswärts regelmäßige Korrespondenten halten,
und wenn es der Fall, müßten wir sie bedauern, als Leute, die ihr
Geld zum Fenster hinauswerfen.

Nehmen sich die Redakteure jener Herren auch einmal die Mühe,
interessante Artikel aus gallischen oder englischen Blättern zu übersetzen,
so werden diese Übertragungen so mangelhaft und schlecht geliefert,
daß man sie ihnen gern erlassen hätte, und dennoch prosperieren diese
beiden Zeitungen vortrefflich, bestimmt viel besser, als manches andere,
gehaltvollere Blatt; man ist einmal seit Jahren daran gewöhnt, des
Spener und Voß' aufgewärmte Gerichte zu sich zu nehmen, und -
consuetudo est altera natura.

Der neue Berliner Moniteur - wir meinen die „Staatszeitung" -
machte unter der Redaktion des übrigens geistvollen Herrn Präsiden-
ten Stägemann wenig Glück, eine Privatunternehmung, wäre das Institut längst zugrunde gegangen. Nun besorgt der geheime Hofrat Herr
Heun (dem gebildeten deutschen Publikum unter dem Namen: Clauren
von einer sehr vorteilhaften Seite als Schriftsteller bekannt) die Redaktion des Blattes. Man kann aber ein vortrefflicher Humorist, ein
glücklicher dramatischer Dichter und ein angenehmer Erzähler sein, ohne
deshalb einen gewissen Takt zu besitzen, der dem politischen Zeitungsschreiber: „conditio sine qua non" ist.

Wollten die Herausgeber der hiesigen belletristischen Blätter sich vereinigen, am letzten Tage des Jahres ihre Makulatur auf einer und derselben Stelle in die Spree zu werfen: der kleine Strom würde seine Ufer sicher übertreten, denn die Zahl jener Zeitschriften heißt in ihrer Art Legion.

Der alte „Freimüthige" wird seit einer Reihe von Jahren vom Dr. A. Kuhn redigiert. Dem Herausgeber wohnen allerdings richtiger Takt und, wenn auch derber, doch zuweilen treffender Witz bei, allein seit einiger Zeit scheint das Blatt an seinem Werte bedeutend verloren zu haben.

Des Professors der Holzschneidekunst, Herrn Gubitz' „Gesell=schafter" zeichnet sich durch recht artige und mannigfaltige Holzschnitte, aber auch nur – durch diese vorzüglich aus. Als Künstler hat sich der Mann fürwahr unvergängliche Verdienste erworben, allein als Dichter, als Schriftsteller, als Übersetzer aus dem Neugriechischen und Erfinder einer neuen Orthographie vermögen wir, bei dem besten Willen, ihn nicht sehr hoch zu schätzen, sondern sehen uns im Gegenteil veranlaßt, ihm aus voller Überzeugung das alte: „Ne sutor ultra crepidam" zuzurufen.

Der martialische Geheimschreiber Herr Symanski ist von einer Journalistenmanie im eigentlichen Sinne des Wortes besessen; der Mann ist nicht ohne Talent, allein sein Glück ist geringer als sein Dünkel. Schon in Königsberg sah er vor mehreren Jahren eine von ihm redigierte Zeitschrift untergehen, in Berlin trat er mit einer „Leuchte" hervor, deren Licht schnell verlöschte, dann folgte der „Freimüthige für Deutschland", welcher eines Aufsatzes demagogischer Tendenz halber von der Regierung unterdrückt wurde, und in der neuesten Zeit ist Herr S. mit einem „Zuschauer" ans Licht getreten, dem man kein Pro=gnostikon stellen will. – Das nenne ich mir doch Konsequenz.

Der quieszierende Professor Herr Wadzeck gibt ein Wochenblatt heraus; er füllt seine Blätter mit alten Anekdoten, mit physikalischen, geographischen und historischen Notizen, mit wässerichten Gedichten und Parabeln und endlich mit erbärmlichen prosaischen Rätseln. Außer=dem ist dieser Professor ein edler Mensch; beinahe ohne allen Fonds hat er, durch des Publikums regste Teilnahme tätig unterstützt, ein Er=ziehungshaus für arme Kinder gestiftet. Von pedantischer Scharla=tanerie vermag sich übrigens Herr W. nicht loszumachen, und der

witzige Profeſſor H. behauptet: „W. könne im 60ſten Lebensjahr den
ehemaligen Kurrendeführer noch nicht verleugnen."

Das ſchon ſeit 19 Jahren beſtehende ſkurcliſche Wochenblatt:
„Der Beobachter an der Spree", von welchem jeden Freitag gegen
4000 Exemplare abgeſetzt werden, darf hier nicht unerwähnt bleiben.
Es iſt urſprünglich eine Nachahmung der alten berühmten engliſchen
Wochenſchrift, genannt The spectator, und wenn es ſchon hinter
ſeinem Vorbild weit genug zurückbleibt, ſo tat ihm Kotzebue dennoch
zu viel, wenn er es die Kloake der deutſchen Literatur nannte, wie denn
der ſelige Theaterdichter überhaupt in vieler Hinſicht zu manchem un=
heilbringenden Extreme ſich hinneigte.

Zwar iſt es wahr, der „Beobachter" liefert zuweilen, ſein größtes
Publikum beachtend, Nuditäten der höchſten Potenz und gehaltloſe Ge=
meinheiten, oft auch beleidigende Perſonalitäten, wohl gar im unfeinen
Volksdialekte. Allein zuweilen findet auch ein blindes Sch . . . n eine
reife Eichel, und dieſes iſt nicht ſelten des Beobachters Fall.

Unwillkürlich griff ich neulich in einer Weinſtube nach dem vor mir
liegenden berüchtigten Volksblatte. Ich las eine Satire über die Freund=
ſchaft, deren ſich ein Juvenal, ein Boileau, ein Swift zu ſchämen nicht
nötig gehabt hätte.

Zufällig ſaß ein alter berühmter Lokalgelehrter neben mir; ich reichte
ihm das Blatt, indem ich voll Erſtaunen fragte: Aber wie verlor ſich
denn dieſer Demant in die Pfütze? Der Mann erwiderte lächelnd: Das
will ich Ihnen ſagen; der „Beobachter" honoriert prompter als manche
feinſinnige Zeitſchrift, ja er bezahlt auch wohl gleich brauchbare Manu=
ſkripte in Pauſch und Bogen, und dieſer Umſtand liefert ihm oft Auf=
ſätze aus den Federn genialer Menſchen, die gerade am gewöhnlichſten
in augenblickliche Geldverlegenheit geraten. Nun aber iſt es leider
wahr, daß Genies oft dann am genialſten ſich äußern, wenn ſie dieſes
am wenigſten bezwecken, wie Figura zeigt: ich ſelbſt, endete der Ge=
lehrte, verſchmähe nicht, dem Berüchtigten hier und da ein Schärflein
mitzuteilen, denn der Beobachter iſt: - Ultima ratio scriptorum
berolinicorum.

(Adolph von Schaden, „Berlins Licht= und Schattenſeiten".)

Worte der Zueignung.

Dir, junges Deutschland, widme ich diese Reden, nicht dem alten. Ein jeder Schriftsteller sollte nur gleich von vornherein erklären, welchem Deutschland er sein Buch bestimmt, und in wessen Händen er dasselbe zu sehen wünscht. Liberal und illiberal sind Bezeichnungen, die den wahren Unterschied keineswegs angeben. Mit dem Schilde der Liberalität ausgerüstet sind jetzt die meisten Schriftsteller, die für das alte Deutschland schreiben, sei es für das adlige, oder für das gelehrte, oder für das philiströse alte Deutschland, aus welchen Bestandteilen dasselbe bekanntlich zusammengesetzt ist. Wer aber dem jungen Deutsch= land schreibt, der erklärt, daß er jenen altdeutschen Adel nicht anerkennt, daß er jene altdeutsche, tote Gelehrsamkeit in die Grabgewölbe ägyp= tischer Pyramiden verwünscht, und daß er allem altdeutschen Phili= sterium den Krieg erklärt und dasselbe bis unter den Zipfel der wohl= bekannten Nachtmütze unerbittlich zu verfolgen willens ist.

Dir, junges Deutschland, widme ich diese Reden, flüchtige Ergüsse wechselnder Aufregung, aber alle aus der Sehnsucht des Gemüts nach einem besseren und schöneren Volksleben entsprungen. Ich hielt sie als Vorlesungen auf einer norddeutschen Akademie, hoffe aber, sie werden den Geruch der vier Fakultäten nicht mit sich bringen, der bekanntlich nicht der frischeste ist. Ich war noch von der Luft da draußen angeweht, und der Sommer 1833 war der erste und letzte meines Dozierens. Universitätsluft, Hofluft und sonstige schlechte und verdorbene Luft= arten, die sich vom freien und sonnigen Völkertage absondern, muß man entweder gänzlich vermeiden oder nur auf kurze Zeit einatmen. Riechflaschen mit scharfsatirischem Essig, wie ihn z. B. Börne in Paris destilliert, sind in diesem Falle nicht zu verachten. Lobenswert ist auch die Vorsicht, die man beim Besuch der Hundsgrotte beobachtet – son= derlich wenn's in die Hofluft geht – man bücke sich nicht zu oft und zu tief. Abschreckend ist das Beispiel von Ministern und Hofleuten, die des Lichtes ihrer Augen und ihres Verstandes dadurch beraubt wor= den sind und schwer und ängstlich nach Luft schnappen.

Dir, junges Deutschland, widme ich diese Reden, dem bräunlichen wie dem blonden, welches letztere mich umgab und die Muse war, die mich zweimal in der Woche begeisterte. Ja, begeisternd ist der Anblick aufstrebender Jünglinge, aber Zorn und Unmut mischt sich in die Be=

geisterung, wenn man sie als Züchtlinge gelehrter Werkanstalten vor sich sieht. Sklaverei ist ihr Studium, nicht Freiheit. Stricke und Bande müssen sie flechten für ihre eigenen Arme und Füße, dazu verurteilt sie der Staat. Die Unglücklichen, wie haben sie mich gesucht und geliebt, als ich ihnen die Freiheit wenigstens im Bilde zeigte.

Preußen trägt sich mit dem Plan, die alten Universitäten umzuschmelzen. Immerhin, und mag das gelehrte Deutschland auch Blut über den Frevel schwitzen. Ich traue freilich dem neuen Gusse nicht, weil ich nicht einsehe, woher Preußen das rechte Metall dazu nehmen will, es wäre denn preußisch-evangelisches Kanonen- und Glockengut. Aber auch dieses halte ich für besser als die alte tonlose Mischung, die selbst unter Thors Hammerschlägen keinen Klang mehr von sich geben würde.

Zur Zeit der Reformation waren die Universitäten Stützpunkte für den Hebel des neuen Umschwungs. Gegenwärtig bewegen sie nichts, ja sie sind Widerstände der Bewegung und müssen als solche aus dem Wege geräumt werden.

Zu warnen aber sind junge Männer von Kraft und Talent, sich nicht unbeachtet jener edlen Täuschung hinzugeben, als ob sich dennoch ein zeitgemäßer und volkstümlicher Wirkungskreis für sie auf unsern Universitäten erschwingen lasse. Glaubt mir, ihr hebt den Fluch nicht auf, den die Zeit über jene alten Gemäuer ausgesprochen hat, ihr setzt euch hingegen der Gefahr aus, mit demselben Fluche auf euern eigenen geistigen Schwingen belastet zu werden. Zittert vor der greisen alma mater, die als Ahnfrau unserer Universitäten ihr faltenreiches, mottenzerfressenes Gewand auf dem Boden der Aula umherschleift und ihre alten Liebhaber-Pedanten durch junge und frische zu rekrutieren sucht. Zittert vor ihrer dürren Umarmung, vor dem Kuß ihrer gespenstischen grauen Lippen; denn sie saugt euch das Blut langsam aus den Adern und schrumpft die Hochgefühle eurer Brust zu jenem Minimum zusammen, das etwa einem alten ausgedörrten Wilhelm Traugott Krug oder Christian Daniel Beck kaum verschlägt, um damit den letzten Atemzug für den Himmel zu bestreiten. Denkt daran, daß alle große Deutsche der neueren Zeit nur zu ihrem Unglück deutsche Universitätslehrer geworden sind, daß ein Fichte, Schelling, Niebuhr, Schleiermacher, geborene Tribunen des Volks, für das Volk und ihren eigenen höheren

Ruhm verloren gegangen sind. Fichtes Reden an die deutsche Nation verhallten nicht bloß deswegen in den Wind, weil die Nation taub war, sondern weil zwischen ihr und ihm eine Scheidewand aufgerichtet war, die selbst Fichtes eherne Stimme nicht zu durchdringen vermochte.

Nun denn, junges Deutschland, mit Gott! Wir leben ja noch einen Tag zusammen, und wer weiß, ob unser Hort und Führer uns so lange durch die Wüste ziehen läßt, wie Moses die Israeliten.

Ist aber eine Silberlocke unter deiner Schar, ein Greis mit jugend= lichem Herzen, ich küsse ihm Auge und Stirn und wünsche auch mir einen warmen Frühling unter der Eisdecke künftiger Jahre.

(L. Wienbarg, „Ästhetische Feldzüge".)

Dem Zensor.

Unseliger Eunuche du,
Der unsres Geistes Hauch bewacht
Und sich für seines Sultans Ruh'
Zum gottverfluchten Knechte macht!

Du hast mein bloßes Wort verdammt,
Weil's nicht in eure Küche paßt: —
Hat minder drum dies Herz geflammt
Und minder dich und ihn gehaßt?

O glaub' den Geist nicht unterjocht,
Wenn du vom Leib ein Glied getrennt!
Du Sklave putzest nur den Docht,
Damit das Licht noch heller brennt.

Georg Herwegh.

(Dienstag, den 31. Januar 1843.)

In dem Augenblicke, da ich Dir dieses schreibe, ist der letzte entschei= dende Streich gefallen. Die „Rheinische Zeitung" ist vernichtet, und so hat durch den Fall der drei mächtigsten Organe der öffentlichen Meinung, der „Deutschen Jahrbücher", der „Leipziger Allgemeinen Zeitung" und der „Rheinischen", die jugendliche Volkspresse den Todesstreich empfangen! Glück zum neuen Jahre! Nun gibt's im gan= zen deutschen Vaterlande kein Blatt mehr, in welchem der Kampf des

24*

Prinzips gegen das Prinzip gefochten, kein Blatt mehr, in welchem ein
Freiheitsruf gehört werden kann. Nur durch die Presse allein kann das
Volk aufgeklärt werden, die Presse aber ist vernichtet. O! in der Ge=
burt erwürgen! Was hat all die Lernerei geholfen – wozu Kant,
Fichte, Schelling, Hegel? wozu die Bildung? Die „Augsburger All=
gemeine", dies stets in gutem und modischem Zustande gehaltene Bor=
dell, hat aus Berlin den Beamten sagen lassen: nicht die Resultate der
Philosophien sind es, die der junge Mann von den Universitäten in
das praktische Leben herübernimmt (denn mit so unabweisbarer Ge=
wißheit diese auch dargestellt werden, so unterliegen sie doch in zehn
Jahren schon der Veränderung und dem Wechsel), sondern nur Übung
im Denken und Scharfsinn! Das sind die preußischen Gedanken, das
preußische Programm, so treu und so richtig, als ob Du das Zeug
selbst eines guten Morgens in Berlin gehört hättest. Jawohl! alles
nur Flausen – höchstens Übung der Denkkräfte, sonst muß alles sein
beim alten bleiben! –

Die Reaktion ist im vollen Zuge, und ihre terroristische Periode
wird auch nicht mehr ferne sein, das zeigen die dunkeln Gewitter=
wolken, die sich am Himmel zusammenziehen. – Einzelnes: Die Jahr=
bücher sind verloren, Ruge kann nichts, Wigand will nichts mehr tun.
Er will ein Land verlassen, wo die Konstitution keine Wahrheit ist.
Wer kann es ihm verdenken? Es ist nichts, gar nichts mehr zu machen
und zu hoffen! Daß Prutz, dessen Existenz bei diesen Vorgängen auf
dem Spiele steht, den Schlag tief fühlt, kannst Du Dir denken. Wo=
hin soll er sich wenden? Du bist den Verhandlungen der Sächsischen
Kammer gefolgt, die sich für Öffentlichkeit und Mündlichkeit mit
Männerwort und Männersinn erklärt hat. Was ist daraus geworden?
Flausen! Wenn Gott, der wirklich und wahrhaftig lebt, dessen Dasein
der Pulsschlag des Lebens von uns allen ist, der die Welten atmen
läßt oder zerschlägt, wenn er, in den alle Wesenheit ausmündet, nicht
unseren Fürsten das Wort des Lebens, die heilige Freiheit ins Ohr
ruft, dann ist die Erniedrigung unseres Vaterlandes gewiß! Oder
sollen wir nicht weiterkommen, steht der deutsche Geist auf seinem
Marksteine heute, wie der der Griechen und Römer zurzeit auf dem
ihrigen standen? Sollen wir bloß zerlumpt und verwittert werden – und
soll das Gefäß, dessen zerschlagenen Seiten der Inhalt entrollt, andern

die gewonnenen Schätze zum Erbe überlassen? – Prutz ist noch immer
hier, seine Frau erwartet ihre Niederkunft im April. Jetzt ist sie hier
erkrankt. Die Folge ist, daß Prutz nun nicht weiß, was er machen soll
– er muß nach Jena, weil ihn das Stadtgericht seiner Zensurhändel
wegen schon zum zweiten Male aufgefordert hat, zu erscheinen. Den
„Moritz von Sachsen", den er hier fertigmachen wollte, läßt er liegen; das
sei keine Zeit, meint er, für Kinderpossen und Versefchweißen. Die Ge=
meinheit der Gesinnung ist so groß, daß ihn hier sogar unabhängige,
reiche Privatleute zum Abendessen einzuladen unterlassen, weil sie sich
fürchten!! O der Schande! Und was hat dieser edle, harmlose Mensch
getan, oder, um im Sinne der Beamten zu reden, welche Demonstra=
tion hat er erfahren? Du hast keinen Begriff von der schwülen Atmo=
sphäre, die wir hier einatmen. Mir ist, obschon ich gar nichts tue, nichts
sage, nichts hinwerfe, obgleich ich mich über die Maßen zusammen=
nehme, so zumute, als würde ich ehesten Tages in der „Staatszeitung"
verboten werden. – Und dennoch kann man nicht verzweifeln; dies
lerne ich aus Försters Erinnerungen aus dem Befreiungskriege, im
I. Bande der „Pandora". Wenn man diese wunderbaren Geschichten
aus Wien, Berlin und Dresden liest, so lernt man die Fürsten und
das Volk kennen: Das Volk kann alles, was es will. Aber – der Im=
puls wird wieder von Westen kommen, wenn dort zwei alte Augen
sich schließen. Mögen wir uns dann wenigstens etwas aus dem
Schmutze herausgearbeitet haben, um nicht von dem Strome mitfort=
gerissen zu werden. Das wird keine Juli= sondern eine Pöbelrevolution
geben, weil der Pöbel gegen den Mittelstand dieselben großen histo=
rischen Evolutionen vornehmen wird, die dieser weiland gegen den
Adel durchsetzte.

Durch Schul= und Universitäts= und Literaturarbeiten fortwährend
getäuscht, hingehalten durch die deutsche exklusive chinesische Wirtschaft
mit ihrer Schlafmütze der organischen Entwicklung, wonach alles sich
von selbst macht, ohne unser Machen, hatte man den Mut fast
verloren, an einen völlig freien Staat zu glauben; den werden die
Franzosen bilden, diese ewigen Vorläufer europäischer Geschichte – und
es ist ganz angemessen, daß es gerade der romanische, tiefer von der
Kultur durchfurchte Volksgeist ist, der ihn bilden wird! Es ist nicht
wahr, was man uns gelehrt hat, daß wir den romanischen Volksgeist

überwunden. Stumpfe Barbaren sind wir gegen sie, das ist alles! –
Heute habe ich im „Courrier français" Lamartines Rede gelesen.
Welche Dummheit und barbarische Selbstfertigkeit, welches Huronen-
pathos am Ontariosee, das Phrasen zu nennen. Hier sind wir wieder
betrogen! Die Phrasen sind gerade die Hauptsache, und was nicht
Phrase ist, ist keinen Pfennig wert. Der politisch gebildete Franzose
(das ist er – und alle Bildung ist nur politisch), sowie das Wort an
sein Ohr schlägt und ihn erleuchtet, sieht mit der Schnelligkeit des Gedankens zugleich alle die Realitäten miterhellt, deren ideelle Abbrevia-
tur in der Phrase fixiert ist, und braucht nicht wie Michel sich den ganzen Dreck hererzählen und nennen und angeben zu lassen. Unsere ganze
sogenannte solide Betrachtungsweise ist, hiergegen gehalten, nichts als
pure gute Unmündigkeit.

(Ludwig Geiger, „Aus Adolph Stahrs Nachlaß".)

Freie Presse.

Festen Tons zu seinen Leuten spricht der Herr der Druckerei:
„Morgen, wißt ihr, soll es losgehn, und zum Schießen braucht man
Blei!
Wohl, wir haben unsre Schriften: – Morgen in die Reihn getreten!
Heute Munition gegossen aus metallnen Alphabeten!

Hier die Formen, hier die Tiegel! Auch die Kohlen facht' ich an!
Und die Pforten sind verrammelt, daß uns niemand stören kann.
An die Arbeit denn, ihr Herren! Alle, die ihr setzt und preßt!
Helft mir, auf die Beine bringen dieses Freiheitsmanifest!"

Spricht's und wirft die ersten Lettern in den Tiegel frischer Hand.
Von der Hitze bald geschmolzen, brodeln Perl und Diamant;
Brodeln Kolonel und Korpus, hier Antiqua, dort Fraktur,
Werfen radikale Blasen, dreist umgehend die Zensur.

Dampfend in die Kugelformen zischt die glühnde Masse dann,
So die ganze Herbstnacht schaffen schweigend diese zwanzig Mann;
Atmen rüstig in die Kohlen; schüren, schmelzen unverdrossen,
Bis in runde blanke Kugeln Schrift und Zeil' sie umgegossen.

Wohl verpackt in grauen Beuteln liegt der Vorrat an der Erde,
Fertig, daß er mit der Frühe brühwarm ausgegeben werde!

Eine dreiste Morgenzeitung! Wahrlich, gleich beherzt und kühn
Sah man keine noch entschwirren dieser alten Offizin!

Und der Meister sieht es düster, legt die Rechte auf sein Herz:
„Daß es also mußte kommen, mir und vielen macht es Schmerz!
Doch – welch Mittel noch ist übrig, und wie kann es anders sein? –
Nur als Kugel mag die Type dieser Tage sich befrein.

Wohl soll der Gedanke siegen – nicht des Stoffes rohe Kraft!
Doch man band ihn, man zertrat ihn, doch man warf ihn schnöd in
                                                               Haft!
Sei es denn! In die Muskete mit dem Ladstock laßt euch rammen!
Auch in solchem Winkelhaken steht als Kämpfer treu beisammen.

Auch aus ihm bis in die Hofburg fliegt und schwingt euch, trotz'ge
                                                           Schriften!
Jauchzt ein rauhes Lied der Freiheit, jauchzt und pfeift es hoch in
                                                              Lüften!
Schlagt die Knechte, schlagt die Söldner, schlagt den allerhöchsten
                                                               Toren,
Der sich diese freie Presse selber auf den Hals beschworen.

Für die rechte freie Presse kehrt ihr heim aus diesem Strauß:
Bald aus Leichen und aus Trümmern graben wir euch wieder aus!
Gießen euch aus stumpfen Kugeln wieder um in scharfe Lettern.
Horch! ein Pochen an der Haustür! Und Trompeten hör' ich schmettern!

Jetzt ein Schuß! – Und wieder einer! – Die Signale sind's, Ge=
                                                             sellen!
Hallender Schritt erfüllt die Gassen, Hufe dröhnen, Hörner gellen!
Hier die Kugeln, hier die Büchsen! Rasch hinab! – Da sind wir schon!"
Und die erste Salve prasselt! – Das ist Revolution!
                                            Ferdinand Freiligrath.

Am 19. April morgens um 6 Uhr, da ich, spät zu Bette gegangen,
noch im Schlafe lag, von drei Polizeibeamten überfallen worden,
die mich aufstehen und alle meine Schriften zur Einsicht vorlegen hie=
ßen. Anfangs glaubte ich, den Verdacht eines wichtigen Staatsver=
brechens auf mich geladen zu haben; endlich zeigte es sich, daß die

ganze Untersuchung sich auf die sogenannte Ludlamshöhle bezog, eine
Versammlung froher Menschen, in der ich erst seit acht Wochen her
einige Abende zugebracht hatte. Zum Scherze gewählte Abzeichen
und Gesellschaftsnamen, einige Verhaltungsregeln, die man niedergeschrieben und mit Geldstrafen belegt, hatten die Aufmerksamkeit
eines .... auf sich gezogen, und die Gesellschaft ward als eine verbotene geheime aufgehoben. 32 Kommissäre, um Mitternacht aufgeboten, erbrachen den Versammlungsort im zweiten Stocke eines Wirts-
hauses und verteilten sich sodann in die Wohnungen der vornehmsten
Mitglieder, d. h. derjenigen, die als Schriftsteller bekannt waren.
Untersuchung, Verhör, Hausarrest bis abends. Gerade weil sie nichts
Verdächtiges gefunden, werden sie genötigt sein, um ihre Dummheit
zu bemänteln, etwas herauszusuchen. Wie ich höre, will man die
Untersuchung als gegen eine schwere Polizeiübertretung anhängig
machen. Wer mir die Vernachlässigung meines Talentes zum Vorwurf macht, der sollte vorher bedenken, wie in dem ewigen Kampfe
mit Dummheit und Schlechtigkeit endlich der Geist ermattet. Wie, um
nicht immerfort verletzt zu werden, endlich kein Mittel mehr übrigbleibt,
als sich unempfindlich zu machen, wie kein Aufschwung möglich ist,
wenn man bei jeder Flügelbewegung an den Plafond der Zensur an-
stößt, und die Arbeit aufhört, ein Vergnügen zu sein, wenn das Her-
vorgebrachte die Quelle tausendfältiger Unannehmlichkeiten wird, wie
es z. B. bei meinem letzten Stücke „Ottokar" der Fall war, wo, nachdem ich mich ein volles Jahr mit der Zensur herumgebalgt hatte, endlich vor und nach der Aufführung wohlbekannte Personen notorisch die
böhmischen Studenten zur Unzufriedenheit, als über einen der böhmischen Nation zugefügten Schimpf, aufreizten. ...

... Gestern vormittags ließ mich der Polizeiminister zu sich entbieten.
Um zwei Uhr ging ich hin. Ich hatte früher schon vernommen, daß der
Kaiser sich höchst günstig über den „Treuen Diener seines Herrn" ausgesprochen; ich machte mich daher auf eine Belobung gefaßt. Doch war
ich schon zu oft in der Höhle gewesen, zu der viele Fußtapfen hinführen,
wenige aber zurück, als daß sich nicht unheimliche Besorgnis in meine
Stimmung gemischt hätte. Ich trat ein. – Seine Majestät, hieß es,
hätten mein Stück mit großem Wohlgefallen gesehen und befohlen,
mir deren volle Zufriedenheit anzukündigen. Nur hegten Sie in bezug

auf dasselbe noch einen Wunsch. – Welchen? – Das Stück ausschließ=
lich zu besitzen. – Ich war wie vom Donner gerührt. – Ich möchte an=
geben, welche Vorteile ich mir von der Aufführung außer Wien, von
dem Honorar für den Druck erwartete, Seine Majestät seien bereit,
mir jeden Schaden zu vergüten. Sodann aber würde die Handschrift
in Dero Privatbibliothek aufgestellt werden, keine Kopien genommen,
nirgends außer Wien aufgeführt, niemanden mitgeteilt, der Druck bis
auf weiteres untersagt. In Wien selbst werde es in längern und län=
gern Zwischenräumen wiedergegeben werden, dann aber allmählich
verschwinden. Nicht Zensurrücksichten verlangten dies, denn da brauchte
man ja nur geradezu zu verbieten, sondern – es sei der Wunsch Seiner
Majestät, alleiniger Besitzer dieses ihm wohlgefallenden Stückes zu
sein. – Meine erste Einwendung brachte die Antwort, daß es sich hier
nicht um das Ob handle, sondern nur um das Wie. Ich möchte meine
Bedingungen nicht ängstlich ansetzen. Seine Majestät seien zu Opfern
bereit. Sie hätten sich mit väterlicher Güte über mich und mein Stück
geäußert, das Ihnen sehr gefallen; aber Ihr Wunsch bleibe derselbe.
Man gab mir einen Tag Bedenkzeit, und ich ging. Das ist die mildeste
Thrannei, von der ich noch gehört.

Was sollte ich tun? Die Erfüllung verweigern? In ihren Händen
waren alle Mittel, sie zu erzwingen. Ich schrieb daher einen ostensiblen
Brief an den Polizeiminister, indem ich alles anführte, was Menschlich=
keit und Billigkeit gegen einen solchen Wunsch einwenden können. Ich
setzte, nachdem ich beteuert hatte, die freie Schaltung über mein Werk
jedem erdenklichen Gewinne tausendmal vorzuziehen – die Entschädigung
so hoch an, daß die bekannte Sparsamkeit des Kaisers davor zurück=
schrecken konnte. – Sie wollten mich doch nicht plündern, hoffte ich! –
Ich erklärte, daß, wenn der Kaiser auf seinem Verlangen bestünde,
nur der Gedanke, daß nach dem Vorübergehen gebietender, mir ver=
borgener Umstände die Bekanntmachung meines Werkes ohne weitere
Umstände werde erfolgen können, mich zu einer notgedrungenen Ein=
willigung bewegen könnte. Und so gab ich das Blatt heute dem Mi=
nister in die Hände. Er schien zufrieden, und fand die angesetzte Ent=
schädigungssumme mäßig. Begreife das, wer kann! Ich muß nun ab=
warten, was erfolgt. Endet die Sache aber auch wie immer, die unsicht=
baren Ketten klirren an Hand und Fuß. Ich muß meinem Vaterlande

Lebewohl sagen, oder die Hoffnung auf immer aufgeben, einen Platz
unter den Dichtern meiner Zeit einzunehmen. Gott! Gott! wird es
denn jedem so schwer gemacht, das zu sein, was er könnte und sollte!

(„Grillparzers Briefe und Tagebücher.")

Der Dichter Grillparzer aus Wien macht mir die traurigste Schilderung des dortigen Geistesverkehrs, alles ist erstarrt oder erlahmt; er findet keinerlei Anregung dort, im Gegenteil, alle mögliche
Unterdrückung: „Man will gar nicht, daß bei uns jemand Literatur
treibt, und etwanige Sukzesse gereichen zum Vorwurf." Seine dortigen
Aussichten sind ganz verdorben; er meint, zeitlebens würde er diese
schlechten Verhältnisse, in denen er einmal zur Regierung stehe, nicht
ausgleichen. Er ist ein biederer, schlichter Mensch, der auf Wahrheit
und Echtheit geht. Dabei liebt er seine Vaterstadt Wien ungemein
und möchte sie mit Berlin, das ihn wegen Geistesbildung und Literatur ganz entzückt, doch nicht vertauschen. Auch beurteilt er das österreichische System noch billig genug und sagt selbst vom Fürsten von
Metternich, derselbe sei persönlich nicht so schlimm, sondern nur durch
seine Stellung, diese zwinge ihn zu manchem; z. B. daß er Grillparzern wegen dessen Gedicht auf das Campo Vaccino befeindet und
verfolgt, während er doch selbst in Italien mit hohem Wohlgefallen
über Tisch, wo auch Grillparzer mitaß, mehr als 100 Verse von Byron, und zwar die stärksten, als Childe Harold, auf Italien bezüglichen, auswendig hergesagt, ein Zug, der übrigens Grillparzern noch
jetzt angenehm in der Erinnerung ist. Gestern am 18. war Grillparzer
abends bei uns.

(Varnhagen, „Blätter aus der preußischen Geschichte".)

Vor allen Dingen muß ich aber berichten, daß wir hier Zensur
haben, und zwar preußische Zensur. Merke jeder, preußische Zensur. Darin liegt das Geheimnis. Was hier gedruckt wird, kann daher
nur nach unserem Patriotismus, unserer Weltanschauung, unseren
Morgengedanken riechen. Sonst wird es unbarmherzig gestrichen. Die
ganze Geschichte hat nur einen Knäuel, einen Kulminationspunkt, einen
Zweck; und der ist für unsere Zensoren - Preußen. Was noch da
draußen vorgeht, wird ignoriert, ist ja nur ein Mittel zum Zweck. Wo-

zu existiert z. B. Frankreich anders, als um uns in ihm eine Revolutionsvogelscheuche vorzustellen und unsern Patriotismus durch sie anzublasen? Wozu Süddeutschland anders, als damit seine Bücher und Zeitschriften verboten werden können? Wozu Sachsen, als damit es in unsern Zollverband eingeschlossen, wozu China, als damit ein Preuße dorthin in das Missionsinstitut geschickt werde? Ja, der liebe Gott ist unsertwegen da, und Fouqué hat es schon bewiesen, daß er eigentlich ein Preuße ist. Von der preußischen Philosophie haben Sie doch gewiß gehört? Nun, wir haben auch eine eigene Taschenspielkunst; denn Herr Döbler ist Hofkünstler geworden. Man darf also in unsern Zeitungen keine objektiven Darstellungen der Weltbegebenheiten erwarten, in denen die Entwickelung des Weltgeistes vor sich geht; sondern man bekommt eine subjektive, philisteriöse und engbrüstige Zusammenstellung von factis, die in ihrer löblichen oder verwerflichen Tendenz den preußischen Leser anfeuern oder zurückschrecken sollen. Wie würde man sich wohl dieses Philistertum personifizieren, wie würde man es wohl auszudrücken suchen, daß es stets auf sich blickt, sich über alles und alle stellt und recht spießbürgerlich die ganze Geschichte für Rekrutenmanöver hält? Der Adler paßt hier schlecht; er müßte etwa Schlafrock und Pantoffeln anhaben und gerade an der Kolik leiden. Male sich jeder dieses Bild recht lebhaft aus und setze es als Emblem über alle unsere Zeitungen, die meiner Meinung nach uns bei der Nachwelt in ein sehr seltsames Licht bringen werden. Man nehme den „Österreichischen Beobachter" zur Hand. Das Blatt hat doch eine Tendenz, es weiß doch, was es will, und verficht seine Weltanschauung, so gut es kann. Ob diese gut oder verwerflich – das kümmert uns hier weiter nicht. Genug seine Redaktion hat einen festen Standpunkt, von dem aus sie die Dinge betrachtet. Man lese sich vier Wochen in die obengenannte Zeitung ein, und man wird wissen, woran man ist, was man zu erwarten hat. Man wird entweder in seiner Überzeugung bestärkt oder wankend gemacht. Und beides ist gleich gut, beides führt zur Klarheit. Das elendeste Blatt in Deutschland, Frankreich und England hat doch eine Farbe, eine Tendenz, die die Aufmerksamkeit zwischen den Zeilen sehr bequem zu lesen imstande ist. Unsere Zeitungen haben samt und sonders keine Farbe als schwarz und weiß, welches zugleich unsere Nationalfarbe ist. Es sieht alles in ihnen entweder so aus, als ob wir

gar nicht in medias res verſetzt wären, als ob wir droben im Monde
ſäßen und mit einem Fernrohre die Weltbegebenheiten anſchauten, die
uns noch weniger als ein Puppenſpiel die Engel des Himmels in-
tereſſieren; oder es iſt alles ſo geſtellt, als ob Preußen, der Staat, auf
dergleichen Torheiten und Albernheiten wie die Revolutionen in Frankreich und Polen mit Indignation und einem gewiſſen vornehmen Lächeln blicken könne, das deutlich ſagt: Geſchieht euch ſchon recht,
daß es euch ſo geht. Warum habt ihr eine Konſtitution gegeben....
... Als nach den Freiheitskriegen im Vaterlande der Drang ſichtbar
wurde, die alten Verhältniſſe über den Haufen zu werfen und die neue
Zeit in ſich aufzunehmen, da meinten viele unſerer einſichtsvollſten
Männer: jetzt wäre für Preußen die Epoche gekommen, in der es ſeinen
weltgeſchichtlichen Zweck erreichen müßte, wenn es als progreſſiver
Staat dem konſervativen Oſterreich entgegentreten, die Ideen der Freiheit emanzipieren, ſich Frankreich anſchließen und die fortſtrebenden
kleinen deutſchen Länder ſich verbinden würde. Oppoſition gegen Oſterreich, gegen ſeine Richtung, gegen ſeinen Einfluß auf den deutſchen
Staatenbund habe durch den Siebenjährigen Krieg erſt Preußen auf
den politiſchen Schauplatz gebracht und ihm eine welthiſtoriſche Wichtigkeit gegeben. Vermöge ſeiner natürlichen Lage, ſeiner Grenzen und
des freien Sinns ſeiner Bewohner, ſei es auch jetzt auf dieſe Stellung
angewieſen, könne nur in ihr und durch ſie Bedeutung eines Staates
vom erſten Range feſthalten und fortführen und finde nur in dieſem
Kampfe ſeinen Zweck und ſeinen Nutzen. Ein Anſchließen an Rußland,
damit etwa die germaniſchen Elemente ſich in das ſlawiſche Leben ver-
pflanzen, führe uns zuweit von unſerm Zwecke ab; ja der Trieb nach
Selbſterhaltung und die ſchauerliche Ahnung, daß, nachdem das ger-
maniſche Völkerleben abgeſtorben, eben jene Slawen die welthiſtoriſche Nation werden würden - eben dieſe Ahnung müſſe uns jenen
Horden ſo ſchroff als möglich entgegenſtellen und ſie als unſere furcht-
barſten Feinde betrachten laſſen. Anſchließen an Frankreich, Eman-
zipation des konſtitutionellen Syſtems und mit ihm zugleich Oppoſition gegen Oſterreich - hierin liege unſere Aufgabe und Beſtim-
mung.

Die meiſten meiner Leſer werden mir zugeſtehen, daß, wenn Preußen
nur im geringſten die Erwartungen befriedigte, welche damals die

Befferen in Deutfchland von ihm gehegt, es jetzt in einer engver=
bündeten Koalition mit den konstitutionellen Staaten des Vaterlandes
stehen und in ihnen eine Macht aufzuweisen haben würde, die ihm
mehr als die russischen Bajonette Ruhm und Anerkennung gebracht
hätte. Ja, es gab einst eine Zeit, wo die edelsten deutschen Herzen von
Preußen aus den Aufschwung und die Richtung für das neuerwachte
deutsche konstitutionelle Leben erwarteten, und wo der Gedanke an
einen deutschen Staatenbund oder Staatsverband unter Preußens Pro=
tektorat gar nicht so fern lag. Aber es war anders beschlossen – zum Heile
der Freiheit und der Völker. Man kennt die Karlsbader Beschlüsse und
den Anteil, den Preußen daran genommen; man weiß, wie dieser Staat
infolge der demagogischen Umtriebe die deutschen Verhältnisse auffaßte,
und man ist seitdem dahin gekommen, Preußen mit Osterreich in eine
Kategorie zu stellen und von ihnen den Kreuzzug wider das konstitu=
tionelle Deutschland zu erwarten. Jetzt hat sich der deutsche Freiheits=
schwan durch sich selbst aus den trüben Wellen hervorgerungen und sieht
einer festen, gediegenen Zukunft entgegen; ohne allen Stützpunkt an
Preußen, ja in ihm einen Gegner findend, ist seine Kraft im Bewußt=
sein der Heiligkeit seiner Sache erstarkt und teilt sich allen Bruder=
stämmen begeisternd und erweckend mit, so daß zwischen Preußen und
Osterreich, denen bisher de facto die Leitung der Angelegenheiten in
die Hände gegeben, sich unmerklich eine dritte um so gefährlichere Neben=
buhlerin gestellt hat, je mehr der Zeitgeist, das Bedürfnis und der
Wunsch der Völker auf ihrer Seite steht. Denn, wenn es den Regie=
rungen des konstitutionellen Deutschlands mit ihren gegebenen Garan=
tien wirklich ernst ist, so wird eine Koalition unter seinen Staaten gegen
die absoluten eine baldige, notwendige Erscheinung werden und dem
zukünftigen deutschen Leben die Richtung geben. Ob dann Preußen
und Osterreich die Freiheit in Süddeutschland auszurotten imstande
sein, oder ob sie mit dem Strome fortgezogen und einem neuen,
schönen Tage entgegengehen werden – das liegt vielleicht näher, als
man glaubt.

Unsere hiesigen Dunkelmänner und ihre Gönner, die Aristokraten,
haben sich von jeher bemüht, das, was seit der Julirevolution in Deutsch=
land vorging, als ein niederländisches Viehstück in französischer Affen=
manier darzustellen und dem plumpen Hans Michel eine Hauptrolle

zu geben. Ganz nach dieser Tendenz handelt die „Staatszeitung".
Wenn irgendeine Prügelei in Rheinbayern, irgendeine Unart von
übersprudelnden Köpfen begangen worden ist, gleich tischt sie unsre
Zeitung auf und weiß die Worte so zu stellen, daß Prügel und Unarten
auf Kosten des konstitutionellen Systems kommen. Als die Herren
Coremanns und Fleischer sich privatim in Nürnberg Nachtspottmusiken
brachten, wie emsig war da das preußisch-offizielle Blatt hinterdrein
und erzählte uns drei Tage hintereinander von der albernen Geschichte, die doch am Ende nicht mehr bedeuten will als weiland unsere
Schneiderrevolution. Die Skandale bei Hambach fanden ihren reichlichen Platz, aber das schöne Fest bei Wilhelmsbad wurde kaum erwähnt[1]). Warum? – weil es groß und lobenswert dastand, weil echte
deutsche Biederworte auf ihm ertönten, und weil man bei uns diese
nicht hören will. Von dem mächtigen, zum Bewußtsein gekommenen
Geiste der Freiheit in Süddeutschland weiß unsere Zeitung kein Wort;
sie hält sich an das Zufälligste, läßt die „Oberpostamts-" oder „Karls-
ruher Zeitung" sprechen, ignoriert Herrn von Rotteck und den „Freisinnigen", reißt einzelne Begebenheiten aus dem Zusammenhang und
macht sich dadurch lächerlich, daß sie eine heilige Sache lächerlich machen
will. Was liegt einem deutschen Zeitungsleser wohl näher, als daß er
erfahren will, wie seine deutschen Mitbürger in München, Hannover
usw. das deutsche Wort auf der Tribüne handhaben? Aber wie gab
unsere Zeitung die bayerischen oder Badener Kammerhandlungen? –
Ein paar servile Brocken von königlichen Kommissären und dazu,
wenn es hoch kommt, ein paar Oppositionsnamen – und das ist alles.
Wahrhaftig – wenn jemand, ohne die übrigen deutschen und die „Augsburger Allgemeine Zeitung" zu lesen, bloß aus unserem Blatte sich
über die deutschen Angelegenheiten unterrichten wollte, er würde jene
braven Vorkämpfer für unser künftiges Heil samt und sonders für
Schulbuben halten, die der Zuchtrute entlaufen sind.

(J. Jacoby, „Bilder und Zustände aus Berlin".)

---

[1]) Ging doch das Gerücht, daß durch einen Befehl vom Zensurkollegium
es allen hiesigen öffentlichen Blättern untersagt worden sei, je wieder etwas von
deutschen Volksversammlungen zu berichten.

Zensur.

Um diese Zeit, da die Politik alle Gemüter in Anspruch nahm, wurde ich Augenzeuge eines kleinen Ereignisses, das meinem Gedächtnisse für immer eingeprägt bleiben sollte. Es war im ersten Frühjahr, um die Mittagszeit, die Mutter stand in der Küche, ich neben ihr. In der Bratröhre schmorte ein mächtiger Kalbsbraten und wurde unter der Mutter Anleitung von der Köchin fleißig mit Fleischbrühe begossen. Da stürmt jemand die Treppe hinauf; es ist der Vater, der kurz zuvor ausgegangen war. Einige Minuten darauf schießt er, sehr aufgeregt, den Arm mit Makulatur beladen, in die Küche und stößt in größter Hast das bedruckte Papier in den Küchenherd, daß die Flammen hoch auflodern. Gleichzeitig erscheint von der Hofseite her ein sogenannter „Grenzjäger" mit Militärkappe und Gewehr und springt auf den Ofen los, um die hineingeworfenen Papierstöße hervorzuziehen.

Das will ihm der Vater wehren, und es gibt einen wilden Auftritt. Den Grenzjäger verleitet seine Aufregung zur größten Unvorsichtigkeit, er greift mitten hinein in die Flammen, zieht aber beide Hände schrecklich verbrannt zurück. Der wilde Angreifer windet sich jetzt vor Schmerz und jammert ganz erbärmlich. Den Vater hat auch der Zorn verlassen, er leert eine Flasche Olivenöl auf einem Teller und beginnt, dem Manne die verbrannten Hände zu salben, die Mutter ist hinausgelaufen und bringt aus dem Nähzimmer Watte herbei. Das alles sieht der erschrockene Knabe durch den Qualm, den die brennenden, auf den Steinfliesen rauchenden Papierstöße erzeugen. Endlich läuft der Grenzjäger mit den verbrannten, eingewickelten Händen jammernd davon.

Was bedeutete dies alles? Mein Vater war ein Abonnent des – natürlich verbotenen – „Nürnberger Korrespondenten". Allwöchentlich brachte Kuhmann die Nummern; von diesem holte sie mein Vater, um sie auf einsamem Spazierwege zu lesen. Aber längst war er schon dieser Gesetzesübertretung verdächtig.

(Meißner, „Geschichte meines Lebens".)

Erste
Sturmzeichen.
Griechenversammlungen, Juli=
revolution, Schneiderrevolution.

Von außerdeutschen politischen Ereignissen, die ihren Einfluß auch in Deutsch=
land geltend machten, ist der Befreiungskampf der Griechen und die Pariser
Julirevolution von 1830 zu nennen. Die Flutwellen der Julirevolution
hatten sich für Deutschland soweit verebbt, daß es nur in Braunschweig zu
einem Aufstand und zur Vertreibung des Herzogs Karl kam, während
in Berlin die sogenannte Schneiderrevolution unblutig verlief und nur Stoff
zur Satire gab.

Die Griechenversammlungen greifen immer kräftiger durch ganz
Deutschland, überall bilden sich Vereine, überall sprechen sich Ge=
sinnungen aus, und die öffentliche Meinung, nachdem ihr ein Aus=
bruch gegönnt worden, wächst unaufhaltsam und breitet sich gewaltig
aus; diese Flut ist nicht mehr zu beschränken! Vergebens strebt die
österreichische Politik noch entgegen, ihre Anhänger können nur noch
seufzen; denn was will es sagen, daß Herr von Kampz, der sich bitter
ärgert über den erlaubten Eifer, etwa von dem Kultusministerium ein
Zirkular an die sämtlichen Professoren der hiesigen Universität aus=
gehen läßt, worin diesen nochmals eingeschärft wird, daß die Griechen=
sammlungen nur allein für die Notleidenden, aber nicht für die Kämp=
fenden zu verstehen seien? Das war ja schon zur Genüge gesagt. Für
die Entwickelung des öffentlichen Geistes in Europa macht diese neue
Art von tätiger Teilnahme und Äußerung einen wichtigen Abschnitt
und wird nicht ohne große Folgen bleiben. – Tiedge hat bei Brock=
haus in Leipzig ein heftiges Griechengedicht drucken lassen, das die
stärksten Ausfälle gegen die Politik der Mächte enthält. Der Abdruck
wurde hier nicht erlaubt, wohl aber ist es bis jetzt der Verkauf. Bei
völliger Preßfreiheit könnte hierin nicht mehr geschehen sein als gegen=
wärtig unter der noch fortdauernden Herrschaft der, wie man sieht, oft
ganz ohnmächtigen Karlsbader Beschlüsse. Auch in den hier gedruckten

Griechenliedern der Frau Generalin von Helwig stehen unglaublich kühne Stellen gegen die Regierungen. Die Sache bricht so von allen Seiten herein, daß sie den Behörden ganz über den Kopf wächst. – Herr von Maltitz, im Bureau des Großfürsten Konstantin angestellt, schreibt aus Warschau die dreistesten Äußerungen über die dort herrschende Thrannei, Langeweile usw. Da er sonst sehr vorsichtig ist, so muß es wohl dort allgemeine Sitte sein, sich ohne Bedenken so zu äußern.

(Varnhagen, „Blätter aus der preußischen Geschichte".)

Aufstand in Braunschweig.

(6.–7. September 1830.)

Der Herzog Karl von Braunschweig,
Der ist auch fortgejagt;
Er hat ja Land und Leute
Lang hart genug geplagt.

Als von Paris er kame
Mit einer Schauspielrin,
Die sein' Geliebte ware,
Und fuhr zum Schlosse hin:

Da stand viel Volk, das schriee:
Fort mit dem Herzog, fort!
Wir brauchen keinen Thrannen
Mit seiner Hure dort!

Die Steine wütig flogen,
Es gab ein' großen Alarm;
Der Herzog floh zum Schlosse,
Es ward ihm schwül und warm.

Am andern Tag, da hielte
Das Militär ums Schloß
Und sollt' aufs Volk frei schießen –
Das aber ging nicht los.

Herzberg, der Generale,
Der sprach: „Das darf nicht sein!
Es könnte leicht auch kosten,
Herzog, das Leben dein."

Am Abend wollte stürmen
Das Volk das Schloß aufs neu,
Da wischte fort der Herzog
Und floh nach Hildesheim.

Das Schloß ging auf in Flammen,
Man dacht', er wär' noch dort
Und drinne mit der Liebsten —
Die aber warn schon fort.

Er hatte seine Schätze,
Sein Gold und Edelstein,
Wert viele Millionen,
Gleich auch gesackt mit ein.

Es ist sein Bruder Wilhelm
An seine Stell' gesetzt;
Ob der es besser machet,
Das wird sich zeigen jetzt.   (Anonym.)

Kleidermachermut.

Und als die Schneider revoltiert,
          Courage, Courage!
So haben gar grausam sie massakriert
Und stolz am Ende parlamentiert:
Herr König, das sollst du uns schwören!

Und drei Bedingungen wollen wir stelln:
          Courage, Courage!
Schaff' ab, zum ersten, die Schneidermamselln,
Die das Brot verkürzen uns Schneidergeselln;
Herr König, das sollst du uns schwören!

Die brennende Pfeife, zum andern, sei,
      Courage, Courage!
Zum höchsten Ärger der Polizei,
Auf offner Straße uns Schneidern frei!
Herr König, das sollst du uns schwören!

Das dritte, Herr König, noch wissen wir's nicht, –
      Courage, Courage!
Doch bleibt es das Best' an der ganzen Geschicht',
Wir bestehn auch darauf bis ans Jüngste Gericht;
Das dritte, das sollst du uns schwören!

               Adelbert von Chamisso (1831).

Nie hat ein Faktum so gewaltig und erschütternd auf mich gewirkt als dieses," schreibt er am 15. August 1830, „es berührte mich wie ein Wunder, und ich habe in diesen Wochen vor Aufregung noch zu keiner Arbeit kommen können. Daß sich nach all dem Sturm und Blut von 40 Jahren die Revolution wiederholt, nur noch imposanter als das erstemal, ist ohne Beispiel in der Geschichte und zeigt die nicht zu berechnende Kraft des Jahrhunderts und der Nation. Die Franzosen haben recht, wenn sie die Katastrophe eine einzige nennen, denn sie ist nicht, wie gewöhnlich, aus einer eigentlich physischen Not, sie ist vielmehr aus einem geistigen Bedürfnis, und aus dem Drange, sich in seinem Rechte zu behaupten, hervorgegangen. In dieser Begeisterung für etwas Übersinnliches hat das Ereignis für mich Ähnlichkeit mit der religiösen Bewegung des Mittelalters, und vielleicht ist auch das Agens unsrer Zeit das Politische, wie der Glaube damals.

Man kann dem Takte, der Sicherheit, dem Scharfblicke, womit bisher die Kammer und die übrigen Machthaber sich benommen haben, Achtung und Ehrfurcht nicht versagen. – Daß sie sich selbst die Vollmacht schrieben in dem Augenblicke, wo alle früheren Vollmachten erloschen waren, und auch keine Gewalt existierte, welche man hätte aufstellen können (denn 30 Millionen Menschen konnte man doch nicht berufen, und diese und nur diese allein wären die einzige legale Behörde im strengen Sinne des Wortes gewesen), wird ihnen in der Geschichte zum Ruhm gereichen. Sie hatten das Recht, sich als die Elite

des Geistes von Frankreich zu betrachten, und diese ist nach dem göttlichen Rechte der Natur in solchen Krisen allein befugt, zu sehn, ne
quid detrimenti res publica capiat. – Auch daß sie die Bourbons
bis zu den Unmündigen hinab geächtet haben, finde ich notwendig begründet; es gibt Geschlechter, die von allen Göttern verlassen sind,
und die man exstirpieren muß. – Dazu gehörten die Stuarts und gehören die Bourbons. – Auch wäre mit dem Kinde die Konsequenz
des alten Prinzips ganz von selbst wieder eingetreten, und dieses zu
vertilgen, war ja eben der Sinn der ganzen Bewegung."

(Gustav zu Putlitz, „Karl Immermann, sein Leben und seine Werke".)

In der letzten Woche war ein ernstlicher Streit im Vogtlande (im
Invalidenhause), wobei Soldaten von Handwerksburschen geschlagen und selbst die Torwache gefährdet wurde, es waren gegen 1500
Menschen im Getümmel; der Streit hieß Landwehr und reguläre Truppen. – Üble Nachrichten über Geist und Stimmung am Rhein, man
verhandelt allgemein Gegenstände von Gewalt, Mord usw. . . .

. . . Der König hat durch Kabinettsbefehl die strengste und schleu-
nigste Untersuchung der neulichen Vorfälle im Invalidenhause anbe-
fohlen; das Kammergericht hat aber die Sache nicht für höhere Staats-
gefährde erkennen wollen, sondern als Privatschlägerei an das Stadtgericht gewiesen; dies erregt neue Unzufriedenheit bei den jetzigen
Oberleitern des Ministeriums. Die Wache ist damals allerdings
überwältigt worden, und gegen 6000 Menschen waren versammelt. .
Es wurde auch geschrien: Es lebe die Freiheit und Napoleon! . . . .

Den 22. April 1820.

. . . Die Schlägerei vor Ostern war am Invalidenhause und Oranienburger Tore, die Torwache konnte wenig Widerstand leisten, eine
ganze Kompagnie des 2. Garderegiments mußte anrücken. Die Handwerksburschen hatten Pfähle aus einem Zaun gerissen und schlugen
damit; ein Ulane ist an seinen Wunden gestorben, viele Verwundete
von beiden Teilen liegen noch in der Charité, auch dadurch verzögert
sich die Untersuchung. Man macht aus dem ganzen Vorfalle dem König
ein Schreckbild, und gewiß mit großem Unrecht.

(Varnhagen, „Blätter aus der preußischen Geschichte".)

Während des ganzen August des Jahres 1830 herrschte in der Residenz eine eigentümlich gereizte Stimmung unter der Bürgerschaft. Die Regierung erkannte dies wohl, sie bereitete sich auf ernste Unruhen vor. Von welcher Seite diese aber ausgehen würden, zu welchen Zielen sie führen sollten, davon hatte weder die Regierung noch die Bürgerschaft die geringste Ahnung.

Die Veranlassung zum Ausbruche war so sonderbar, daß wir fast geneigt sein möchten, zu glauben, Größeres sei im geheimen vorbereitet, aber rechtzeitig unterdrückt worden, wenn nicht übereinstimmende Berichte aller Zeitgenossen dies ableugneten. Es liegt trotzdem ein gewisses Dunkel auf jenen Tagen, welches auch heut noch nicht vollständig aufgehellt ist und vielleicht niemals aufgehellt werden wird, weil sie zu unbedeutend sind, um zu einer eingehenden historischen Forschung herauszufordern. Als geschichtliches Material können vorläufig nur die Akten der Behörden und die offiziösen Berichte der Zeitungen dienen, denn andere als solche durften die Berliner Blätter nicht bringen.

Vergeblich sucht man in der „Vossischen" und „Spenerschen" Zeitung nach eingehenden wahrheitsgetreuen Schilderungen der eigentümlichen Vorgänge. Während am 16. September die ersten unruhigen Auftritte stattfanden, schwiegen doch beide Zeitungen so lange, bis die „Staatszeitung" sich äußerte, und auch dann wagten sie nur den Artikel des amtlichen Blattes abzudrucken. Sie konnten nicht anders, denn jede selbständige Meinungsäußerung hätte der dienstbeflissene Zensor unweigerlich gestrichen.

Am Freitag den 24. September endlich, nachdem schon am 18. die Unruhen vollständig aufgehört hatten, brachte die „Spenersche Zeitung" einen längeren Artikel über die Revolution, der den Stempel seines offiziösen Ursprungs offen an der Stirn trägt. Er lautet folgendermaßen:

„Es ist das gewöhnliche Los der Begebenheiten, bald vergrößert, bald verkleinert oder sonst auf irgendeine Weise entstellt, vorgetragen zu werden. Nicht unwillkommen mag daher folgende Mitteilung über die neuesten Vorgänge in Berlin sein, welche ein unbefangener Augenzeuge teils aus eigener Wahrnehmung, teils aus sorgsam geprüften Äußerungen anderer zuverlässiger und wohlunterrichteter Personen schöpfte. Am 15. September hatte man einen Schneidergesellen verhaftet, der, unter seinen Zunftgenossen Neuerungen predigend, von diesen selbst der Behörde war angegeben worden. Dies mochte wohl einen Polizeibeamten dazu geführt haben, am folgenden Tage ohne gehörige Prüfung einige andere Gesellen als arbeitslose Herumtreiber zu verhaften, die es nicht waren. So beklagenswert das Verfahren dieses Beamten auch sein mag, so konnte es selbstredend den übrigen Gesellen niemals weder ein Recht noch eine Veranlassung geben, die Loslassung ihrer Gewerksgenossen eigenmächtig bewirken zu wollen, die nur dem prüfenden Urteil der Behörde zusteht, welche jederzeit Untersuchung und Bestrafung des schuldigen Teils ungesäumt anordnet und auch hier schon angeordnet hatte. Dessenungeachtet erfolgte am Abend des 16. September in der zehnten Stunde ein Zusammenlauf von Gesellen auf dem Köllnischen Markt, welche mit Geschrei die Loslassung der Verhafteten verlangten. Diese Unordnung veranlaßte das Herzuströmen der Neugierigen in nicht geringer Menge, wodurch der ganze Schloßplatz gefüllt wurde. Schnell erschienen die Behörden, deren Amtspflicht das Einschreiten in solchen Momenten gebietet. Ihre einfache Ermahnung genügte, die Neugierigen zu zerstreuen. Einige der Unruhestifter und solche Personen, welche sich auf die geschehene Ermahnung nicht entfernten, wurden verhaftet, und um 11 Uhr war auch auf diesen Plätzen die völlige Ruhe zurückgekehrt, die schon in den angrenzenden Straßen und im ganzen übrigen Teile der Stadt nicht einen Augenblick war unterbrochen worden. Am 17. abends zwischen 7 und 8 Uhr lockte die Neugier, ob die gestrigen Vorgänge sich wiederholen würden, eine Menge Müßiggänger auf den Köllnischen Markt und den nahen Schloßplatz. Ohne ihr Erscheinen würde es kein Ruhestörer gewagt haben, sich heute zu zeigen; doch in der Menge versteckt, erlaubten sie sich ein unziemliches Geschrei und insultierten durch mehrfache Steinwürfe die Polizei und die Gendarmerie, die einen solchen Unfug nicht dulden durften und nun nach diesen geschehenen Tätlichkeiten, und da sie nicht anders zum Weichen zu bringen war, ohne weiteres die ganze Masse zerstreuen mußten; nur die Widersetzlichen zogen sich gefängliche Haft oder Verwundung zu durch flache Säbelhiebe, von denen in der Dunkelheit und im Gewühl manche scharf gefallen sein können. Um 10 Uhr war auch hier Ruhe und Ordnung hergestellt, die, so wie am vorigen Abend, in keinem andern Teile der Stadt auch nur auf Augenblicke gestört wurde."

Betrachten wir diese Darstellung näher, so ergibt sich uns ein eigen=
tümliches Bild jener Tage: Ein Schneidergeselle wird verhaftet, weil
seine Zunftgenossen ihn als Prediger der Unordnung denunzieren.
Daraus nehmen Polizeibeamte Veranlassung, einige beliebige andere
Schneidergesellen als arbeitslose Herumtreiber einzusperren, obgleich
diese gar nicht arbeitslos und gar keine Herumtreiber waren.

Die Verhaftung ist der Funke, der ins Pulverfaß fällt. Berlin muß
sein Revolutiönchen haben, wie alle anderen größeren Städte Deutsch=
lands. Der längst erwartete Ausbruch findet jetzt statt und verpufft
natürlich so jämmerlich, wie die ganze Farce begonnen hatte.

Tumultreich genug ging es übrigens an jenen Abenden in Berlin
zu. Der Skandal war hinreichend groß, um sowohl der Bürgerschaft
als der Regierung ernste Besorgnisse einzuflößen.

(Adolph Streckfuß, „500 Jahre Berliner Geschichte".)

Der Zollverein.
(1834.)

Ach, deutscher Michel, freu' dich,
Jetzt kannst du lustig sein!
Wir haben uns nun leidlich
Geeint im Zollverein.

Man hat dich lang turbieret
Mit Maut und Zoll aufs best',
Den Sack dir visitieret
In jedem Rattennest.

Man zog dir aus die Hosen,
Ob nichts akzisbar drein,
Guckt gar in deinen Bloßen
Mit der Latern' hinein.

Das hat nun aufgehöret,
Du knöpfst die Jacke zu,
Kein Teufel mehr durchstöret
Dir Hosen, Hemd und Schuh.

O Deutschland, rost'ge Hechel!
Dein ewiges Geropf
Strich deinem guten Michel
Das beste Haar vom Kopf.

Jetzt kann er doch verschnaufen,
Geht er durchs deutsche Land:
Wir sind ein großer Haufen
Und kriegen nun Verstand.

Ach, wüchs' der nur ins Schaffen,
Daß gegen alle Feind'
Wir stünden in den Waffen
Also, wie hier vereint!

Mehr wolln wir heut nicht bitten,
Ob wir vom Ziel gar weit;
Gelitten und gestritten –
Hat alles seine Zeit.

(Anonym.)

Deutscher Patriot.

Was ist, ihr Herrn, ein deutscher Patriot?
An alle Fakultäten diese Frage – ? –
„Ein Mann, der Sonntags dient dem lieben Gott
Und seinem König alle Werkeltage."

Was will, ihr Herrn, ein deutscher Patriot? –
„Für sich ein Amtchen, Titelchen und Bändchen,
Für seine - ehelichen - Kinder Brot
Und legitime Fürsten für sein Ländchen."

Wie denkt, ihr Herrn, ein deutscher Patriot? –
„Wenn's hoch kommt, wie die Allgemeine Zeitung;
Vom Franzmann spricht er nur mit Haß und Spott
Und schwärmt für Preußens Gaslichts-Welt-Verbreitung."

Was kann, ihr Herrn, ein deutscher Patriot? –
„Rezepte, Akten und Kompendien machen,

Laut klagen über feines Volkes Not
Und heimlich in fein fichres Fäuftchen lachen."

Hinaus zum Tempel, deutfcher Patriot! –
– Eh du dich ins Sanktiffimum geheuchelt,
Und eh dein Kuß, Judas Jfchariot,
Die Freiheit, den Meffias, rücklings meuchelt!!

                                    Franz Dingelftedt.

                        Den 21. Juni 1826.

Die Sache wegen des Namens „Fräulein" wird fehr ernfthaft
genommen. Alle Minifterien müffen ihr Gutachten darüber ab=
geben, man fucht eine Kabinettsorder, durch die der König den Gebrauch
jenes Wortes fchon früher für adlige Mamfells vorbehalten haben foll,
kann fie aber nicht finden; wahrfcheinlich verwechfelt man damit einen
Befehl, den allerdings der König einmal erlaffen hat, daß auf den
Komödienzetteln die verfuchte Einfchwärzung von „Fräulein" ftatt
„Mlle." nicht fortdauern foll. Auch erinnert man fich, daß beim Ein=
zuge der Kronprinzeffin die 50 weißgekleideten Bürgermädchen in
einem Auffaße, den der Magiftrat dem Könige eingereicht, Fräulein
genannt waren, und gleich bei der erften, der Tochter des Oberbürger=
meifters Büfching, der König jenes Wort geftrichen und dafür „De=
moifelle" hingefeßt, worauf denn freilich der Magiftrat lieber jede
Bezeichnung wegließ und gleich die Taufnamen anfangen ließ. Der
Adel ift ordentlich in Bewegung, um diefen Sieg davonzutragen. Da=
gegen fehlt es nicht an andern Stimmen: Wie denn die Regierung
es unternehmen dürfe, das Volk im Gebrauche feiner eignen Sprache
zu hindern? Ob wir denn Chinefen werden und Sprachgebrauch, Ge=
wohnheit und Sitte des Umgangs durch Gefeße beftimmt werden
follen? u. dgl. m. – Ganz in demfelben Geifte will mir Herr General
von Müffling zum Verbrechen machen, daß ich in meiner Biographie
Blüchers nicht Armeekorps, Divifion, Referve, Kavallerie ufw., fondern
Heerteil, Abteilung, Rückhalt, Reiterei ufw. fage, jene Ausdrücke, be=
merkt er bedeutend, feien von des Königs Majeftät eingeführt oder
angenommen, und niemand dürfe davon abgehen! Auch ziemlich chine=
fifch! – Noch ein Fall ähnlicher Art! Ein adliger Major in Preußen

schreibt an einen bürgerlichen Regierungsdirektor „Wohlgeboren",
dieser, hierdurch verletzt, schreibt jenem ebenso zurück, und nun macht
der adlige Offizier seinerseits Lärm; die Sache ist an das Staats=
ministerium gekommen. Der Justizminister hat geäußert, er finde
nirgends eine gesetzliche Vorschrift, welche bestimme, daß einem Edel=
mann oder Offizier das „Hochwohlgeboren" gehöre, auch hier sei es
bloßer Gebrauch, wie bei den höheren Staatsbeamten bürgerlichen
Standes. Ein älteres Kurialien=Reglement in Mylius bestimmt, ein
Minister und Generalleutnant erhalte das Prädikat Exzellenz, ein
Generalmajor und Oberst aber Hochwohlgeboren; von den andern
wird geschwiegen.

(Varnhagen, „Blätter aus der preußischen Geschichte".)

Friedrich Wilhelm IV.
Tschechs Attentat. Bis 1848.

Bald nach dem Regierungsantritt Friedrich Wilhelms IV. nahm die öffentliche Unzufriedenheit noch stärkere Formen an. Schon die Berufung Hassenpflugs, des verhaßten hessischen Ministers, trug neuen Zündstoff zu dem alten Unwillen. Mit dem schlesischen Weberaufstand (1844) rückte zum erstenmal für Deutschland die soziale Frage in den Vordergrund der Debatte. 1844 kam es zu dem tschechschen Attentat, das bald in satirischen Spottversen besungen wurde. Die politische Lyrik, mit Herwegh und Dingelstedt, mit Sailet und Heine, verdrängte die harmlosere unpolitische Dichtkunst. 1847 kam es schon zu einer Hungerrevolte, zur sogenannten Berliner Kartoffelrevolution. In Bayern empörte sich das Volk gegen den Einfluß der Lola Montez, einer schönen, schottischen Abenteurerin, die sich als Kreolin einen romantischen Anstrich gab und den König beherrschte. Sicherlich war sie besser und amüsanter als ihr Ruf und hatte eine blendende Schönheit für sich ins Feld zu führen. Endlich bildet sie doch eine reizende Episode, ein echtes Stück Biedermeier in einer Zeit, die leider schon zu ernst war, um dafür noch das Verständnis aufzubringen.

Wie aber stand es mit der politischen Richtung des Königs? Man brachte in Berlin in Erfahrung, daß die Vorliebe Friedrich Wilhelms IV. für mittelalterliche Adelsprivilegien ihren Ausdruck in einer Kabinettsorder gefunden habe, welche jede Beschränkung der Patrimonialgerichtsbarkeit, dieses verhaßten Vorrechtes der Rittergutsbesitzer, untersagte. Das war schlimm genug, aber schlimmer war die Berufung eines Mannes, der gehaßt wurde wie wenige deutsche Staatsmänner, des früheren kurhessischen Ministers Hassenpflug nach Berlin an den höchsten Gerichtshof des Landes, zum Obertribunal.

Als das Gerücht von der Berufung sich zuerst verbreitete, wurde es kaum geglaubt. Das sei zu viel, das sei unmöglich, solch gehässiges Gerücht sei erfunden von Böswilligen, welche dem Könige seine Popularität erschüttern wollten! Und doch bestätigte sich diese unglaubliche Nachricht. Hassenpflug, der in ganz Deutschland den bösartigen Spott-

namen „von Haß und Fluch" trug, der Frömmler, Absolutist und
Bureaukrat zugleich war, der als Hessischer Minister auf das gröbste
die beschworene Verfassung verletzt hatte, wurde wirklich an das Obertribunal nach Berlin berufen, und zwar, obgleich er der jüngste Rat
desselben war, mit doppeltem Gehalt. Die Kabinettsorder, welche
seine Anstellung befahl, begründete diese durch die „bewährte Gesinnung" des allverhaßten Mannes.

Das Aufsehen, welches die Berufung Hassenpflugs in Berlin
machte, ist schwer zu schildern. Es herrschte in der Residenz eine fast
fieberhafte Aufregung, welche sich selbst in Kreise verpflanzte, die der
Politik bisher unzugänglich gewesen waren. Was wußten die Berliner
Handwerker, die selten einen Blick in die Zeitungen warfen, von
Hassenpflug und seiner Vergangenheit? Der Name war ihnen ganz
unbekannt; jetzt aber plötzlich erhielt er eine traurige Berühmtheit. Man
erzählte merkwürdige Geschichtchen von dem neuen Obertribunalsrat,
der fortan in Preußen das Recht wahren sollte, erfundene und nicht
erfundene. Die meisten liefen darauf hinaus, daß die persönliche Ehren-
haftigkeit des Mannes von bewährter Gesinnung, seine Begriffe über
die Befugnisse hoher Beamter, sich persönliche Vorteile durch ihr Amt
zu verschaffen, stark verdächtigt wurde.

Es war damals die Zeit des Deutsch-Enthusiasmus; politische Verwickelungen, deren weitere Ausführung nicht unserer Spezialgeschichte
angehört, ließen einen Krieg mit Frankreich befürchten. Man glaubte,
daß die Franzosen Gelüste auf die Rheingrenze hätten, und das ganze
deutsche Volk erhob einmütig seine Stimme, um von den Regierungen
den kräftigsten Widerstand zu fordern. Das an und für sich ziemlich
unbedeutende Beckersche Rheinlied:

> Sie sollen ihn nicht haben,
> Den freien, deutschen Rhein,

wurde mit wahrem Enthusiasmus begrüßt, am freudigsten vom Volke
Berlins, welches seine echt deutsche Gesinnung nie verleugnet hat.

In allen Gesellschaftskreisen wurde das Rheinlied gesungen, im
Saale des reichen Bankiers ebensowohl als in der Handwerkerstube;
man hörte es in den Bierkellern und auf den Straßen. Im Konzert-
saale mußte es das Orchester auf Verlangen des Publikums, auf den

Höfen der Leierkasten spielen. Dieses allgemein gesungene und ge=
spielte Rheinlied benutzte der Berliner Witz zu einer Parodie. Folgen=
des Gedicht wurde plötzlich in vielen tausend Abschriften in Berlin
verbreitet; bald war es in jedermanns Hand, und es wurde gesungen
wie das Rheinlied

> Wir wollen ihn nicht haben,
> Den Herrn von Hassenpflug,
> Den eine Schar von Raben
> Zu Preußens Adlern trug!
>
> Scheinheiliger Gespiele
> Im frommen Knechtlingstroß
> Der Rochow, Stolberg, Thiele,
> Der Radowitz und Voß.
>
> Den stets die Zwingherrn rufen,
> Den stets das Volk verschmäht,
> Sei auch auf Thronesstufen
> Dein Richterstuhl erhöht.
>
> Wenngleich mit Kreuz und Bändern
> Man schwarz und rot dich schmückt,
> Du kannst den Titel ändern,
> Uns hast du nicht berückt.
>
> Solang uns Richter schützen,
> Durch Mut und Geist erhellt,
> Und frei im Rate sitzen,
> Der frei sein Urteil fällt;
>
> Solang statt andrer Wehre
> Ein Lied ist unser Schild,
> Gefühl für Recht und Ehre
> Uns für Verfassung gilt;
>
> Geschichte wird geschrieben
> Mit unentweihter Kraft,
> Solang ein Mann geblieben
> Aus Preußens Ritterschaft:

So wollen wir nicht haben
Den Herrn von Haß und Fluch,
Den Holland, Hessen, Schwaben
Verdammt mit einem Spruch!

Das Lied fand seinen Weg auch in das Königliche Schloß. König Friedrich Wilhelm IV. hörte von demselben, er wollte es sehen, lesen, der Minister von Rochow selbst mußte es herbeischaffen. Der König las es; er war tief bewegt. „Dies ist der erste schmerzliche Tag meiner Regierung!" so soll er endlich ausgerufen haben.

Bisher hatte der König fast nur von dem Jubel gehört, der alle seine Worte begleitete; er war stolz gewesen auf seine Volksbeliebt= heit. Daß diese im Schwinden sei, ahnte er nicht, denn seine höfischen Umgebungen hüteten sich wohl, ihn von der Stimmung, welche in Ber= lin herrschte, zu unterrichten. Das Hassenpfluglied öffnete ihm plötzlich schmerzvoll die Augen.

(Adolph Streckfuß, „500 Jahre Berliner Geschichte".)

Die schlesischen Weber.

Im düstern Auge keine Träne,
Sie sitzen am Webstuhl und fletschen die Zähne:
„Deutschland, wir weben dein Leichentuch,
Wir weben hinein den dreifachen Fluch –
    Wir weben, wir weben!

„Ein Fluch dem Gotte, zu dem wir gebeten
In Winterskälte und Hungersnöten;
Wir haben vergebens gehofft und geharrt,
Er hat uns geäfft und gefoppt und genarrt –
    Wir weben, wir weben!

„Ein Fluch dem König, dem König der Reichen,
Den unser Elend nicht konnte erweichen,
Der den letzten Groschen von uns erpreßt,
Und uns wie Hunde erschießen läßt –
    Wir weben, wir weben!

„Ein Fluch dem falschen Vaterlande,
Wo nur gedeihen Schmach und Schande,
Wo jede Blume früh geknickt,
Wo Fäulnis und Moder den Wurm erquickt -
Wir weben, wir weben!

„Das Schiffchen fliegt, der Webstuhl kracht,
Wir weben emsig Tag und Nacht -
Altdeutschland, wir weben dein Leichentuch,
Wir weben hinein den dreifachen Fluch,
Wir weben, und weben!"

Heinrich Heine.

Am Morgen des 26. Juli 1844 wollte König Friedrich Wilhelm IV.
eine Reise nach Erdmannsdorf und von dort nach dem Bade
Ischl antreten. Der Tag der Abreise war dem Volke bekannt geworden, und wie es zu geschehen pflegt, wenn die Berliner Tag und Stunde
der Abreise Sr. Majestät vorher genau kennen, so hatte sich auch an
jenem Morgen schon in aller Frühe eine schaulustige Menge im Schloßhofe versammelt, um den König und die Königin zu sehen.

Unter den Zuschauern befand sich ein älterer Mann, der den Neben-
stehenden dadurch auffiel, daß er trotz des warmen Sommertages einen
weiten großen Mantel trug. Er ging unruhig im Schloßhofe auf und
nieder. Mehrmals versuchte er es, sich durch die Menschenmenge so
nah als möglich nach der Stelle zu drängen, wo der königliche, bereits
zur Abreise bepackte und angespannte Wagen stand. Obgleich er verschiedene Male von den wachehabenden Krongardisten fortgewiesen
wurde, kehrte er doch stets wieder zur selben Stelle zurück.

Gegen 8 Uhr erschien der König und die Königin. Die Königin
kam zuerst vom Schlosse herab.

Nachdem die Königin in den Wagen gestiegen war, folgte ihr der
König, der eines der Fenster herabließ. Der Wagen setzte sich eben in
Bewegung, da trat plötzlich jener ältliche Mann an das Wagenfenster,
er warf den Mantel zurück, mit einer Doppelpistole zielte er auf den
König. Zwei Schüsse fielen unmittelbar nacheinander.

Der erste Schuß hatte den König getroffen, die Kugel war durch
die zufälligerweise mehrfach übereinanderliegenden Falten des Man-

tels sowie durch den Überrock gedrungen, dadurch aber in ihrer Kraft geschwächt worden, so daß sie nur eine leichte Quetschung auf der Brust verursacht hatte. Die zweite Kugel war dicht über dem Haupte der Königin fort in das Holzgestell des Wagens geschlagen; wie es später hieß, hatte sie das Unterfutter des Hutes der Königin zerrissen.

Die unerhörte Tat erfüllte für einen Augenblick das umstehende Volk und die Wachen mit solchem Schrecken, daß alle starr standen, daß selbst der Krongardist und die Wachen nicht wußten, was sie tun sollten. Im nächsten Augenblick aber schon stürzten sich alle auf den Verbrecher, er wurde umringt, zu Boden gerissen und nach der Schloßwache geschleppt. Nur mit Mühe gelang es einigen ruhigen Männern, ihn vor den äußersten Mißhandlungen zu schützen.

Der König, der sich schnell von dem Schrecken erholt hatte, befahl dem Kutscher zuzufahren, die Equipage rollte aus dem Schloßhofe heraus. Vor dem Schloß jedoch befahl der König, zu halten; er fühlte, daß er unverletzt sei, und wünschte, daß dies noch vor seiner Abreise das Volk von Berlin erfahren sollte. Deshalb stand er im Wagen auf; mit großer Freundlichkeit begrüßte er das Volk, welches sich schnell versammelt hatte.

Nachdem der König auf diese Weise das Publikum beruhigt hatte, gab er den Befehl zum Weiterfahren, und schnell rollte der Wagen von dannen. Friedrich Wilhelm trat seine Reise an.

Die Nachricht von dem Attentat verbreitete sich in wenigen Stunden über die ganze Stadt hin bis in die entlegensten Straßen, und wie es nicht anders sein konnte, mit vielen Übertreibungen. Man erzählte, der König sei schwer getroffen, nur mit Aufbietung seiner letzten Kraft habe er, um das Volk zu beruhigen, sich diesem im Wagen gezeigt, dann sei er bewußtlos zusammengesunken; jetzt liege er zum Tode verwundet im Schlosse Schönhausen, dorthin habe man ihn auf einem Umwege gebracht, jeden Augenblick könne man seinen letzten Atemzug erwarten.

Um der Verbreitung falscher Gerüchte vorzubeugen, erließ das Staatsministerium noch an demselben Tage eine Proklamation, welche an die Straßenecken angeheftet wurde. Über den Attentäter selbst heißt es darin:

„Der Verbrecher wurde auf frischer Tat ergriffen und mit Mühe vor der Volkswut gesichert, der Wache abgeliefert, demnächst zum

Kriminalgefängnis abgeführt. Daselbst gab er sich als der vormalige Bürgermeister Tschech an und wurde als solcher anerkannt. Derselbe ist 56 Jahre alt, war früher Kaufmann, demnächst mehrere Jahre Bürgermeister zu Storkow in der Kurmark und nahm im Jahre 1841, nach einer sehr tadelnswerten Dienstführung, seinen Abschied. Seitdem hielt er sich größtenteils in Berlin auf und suchte bei den Behörden um Anstellung im Staatsdienste nach, die ihm aber, da er aller Ansprüche entbehrte, nicht zuteil werden konnte; auch von des Königs Majestät wurde er mit dem gleichen Gesuch im vorigen Jahre zurückgewiesen. Er war als ein sehr heftiger, im hohen Grade leidenschaftlicher Mann bekannt.

Bei seiner ersten polizeilichen Vernehmung hat er sich zu dem Attentate unbedingt bekannt und als den Grund der Freveltat die Absicht angegeben, sich wegen der ungerechten Zurückweisung seiner Anstellungs-gesuche zu rächen, zugleich aber ausdrücklich versichert, daß er das Ver-brechen aus eigenem, freiem Antriebe begangen und niemand seine Absicht mitgeteilt habe. Die Kriminaluntersuchung ist sofort eingeleitet."

Eine fieberhafte Aufregung herrschte am 26. Juli 1844 in Berlin. Auf allen Straßen und freien Plätzen sah man dicht gedrängte Gruppen von Menschen, welche sich um irgendeinen Erzähler scharten, der etwas Näheres über den Vorfall und über die Person des Mörders wußte oder wissen wollte.

Ein Attentat auf die geheiligte Person des Königs! Wer hätte in Berlin je an ein solches Verbrechen, welches bisher unerhört in der preußischen Geschichte war, gedacht! Die alte, fast eingeschlummerte Liebe zum Könige erwachte von neuem mit ganzer Kraft. Überall in den auf den Straßen zusammengelaufenen Volkshaufen hörte man Verwün-schungen gegen den Mörder und so feurige Lobpreisungen des Königs, daß man sich in die schönste Zeit des Jahres 1840 zurückversetzt glau-ben konnte.

(Adolph Streckfuß, „500 Jahre Berliner Geschichte".)

Tschechs Attentat.
(26. Juli 1844.)

Wer war wohl je so frech,
Als der Bürgermeister Tschech?
Denn er schoß ein ganz klein wenig

Vorbei an unserm guten König.
Ihm ging's durch'n Mantel
Ihr ging's durch'n Hut,

*

Dunker hat es gleich erraten,
Daß er wollte attentaten,
Als er kam so grau bemäntelt
Über'n Schloßplatz her gewentelt.

*

Und er schoß in blinder Wut
Unserer Königin durch den Hut,
Der verfluchte Attentäter,
Königsmörder, Hochverräter.

*

Wir kamen so bei einem Haar
Um unser edles Königspaar.
Hieraus nun jedermann ersicht:
Trau' keinem Bürgermeister nicht!
usw.
(wurde in vielen Variationen gesungen.)

An Karl Buchner.

London, 12. Februar 1848.

Herzlieber Freund und Gevatter!

Endlich eine Antwort auf Ihre lieben beiden Briefe! Sie sind gut und nachsichtig, daß Sie die Schreibfaulheit eines Vielbeschäftigten so mild beurteilen und durch so angenehme Aufregungsmittel, wie zweite Briefe nach unbeantworteten ersten es sind, zu kurieren suchen. Dafür (wie für alles andere, was Sie Ihren Freunden lieb und teuer macht) soll Ihnen der liebe Gott heute auch einen frohen, glücklichen Geburtstag ins Haus stiften, dem bis zum 12. Febr. 49 ein ganzes glückliches Lebensjahr folgen möge. Ich drücke Ihnen herzlich die Hand und werde heute abend einer Flasche Sherry auf Ihr Wohl den Hals brechen. Einsam mit Ida! Das ist nun wohl ein angenehmes Trinken, zumal ich mich quantitativ sehr gut dabei stehe – eine Flasche Rheinwein in Ihrem Kreise wäre mir aber doch noch lieber! Ida müßte aber auch dabei sein . . . .

Nun hab' ich schon so viel von andern geschwätzt und noch kaum von mir selbst. Und doch hab' ich das Wichtige zu vermelden, daß ich England (so gut wie sicher) bald schon verlassen und mit meiner Familie (die lawinengleich bei jedem neuen Umschwunge ein Stück angesetzt hat) nach Amerika gehen werde! Der Schritt wird mir schwer, Gott weiß es, und doch ist er notwendig! Details schreibt Ida – hier nur so viel, daß ich hier, bei gänzlichem Dransetzen aller meiner Zeit und aller meiner Kraft, doch nicht einmal des Lebens Notdurft verdienen kann, auch keine Aussicht habe, je etwas Genügendes in England zu finden. Dagegen wollen mir meine amerikanischen Freunde (den guten Longfellow, auch einen Siebengebirgler von damals, an der Spitze) einen geistigen, mir in jeder Hinsicht kongenialen Wirkungskreis verschaffen, der mich überdies in alle Wege pekuniär sicherstellt. Diese Anträge, nobel und würdig gestellt, trafen, ohne allen Anlaß von meiner Seite, gerade ein, als hier auch das letzte Ankerseil riß! So sei es denn! Im Mai oder Juni ist Deutschland, ist Europa transatlantisch für uns geworden! Wie gesagt, das Herz blutet mir bei diesem Immerweiterziehen – aber es muß sein, und Gott wird helfen! Nächstens mehr über diese Plane, die Sie einstweilen noch nicht in die Öffentlichkeit wollen gelangen lassen.

In Italien geht es ja prächtig jetzt! Erst die Schweiz, nun Neapel – wo die Revolution auftritt, da siegt sie! Wäre nur auch erst Deutschland so weit. Ohne Revolution geht's nicht. Mit ihr – ça ira!

Schreiben Sie doch bald wieder! Wir sind ja bald um ein gut Stück Weges weiter voneinander.

(Wilhelm Buchner, „Ferdinand Freiligrath. Ein Dichterleben in Briefen".)

Lieder eines kosmopolitischen Nachtwächters.

Weib, gib mir Deckel, Spieß und Mantel,
Der Dienst geht los, ich muß hinaus.
Noch einen Schluck . . . . Adies, Mariandel!
Ich hüt' die Stadt, hüt' du das Haus!
Nun schrei' ich wieder wie besessen,
Was sie nicht zu verstehen wagen,
Und was sie alle Tag' vergessen:
Uht! Hört, ihr Herrn, und laßt euch sagen!

26*

Schnarcht ruhig fort in euren Nestern
Und habt auf mein Gekreisch nicht acht!
Die Welt ist akkurat wie gestern,
Die Nacht so schwarz wie alle Nacht.
Auch welche Zeit will niemand wissen;
's gibt keine Zeit in unsern Tagen.
Duckt euch nur in die warmen Kissen,
Die Glocke, die hat nichts geschlagen!

Laß keiner sich im Schlaf berücken
Vom (vulgo Zeitgeist) Antichrist,
Und sollte wen ein Älplein drücken,
Dankt Gott, daß es nichts Ärgres ist!
Das Murren, Meistern, Zerrn und Zanken,
Das Träumen tut es freilich nicht,
Drum schluckt sie 'runter, die Gedanken,
Bewacht das Feuer und das Licht!

Auch wackelt nicht im bösen Willen
An eurem Bett und räkelt nicht,
Die Zipfelmütze zieht im stillen
Zufrieden übers Angesicht.
Der Hund im Stall, der Mann beim Weibe,
Die Magd beim Knecht, wie Recht und Pflicht,
So ruht und rührt euch nicht beileibe,
Auf daß der Stadt kein Schad' geschicht!

Und wann die Nacht wie alle Nächte
Vollendet hat den trägen Lauf,
Dann steigt, doch stets zuerst das rechte
Bein aus den Federn, sittsam auf!
Labt euch an dem Zichorientranke
Und tretet eure Mühlen gern,
Freut euch des Lebens voller Danke
Und lobt, nächst Gott, den Landesherrn!

Franz Dingelstedt.

Bei des Nachtwächters Ankunft in Paris.

„Nachtwächter mit langen Fortschrittsbeinen,
Du kommst so verstört einhergerannt!
Wie geht es daheim den lieben Meinen,
Ist schon befreit das Vaterland?"

Vortrefflich geht es, der stille Segen,
Er wuchert im sittlich gehüteten Haus,
Und ruhig und sicher, auf friedlichen Wegen,
Entwickelt sich Deutschland von innen heraus.

Nicht oberflächlich wie Frankreich blüht es,
Wo Freiheit das äußere Leben bewegt;
Nur in der Tiefe des Gemütes
Ein deutscher Mann die Freiheit trägt.

Der Dom zu Köllen wird vollendet,
Den Hohenzollern verdanken wir das;
Habsburg hat auch dazu gespendet,
Ein Wittelsbach schickt Fensterglas.

Die Konstitution, die Freiheitsgesetze,
Sie sind uns versprochen, wir haben das Wort,
Und Königsworte, das sind Schätze,
Wie tief am Rhein der Niblungshort.

Der freie Rhein, der Brutus der Flüsse,
Er wird uns nimmermehr geraubt!
Die Holländer binden ihm die Füße,
Die Schweizer halten fest sein Haupt.

Auch eine Flotte will Gott uns bescheren,
Die patriotische Überkraft
Wird rüstig rudern auf deutschen Galeeren:
Die Festungsstrafe wird abgeschafft.

Es blüht der Lenz, es platzen die Schoten,
Wir atmen frei in der freien Natur!
Und wird uns der ganze Verlag verboten,
So schwindet am Ende die ganze Zensur.

Heinrich Heine.

An Georg Herwegh.

Herwegh, du eiserne Lerche,
Mit klirrendem Jubel steigst du empor
Zum heiligen Sonnenlichte!
Ward wirklich der Winter zunichte?
Steht wirklich Deutschland im Frühlingsflor?

Herwegh, du eiserne Lerche,
Weil du so himmelhoch dich schwingst,
Hast du die Erde aus dem Gesichte
Verloren. – Nur in deinem Gedichte
Lebt jener Lenz, den du besingst.

Heinrich Heine.

(Königsberg,) den 4. Dezember 1842.

Mein bester Schatz!

Ich komme hier kaum zur Vernunft, zur Gesundheit gar nicht. Glaube mir, ich werde froh sein, wenn ich wieder ein paar Tage ruhig bei Dir zubringen kann. Daß es nur ein paar Tage sind! Daß man erst die verfluchten Pfaffen und tausend andere Geschichten nötig hat, um sich heiraten zu dürfen. Warum soll ich Dich nicht gleich mit mir nehmen? Ist auch Verstand darin? Es wird keine zehn, keine drei Jahre mehr dauern, und es wird eine Menge kleiner Gemeinden geben, die offen ihren Austritt aus dem Christentum und Judentum erklären werden und, da sie nicht länger Heuchler sein wollen, Taufe, Abendmahl und kirchliche Ehe abschwören. Ich kenne z. B. hier schon die Menschen, die das in kürzester Frist zu tun entschlossen sind.

Vorgestern fand mir zu Ehren und zum Schrecken des hiesigen

Oberpräsidenten, der in allem Ernste glaubte, sein Schloß solle ge=
stürmt werden, ein großes Festmahl (von zirka 150 Personen; soviel
eben Platz hatten) statt, an dem anfänglich auch die Frauen teilnehmen
sollten und wollten, was jedoch später unterblieb.

Verse und Prosa die Menge, im ganzen ein guter Geist und der
Philister hingerissen. Crelinger begrüßte mich mit einer guten, furibun=
den Rede, Professor Lengerke mit einem Gedichte. Die Musikanten
in königlicher Uniform spielten die Marseillaise, und die Patrioten sind
sehr zufrieden. Es soll dies das erste politische Diner gewesen sein,
und als solches ist es wirklich gut ausgefallen. Die Polizei hat Respekt
bekommen und befohlen, während meiner Anwesenheit niemand zu
arretieren, wenn es auch Exzesse geben sollte. Auch Dein Schatz hielt
eine Rede und trug die Lerche vor; man war höchlich erbaut und be=
geistert. Auf Dich fielen gleichfalls Toaste: den besten lege ich Dir
bei und habe Auftrag, Dich von dem Verfasser bestens zu grüßen.
Wie es mich freut, daß man überall auch Deiner gedenkt! Tausender=
lei Gerüchte zirkulieren nun natürlich über dieses Diner. Jacoby brachte
einen Toast auf den Bund der freien Männer, und nun wollen die
Esel schon von einer geheimen Verbindung etwas wissen.

In Danzig finde ich hoffentlich einen Brief von Dir poste restante
vor. Morgen will ich an die See. Mittwoch reise ich von hier ab und
bin Samstag in Stettin, wo ich ebenfalls einen Brief vorzufinden
hoffe, poste restante. Vielleicht schreibe ich Dir Mittwoch noch einmal
von hier aus, jedenfalls aber von Stettin, um Dir den Tag meiner
Ankunft in Berlin zu melden. Von Zürich habe ich Briefe erhalten,
noch enthalten dieselben aber keine Antwort auf meinen letzten Brief,
denn sie sind zehn Tage unterwegs geblieben. Allerlei Vermutungen
dagegen und Anspielungen.

Laß mich in Danzig und Stettin nicht vergebens nach einem Brief
fragen.

Bleibe mir gut, behalte mich lieb!

Grüße alle!

Dein Georg.

Sonntag früh. Kann ich besseren Gottesdienst halten, als Dir
schreiben?

(„Georg Herweghs Briefwechsel mit seiner Braut.")

Das Lied vom Hasse.

Wohlauf, wohlauf, über Berg und Fluß
  Dem Morgenrot entgegen!
Dem treuen Weib den letzten Kuß,
  Und dann zum treuen Degen!
Bis unsre Hand in Asche stiebt,
  Soll sie vom Schwert nicht lassen;
Wir haben lang genug geliebt
  Und wollen endlich hassen!

Die Liebe kann uns helfen nicht,
  Die Liebe nicht erretten;
Halt du, o Haß, dein Jüngst Gericht,
  Brich du, o Haß, die Ketten!
Und wo es noch Thrannen gibt,
  Die laß uns keck erfassen;
Wir haben lang genug geliebt
  Und wollen endlich hassen.

Wer noch ein Herz besitzt, dem soll's
  Im Hasse nur sich rühren;
Allüberall ist dürres Holz,
  Um unsre Glut zu schüren.
Die ihr der Freiheit noch verbliebt,
  Singt durch die deutschen Straßen:
„Ihr habet lang genug geliebt,
  O lernet endlich hassen!"

Bekämpfet sie ohn' Unterlaß,
  Die Thrannei auf Erden,
Und heiliger wird unser Haß
  Als unsre Liebe werden.
Bis unsre Hand in Asche stiebt,
  Soll sie vom Schwert nicht lassen;
Wir haben lang genug geliebt,
  Und wollen endlich hassen!

Georg Herwegh.

Ergebung.

Und wollten sie mein Aug' auch blenden,
Verfinstert drum die Sonne sich?
Und wenn sie mich zum Kerker senden –
Die Freiheit siegt, auch ohne mich.

Und wenn sie mir die Hand auch binden,
Weil sie die Feder schwang als Schwert –
Es wird sich Hand und Feder finden,
Solang ein Herz nach Gott begehrt.

Und ob sich auch in Finsternissen
Mein Wort, des Gotteshauch verlor –
Den einen Ton wird man nicht missen
Im tausendstimmigen Donnerchor.

Nicht wird sofort der Frühling enden
Mit Saft und Kraft, mit Licht und Schall,
Weil ihr mit tölpelhaften Händen
Erschluget eine Nachtigall.

Friedrich von Sallet.

Im April 1847 hatte die Not der arbeitenden Klasse den Kulminationspunkt erreicht. Obgleich die Regierung eifrig bestrebt war, kräftige Maßregeln zur Linderung des herrschenden Elends zu ergreifen, gelang ihr dies doch nicht.

Mit jedem Markttage wurde die Stimmung der Arbeiter bedrohlicher, es gab oft heftige Wortwechsel zwischen Käufern und Verkäufern, bei denen die ihrer Zungen- und Schimpffertigkeit wegen seit alters her berühmten Hökerinnen in dem Glauben an den Schutz der Polizei häufig genug die hungernden Käufer, die um den Preis der Kartoffeln handeln wollten, frech verhöhnten. War einmal der Markt schwächer als gewöhnlich durch auswärtige Verkäufer besucht, dann benutzten die Hökerinnen sofort den glücklichen Umstand zu einer plötzlichen Steigerung des Preises, und sie wurden dabei getreulich durch die Bauern unterstützt, welche natürlich für ihre Kartoffeln so hohe Preise als irgend möglich zu erzielen suchten.

So geschah es auch am 21. April auf dem Gendarmenmarkt. Eine Hökerin, welche beim Beginn des Marktes noch die Metze Kartoffeln mit 3 Silbergroschen verkauft hatte, schlug plötzlich den Preis bis zu 4 Silbergroschen auf. Ihr Beispiel fand bei den nächstsitzenden Bauern sofort Nachahmung.

Ein wilder Tumult erhob sich. Der unerschwingliche Preis erregte den tiefsten Unwillen der Käufer, die Kartoffeln haben mußten, um die Kinder zu Hause zu sättigen, und sie doch nicht bezahlen konnten. Anfangs gab es nur Schimpf- und Drohreden, die von den Hökerinnen und Bauern derb erwidert wurden, dann aber riß den Arbeiterfrauen, die an ihre hungernden Kinder dachten, der zu straff gezogene Faden der Geduld. Eine Frau war es, die zuerst das Signal zur Gewalttat gab; mit einem scharfen Messer schnitt sie einen der zum Verkauf ausgestellten Kartoffelsäcke auf, die Kartoffeln rollten auf den Boden, und sofort warf sich jubelnd und schreiend die Menge über dieselben. Jeder suchte zusammenzuraffen, was er finden konnte, niemand dachte mehr ans Bezahlen.

Die Verkäufer schimpften und tobten, sie versuchten, ihr Eigentum zu retten, aber sie wurden zurückgestoßen und mißhandelt.

Wer dachte jetzt noch an das Kaufen! die Kartoffelsäcke und Brotschragen wurden geplündert, und die ohnmächtige Marktpolizei mußte tatenlos zuschauen; denn die wenigen Polizisten vermochten nichts gegen die wütende Menge auszurichten.

Männer, Frauen und Kinder beteiligten sich mit gleicher Energie bei dem Raubwerk, ja die Frauen waren am kühnsten und rücksichtslosesten.

Auf dem Molkenmarkt hatten sich zu gleicher Zeit ähnliche Exzesse zugetragen. War es infolge einer Verabredung geschehen? Schwerlich! Dieselbe Ursache hatte an verschiedenen Orten dieselbe Folge gehabt.

Mit der Plünderung auf den Märkten war der Skandal nicht beendet, er begann mit derselben vielmehr erst. Die Arbeiter rotteten sich zusammen. Eine wilde Schar, welche zum großen Teil aus Weibern bestand, zog durch die Straßen, um die Bäcker- und Fleischerläden zu plündern. Jenes hauptstädtische Diebsgesindel, welches sich sonst am Tage in seinen Schlupfwinkeln zu verbergen pflegt und nur in den entlegensten Vorstädten haust, ergriff freudig die Gelegenheit, um Beute

zu machen. Es verband sich mit den vom bittren Hunger zum Ver=
brechen Getriebenen, und wo diese nur Brot und Fleisch für die Kin=
der daheim raubten, stürmten jene die Konditor= und Zigarrenläden.
Geld war ihnen lieber als Ware, sie erbrachen die Ladenkassen in ein=
zelnen Geschäften.

Erst spät am Abend gelang es dem energischen Einschreiten der Po=
lizei, die Ruhe wiederherzustellen.

Schon früh am Morgen des 22. April wiederholten sich die Straßen=
skandale in verstärktem Maße. Aus den Vorstädten zogen singend und
jubelnd große Massen zerlumpten Gesindels nach dem Alexanderplatz,
wo Markt abgehalten werden sollte. „Wir wollen nach der Revolu=
tion!" schrien sie den Arbeitern zu, die ihnen auf der Straße begeg=
neten, und forderten sie zur Teilnahme auf.

„Nach der Revolution!" Dies war das Losungswort an jenem
Tage. Der Polizeipräsident und die städtischen Behörden hatten Pro=
klamationen erlassen, in welchen sie mit ernst mahnenden Worten das
Volk von Berlin zur Aufrechterhaltung der Gesetze aufforderten und
darauf hinwiesen, daß die Gewalttaten nur dazu dienen könnten, die
Verkäufer von den Märkten fernzuhalten und dadurch die Preise zu
erhöhen. Alle solche Ermahnungen aber waren fruchtlos.

Was fragten die Hungernden nach dem Gesetze? Die Leidenschaft
machte sie blind, und das Diebsgesindel, welche sich ihnen angeschlossen
hatte, welches am zweiten Tage der sogenannten Kartoffelrevolution den
Hauptbestandteil der Ruhestörer ausmachte, war naturgemäß jeder Er=
mahnung unzugänglich.

Auf dem Alexanderplatze wiederholten sich die Szenen des gestrigen
Tages. Der Aufruhr gewann sogar einen so gefährlichen Charakter, daß
die Ladenbesitzer in vielen benachbarten Straßen die Geschäfte schlossen
und die Türen verrammelten, um sich vor Überfällen zu sichern. Den
Bäckern nutzte dies nichts, denn ihre Läden wurden trotzdem erstürmt,
auch einige andere Geschäftslokale wurden geplündert.

Der Tumult gewann eine solche Ausdehnung, daß Militär ein=
schreiten und die Königsstraße sperren mußte. Während dies aber hier
geschah, wurden in anderen Stadtgegenden die Läden ungestört ge=
plündert. Zwar gelang es den immer schnell zum Schutze herbeieilenden
Militärpatrouillen, eine große Anzahl von Verhaftungen zu bewirken,

aber das bedrohte Eigentum der unglücklichen Bäcker und Schlächter vermochten sie nur in seltenen Fällen zu retten; es war geraubt, ehe sie kamen.

Auch am folgenden Tage, dem 23. April, würde sich der Tumult wiederholt haben, denn wieder kamen die Vorstädter in dichten Scharen zu den Toren herein, sie fanden die Stadt aber so vollständig von Militär besetzt, daß sie keine Plünderung wagen durften. Die ganze Garnison war aufgeboten und nach einem durchdachten Plan über die Stadt so verbreitet worden, daß überall im Augenblick jeder Angriff abgeschlagen werden konnte. Es war dies um so leichter möglich geworden, als die Exzedenten von der Bürgerschaft naturgemäß nicht die geringste Unterstützung erhielten.

Auch die Dörfer in der Nähe Berlins wurden durch Militär geschützt, denn man hatte in Erfahrung gebracht, daß sich ein Haufen des hauptstädtischen Gesindels zu einem Raubzuge auf das Land begeben wollte. Alle Maßregeln waren mit solcher Umsicht getroffen worden, daß sogar auf dem Neuen Markte der Wochenmarkt ungestört abgehalten werden konnte. Die städtischen Behörden ließen dort eine bedeutende Quantität Kartoffeln für den Preis von $2^1/_2$ Silbergroschen die Metze verkaufen. Natürlich erhielt jeder einzelne Käufer nur so viel, als eben zum Familienbedarf notwendig war, denn die Höker sollten nicht zu einem gewinnbringenden Geschäft herangelockt werden.

Die Kartoffelrevolution, diesen Namen hat der unglückliche Aufstand des Proletariats in der Berliner Geschichte erhalten, war mit dem 22. April beendet. Sie hatte nicht den geringsten politischen Hintergrund und dennoch eine Bedeutung, denn sie zeigte, daß in der sonst so ruhigen Stadt Berlin der günstige Moment einen Sturm erzeugen konnte. Ein zusammengelaufener Volkshaufen vermochte zwei Tage lang die Hauptstadt in Schrecken zu setzen, obwohl er ohne Halt in der Bürgerschaft dastand. Was war zu erwarten, wenn die Bürgerschaft sich dem Aufstande anschlösse? Das sollte die Zukunft bald lehren.

(Adolph Streckfuß, „500 Jahre Berliner Geschichte".)

Benutzte Literatur.

Alexis, Wilibald, Erinnerungen. Herausgeg. von M. Ewert. Berlin 1905.

Alexis, Wilibald, Wiener Bilder. Leipzig 1833.

Amtliche Belehrung über den Geist und das Wesen der Burschenschaft. Auf ausdrücklichen hohen Befehl. Halle 1824.

Badt, B., Rahel und ihre Zeit. München 1912.

Bähr, Otto, Eine deutsche Stadt vor 60 Jahren. Kulturgeschichtliche Skizze. 2. Aufl. Leipzig 1886. Fr. Wilh. Grunow.

Bauer, Karoline, Aus meinem Bühnenleben. Erinnerungen. Herausgeg. von A. Wellmer. 2. Aufl. Berlin 1876.

Berlin, wie es ist. Berlin 1827, 1831.

Aus dem Leben T. v. Bernhardis. 9 Bände. Leipzig 1893—1906. S. Hirzel.

Beutmann, Vertraute Briefe über Preußens Hauptstadt. Stuttgart 1837.

Börnes Werke. Historisch-kritische Ausgabe in zwölf Bänden. Herausgeg. von Ludwig Geiger u. a. m. Berlin 1911 ff.

Buchner, Wilhelm, Ferdinand Freiligrath. Ein Dichterleben in Briefen. Lahr 1882, Schauenburg.

Cserna, Paul, Reiseleid = Reisescheu anno dazumal. Wien 1909. A. Hartleben.

Curtius, Ernst, Ein Lebensbild in Briefen. Herausgeg. von Friedrich Curtius. Berlin 1903. Julius Springer.

Dronke, Ernst, Berlin. Frankfurt a. M. 1846.

Eberty, Felix, Jugenderinnerungen eines alten Berliners. Berlin 1878. J. G. Cottasche Buchhdlg. Nachfolger.

Eilers, Gerd, Meine Wanderung durchs Leben. Leipzig 1856—61. Brockhaus.

Erk, Ludwig, Deutscher Liederhort. Berlin 1856.

Ludwig Feuerbach in seinem Briefwechsel und Nachlaß sowie in seiner philosophischen Charakterentwickelung dargestellt von Karl Grün. Leipzig 1874. C. F. Winter.

Fontane, Theodor, Von Zwanzig bis Dreißig. Autobiographisches. 3. Aufl. Berlin=Dahlem 1898. F. Fontane & Co.

Förster, B., Das Leben Emma Försters, der Tochter Jean Pauls, in ihren Briefen. Herausgeg. von ihrem Sohn. Berlin 1889. J. G. Cottasche Buchhdlg. Nachfolger.

Fouqué, Caroline Baronin de la Motte=, Briefe über Berlin. Berlin 1821.

Zeitschrift „Der Freimüthige". Berlin 1839—40.

Freytag, Gustav, Erinnerungen aus meinem Leben = Gesammelte Werke, Band I. Leipzig 1887. S. Hirzel.

Geiger, Ludwig, Aus Adolph Stahrs Nachlaß. Oldenburg 1903. Schulzesche Hofbuchhdlg.

Geiger, Ludwig, Bettine von Arnim und Friedrich Wilhelm IV. Ungedruckte Briefe und Aktenstücke. Frankfurt a. M. 1902. Literarische Anstalt Rütten & Loening.

Görres, J., Teutschland und die Revolution. Coblenz 1819.

Gräffer, Franz, Kleine Wiener Memoiren. Wien 1845.

Grillparzers Briefe und Tagebücher. Herausgeg. von C. Glossy und A. Sauer. Stuttgart 1903. J. G. Cottasche Buchhdlg. Nachfolger.

Gutzkow, Karl, Aus der Knabenzeit. (Gutzkows Werke. Herausgeg. von Reinhold Gensel. Goldene Klassiker-Bibliothek.)

Heine, Heinrich, Werke. Hamburg 1861-69.

Hensel, S., Die Familie Mendelssohn 1729-1847. Nach Briefen und Tagebüchern. Berlin, Georg Reimer.

Georg Herweghs Briefwechsel mit seiner Braut. Herausgeg. unter Mitwirkung von Victor Fleury und C. Haußmann von Marcel Herwegh. Stuttgart 1906. Robert Lutz.

Jacoby, Joel, Bilder und Zustände aus Berlin. Altenburg 1833.

Kapp, August, Briefwechsel zwischen Ludwig Feuerbach und Christian Kapp. Leipzig 1876. O. Wigand.

Kern, G. J., Carl Blechen, sein Leben und seine Werke. Berlin 1911. Cassierer.

Kerner, Theobald, Justinus Kerners Briefwechsel mit seinen Freunden. Stuttgart 1897. Deutsche Verlagsanstalt.

Kühne, F. Gustav, Porträts und Silhouetten. Hannover 1842.

Lagarde, Paul de, Erinnerungen an Friedrich Rückert. Göttingen 1886. Dieterichsche Universitätsbuchhdlg.

Laube, Heinrich, Ausgewählte Werke. Herausgeg. von H. H. Houben. Leipzig, Hesse & Becker.

Lenz, Ludwig, und Ludwig Eichler, Berlin und die Berliner. Berlin 1840-42.

Leo, Heinrich, Aus meiner Jugendzeit. Gotha 1880. F. A. Perthes.

Löbell, J. S., Berlin und Hamburg. Breslau 1836.

Marggraff, Hermann, Deutschlands jüngste Literatur- und Kulturepoche. Leipzig 1839.

Meißner, A., Geschichte meines Lebens. 3. Aufl. Teschen (Schlesien) 1884. Karl Prochaska.

Menzel, Konrad, Wolfgang Menzels Denkwürdigkeiten. Bielefeld 1877. Velhagen & Klasing.

Moltke. - Gesammelte Schriften und Denkwürdigkeiten des Grafen Moltke. Band I (Zur Lebensgeschichte) 1892. Band IV (Briefe an seine Mutter und an seine Brüder Adolf und Ludwig) 1891. Berlin. E. S. Mittler & Sohn.
Band VI (Helmut von Moltkes Briefe an seine Braut und Frau). Stuttgart 1892. Deutsche Verlagsanstalt.

Eduard Mörikes Briefe. Ausgewählt und herausgeg. von Karl Fischer und Rudolf Krauß. Berlin 1904. O. Elsner.

Mundt, Theodor, Charlotte Stieglitz. Ein Denkmal. Berlin 1835. Veit & Co.

Nante Strumpfs hinterlassene Papiere. Berlin 1838-39.

Jugenderinnerungen von Gustav Parthey. Berlin 1871.

August von Platens Tagebücher, herausgeg. von G. v. Laubmann und L. v. Scheffler. Stuttgart 1896-1900. J. G. Cottasche Buchhdlg. Nachfolger.

Pückler-Muskau, Fürst Hermann v., Briefe eines Verstorbenen. Ein fragmentarisches Tagebuch, geschrieben in den Jahren 1828-29. Stuttgart 1846.

Putlitz, Gustav zu, Karl Immermann, sein Leben und seine Werke. Berlin 1870.

Rahel. Ein Buch des Angedenkens für ihre Freunde. Berlin 1834.

Rellstab, L., Aus meinem Leben. Berlin 1861.

Reuter, Fritz, Ut mine Festungstid. (Werke, Goldene Klassiker-Bibliothek.)

Ruge, Arnold, Aus früherer Zeit. Berlin 1862-67. F. Duncker.

Saß, Friedrich, Berlin in seiner neuesten Zeit und Entwicklung. Leipzig 1846.

Adolf Friedrich Graf von Schack, Ein halbes Jahrhundert. Erinnerungen und Aufzeichnungen. 3. Aufl. Stuttgart 1894. Deutsche Verlagsanstalt.

Schaden, Adolph von, Berlins Licht- und Schattenseiten. Dessau 1822.

Aus Schellings Leben. In Briefen. Von G. L. Plitt. Leipzig 1869-70.

Stahr, Adolph, Aus der Jugendzeit. 2. Aufl. Prenzlau. C. Vincent.

Streckfuß, Adolph, 500 Jahre Berliner Geschichte. Vom Fischerdorf zur Weltstadt. Geschichte und Sage. Herausgeg. von Leo Fernbach. Berlin 1900. Albert Goldschmidt.

Streckfuß, Karl, Der Preußen Huldigungsfest. Berlin 1840.

Varnhagen von Ense, K. A., Blätter aus der preußischen Geschichte. Leipzig 1868-69.

Varnhagen von Ense, K. A., Denkwürdigkeiten und vermischte Schriften. 3. Aufl. Leipzig 1876.

Voß, Julius von, Der Strahlower Fischzug. Berlin 1822.

Walesrode, Glossen und Randzeichnungen. Königsberg 1842. H. L. Voigt.

Weßl, Dr. L., Rebbenhagen auf dem Berliner Corso. Ein Genrebild. Berlin 1845.

Wien und die Wiener. Mit Beiträgen von Adalbert Stifter und anderen. Pest 1844.

Wien, wie es ist. Aus dem Französischen übersetzt von Eduard Forstmann. Leipzig 1827.

Wienbarg, L., Ästhetische Feldzüge. Hamburg 1834.

Inhalt.

❖❖❖❖❖

Reprint Publishing

FÜR MENSCHEN, DIE AUF ORIGINALE STEHEN.

Bei diesem Buch handelt es sich um einen Faksimile-Nachdruck der Originalausgabe. Unter einem Faksimile versteht man die mit einem Original in Größe und Ausführung genau übereinstimmende Nachbildung als fotografische oder gescannte Reproduktion.

Faksimile-Ausgaben eröffnen uns die Möglichkeit, in die Bibliothek der geschichtlichen, kulturellen und wissenschaftlichen Vergangenheit der Menschheit einzutreten und neu zu entdecken.

Die Bücher der Faksimile-Edition können Gebrauchsspuren, Anmerkungen, Marginalien und andere Randbemerkungen aufweisen sowie fehlerhafte Seiten, die im Originalband enthalten sind. Diese Spuren der Vergangenheit verweisen auf die historische Reise, die das Buch zurückgelegt hat.

ISBN 978-3-95940-128-9

Made in Germany

www.reprintpublishing.com

www.ingramcontent.com/pod-product-compliance
Lightning Source LLC
Chambersburg PA
CBHW050448270326
41927CB00009B/1660